KB245099

〈데스먼드 모리스의 주요 여행지〉

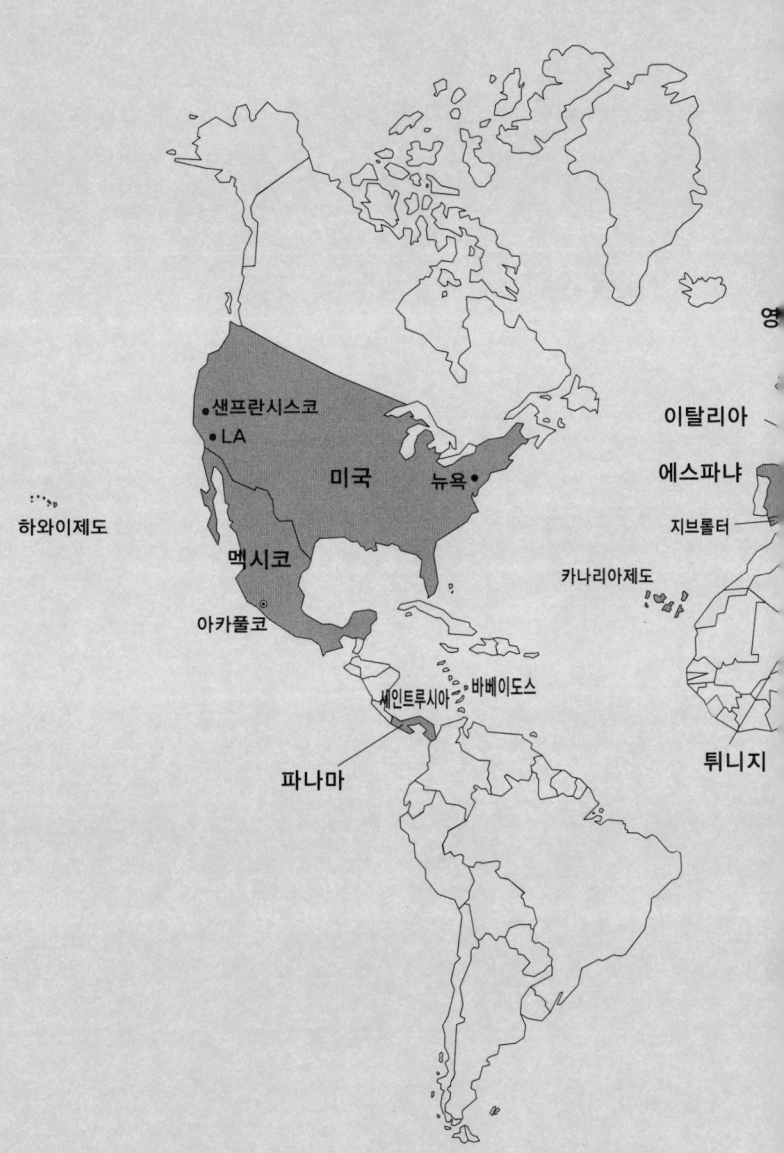

영

이탈리아

에스파냐

지브롤터

카나리아제도

튀니지

미국

뉴욕

샌프란시스코

LA

하와이제도

멕시코

아카풀코

세인트루시아 바베이도스

파나마

불가리아

이스라엘

일본

몰타

이집트   요르단   인도   홍콩   베트남

뭄바이
(봄베이)   필리핀

말레이시아   브루나이

케냐

싱가포르   인도네시아

오스트레일리아   피지

퍼스

남아프리카공화국

육안으로 바라본

털없는 원숭이

THE NAKED EYE

by Desmond Morris

Copyright ⓒ 2000 by Desmond Morris
All rights reserved.

Korean translation copyright ⓒ 2003 by Dourei Publication Co.
This edition is published by arrangement with Ebury Press, a division of Random House
Group, London through Korea Copyright Center, Seoul.

이 책의 한국어판 저작권은 한국저작권센터(KCC)를 통해 저작권자와 독점 계약한
도서출판 두레가 갖고 있습니다. 저작권법에 의해 한국 내에서 보호를 받는 저작물이므로
무단전재와 복제를 할 수 없습니다.

육안으로 바라본

털없는 원숭이

데스먼드 모리스 지음 • 이충호 옮김

(「털없는 원숭이」을 쓴 데스먼드 모리스의 인간이라는 종을 찾아 떠난 여행기)

두레

책머리에

젊은 시절에 나는 여행을 별로 하지 않았다. 서유럽 밖으로는 거의 나간 적이 없었다. 돈이 없어서이기도 했지만, 비행기에 대한 공포도 일부 작용했다. 어렸을 때 비행기 사고를 목격한 적이 있는데, 공중에서 충돌해 추락한 두 비행기의 잔해 속에 널려 있던 시체들이 기억 속에 너무나도 생생하게 남아 있었다. 나는 37살이 되어서야 어쩔 수 없이 첫 비행기 여행을 하게 되었는데, 비행기를 타는 순간 이제 내 생애는 끝이라고 생각했다. 거기서 살아남은 것이 얼마나 즐거운 충격으로 다가왔던지 나는 그후 두려움을 싹 잊어버리고 하늘을 나는 여행에 중독되어 버렸다. 그러나 그 당시 나는 엄청나게 많은 일에 매달려 있었기 때문에 나의 활동 범위는 제한되어 있었다.

그런데 내가 4주 만에 쓴 책 『털 없는 원숭이(The Naked Ape)』가 놀랍게도 베스트셀러가 되면서 사정이 싹 바뀌었다. 뜻밖의 횡재를 한 나는 40살에 언제 어디든지 자유롭게 여행할 수 있게 되었다. 나는 1968년 런던의 현대미술관장 자리를 박차고 아내 라모나 (Ramona)와 함께 세계 탐사 여행에 나섰다.

그후 30년에 걸쳐 나는 그동안 잃어버린 시간을 보충했다. 내 기록을 보면, 나는 지금까지 외국 여행을 281차례나 했으며, 76개국을 방문했다. 그러면서 나는 인간 행동의 모든 측면을 보고 싶은 충동이 일었고, 아직도 그 충동은 사그라지질 않았다. 생각 같아서는 전세계의 모든 문화를 다 돌아보고 싶지만, 아직도 방문해야 할 나라가 100여 국 이상이나 남아 있기 때문에 그 꿈은 이루어지지 못할 것이다.

이러한 방랑벽은 단순히 호기심에서 생겨난 것이 아니다. 인간 행동을 관찰하고 기술하는 것을 사명으로 삼은 이상, 다양한 모든 형태와 유형을 모두 관찰하는 것은 필수적이다. 자신이 살고 있는 사회만 관찰해서는 인간이라는 종(種)에 대한 글을 제대로 쓸 수 없다. 내가 틈만 나면 히스로 공항으로 향하는 것은 이 때문이다.

이렇게 인간을 관찰한 결과는 1967년에 출간된 『털 없는 원숭이』에서부터 1997년에 나온 『인간의 성(The Human Sexes)』에 이르기까지 모두 16권의 책으로 출간되었다. 그런데 이 책들에는 내가 여행하면서 겪은 개인적인 일화들이 빠져 있다. 여행 중에 신기한 일들이 많이 일어났는데, 그 이야기들은 내가 방문한 장소와 사람들에 대해 중요한 내용을 담고 있다. 이 책에서 나는 일련의 간략한 스케치를 통해 인간이라는 종을 찾아 나선 여행 도중에 마주쳤던 다양한 인간의 모습을 보여 주려고 한다.

차례

몰타 섬 탐사

지중해 세계를 탐사할 전진 기지로 몰타 섬을 선택할 때만 해도 라모나와 나는 그곳의 사회와 역사에 대해서는 아는 것이 아무것도 없었다. 우리는 1967년 가을에 그곳을 잠깐 방문했다가 부동산 반짝 구매 여행에 휩쓸려 주섬의 중심부에 위치한, 방이 30개나 딸린 빌라 아파프 볼로냐를 사들였다. 그것은 엄청난 충동 구매였다.

그로부터 넉 달이 못 돼 우리는 거기서 여유 있게 따뜻한 햇살을 즐기는 나태하고 방종한 생활을 즐겼다. 그것은 매일 중압감과 일에 시달리던 런던 생활과는 너무나도 대조적인 신선한 충격이었다. 평생 처음으로 넉넉한 돈을 손에 쥔 우리는 되도록 빨리 그것을 다 써버리고 런던의 일상으로 돌아가기로 마음먹었다. 베스트셀러에서 얻은 뜻밖의 돈을 안전하게 저축하는 대신에 잠깐 동안의 자유를 완전히 낯선 다른 문화를 경험하는 데 사용하기로 한 것이다. (몰타 사회는 1960년대 이후에 크게 변했다는 점에 유의하기 바란다.)

시계처럼 엄격한 검열

우리가 몰타에 이끌린 것은 친절한 주민, 인상적인 건축, 멋진 기후, 지중해의 중심이라는 위치, 그리고 영어가 널리 통한다는 점 때문이었다. 그러나 프리 섹스가 유행하던 1960년대의 런던에서 온 우리는 이곳의 심한 검열과 종교 지도자들의 막강한 권력을 미처 예상치 못했다.

우리는 빌라에 도착하고 나서 얼마 지나지 않아 자그마한 몸집의 곤치(Gonzi) 대주교가 수장으로 있는 몰타 가톨릭 교회의 태도가 거의 중세 시대와 비슷하다는 사실을 알게 되었다. 우리는 그것도 모르고, 세상에서 유일하게 교회에서 내 책을 조직적으로 불사르는 나라에 살겠다고 온 것이었다. 처음에 나는 이 사실에 몹시 불안을 느꼈으나, 시간이 지나면서 이곳에서 평온하게 살아가는 데에는 별 지장이 없겠구나 하는 느낌이 들었다. 몰타 주민들은 천성이 아주 너그러워서, 내가 쓴 책 『털 없는 원숭이』가 금서라는 사실에도 불구하고 나를 기꺼이 손님으로 반겨 주었다. 이러한 이중적 기준에 궁금증이 생긴 나는 금서 목록이 실제로 존재하는지 알아보았다. 그런 목록이 있긴 하지만, 공식적으로 얻을 수는 없다는 답을 들었다. 거기에는 세상의 모든 금서가 다 올려져 있는 것이 아니라, 몰타에 들어와 압수되고 파기된 책만이 기록된다고 했다. 다시 말해서, 몰타 시민이 어떤 책을 들여 왔다는 사실이 증명되기 전까지는 그 책은 무죄라는 것이다. 그러한 사실이 드러난 후에야 검열관의 심리를 받고, 유죄로 판정되면 그 책은 난로 속으로 던져진다.

따라서 '금서 목록'에는 검열관의 그물에 걸린 책들만 실려 있고, 언젠가 발견될지도 모를 불온한 책은 빠져 있다. 나는 몰타의 우체국 법령 중에 "우체국장은 밀봉된 편지 이외에 상스럽거나 외설스럽거나 불경스럽거나 민심을 선동하는 내용을 포함하고 있는 것으로 의심되는 우편물을 개봉할 수 있고, 만약 그러한 의심이 확인되면 그것을 파기할 수 있다"는 조항이 있는 것도 발견했다. 『털 없는 원숭이』는 인간을 동물로 보고 진화론을 지지하며 인간의 성행위를 약간 자세히 다루었기 때문에, 세 차례나 불 속에 집어던져져야 마땅할 것이다. 내 책이 불경스러운 책의 명단에 올라간 것은 전혀 놀랄 만한 일이 아니었다.

나는 목록에 올라 있는 다른 작가들의 이름을 알고 싶은 호기심에 사로잡혔다. 이름을 밝힐 수 없는 한 지방 기자가 나를 도와 주었다. 그는 그 목록의 복사본을 몰래 준비하여 마치 핵무기 설계도라도 되는 듯이 은밀하게 내게 건네 주었다. 그것을 본 나는 내 눈을 믿을 수 없었다. 거기에 올라 있는 이름들은 너무나도 놀라웠다. 교회가 정신이 나간 것일까?

나는 모욕감을 느끼기는커녕 오히려 기분이 좋아졌다. 믿기 어렵게도 발자크, 스탕달, 볼테르, 졸라와 같은 대가의 이름들이 내 이름과 함께 적혀 있었기 때문이다. 지금이 1960년대 말인데도 몰타 당국은 스탕달의 『적과 흑』과 내가 가장 좋아하는 볼테르의 『캉디드』를 불태우고 있었다. 『적과 흑』은 1830년에 처음 출간되었고, 『캉디드』

는 그보다 앞서 1759년에 출간된 책인데 말이다. 도저히 믿기 힘든 일이었다.

목록이 더욱 기묘하게 보인 것은 명단이 알파벳순으로 나열된 것이 아니라, 책이 수입된 연도순으로 나열되어 있기 때문이었다. 그래서 유명한 문학 작품 바로 옆에 천박한 포르노 작품이 나란히 적혀 있기도 했다. *Keep it Kinky, Until She Screams, Young Topless, Sex Trap, Slaves to Sin* 같은 작품이 검열관도 주저할 이유가 없었다. 비슷한 책들과 함께 그냥 난로 속으로 던져 넣으면 된다. 그러나 그중에는 고전적인 문학 작품뿐만 아니라, 킹슬리 에이미스(Kingsley Amis), 메리 매카시(Mary McCarthy), 니콜러스 몬사라트(Nicholas Monsarat), 알란 실리토(Alan Sillitoe)와 같은 최근의 유명한 작가들도 있었다. 심지어 고(故) 레슬리 토머스(Leslie Thomas)도 들어 있었는데, 그의 책은 두 권이나 포함되어 있었다.

성교육 교재 역시 불 속으로 던져졌다. 검열관이 불 속으로 던진 책 중에는 『성 심리학』, 『결혼에서의 성적 책임』, 『결혼에서의 성적 행복』, 『성적 즐거움을 찾아』, 『피임약에 대한 진실』, 『혼자 사는 여성을 위한 성적 매너』, 『사랑의 ABC』 등도 포함되어 있었다.

나는 이 경건한 분서(焚書) 작업에 큰 흥미를 느껴 몇 가지 질문을 더 해보기로 했다. 나는 아직도 그 금서 목록이 진짜라는 것을 믿을 수 없었다. 그 기자가 나를 놀리는 것이라고 생각했다. 그러나 애석하게도 내 생각은 틀린 것으로 밝혀졌다. 나는 발레타에 몇 개밖에 없는 서점에 들러 몇몇 책이 있는지 물어 보았으나, 그 책들은 주문도 할 수 없고, 팔 수도 없다는 대답을 들었다. 그렇지만 다음번에 몰타에 올 때, 개인적인 용도로 그 책들을 가져오는 것은 허용될 것이라는 이야기를 들었다. 방문객인 나는 그 책들을 읽을 수 있지만, 몰타 주민은 그 책들을 읽을 수 없다고 했다. 금서 목록은 사실이었다. 몰타는 사실상 암흑 시대에 살고 있는 것이다.

나는 파티에서 만난 몰타의 유명한 작가에게 이 문제에 대한 내 생각을 이야기했다. 그는 씩 웃으면서 자기 코 옆을 두드렸다. 나는 그도 나와 같은 불쾌감을 느끼길 기대했지만, 그는 오히려 몰타에서 내 책의 판매가 급증할 것이기 때문에 금서가 된 걸 행운으로 생각하라고 말했다. 어떤 책이 금서로 지정되었다는 소문이 돌면, 모두가 그 책을 구해 보려고 하며, 많은 책들이 밀반입된다는 것이었다. 그는 또한 그 일에 대해 침묵을 지키는 게 중요하다고 강조하면서 그냥 섬에서 즐겁게 지내라고 말했다. 내가 소란을 피우지 않는 한, 당국도 나에 대해 신경 쓰지 않을 것이라고 했다. 나는 가톨릭 신자도 아니고 몰타인도 아니기 때문에, 그들은 나를 이곳에 사는 텃새가 아니라 지나가는 철새로 여긴다는 것이다. 나는 몰타인들이 지나가는 철새에게 주로 하는 일은 총으로 쏘아 잡아 박제로 만드는 게 아니냐는 말이 튀어나오려는 걸 참았다.

그의 충고를 가슴 깊이 새긴 나는 악명 높은 금서 목록에 대해서는 싹 잊어버리고 이곳 생활을 즐기기 시작했다. 태양과 바다와 멋진 바위가 있는 이곳에서 그것은 아주 쉬운 일이었다. 그렇지만 나는 몰타의 교회, 특히 깊은 존경을 받고 있는 곤치 대주교에게 큰 호기심을 느꼈다. 나는 기다란 땅 위에 거리들이 기하학적으로 아름답게 배치되어 맨해튼의 축소판처럼 보이는 수도 발레타를 경탄의 눈으로 구경하다가 그를 처음 만났다. 내가 대주교관으로 다가가고 있을 때, 군중 사이에 약간의 소란이 일었다. 인도를 걸어가던 사람들의 시선이 일제히 같은 방향을 향하는 것이었다. 그들의 시선을 따라가다가 나는 검은색으로 반짝이는 기다란 물체가 나를 향해 소리 없이 다가오는 것을 보았다. 그것은 거대한 캐딜락이었는데, 몸을 뻣뻣하게 세운 운전기사가 운전하고 있었다. 번호판이 아주 독특했다. 검은색의 번호판 대부분은 텅 비어 있었다. 숫자도 문자도 적혀 있지 않았다. 그렇지만 한가운데에 수직으로 문장 같은 게 그려져 있었다. 가까이 다가왔을 때 보니 그 문장은 대주교의 미트라(주교관)였다. 차 안에는 한 사람만 탈 수 있었는데, 완전한 복장을 갖춘 자그마한 몸집의 곤치 대주교가 앵무새처럼 앉아 있었다.

그가 발레타 시민에게 미치는 영향력은 인상적이었다. 번쩍이는 캐딜락이 지나가는 동안 그들은 동작을 멈출 뿐만 아니라, 한 무릎을 땅에 대고 앉았다. 차가 그 앞을 지나가자, 마치 도로 양편으로 물결이 지나가는 것처럼 사람들이 차례로 꿇어앉았다. 이것은 최상의 행동이다. 이곳 사람들은 종교적 행위가 어떤 것인지 잘 알고 있다. 기타를 연주하며 유행을 좇는 교구 신부가 권위를 떨어뜨리는 일 같은 것은 이곳에서 절대 일어나지 않는다. 이것이야말로 진정한 믿음이다.

종교를 전혀 믿지 않는 구경꾼인 나는 현대적인 생활을 거의 용납하지 않는 교회에 깊은 인상을 받았다. 몰타는 수백 년 전으로 돌아가 종교적인 복종을 목격하게 해주는 타임머신과 같았다. 부조화스러워 보이는 캐딜락(이것은 북아메리카로 이주한 몰타 사람들이 보낸 선물이다)조차 깃털 장식을 단 검은 말들만 없다뿐이지 멋진 정장 마차로 둔갑한 것처럼 보였다.

조금 더 조사해 보았더니 몰타 교회는 사회 생활의 구석구석까지 영향력을 미치는 것으로 드러났다. 그들은 야당인 노동당 정치인들에게는 교회 묘지에 묻히는 것을 허락하지 않았다. 학교 제도도 완전히 장악하고 있었다. 한번은 일부 대학의 도서관 벽에 기독교 상징이 없다는 것을 발견한 교회가 즉시 온갖 십자가로 벽을 장식하기도 했다.

심지어 함대가 항구에 머문 후부터는 발레타의 매춘부들에게서 일정 비율의 수입을 요구한다는 소문도 있었다. 그 돈을 내고 여자들은 신의 용서를 받는다는 것이다. 또 교회는 이 불행한 여인들이 섬으로 들여오는 피임 기구도 몰수할 것을 요구했다는 말도 있었다.

해변에서는 법으로 정숙을 강요하며, 몰타 여인이 투피스 수영복을 입는 것은 범법 행위가 된다. 해변에서 벗어난 지역에서도 여성은 반바지를 입는 게 금지되어 있고, 심지어 바지를 입는 것도 곱지 않은 시선을 받게 된다. 도심이나 마을에서 남자가 허리까지 옷을 벗고 나다니는 것 역시 금지되어 있다(관광안내 책자에 그러한 행위는 하지 말라고 분명히 명시되어 있는데도 불구하고, 1960년대 말에 들어 외국인들은 이러한 제약을 무시하기 시작했다).

이러한 과도한 금지 조처와는 대조적으로 교회측이 과도한 열정을 보이는 것도 몇 가지 있다. 교회는 죄인들의 고통을 보여 주길 좋아한다. 매년 성(聖) 금요일(Good Friday, 그리스도의 수난 기념일로 부활절 전 금요일—옮긴이 주)이 되면 코르미 마을에서는 긴 행렬이 출발한다. 친구인 몰타인 의사가 우리를 그곳에 데려갔는데, 그는 자기에게 큰 수입을 가져다 주기 때문에 이 행사를 늘 즐긴다고 했다. 지난한 해 동안 죄를 지은 사람들은 맨발에 검은 두건을 쓰고 다리에 무거운 쇠사슬을 매달고 커다란 십자가를 진 채 몇 km를 걸어가는 이 행렬에 참가함으로써 사악한 죄를 속죄 받을 수 있다. 커다란 나무 십자가에는 구멍이 하나 있는데, 그 속에 죄 하나당 무거운 납을 하나씩 집어넣게 되어 있다. 그래서 많은 죄를 지은 사람은 행사가 끝날 무렵에는 심한 고통을 받고, 발은 물집투성이가 된다. "저기 조지가 있군요." 의사 친구가 낄낄거리며 말했다. "내일 아침 일찍 당장 수술을 받으러 오겠군요." 그의 사업 전망은 아주 밝아 보인다.

몰타 교회는 또한 하느님에게 자기들이 여전히 그곳에 있다는 걸 알리는 걸 좋아해, 아주 큰 폭발을 통해 그 사실을 상기시키려고 한다. 각 마을마다 연례 축제가 열리는데, 그럴 때면 화려하게 장식된 거리를 그 지방의 성인상을 앞세우고 행진하면서 창문을 덜컹거리게 하고 고막을 찢는 듯한 폭발음을 낸다. 이 폭죽은 지방의 폭죽 공장에서 만드는데, 매년 제조 과정에서 몇 사람이 사망한다. 모든 폭죽은 한결같이 엄숙하게 드럼을 치는 듯한 '두두두두두―' 소리에 이어 '쾅!' 하고 폭발한다. 땅을 뒤흔드는 폭음은 폭죽이 폭발하는 맨 마지막 단계에서 난다. 이러한 폭죽들의 목적은 오직 한 가지, 이웃 마을보다 더 큰 소리를 내는 것이다. 이것들은 우리가 흔히 알고 감탄하는 그러한 종류의 아름다운 장식용 폭죽이 아니다(비록 축제 때에는 그런 것도 등장하지만). 이것들은 마을의 지위를 과시하기 위한 진지한 소리로, '공중 폭탄'이라고 부르는 것이 더 어울린다.

각 마을은 누가 더 큰 소리를 내나 경쟁하면서 그렇게 해야만 하느님의 관심을 자기에게 더 끌 수 있다고 믿는다. 그러면 그 마을은 그해에 하느님의 은총을 특별히 더 많이 받을 것이라고 기대한다. 만약 하느님이 정말로 이 끔찍한 소리를 듣는다면, 즉시 해일을 일으켜 섬을 물 속에 잠기게 해 평온을 되찾으려고 하지 않을까 생각하는 사람들도 일부 있다(공포에 질린 개를 키우는 사람들을 포함해). 그러나 하느님은 귀가 좀 어두운 것 같고, 큰 폭음을 내기 위한 경쟁은 해마다 즐겁게 계속되며, 화약 냄새는 불타는 연기 냄새와 뒤섞여 축제가 끝난 후에도 기억 속에 오래 머무는 냄새를 만들어낸다. 만약 동물 애호가들이 공포에 질린 애완동물들을 보호하기 위해 몰타 소음 방지 협회를 결성한다면, 대주교는 두말할 것도 없이 그것을 악마의 행위로 규정하고 그 사람들을 즉시 파문할 것이다.

내가 곤치 대주교를 두 번째로 본 것은 로마행 비행기에서였다. 공항 주위에 떠도는 소문으로는 대주교의 신앙심이 너무 지나쳐서(이것을 정확하게 뭐라고 표현해야 할지 모르겠다) 그를 견책하기 위해 교황이 불렀다고 한다. 교황은 곤치의 중세식 태도를 염려하여 그러한 자세를 누그러뜨리고 20세기의 발전을 어느 정도 이해하도록 노력하라고 부드럽게 타이르려는 것으로 생각되었다. 그러나 대기하고 있는 비행기로 들어서는 곤치의 의기양양한 태도로 보아 교황은 하루저녁을 허비하겠구나 하는 생각이 들었다.

몰타항공의 로마행 비행기는 1등석 칸이 아주 비좁아 중앙 통로 양편으로 좌석이 몇 개밖에 없었다. 일찍 탑승한 내가 유일한 승객이었는데, 그때 곤치가 들어섰다. 순간, 몰타인 스튜어디스는 당황하는 기색이 역력했다. 몸에 착 달라붙는 짧은 스커트를 입은 스튜어디스는 한쪽 무릎을 꿇고 인사를 드려야 하는 게 여간 불편하지 않을 것이다. 몸집이 큰 보디가드를 대동한 곤치는 빈 좌석들을 둘러보다가 자기 마음에 드는 창가 쪽의 좌석을 골라 앉았다. 아무도 좌석표 같은 세속적인 절차가 있다는 사실을 감히 설명하려 들지 않는다. 그는 창문을 통해 밖에 서 있는 사람들을 향해 보석이 장식된 장갑을 흔들었다.

이제 보디가드가 자신의 주인을 하늘의 자비에 맡긴 채 비행기에서 내릴 시간이 왔다. 그렇지만 떠나기 전에 대주교에게 한쪽 무릎을 꿇고 장갑 낀 손의 반지에 키스를 해야 한다. 창가 좌석에 앉아 있는 곤치에게 그러한 행동을 하는 것은 쉬운 일이 아니지만, 보디가드는 선택의 여지가 없다. 그는 무릎을 꿇고는 능숙한 몸짓으로 통로 쪽 좌석 위로 허리를 굽혀 대주교의 장갑으로 얼굴을 가져갔다. 그러나 입술이 닿지 않자, 그는 마지막 혼신의 힘을 다해 쭉 내민 입술을 신성한 반지에서 몇 센티미터 떨어진 곳까지 가져갔다. 불행하게도 이 마지막 동작 때 그의 고환이 좌석 팔걸이에 고통스럽게 부딪치면서 그는 반지에 키스하는 대신에 나직한 신음 소리를 토했다. 약간 엉거주춤한 자세로 물러나 비행기를 내려간 그는 어기적거리며 포장 도로 위로 걸어간다.

곤치는 충성스러운 보디가드가 겪은 사건을 전혀 모른 채 그에게 행복한 미소를 보낸다. 그때 미국 대사와 그 부인이 활기찬 모습으로 들어섰다. 대사는 1등석 표를 손에 들고 좌석을 찾았다. 그러다가 그는 당황한 기색으로 부인에게 좌석표를 보여 주었다. 곤치가 바로 그들의 좌석에 앉아 있었던 것이다. 그는 단지 앉아 있기만 한 것이 아니라, 긴 옷자락을 펼치며 왕처럼 그 위에 올라앉아 초라한 좌석 2A를 신성한 옥좌로 바꾸어 놓았다. 대사와 그 부인은 당황한 기색으로 대화를 나누다가 더욱 당황한 표정을 짓고 있는 스튜어디스와 대화를 나누었다. 내 귀에 그들이 나누는 대화가 들려왔다. 늙은 곤치를 좌석에서 비키게 하느냐 아니면 다른 좌석에 앉느냐를 놓고 논쟁을 벌이고 있었다. 다른 좌석에 앉는 것도 한 가지 문제가 있었는데, 원래 곤치의 좌석이 어디인지 모르기 때문이다. 다른 사람의 좌석에 앉았다가 다시 거기서 쫓겨나는 창피를 당할 수도 있다.

곤치도 마침내 그 사람들을 알아보고, 그들의 표정에 나타난 불안한 기색도 눈치챘다. 그는 상황을 완전히 이해한 것처럼 보였다. '영적으로 나약한 존재들이 비행기를 타는 걸 두려워하고 있구나. 끔찍한 비행기 사고로 죽을지도 모른다는 두려움 때문에 저렇게 정신 불안 상태에서 지껄이고 있구나. 그렇다면 내가 도와 줘야지'. 그는 작은 체구에 어울리지 않는 큰 목소리로 초조한 표정으로 서 있는 부부에게 위엄 있게 말했다. "두려워하지 마시오. 내가 비행기에 타고 있는 한, 하느님은 이 비행기를 추락하게 하지 않을 테니까." 그것으로 문제는 해결되었다. 미국인 부부는 더 이상 소란을 피우지 않고 1A와 1B 좌석에 앉았다. 다행히도 더 이상 1등석 승객은 타지 않았고, 마침내 문이 닫히고 비행기가 출발했다.

나는 왜 곤치에게 호감을 갖게 되었을까? 나는 그가 대표하는 모든 것, 즉 과학적 호기심이 아닌 제도화된 미신과 맹목적인 신앙을 싫어한다. 그럼에도 불구하고 이 짧은 만남은 내게 즐거움을 주었다. 그의 특이함이 내게 깊은 인상을 준 것이 아닌가 생각한다(1968년도 『몰타 연감』에 따르면, 곤치가 가진 직함 중에는 '영국군 소장'도 들어 있는데, 몰타의 성직자가 받은 이 직함은 그를 더욱 특이하게 보이게 한다). 누군가 말한 것처럼, 무미건조한 친구보다는 화려한 원수가 더 재미있어 보이는 법이다.

며칠 뒤, 빌라로 다시 돌아온 나는 한 이웃과 함께 포도주잔을 기울이며 이 모든 이야기를 들려 주었다. 그는 내가 가장 좋아하는 작가 중 하나인 앤소니 버지스(Anthony Burgess)로, 옆 마을인 리자에 오래된 멋진 집을 사서 살고 있었다. 뛰어난 문장가인 그는 첫 번째 삶에서 예상외로 살아남아 이제 제2의 삶을 살고 있었다. 몇 년 전에 그는 뇌종양 말기 상태로, 1년밖에 살 수 없다는 진단을 받았다. 그러자 그가 보인 반응은 곧 과부가 될 마누라에게 충분한 유산을 남겨주기 위해 눈썹이 휘날릴 속도로 여섯 권의 소설을 쓴 것이었다. 의사의 진단이 오진으로 드러나고 다시 건강을 되찾았을 때, 버지스는 자신이 6년에 소설 한 권이 아닌 일 년에 여섯 권을 완성할 수 있는 능력이 있다는 사실을 깨달았다. 게다가 작품의 질도 우수했다. 급하게 서둘러 썼다고 해서 절대로 작품의 질이 떨어지지 않았다. 오히려 강렬하고 유창하게 흘러나오는 단어들이 작품의 질을 높여 주었다. 그래서 그런 작업 페이스를 계속 유지해갔고, 게으른 친구들이 비도덕적이라고 여길 정도로 작품을 빠르게 써냈다. 그의 서재에서는 책들이 마구 쏟아져 나왔고, 삶은 다시 활기가 넘쳤다.

아내가 죽자 그는 곧 재혼했다. 그는 발랄한 두 번째 아내와 어린 아들과 함께 몰타로 옮겨와 나처럼 도시의 압박에서 벗어난 생활을 즐기고 있었다. 그러나 우리 사이에는 커다란 차이점이 한 가지 있었다. 나는 곤치와 그 주변 사람들을 바로크 양식의 흥미로운 대상으로 바라보는 비종교적인 관찰자인 반면, 버지스는 교회에 관한 문제를 아주 진지하게 여기는 열성적인 가톨릭 신자였다. 내가 가벼운 마음으로 악명 높은 그 금서 목록에 대한 이야기를 하자 그는 폭발했다. "어떻게 그런 일을 할 수 있단 말입니까! 그들은 정신이 나갔군요!"

이제 나는 금서 목록을 그저 재미있는 일화로 여겼고, 내 책이 이중적인 의미에서 자극적이라는 사실을 오히려 즐기고 있었다. 그러나 버지스는 자신이 믿는 교회가 그렇게 드라콘(Drakon)처럼 혹독하게 행동한다는 것은 큰 문제라고 생각했다. 그는 나를 위해 항의를 하겠다고 마음먹었다. 나는 그러지 말라고 말렸다. 예감이 좋지 않았다. 격정에 넘친 버지스의 모습은 불안감을 일으켰는데, 나는 그저 이 매력적인 섬의 높은 돌담 뒤에서 평온하게 살아가고 싶었다. 나는 사회적으로 관심의 초점이 되는 일은 되도록 피하고 싶었다. 그러나 그를 멈출 방법이 없었다.

비록 몰타의 기준에서는 매우 현대화된 생각이긴 했지만, 독실한 가톨릭 신자인 그는 자신도 그들 중 한 사람으로서 이야기할 수 있다고 느낀 것 같다. 그는 가톨릭 신자 대 가톨릭 신자로 이야기할 때에는 당당하게 '우리'라고 말할 수 있다고 생각했다. 큰 실수를 하는 것은 아닐까? 그는 몰타의 왕립대학에서 공개적인 강연을 하기로 결정했다. 분명 엄청난 실수를 저지르는 거야. 그리고는 우스꽝스러운 검열 제도에 대해 몇 가지 진실을 이야기할 것이라고 한다. 돌이킬 수 없는 중대한 실수가 되지 않을까?

그는 내 책을 변호하고, 그것을 금서 목록에서 해제해야 한다고 주장할 그 강연장에 나와 달라고 부탁했다. 사실 그는 금서 목록 자체를 없애길 바란다. 나는 다시 한번 그를 말리려고 노력했지만, 아무 소용이 없었다. 그의 뛰어난 문학적, 언어적 뇌는 작가로서는 경외심을 불러일으키지만, 그와 동시에 그는 세상 물정에는 우스꽝스러울 정도로 어둡다. 아직 사회적인 일의 미묘한 구석을 알지 못하는 어린 천재와 비슷하다. 그는 항상 세상 물정에 어두운 쪽에 서 있다. 그는 도서관에서는 현명할지 모르지만, 세상을 살아가는 데에는 어리석은 사람이다. 내가 볼 때 그것은 큰 매력이기도 하지만, 그로 인해 그는 값비싼 대가를 치를 것이다. 나는 그 강연장에 참석해 달라는 그의 요청을 거절했다.

　마침내 그날이 왔다. 버지스는 유명한 인물이라서 모인 청중도 인상적이었다(나중에 거기에 참석한 사람이 내게 들려준 이야기에 따르면). 훌륭한 문학적 이야기를 들을 것이라고 기대하여 몰타 사회의 많은 엘리트가 거기에 모였다. 그러나 그들은 곧 가시 방석 위에 앉았다는 것을 알았다. 버지스는 그들의 고상한 체하는 행동과 속좁음에 대해 장황하게 비난했다. 그리고 그들이 몰타 주민을 어린이로 취급한다고 꾸짖으면서, 이미 어른인 몰타인들이 모든 종류의 경험에 접하는 것을 막는다면 그들은 무엇이 옳고 그른지 판단할 수도 없고, 악에 대항하지도 못하게 될 것이라고 말했다. 만약 사람들을 버릇 나쁜 어린이로 취급한다면, 그들은 버릇 나쁜 어린이처럼 행동할 것이라고 말했다. 그리고 그는 "영국으로 이민 간 몰타 사람이 소호 거리에서 매춘업에 종사하는 것은 전혀 놀라운 일이 아닙니다"라고 목소리를 높였다.

　그의 장황한 연설에 대한 청중의 반응은 싸늘한 침묵과 집단 퇴장이었다. 인구밀도가 높은 이 작은 섬에서는 예의를 매우 중요하게 여기는데, 좋은 의도에도 불구하고 귀에 거슬리는 버지스의 발언은 교양 있는 청중에게 매우 모욕적으로 들렸다. 버지스는 같은 가톨릭 신자이기 때문에 그들을 가족처럼 대할 수 있다는 생각에서 '우리'라는 단어를 계속 사용했지만, 그들이 볼 때 그는 그저 존경받는 방문객이자 유명한 외국인일 뿐이었고, 그들이 가장 원치 않는 것이 있다면 그것은 바로 '공개적인 가족 다툼'이었다.

　다음 날 버지스는 아내와 아들을 데리고 잠시 이탈리아로 여행을 떠났다. 일주일 후에 몰타로 돌아온 그들은 자기 집의 모든 문들이 맹꽁이 자물쇠로 잠겨 있는 것을 발견했다. 그들은 더 이상 섬에서 환영받지 못했다. 충격을 받은 그들은 이탈리아로 돌아가 그곳에서 살기로 했다.

나도 무서움을 느꼈지만, 내가 할 수 있는 일은 아무것도 없었다. 나는 그를 말리려고 최선을 다했지만, 그는 내 말을 들으려고 하지 않았다. 몰타에는 나이절 데니스(Nigel Dennis), 니콜러스 몬사라트, 헌터 데이비스(Hunter Davies), 프레더릭 멀럴리(Frederick Mullally)를 비롯해 다른 작가들도 많이 살고 있었고, 그중 몇몇은 나처럼 금서 목록에 올라 있었지만 모두 나처럼 자기 일에만 몰두하면서 조용히 살아가고 있었다. 우리는 방문객이고, 이곳에서 몰타의 태양을 즐기며 살아가길 원한다면, 몰타의 문화적 전통을 존중해야만 한다. 개인적으로는 그렇게 이질적인 문화야말로 매력적인 요소 중 하나로 보인다. 그것은 인간의 본성에 대해 새로운 직관을 제공해 준다. 나는 그들의 문화가 우리 것과 똑같길 바라지 않는다. 그들을 변화시키고 싶지도 않다. 사람들은 희귀종이 위기에 처할 때마다 생물 다양성의 중요성에 대해 입이 아프게 이야기하지만, 마찬가지 이유로 나는 문화적 다양성을 강조하고자 하며, 색다른 문화를 만나는 순간을 매우 소중하게 여긴다.

한 가지 예를 든다면, 몰타의 검열국에는 유두 검열관이라는 직책이 있다. 매일 아침 이 젊은이는 자리에서 일어나 옷을 단정하게 차려입고 사무실로 향한다. 그곳에서 그는 유럽과 아메리카에서 새로 들어온 잡지더미 앞에 앉는다. 그는 이 간행물들의 페이지를 한 장 한 장 넘기면서 여성의 젖꼭지가 노출된 사진이나 그림이 없는지 꼼꼼히 살핀다. 그런 것이 발견되면 그는 손을 뻗어 잉크 스탬프를 집은 다음, 잉크 패드에 눌렀다가 외설적인 젖꼭지 위에 쾅 내리찍는다. 조준이 정확하다면 이 외설적인 여성의 신체 부위는 완전히 가려져, 《보그》나 《하퍼스》, 《라이프》를 펼치다가 충격을 받게 될 순진한 몰타 주민의 눈을 보호해 준다.

나는 그렇게 젖꼭지를 지워 버린 잡지를 몇 권 보관하고 있는데, 훗날 의도적으로 젖꼭지를 지운 모습이 얼마나 섹시한지 떠올리기 위해서이다. 다만 염려되는 게 있다면 몇 시간 동안이나 젖꼭지를 계속 두들겨야 하는 그 젊은이의 마음이다. 그의 입장에서 한번 생각해 보라. 젖꼭지, 쾅! 젖꼭지, 꾹, 젖꼭지, 탕! 하루 일과가 끝날 때쯤 그가 하루 종일 한 일이라고는 수천 개의 젖꼭지를 난폭하게 두들겨 지운 것뿐이다. 그 일이 그의 심리 상태에 어떤 영향을 미칠지 짐작하기 어렵다.

앤소니 버지스와 금서에 관한 뒷이야기가 또 있다. 몇 년 후 버지스 자신이 검열관과 문제가 생겼는데, 다만 이번에는 그 장소가 영국이었다. 그가 쓴 특이한 소설 『시계 장치 오렌지(A Clockwork Orange)』라는 작품을 미국의 훌륭한 감독 스탠리 큐브릭(Stanley Kubrick)이 영화로 만들었다. 그 영화는 폭력성이 너무 심했기 때문에 대중이 격렬하게 항의하면서 모든 영화관에서 상영을 금지해야 한다고 요구했다. 큐브릭은 나에게 도움을 청했다. 그의 초대로 나는 라모나와 함께 런던의 시사회에 참석했고, 둘 다 깊은 인상을 받았다. 그것은 역작이었다. 내용이 폭력적인 것은 사실이었지만, 고상한 스타일과 영화적인 우아함으로 포장되었기 때문에 전체적으로는 위대한 예술 작품이었다. 나는 조금의 망설임도 없이 비평가들의 비판에 대해 그 영화를 옹호하고 나섰고, TV 토론에서 맬컴 머거리지 (Malcolm Muggeridge) 목사와 논쟁을 벌이기로 했다. 머거리지 목사는 그 영화에 정말 질색한 것처럼 보였으며, 설득하기가 어려웠다. 그렇지만 나는 최선을 다했고, 그 보답으로 규브릭 부부는 우리 부부를 저녁식사에 초대했다. 큐브릭은 사람들을 피해 숨어 사는 생활을 하는 것으로 유명했기 때문에, 이것은 아주 특별한 초대였다.

그는 엘스트리의 외진 길가에 외따로 서 있는 집으로 찾아가는 길을 알려 주었고, 우리는 칠흑같이 어두운 금요일 저녁에 출발했다. 그의 집 앞 도로로 접어들자 커다란 농장 문처럼 생긴 것이 우리 앞을 가로막고 섰는데, 거기에는 커다란 팻말이 붙어 있었다. 나는 차에서 내려 그곳으로 가까이 가서 전조등에 비친 글을 읽어 보았다. 거기에는 얼마 전에 한 방문객이 문을 완전히 닫지 않는 바람에 그가 지나간 후 문이 천천히 열렸고, 그 때문에 큐브릭이 기르던 개가 도로로 나가 차에 치여 죽었다고 적혀 있었다. 따라서 처음에 문이 닫힌 것처럼 보이더라도 한 번 더 문을 닫아 달라고 특별히 당부했다. 한 번 문을 닫는 것으로는 완전히 안심할 수 없기 때문에, 한 번 더 문을 더 세게 닫음으로써 문을 완전하게 닫아 달라고 했다.

나는 차가운 밤 공기 속에서 전조등 불빛에 비친 그 긴 글을 꼼꼼히 읽느라고 한참 서 있었고, 라모나는 흥미롭다는 표정으로 그런 나를 지켜보았다. 나는 왜 큐브릭이 종종 한 장면을 찍는 데 백 번이나 촬영을 해야 만족하는지 이해할 만했다. 나는 문을 열고 차를 통과시킨 다음, 다시 돌아와서 팻말에 적힌 대로 정확하게 문을 닫는 절차를 밟았다. 첫 번째 시도에서 내가 제대로 했는지 확신이 서지 않았기 때문에, 문을 다시 연 다음 한 번 더 닫았다. 처음에 세게 닫고 나서 다시 힘껏 닫았다. 그러자 첫 번째에는 느껴지지 않던 다른 진동이 느껴졌다. 완벽하게 성공한 것이다.

나는 차로 돌아와 다시 차를 몰기 시작했다. 한참 가다 보니 전조등 불빛에 문이 나타났다. 거기에도 큰 팻말이 붙어 있었다. 나는 또 한 번 차 밖으로 나가 거기에 적힌 것을 읽어 보았다. 그것은 방문 목적에 따라 방문객을 분류하는 내용이었다. 어떤 사람은 이리로 가고, 어떤 사람은 저리로 가라고 적혀 있었다. 그렇지만 그중에서 친밀한 저녁 식사를 위해 방문한 사람에게 딱 맞는 것은 없었다. 어쨌든 그래도 우리의 목적에 가깝다고 생각되는 범주는 오른쪽으로 가는 것이었다. 그러한 팻말을 두 번 더 지난 후에야 주차하기에 적당한 장소에 도착했다. 우리는 차에서 나와 어둠 속을 더듬거리며 불빛이 비치는 창문을 향해 걸어갔다. 문을 발견한 우리는 노크를 하고 안으로 들어갔다. 복도를 지나가던 우리는 부엌에서 바쁘게 요리를 하고 있던 여자를 만났다. 그 여자는 깜짝 놀란 표정으로 우릴 바라보면서

무슨 일로 왔느냐고 물었다. 그 순간에 큐브릭이 나타나 우리가 누군지 알아보고는, 자기 아내를 소개하면서 왜 뒷문으로 왔느냐고 물었다. 나는 팻말들에 대해 이야기하면서 그 지시를 최대한 성실하게 따르려고 노력했다고 설명했다. 그러자 그는 주춤하면서 사과를 했다. "그것들은 주간용입니다. 야간용으로 바꿔 놓는 걸 깜빡했군요. 죄송합니다."

그 다음에는 친절하지만 조용하고 복잡하기도 한 매력적인 사람과 함께하는 멋있는 만찬이 시작되었다. 『시계 장치 오렌지』는 자전적인 이야기를 담고 있다. 영화에서 깡패들에게 고가의 타자기가 박살나는 '작가'는 버지스 자신이다. 그리고 고무공으로 입이 틀어 막힌

채 깡패들에게 강간을 당하는 작가의 아내는 버지스의 첫 번째 부인이다. 임신 중이던 그녀는 런던의 한 골목에서 탈영한 미군 병사 네명에게 난폭하게 폭행당했다. 그 사건은 제2차 세계대전 당시의 등화 관제 때 일어났는데, 그녀는 심한 폭행을 당한 나머지 유산하고 말았다.

나머지 이야기는 이 깡패들에 대한 버지스의 느낌과 그들을 어떻게 처리해야 하는가에 관한 이야기이다. 깡패 두목이 붙잡히자, 당국은 그를 재프로그램하기로 결정한다. 그의 눈꺼풀을 클램프로 고정시켜 눈을 계속 뜨게 한 채 지속적으로 혐오 요법(몸에 해로운 자극을 가함으로써 이상한 버릇이나 반사회적인 행동을 그만두게 하는 요법—옮긴이)을 받는다. 강간이나 다른 폭력 장면을 볼 때마다 그는 심한 고통을 받는다. 마침내 책임자들은 그가 '치료'되었으며, 더 이상 사회에 위협이 되지 않는다고 판단한다. 그러나 우리의 눈에 비치는 그의 마지막 모습에서 그의 자아는 전혀 변하지 않은 채 그대로 남아 있으며, 그는 그것을 억눌러 분출되지 않도록 하는 데 성공했다는 것을 알 수 있다.

당혹스럽게도 관객이 극장을 떠날 무렵, 우리는 내심 그 깡패 두목이 사회 체제에 승리를 거두는 순간을 즐겼다는 사실을 깨닫는다. 그렇지만 그는 영화의 앞부분에서 잔혹하게 강간을 저지르던 괴물이 아닌가! 버지스는 우리를 갖고 논다. 그는 우리가 국가의 노예 로봇처럼 변한 사람보다는 설사 악인이라 하더라도 자유를 누리는 인물을 더 좋아한다는 사실을 인정하도록 강요한다.

이것은 아주 놀라운 결론이며, 영화를 본 많은 사람들을 분노케 한다. 그러나 버지스는 "선을 강요당하는 것보다는 차라리 악을 선택하

는 것이 낫다"고 믿으며, 큐브릭은 "기계적 사회의 시계 장치는 도덕
적 선택의 유기적 생명력을 결코 모방할 수 없고, 만약 악이 하나의
가능성으로 인정되지 않는다면 선은 무용지물이다"라는 그의 믿음을
강조한다.

여기서 말하고자 하는 핵심은 독재적인 질서에 복종을 강요받는
사람은 그렇게 세뇌되어 자아를 영원히 상실할 수 있다는 것이다. 그
러나 어떤 사람이 선택의 자유를 갖고 있고 오늘 그것을 악을 위해
사용한다면, 내일에는 마음을 바꾸어 선을 위해 사용할 가능성도 있
다. 이 마지막 요점은 영화에서는 잘 드러나지 않는데, 그것은 큐브
릭이 미국에서 출판된 버지스의 작품에 기초해 영화 대본을 썼기 때
문이다. 미국에서 출판된 책에는 원작의 마지막 장이 삭제되었는데,
그 장에서 버지스는 그 젊은 깡패가 성숙하게 변해 젊은 시절의 폭력
성을 버리는 것으로 그렸다. 미국 출판사는 이러한 결말을 순진하게
낙관적이라고 판단하여 삭제해 버렸는데, 당연히 버지스는 크게 분
노했다. 그러나 그 장이 있든 없든 간에, 버지스가 전달하고자 하는
다음과 같은 핵심 메시지는 그대로 남아 있다. "선택할 수 없는 인간
은 더 이상 인간이 아니다."

이러한 사실을 감안하면, 왜 버지스가 몰타의 엘리트들에게 인기
없는 메시지를 전하려고 그렇게 목을 매었는지 충분히 이해가 간다.
몰타 당국은 엄격한 검열 제도를 적용함으로써 주민에게 스스로 결
정할 수 있는 기회를 박탈하고 있는 것이다. 온갖 형태의 개인적 반
항을 억누르는 것보다도 의심스러운 사상에 노출시키는 위험을 감수
하고서라도 그들에게 자유를 주는 편이 낫다. 파괴적인 반항 행동 하
나에 건설적인 행동 수십 가지가 따를 수 있으며, 사회에 혁신과 승

리를 가져다주는 것은 바로 이것이라는 사실을 깨닫는 것이 중요하다. 아내가 젊은 불량배들에게 무참하게 공격당하는 일을 겪은 사람에게서 나온 평가치고는 실로 놀라운 것이라 하지 않을 수 없다. 그러나 그렇게 함으로써 앤소니 버지스는 위대한 인물이 되었다.

노트

큐브릭의 〈시계 장치 오렌지〉가 상영되고 나서 얼마 후, 영화에 나오는 깡패들과 같은 복장을 한 네 소년이 뉴욕 북쪽의 포프킵시에서 한 간호사를 윤간한 사건이 일어났다는 보도가 있었다. 대중의 반응이 어땠을지는 짐작이 갈 것이다. 큐브릭과 그의 가족은 살해 위협을 받았고, 큐브릭은 경찰의 충고에 따라 모든 영화 필름을 회수하여 다시는 공공 장소에서의 상영을 허락하지 않았다. 이것은 이해할 수 있는 일이지만, 그의 걸작이 그렇게 오랫동안 숨어 있어야 했다는 것은 비극이다. 더구나 훗날 윤간을 저지른 그 소년들은 그 영화를 보지 않았고, 처음에 보도된 것처럼 영화에 나오는 깡패들과 같은 복장을 하고 있지도 않았다는 사실이 밝혀져 더욱 아쉬움을 더해 준다.

큐브릭 자신은 갈수록 세상을 피하고 밤을 좋아하는 괴팍한 사람으로 변해갔다. 1978년, 그는 우리가 방문했던 애봇스메드 근처에 있는 차일드워버리메이너로 이사했는데, 전자문이 설치된 그 저택으로 이사한 후 그는 사실상 모습을 감추었다. 1999년 큐브릭이 사망했을 때, 한 기자가 정원사에게 그 유명한 사람을 개인적으로 어떻게 생각하느냐고 질문한 적이 있었는데, 그는 "이곳에서 21년 동안 일했지만, 그분을 본 적은 한 번도 없다우"라고 대답했다.

한편, 그후 몰타에서는 엄격하던 검열이 많이 완화되었다. 1990년대에 나온 안내 책자에는 브래지어를 하지 않은 피서객들이 바위 위에 누워 있는 사진이 실리기도 했다. 예전 같으면 엄청난 소란을 불러일으켰을 일이다. 만약 곤치 대주교(최근에 몰타의 한 저자는 그를 '엄청나게 큰 자아를 가진 자그마한 사람'이라고 묘사했다)가 그때까지 살아 그것을 보았더라면 틀림없이 격노했을 테지만, 그는 1983년에 98세를 일기로 그를 창조한 사람의 곁으로 떠났기 때문에 그러한 불상사는 일어나지 않았다.

전체 길이가 30㎞도 안 되는 작은 섬, 몰타

세계에서 가장 큰 도시 중심가에서 12년 동안 살아온 우리에게는, 차를 타고 섬을 한 바퀴 도는 데 반나절밖에 걸리지 않는 작은 섬(27×14km)에서의 생활이 하나의 충격으로 다가온다. 이곳에 온 지 몇 달 안 돼 우리는 이곳의 모든 상점을 다 알게 되었고, 모든 극장과 식당을 다 둘러보았으며, 모든 주요 도로를 다 지나가 보았다. 얼마쯤 지나자 폐쇄공포증 비슷한 게 느껴진 우리는 지평을 확장하기 위해 배를 한 척 사기로 결정했다. 우리는 이탈리아의 한 조선소에 쌍발 엔진이 달린 길이 9m짜리 모터보트를 만들어 달라고 주문하고 나서 인내심을 갖고 배가 도착하길 기다렸다.

한편 이렇게 작은 나라에서 사는 것은 유리한 점도 일부 있다는 이야길 해야겠다. 모든 사람이 서로를 알기 때문에 나라 전체가 작은 마을처럼 느껴지는 매력이 있다. 혼잡한 거리에서 서로 반대 방향으로 달리던 차 두 대가 나란히 멈춰서는 일도 흔히 일어난다. 그 뒤를 따라오던 차들이 일제히 멈춰선 가운데, 두 차의 앞 유리창에서 팔이 뻗어 나오고, 두 운전자는 천천히 악수를 하면서 한참 인사를 나눈다. 그런다고 뒤에서 요란하게 경적을 울려대는 일도 없다. 모두들 두 친구가 약간의 잡담을 나눌 때까지 기다렸다가 두 사람이 출발하면 비로소 길게 늘어선 차량 행렬이 움직이기 시작한다.

이곳에서는 차 문을 잠그지도 않는다. 절도는 거의 일어나지 않는다. 이곳을 처음 찾아온 방문객에게 몰타의 분위기를 설명할 때, 값이 나가는 물건을 사서 오픈 카 뒷좌석 잘 보이는 곳에 놔두고 커피를 마시러 갔다 와도 아무 걱정이 없다는 예를 든다.

주차 규정도 거의 없으며, 주차 미터기 같은 것은 들어본 적도 없다. 빈 공간이 있으면 아무 곳에나 차를 주차해도 된다. 도로 표지판은 거의 없는데, 모든 운전자가 섬의 구석구석을 환히 알고 있기 때문이다. 환상 교차로를 지날 때에는 다소 극적인 경험을 하게 되는데, 아무도 우선권 같은 상식적인 개념을 모르기 때문이다. 모두가 서로 우선권이 있다고 생각하며, 따라서 환상 교차로는 으레 다른 차가 양보하리라고 생각하는 용감한 사람이 먼저 지나가는 일종의 '담력 시험장'이 된다. 이것은 종종 경쟁 운전자와 용기를 겨루는 치킨 게임 같은 것이 되기 때문에, 몰타의 교통사고 발생률은 기네스북에서 한 자리를 차지할 정도로 높다. 소형차는 충돌할 때 큰 차보다 피해가 크기 때문에, 특별한 종류의 우선권이 생겨난다. 즉, 큰 차를 몰수록 대접을 받는다. 보통 세단차를 모는 사람은 감히 버스나 트럭에 도전하려고 하지 않는다. 버스 운전사들은 이 점을 잘 알고 있기 때문에 교차로를 지나갈 때에도 거리낌없이 괴물 같은 커다란 차를 질주시킨다. 차를 탈 때마다 승객들이 십자가를 긋고 축복을 받을 수 있는 조그마한 성물함이 모든 버스의 운전석 옆에 마련돼 있는 것은 이 때문인지도 모른다.

몰타에서 운전을 하면서 느끼게 되는 또 한 가지 특별한 점은 주행 기록계이다. 새 차를 섬으로 들여와 예컨대 30년 동안 매일 몰고 다녔다 하더라도, 주행 기록계에 기록된 주행 거리는 믿을 수 없을 정도로 짧다. 다른 나라에서라면 누군가 주행 기록계를 조작했거니 의심할 테지만, 이곳에서는 모두들 당연하게 여긴다. 섬의 전체 길이가 30km도 안 되는 곳이니 주행 거리가 많이 올라갈 수가 없다. 그래서 다른 나라라면 오래 전에 폐차장으로 사라졌을 오래된 차들이 새 차처럼 굴러다니는 것을 볼 수 있다. 산뜻한 모습으로 달리는 고풍스런 차들에 관심이 있는 사람이라면 몰타를 둘러보라.

모두 한 마을에 함께 산다는 정서 때문에 몰타에서는 범죄도 거의 없다. 감옥이 있긴 하지만, 내가 그곳에 대해 물어 보았을 때 수감자는 겨우 세 명뿐이었고, 그나마 두 명은 외국인이었다. 몰타 경찰에게 어떤 젊은이가 법을 어기려고 하는 현장을 봤을 때 어떻게 하느냐고 묻자, 그는 "일단 그러지 말라고 이야기하지요. 그래도 내 말을 무시하려고 하면, 어머니에게 이르겠다고 협박합니다. 그러면 백발백중이죠"라고 대답했다.

아르고호를 타고 새로운 바다 세계로

얼마 후 우리는 주문한 배가 이탈리아의 조선소에서 도착해 몰타의 요트 계류장에서 진수할 것이라는 소식을 들었다. 우리는 즐거움과 약간의 불안감이 뒤섞인 기분이 들었다. 몰타 주변의 세계를 탐사하면서 우리의 세계를 넓힌다는 생각은 아주 매력적이지만, 라모나나 나나 바다에 관해서는 아는 것이 전혀 없다는 것이 문제였다. 우리에게 바다는 우주여행만큼이나 낯선 것이었다. 우리의 새 배가 거대한 크레인으로 바다에 띄워지는 모습을 바라보고 있노라니 갑자기 공포감이 엄습했다. 갑판 아래에는 여러 사람이 잠잘 수 있는 방도 있고, 쌍발 엔진은 아주 힘이 좋았다. 구명대, 닻, 소화 장비도 갖추어져 있었다. 이건 장난감이 아니야. 우리가 이것을 몰고 바다의 물살에 운명을 맡기고 나아갔을 때, 갑자기 돌풍이 불고, 상어가 우리 주위를 빙빙 돌면……. 아니야, 진정해야지. 이건 너무 우스꽝스런 생각이야. 그래도 내가 수영을 잘 했으면 얼마나 좋을까 하는 생각이 들었다. 나는 이제 겨우 수영을 배우기 시작한 참이다. 나는 어릴 때 물에 빠져 죽을 뻔한 적이 있었는데, 그후로는 물을 싫어했다. 몰타에 와서 전용 풀장이 생기자, 나는 물에 대한 공포감을 혼자서 극복할 기회를 얻게 되었다고 스스로를 다그치며 마침내 공포감을 극복했다. 그러나 만약 바다에서 일이 잘못된다면, 내게는 아무런 희망도 없을 것이다.

이런 생각들이 내 마음속을 스쳐 지나가는 동안 '아르고호'라고 이름 붙인 새 배는 우아하게 물 위에 띄워졌다. 배를 진수시킨 전문가들은 시험 주행을 해보고는 완벽하다고 말했다. 이제 배는 우리 것이 된 것이다. 이제 어떻게 해야 하나?

마침 일이 없어 놀고 있던 선장이 우리에게 배를 모는 요령을 가르쳐 주겠다고 나섰다. 우리는 배를 부두에 정박시키는 법과 출발시키는 법을 배웠다. 한번은 갈고리가 달린 긴 상앗대로 밧줄을 끌어당기다가 밧줄이 갑자기 활줄처럼 팽팽해지면서 상앗대가 화살처럼 튀어나갔다. 그것은 옆에 정박해 있던 요트를 살짝 비켜갔다. 우리는 그런 과정을 겪으며 배워 나갔다. 결국 우리는 바다로 나갔고, 임시 선장은 우리에게 만으로 들어가 닻을 내리는 법을 가르쳐 주려고 했다. 그러나 우리는 곧 그가 왜 놀고 있는지 그 이유를 알 수 있었다. 그가 던진 닻은 그물에 걸렸고, 그것은 우리 배로 끌려와 프로펠러에 감겼다. 그러다 마침내 우리는 그물을 풀고 항구로 돌아올 수 있었다. 우리의 임시 교관은 그만하면 충분히 가르쳐 주었다고 판단했는지 우리가 그를 처음 만났던 해변의 술집으로 향했다.

이제 모든 것은 우리에게 달려 있다. 우리는 몰타인 운전사 도메니크(Domenic)를 '선원'으로 청한 다음, 용감하게도 바다를 향해 나아갔다. 땅 위에서만 달려 본 도메니크는 불안감을 감추지 못했지만, 자신이 염려했던 것과는 달리 그는 침착하고 우아하게 배를 몰고 나갔다. 높게 서 있는 발레타의 흉벽을 지나면서 우리는 황홀한 독립심을 느꼈다. 우리는 어디든지 갈 수 있고, 무엇이든지 할 수 있게 된 것이다. 경치도 숨을 멎게 했다. 이것이야말로 모든 방문객이 국제공항에 도착하기 전에 하늘에서 내려다보았던 바로 그 몰타의 절경이다. 그것은 정말로 인상적인 풍경이었다.

다른 배가 우리 배를 지나치며 항구를 향해 갔다. 그 배에 탄 사람들이 우리를 향해 손을 흔들었다. 우쭐한 기분에 취한 우리도 손을 흔들어 준다. 그러자니 소책자에서 읽은 해양 신호에 관한 글이 떠올랐다. 그것은 바다에 외따로 솟아 있는 바위 위에 누군가 앉아 있을 때, 그저 좋은 시간을 즐기기 위해 거기에 있는 것인지 아니면 좌초해 도움이 필요한 것인지 구별하는 방법이었다. 만약 그 사람이 행복하다면 손을 마구 흔들 것이다. 그렇지 않고 사고를 당한 사람이라면 밑으로 처져 있던 양팔을 위로 똑바로 올렸다가 양옆으로 내리길 여러 번 반복할 것이다. 나는 이 방법이 실제로 효과가 있는지 시험해 볼 기회가 오지 않길 바란다.

몇 주일이 지나자 우리는 점점 대담해져 아르고 호를 몰고 섬 주위를 돈 뒤 고초 섬까지 나아갔다. 우리는 곧 늘 변하는 바다의 기분을 알게 되었고, 해안선을 따라 탐사를 계속하면서 점점 더 안정감을 찾았다. 그러나 영국 해군이 항구에 들어올 때, 갑자기 우리가 아주 작고 하찮은 존재로 느껴졌다. 배를 구입하기 전에는 구축함이나 항공모함이 그림처럼 아름답고 낭만적으로 보였지만, 이제는 공포스럽고 이상하게 거부감을 일으켰다. 특히 작은 배 위의 갑판에서 그것들을 가까이서 바라볼 때에는 더욱 그랬다. 칙칙한 납색으로 칠해진 군함들은 기묘한 불안감을 일으키는 무언의 위협을 가하며 우리를 압도했다. 저렇게 거대하고 무서운 전함에 타면 어떤 기분이 들까 상상해 보려고 했는데, 오래지 않아 실제로 그것을 경험하게 되었다.

헤르메스호 위에서 벌어진 럼주 파티

하루는 발레타 시내를 걸어가다가 육지로 외출 나온 한 영국 해군을 지나쳤다. 그는 뒤돌아서더니 나보고 텔레비전에 나온 그 사람이 맞느냐고 물었다. 우리는 사소한 이야기를 정중하게 몇 마디 나누었는데, 놀랍게도 그는 발레타 항구에 머물고 있는 자기 배로 나를 초청했다. 별로 내키지 않았지만, 나는 적당한 변명을 둘러대는 데 능숙하지 못하다. 그에게는 내가 적당한 말을 생각하느라 머뭇거리는 것으로 비치는 게 분명했고, 제의를 받아들이지 않으면 그가 모욕을 느낄 상황이 되고 말았다. 그래서 나도 모르게 엉겁결에 다음 날 아침에 잠깐 방문한다는 데 동의하고 말았다. 왜 우리는 사소한 예의 때문에 원치 않는 어색한 상황으로 휘말려들고 마는가? 나는 전쟁을 싫어한다. 그런데 왜 군함을 방문하겠다고 약속하고 말았단 말인가? 그렇지만 생각지 않았던 작은 보답이 있을지도 모른다.

다음 날 아침, 영국 해군의 항공모함 헤르메스호 위에서 선원들과 럼주를 마셨는데, 배 위에는 평화시의 지루한 분위기가 짙게 감돌고 있었다. 전쟁을 함으로써 얻는 대가 중 하나가 바로 이러한 단조로운 생활에서 벗어나는 것이리라. 실제로 폐쇄공포증을 느끼게 할 만큼 그 좁은 방에 갇혀 있는 동안 나는 전쟁의 전통적인 기능은 부차적인 것이고, 본질적인 기능은 바로 지루함을 떨치기 위한 것이 아닌가 하는 삐딱한 생각이 들었다. 젊은 병사들은 거대한 전함의 막강한 잠재적 힘에 기묘하게 도취해 있는 것처럼 보인다. 그 잠재적 힘은 아주 깊이 잠들어 있어 거대한 회색 전함을 나태하고 할 일 없는 안개가 감싸고 있는 것처럼 보인다.

나는 곧 이들의 목적이, 내가 배를 떠나야 할 무렵 길고 경사진 통로를 제대로 걷지 못할 정도로 럼주를 잔뜩 마시게 하는 것이란 사실을 알아챘다. 이것은 심술궂은 짓으로 비칠 수도 있지만, 사실은 그렇지 않다. 그들의 신체 언어로 미루어 보건대 그것은 잠깐 동안만이라도 나를 그들과 같은 무리로 만들기 위한 우호적인 행위라는 것을 알 수 있다. 잔을 다시 채우는 걸 거절하는 내 목소리는 왁자지껄한 소리에 파묻히고, 단순한 사교적 만남으로 시작되었던 우리의 관계는 급속히 남자다움을 시험하는 의식으로 변했다. 이것은 그들도 영국인이고 나도 영국인이며, 미국 함대에서는 불쌍할 정도로 술을 엄격하게 금하는 것에 비해 럼주를 마시는 것은 여전히 영국 해군의 전통이라는 사실과 관련이 있다. 따라서 내가 아침부터 얼큰히 취해 제대로 걷지 못한다는 것은 국가적 자존심에 관한 문제가 된다.

마침내 나는 그곳에서 벗어나 의례적인 작별 인사를 하고, 통로를 향해 돌아섰다. 나는 그들이 나를 지켜보고 있다는 사실을 잘 알고 있고, 그들을 위해 연기를 해야 한다. 다리가 반쯤 풀린 나는 과장된 몸짓을 하기로 마음먹었다. 긴 통로를 뻣뻣하게 종종걸음치며 내려오는 대신에 깡충거리며 나아갔다. 그러자 럼주의 기운이 전신을 감쌌고, 나는 허공을 밟는 기분이었다. 통로 끝부분에 이르러 승리가 눈앞에 다가왔을 때, 나는 내 다리가 마치 말안장 위에 앉는 듯이 바깥으로 휘어지는 것을 느꼈다. 초인적인 노력 끝에 간신히 부두에 올라섰다. 나는 몸을 돌려 엷은 미소를 지으며 손을 흔들었다. 그들이 나를 자랑스럽게 여기는 것이 느껴졌다. 나는 시험을 통과한 것이다.

문제는 내가 내장 벽이 단련된 술꾼이 아니라는 사실이다. 나는 사교적인 자리에서 마시는 포도주 외에는 알코올을 섭취하는 경우가 아주 드물다. 따라서 빈 속에 마신 독한 술은 금방 핏속으로 들어가 나를 압도했다. 나는 젊은 시절에 많은 십대 청소년과 마찬가지로 밤 늦게까지 과음한 대가가 어떤 것인지 배웠다. 화장실 바닥이 기울어지다가 천천히 돌기 시작하던 순간은 쉽게 잊혀지지 않는다. 또 토한 것이 묻은 옷에서 나던 역겨운 냄새 역시 기억 속에서 쉽게 지워지지 않는다. 여러 차례 반복한 뒤에야 폭음은 젊은이의 경험 속에서 '다시는 하지 말아야 할 짓'으로 분류된다. 적어도 나는 그랬다. 그러나 많은 젊은이들은 그렇지 않은 것 같은데, 나는 그들이 도대체 왜 그러는지 궁금하기 짝이 없다.

젊은이들이 함께 오줌을 갈기는 의식은 아주 널리 유행하여 부유한 양조업자들은 그 덕분에 저택을 더 높게 올릴 수 있었다. 인간행동학적 측면에서 볼 때 그것은 그저 경쟁적으로 술을 마시고 잡담을 나누고 그리고 함께 소변을 보는 것에 지나지 않는다. 한번은 나는 그러한 집단에 함께 어울려 술을 마시는 척하면서 실제로는 멀쩡히 깨어 있는 불유쾌한 실험을 한 적이 있다. 이것은 오로지 과학에 대한 헌신에서 비롯된 관찰 행위라고 주장하고 싶지만, 사실은 나는 얼마 전에 간염을 앓아 알코올 섭취가 금지되어 있었다. 나는 밤이 깊어 가면서 일어나는 변화들을 관찰할 수 있었다. 반쯤 취한 사람에게는 금지의 억압에서 벗어난 것이 하나의 보너스라는 것이 분명했다. 그들의 유머는 점점 지나치게 심해지고 더욱 신랄해졌다. 그러나 완전히 취하고 나서는 또 다르게 변했다. 마음 속에서 그들은 점점 반복적인 말을 많이 하고, 심지어 철학적인 말도 한다. 그러나 의식의 바깥 세계에서는 점점 얼빠진 이들이 되어 간다. 결국 지나치게 많이 취하면 그들은 토하거나 싸우거나 엉엉 울거나 곯아떨어지고 만다.

이러한 촌극이 가져다주는 진짜 매력은 잔인한 유머, 자기 통제 상실, 폭력의 위협, 욕지기와 숙취 등의 고통을 공유하는 데 있다. 함께 같은 어려움을 겪은 집단의 구성원들은 서로 감정적으로 강하게 결합되는 과정을 경험한다. 인질로 납치된 사람이나 난파선에서 살아남은 사람, 총탄이 퍼붓는 전투를 경험한 병사들은 여유 있는 관계 속에 있는 사람들보다 서로간에 더 강한 유대감을 느낀다. 24년 동안의 무미건조한 일상 생활보다 24시간의 긴박한 드라마가 서로를 훨씬 밀접하게 결합시킨다. 따라서 조용하고 절제된 방식으로 술을 마시는 것은 사회적 위험 상황으로 급속하게 휘말려 들어가는 것보다 결속력이 훨씬 떨어진다. 숙취를 함께 경험하는 것은 그 사람들에게 집단 정신적 외상을 겪었다는 감정을 느끼게 한다. 그리고 이상하게도 그들은 거기에 끌린다.

따라서 원시적인 사냥 파티의 신나고 위험한 경험을 오래 전에 상실한 현대의 젊은이들에겐 술을 진탕 마시는 파티가 그들을 굳게 결속시키는 의식이다. 오직 나 같은 외로운 사람들만이 거기서 제외되어 있을 뿐이다.

바위에 새겨진 상어 이빨

내게 몰타 탐사는 곧 이질적인 문화를 조사하는 일이다. 나는 영국인과 몰타인의 신체 언어에 나타나는 모든 사소한 차이를 기록하는 데 몰두해 있다. 나는 해변의 카페에 앉아 지나가는 장면들을 관찰하고 메모하고 스케치하고 사진 찍는 데 점점 더 많은 시간을 보내고 있다. 그러나 다음 주에는 집에 손님들을 초청해 특별한 파티를 열 예정이라 나의 탐사는 최소한 몇 주일 동안 아주 다른 방향으로 진행될 것이다.

우리가 초대한 손님은 데이비드 애튼버러(David Attenborough)와 그의 가족이다. 우리는 십 년 이상 가깝게 지내온 사이여서, 라모나와 나는 그들이 도착하기를 손꼽아 기다렸다. 1950년대에 이루어진 우리의 첫 만남은 다소 뜻밖이었다. 데이비드와 나는 서로 경쟁 관계에 있는 텔레비전 방송국에 출연하며, 각자 나름의 방식으로 같은 목표를 위해 노력하고 있었다. 그것은 바로 시청자를 동물에 대해 열광하게 만드는 것이었다. 데이비드는 BBC에서 〈동물원 탐방(Zoo Quest)〉을 담당했고, 나는 ITV에서 〈동물원 시간(Zootime)〉을 담당했다. 각 방송사의 담당 책임자들은 우리에게 서로 거리를 두라고 말했다. ITV는 이제 막 출발한 방송국으로, BBC가 거의 독점하고 있던 텔레비전 시청률을 빼앗아오고자 혈안이 되어 있었다. 따라서 기존의 방송사와 신규 방송사 간에는 상당한 적대감이 쌓여 가고 있었다. 데이비드와 나는 어떤 상황에서도 적과 친해져서는 안 된다는 무언의 압력을 받았다. 그러나 말할 필요도 없이 우리는 예전보다 더 자주 만나서 정보를 교환하게 되었다.

우리 사이의 접촉 금지 상태를 해제해 준 사람은 런던 동물협회 회장인 레오 해리슨 매튜스(Leo Harrison Matthews)였다. 그가 우리 둘을 런던동물원에서 열린 점심에 초대한 것이었다. 텔레비전에서 우리는 동물 세계의 매력을 전파하고자 애쓰는 진지한 젊은이로 보였다. 그러나 둘 다 실제로는 억제할 수 없는 유머 감각을 지녔다는 사실을 발견하고 우리는 다소 놀랐다. 실제로 그날부터 지금까지 우리는 만날 때마다 주체할 수 없는 웃음을 터뜨리지 않은 적이 없다.

그래서 데이비드가 이 섬에 도착할 때 뻣뻣하고 심각한 표정을 하고 있는 것을 보는 순간 나는 조금 놀랐다. 그 이유는 곧 알 수 있었다. 데이비드는 자기 일을 너무 열심히 한 나머지 '피터의 법칙'에 희생되고 만 것이다. 피터의 법칙이란 "서열화된 조직에서 모든 피고용인은 자신의 능력으로 감당할 수 없는 자리까지 승진한다"는 법칙이다. 데이비드는 아주 훌륭한 동물 프로그램을 만들었기 때문에 BBC는 그를 높은 자리로 승진시켰는데, 그때부터 그는 더 이상 훌륭한 영상을 보여주지도 못하고, 런던에서 책상에 앉아 위원회의 회의나 주재하는 신세가 되고 말았다.

도대체 아주 뛰어난 현장 박물학자가 왜 그런 단계를 밟아야 한단 말일까? 왜 피터의 법칙과 같은 부정적인 법칙은 아주 철저하게 적용되는 것인가? 아주 적절한 대답이 될지는 모르겠지만, 그것은 많은 이들의 칭찬을 무시하기 어렵기 때문이다. 데이비드는 새 채널인 BBC2의 관리자 자리를 제의받자, 그것을 거절하기 어려웠다. 그 자리는 자신이 중요하다고 생각하는 방향으로 텔레비전 방송을 움직이게 할 수 있는 힘을 주었다. 그러나 그와 동시에 그는 이제 더 이상 지금까지 자신이 주도해온 창조적인 일에 직접 참여할 수 없게 되었다.

새로운 방송국의 책임자로 옮기고 나서 그가 제일 먼저 한 일 중 하나는 내게 어른을 위한 새로운 동물 시리즈를 맡긴 것이었다. 이것은 시청자에게 자연의 경이를 보여 주는 것으로 그치지 않고, 텔레비전에서는 처음으로 정기적인 스튜디오 토론을 통해 생물학적 문제 및 논란에 대한 토론을 제공하는 것이었다. 이 프로그램은 순전히 그의 아이디어였으나, 나는 다른 사람들과 마찬가지로 그 일을 하는 데 즐거움을 느꼈다. 그러나 데이비드는 텔레비전 방송국의 으리으리한 사무실에 갇혀 지내야 했다.

나는 다른 문화를 탐사하기 위해 영국을 떠나기로 결심하기 전까지 이 프로그램에 50회나 출연했다. 이제 나는 이곳 작은 섬에 살고 있고, 데이비드는 최소한 몇 주일 동안은 사무실에서 벗어나 이곳에서 나와 합류해 촬영을 하게 되었다. 나는 그가 긴장을 좀 풀고 잠깐 동안의 자유를 즐기길 기대한다. 그를 휩싸고 있는 긴장감은 곧 사라지리라 생각했는데, 실제로 그랬다. 하루가 지나자 그에게서 엄격한 관리자이자 협상가로서의 모습은 찾아볼 수 없었다. 그는 긴장을 풀고 느긋해져서 가족과 함께 풀장 옆에 누워 몰타 섬에 관한 책을 읽는다.

일단 관리자의 허울을 벗어 던진 그에게서 또 다른 변화가 일어났다. 풀장 옆에서 편안히 쉬는 것만으로는 성이 차지 않는지 갑자기 그가 사라진 것이다. 우리는 그가 어디로 갔는지 궁금했다. 그런데 잠시 후, 그가 빌라 지붕 한가운데에 솟아 있는 높은 탑 꼭대기에서 모습을 드러냈다. 그는 쌍안경으로 저 멀리 어딘가를 유심히 바라보았다. 우리는 그가 무엇을 보고 있을까에 대해 한가롭게 잡담을 나눴다. 혹시 맹금을 보고 있는 건 아닐까? 이번에는 내가 호기심이 발동해 탑 꼭대기까지 긴 여행에 나섰다. "우리 모두 궁금해 죽겠는데, 도대체 뭘 보고 있나?" 그러자 "인산염 단괴"라는 수수께끼 같은 답변이 돌아왔다. 이미 섬의 박물학에 대해 나보다 더 많이 알고 있는 것은 데이비드다운 모습이었다. 나는 이곳에서 산 지 여러 달이 되었지만, 그는 이곳에 온 지 겨우 몇 시간밖에 되지 않는다. 그렇지만 그는 몰타의 가장 흥미로운 자연적 특징 중 하나에 대해 내게 설명을 해줄 수 있는 사람이다.

그는 멀리 보이는 암석층을 가리켰다. 몰타는 세상에서 가장 바위 투성이인 섬 중 하나이다. 어디를 바라보건 아주 아름다운 지질학적 구조와 함께 부드럽고 감미로운 석회석을 볼 수 있는데, 마치 녹은 치즈처럼 보이는 석회석은 먹고 싶은 느낌이 들 정도이다. 데이비드는 이 황금빛 석회석 중에 어두운 색의 띠가 수평으로 나 있는 지역을 가리켰다. 그것은 멸종한 자이언트상어(오늘날 살아 있는 거대한 백상아리보다 세 배나 더 큰 역사상 최대의 바다 포식 동물)의 이빨이 화석화되어 박혀 있는 단괴의 띠였다. 가장 큰 이빨은 거의 손바닥만한 크기의 삼각형이고, 그 가장자리는 톱니 모양으로 날이 서 있었다.

과거 수백 년 동안에 이 이빨들은 마법의 힘을 지닌 것으로 생각되었고, '성 바오로의 혀' 라고 불렸다. 그것은 서기 60년에 성 바오로가 탄 배가 몰타를 지나가다가 좌초했는데, 자신이 익사하지 않고 살아난 데 감사하여 몰타에 사는 모든 뱀에게서 독을 없앴다는 전설에서 유래되었다. 그 당시 사람들은 독사들이 독을 혓바닥에 머금고 있다고 믿었는데, 성 바오로가 마법으로 뱀들의 혀를 바위에 새겨 놓았고, 그것이 오늘날까지 땅 위에 돌출된 모습으로 남아 있다는 것이다. 몰타에 사는 모든 뱀이 지중해의 다른 섬들과는 달리 독이 없는 것은 이 때문이라고 한다.

물론 사실은 몰타에 살고 있는 뱀에겐 처음부터 독이 없었다. 그렇지만 이것은 훌륭한 전설이고, 옛날에는 화석화된 상어 이빨의 거래를 활발하게 하는 데 도움을 주었다. 13세기에서 18세기까지 유럽의 거의 모든 궁정에는 이 이빨들이 있었다. 이것은 잔치나 주연 때 술에 독이 들었는지 시험하는 데 사용되었다. 그 당시에는 암살에 대한 두려움이 매우 컸기 때문에 많은 대응 수단이 고안되었다. '성 바오로의 혀'는 성 바오로가 뱀의 독을 없앴다는 전설 때문에 특히 효험이 있는 것으로 간주되었다. 때로는 이 이빨을 특별한 장식용 '나무'에 매달아 술 근처의 테이블 위에 놓아 두었으며, 때로는 술 속에 담가 두기도 했다. 17세기에는 이 이빨의 수출이 최고조에 달해 몰타를 떠나는 배치고 이빨을 싣고 가지 않는 배가 없을 정도였다고 한다.

19세기에 들어서자 화석 이빨 무역이 사그라들었고, 대부분의 사람들은 화석 이빨에 관심을 보이지 않았다. 그러나 데이비드는 아니었다. 그는 미신을 믿는 사람은 아니지만, 아주 탐욕스러운 화석 채집꾼이다. 사진으로 볼 때 이 화석들은 흥미로운 박물학 표본일 뿐만 아니라, 불길한 기운이 감도는 기묘한 아름다움이 있다는 것을 알 수 있다. 1909년에 미국 자연사 박물관은 자이언트상어의 쩍 벌린 턱을 복원하고 나서 사진사들을 위해 사람들에게 그 턱 안쪽에 앉으라고 청했다. 그 사진을 보면 이 괴물 같은 물고기가 만약 멸종하지 않았더라면, 한 가족 전체를 한입에 꿀꺽 삼킬 수 있다는 것을 알 수 있다. 이 사실은 그러한 이빨을 하나 갖고 싶은 생각에 으스스한 전율을 더해 주고, 곧 데이비드가 이빨 사냥팀을 이끌고 떠나리라는 걸

예고해 준다.

이제 우리는 데이비드 애튼버러의 변신 3단계를 목격하고 있다. 그는 섬에 도착하고 나서, 관리자 데이비드 애튼버러로 열두 시간 정도 머물렀고, 그 뒤엔 한가롭게 여가를 즐기는 데이비드 애튼버러로 여섯 시간 정도 지낸 다음, 이제는 열광적인 탐사자로 변신하는 마지막 단계에 접어들었다. 전체적인 신체 언어도 변했다. 그는 마치 멀리 지평선에서 사슴의 냄새를 맡은 젊은 늑대와 같다. 그것을 보는 건 매우 즐거웠다. 몇 달 동안 끊임없이 이어진 선정 위원회, 노동조합 회의, 정치적 압력 단체, 예산 논쟁, 경영 세미나의 바다 속에서 불쌍하게 허우적거리던 그는 우리가 알고 사랑하는 데이비드의 모습으로 다시 변한 것이다.

탑에서 서둘러 내려온 그는 가장 가까운 철물점이 어디냐고 물었다. 그로부터 한 시간도 못 돼 우리는 망치와 정, 배낭을 갖추고 급조된 이빨 사냥 원정에 나섰다. 섬이 약간 경사져 있고, 바위들도 동쪽을 향해 경사져 있기 때문에 우리는 절벽이 가장 두드러지게 드러난 동쪽으로 향했다. 바위 속에 박힌 상어 이빨을 찾기에 최적의 장소인 그곳에서 이제 우리가 이 행성에서 가장 필수적인 물건이라고 간주하는 것을 채집할 것이다.

길이 끝나는 곳에 이른 우리는 차를 주차시켜 놓고, 멀리 보이는 절벽 꼭대기를 향해 뻗어 있는 좁은 길을 올라가기 시작했다. 데이비드는 전체를 확실하게 통솔하고 있고, 우리는 솔로몬의 보물 창고를 찾아 나선 원주민 짐꾼들처럼 한 줄을 지어 온순하게 그 뒤를 따라갔다. 어느 지점에서 그는 멈춰 서더니 작은 야생화의 사진을 찍었다. 우리는 그가 사진을 찍는 동안 가만히 서 있었는데, 나는 한 가지 작은 실험을 하고 싶은 충동이 일었다. 그가 사진 찍기를 마치기 전에 나는 길을 따라 천천히 걷기 시작했다. 다른 사람들도 내 뒤를 따라왔다. 데이비드는 차차 선두로 다가오더니 조용히 눈에 띄지 않게 선두 자리를 다시 차지했다. 실험은 성공이었다. 그가 이렇게 선두를 차지하는 데에는 조금도 무례하거나 강압적인 행동은 없었다. 그것은 그저 그의 무한한 정열이 표출된 행동으로, 우리 뒤를 따라오는 것으로는 그것을 충족시킬 수 없었을 뿐이다.

데이비드의 나이도 빠르게 변하고 있었다. 그는 한 발자국 내디딜 때마다 한 살씩 젊어졌다. 섬에 도착했을 때 그는 육체적으로는 45세였고, 정신적으로는 55세였다. 이제 그는 육체적으로는 25세이고, 정신적으로는 15세이다. 이것이야말로 그의 본모습인데, 나는 속으로 두 가지 예언을 했다. 첫째, 그는 언제나 15세일 것이고, 둘째, 그는 자신이 맡고 있는 관리직 일을 그만둘 것이다. 나는 이 이야기를 입 밖으로 내지 않았는데, 데이비드가 자신에 관한 이야기를 싫어하기 때문이기도 했지만, 그를 따라가느라 숨이 찼기 때문이기도 했다.

마침내 절벽에 도착한 우리는 뿔뿔이 흩어져 구불구불한 황금빛 석회암 사이에서 커다란 삼각형 이빨이 반짝이고 있는 완벽한 돌출부를 찾기 시작했다. 얼마 후, 망치질 소리가 사방에 울려 퍼지기 시작했다. 우리는 모두 미친 듯이 이빨을 찾다가 마침내 이빨의 끝부분으로 보이는 고르지 못한 면을 발견하자, 모두 자기도 모르게 "예스스스스!" 하고 소리를 질렀다. 그리고는 조심스럽게 두들기고 쪼아내면서 이빨을 둘러싸고 있는 부드러운 석회암을 제거하기 시작했다. 이빨 끝부분만 보아서는 그 정확한 크기를 가늠하기 어려웠다. 이것은 거대한 괴물일까 아니면 새끼일까? 마침내 이빨이 빠져나오자, 우리는 그것을 깨끗이 한 다음 찬찬히 살펴보았다. 이 이빨이 마지막으로 움직였을 그때는 그 주인이 원시 바다에서 수수께끼의 죽음을 맞이하던 수백만 년 전이었을 것이다. 수수께끼의 죽음이라고 부르는 이유는 백상아리의 세 배나 되는 이 거대한 상어종을 한꺼번에 절멸시킨 원인이 밝혀지지 않았기 때문이다. 백상아리가 살아남았다면, 왜 자이언트상어는 살아남지 못했을까? 이것은 도저히 풀 수 없는 수수께끼이다. 이것은 미래에 해결해야 할 문제로 남아 있다.

몇 시간이 지나고 나서 우리는 다시 모여 전리품을 서로 비교해 본다. 우리는 놀랍도록 큰 수확을 거두었고, 누가 가장 좋은 이빨을 찾았느냐를 놓고 즐거운 대화가 오고 갔다. 크기와 질이 모두 고려되었다. 가장 큰 것은 심하게 마모되어 있었다. 가장 완전한 것은 중간 크기였다. 가장 극적으로 발견했던 것은 금이 가 있었다. 그런 식으로 심사평이 계속되었다. 우리가 이렇게 소란을 떨고 있는 것을 다른 사람들이 보면 우리가 다이아몬드를 놓고 떠드는 줄 알 것이다. 사실 우리에게는 이빨이 다이아몬드처럼 소중하게 느껴졌다.

저 멀리 신비스럽게도 꼭대기가 편평한 필플라 섬을 바라보면서 절벽 위에서 쉬는 동안 나는 데이비드를 알게 된 것이 큰 행운이라고 생각했다. 그도 나처럼 내면의 자아에 대해서는 별로 관심이 없고, 주변의 세계에 더 깊은 관심이 있다. 손에 든 화석을 바라보면서 그는 "두 성인 남자가 이걸 파내려고 하루를 다 보내다니……." 하고 웃었다. 그러나 이것이 그의 참모습이고, 그도 이 사실을 잘 안다.

노트

내 예언은 적중했다. 몇 년 지나지 않아 데이비드 애튼버러는 회사측에 BBC를 떠나겠다고 통보했다. 회사측은 안 된다며 또 다른 채널인 BBCI도 맡아 달라고 요청했다. 데이비드는 그 제의를 수락했고, BBC 전체 프로그램을 담당하는 중역이 되었다. 또다시 피터의 법칙이 적용된 것이다. 그러나 오래가지는 못했다. 3년 후, 그는 마침내 자유로운 상태가 되어 자기가 사랑하던 프로그램을 만드는 일로 되돌아갔다. 그가 떠나지 않고 계속 머물렀다면, 그는 사장까지도 되었을 것이다. 비록 자기가 하는 일을 싫어하긴 했지만, 그는 아주 유능했기 때문이다. 그러나 나머지 우리 모두를 위해서는 다행스럽게도, 그의 내면에 있는 15세 소년은 아주 강해서 세상이 그에게 되라고 강요하던 중년의 남자를 극복할수 있었다. 그는 텔레비전에서 방영된 자연사 시리즈 중 가장 훌륭한 시리즈인 〈지구의 생명〉, 〈살아 있는 행성〉, 〈생명의 흔적〉, 〈식물의 사생활〉, 〈새들의 삶〉 등을 제작했다. 이 모든 시리즈의 제목에 '생명'이라는 주제가 담겨 있는 것은 결코 우연이 아니다. 그는 생명의 가치를 고양시키는 우리 시대의 가장 위대한 사람 중 하나이기 때문이다.

필플라도마뱀을 찾아 나선 위험한 여행

오늘 아침, 데이비드는 유럽에서 가장 희귀한 파충류인 필플라도마뱀을 찾아 나설 것이라고 말했다. 필플라도마뱀은 아주 희귀해서 이미 멸종했을지도 모르는데, 그는 그 진실을 알고 싶었던 것이다. 나도 필플라도마뱀 이야기는 들어 보았지만, 직접 본 적은 한 번도 없기 때문에 그에 못지않게 흥분을 느꼈다. 우리는 즉시 계획을 짜기 시작했다. 데이비드가 탐사에 나설 때면 언제나 그런 것처럼 어린이의 열정적인 분위기가 집 안 가득히 넘쳐흐른다. 그의 호기심은 전염성이 강해 얼마 지나지 않아 우리 모두의 마음 속에는 오로지 필플라도마뱀을 보고 싶은 생각밖에 없었다.

필플라도마뱀이 그렇게 희귀한 데에는 두 가지 이유가 있다. 첫째, 필플라도마뱀은 몰타 남서해안에서 5km쯤 떨어진 조그마한 섬에만 서식한다. 둘째, 나무 한 그루 자라지 않는 이 무인도는 근래에 들어서야 이용되기 시작했는데, 그 용도란 게 영국 해군의 폭격 및 포격 훈련 표적이다. 그러니 그나마 남아 있던 필플라도마뱀마저 산산조각났을 가능성이 높다.

필플라 섬은 사람을 끌어당기는 마력 같은 것이 있다. 마치 코넌 도일(Conan Doyle)의 『잃어버린 세계』를 옮겨 놓은 듯 바다 위로 솟아 있는 이 섬은 사방이 60m 높이의 수직 절벽으로 둘러싸여 있고, 꼭대기는 편평한 암석 고원을 이루고 있다. 고원은 폭이 45m, 길이가 300m 정도밖에 안 된다. 다시 말해서, 섬의 전체 면적은 축구장 세 개 정도밖에 안 된다. 그래서 어떤 종이 살아가기에 그렇게 좋은 환경이 못 된다. 이곳이 불모지에다가 암석투성이라는 사실을 감안할 때, 필플라도마뱀은 이용할 수 있는 조건을 최대한 이용해야 살아갈 수 있고, 이런 상황에서 무수히 쏟아지는 포탄은 치명적이다.

나는 종종 멀리서 조그마한 필플라 섬을 바라보긴 했지만, 그곳에 다가간다는 생각은 꿈도 꾸지 않았다. 사실은 거대한 군함이 그곳의 깎아지른 듯한 절벽에 대포를 쏘는 것을 보고는 마음 속에서 그러한 생각을 깨끗이 지워 버렸다. 나는 글이나 공식적인 발표를 통해 본 적은 없지만, 왠지 그 섬은 소형 선박이 접근할 수 없는 곳이란 인상을 품고 있었다. 해군의 포격 연습장에는 되도록 접근하지 않는 것이 상식으로 보였다. 그래서 약간 호기심이 있었음에도 불구하고, 나는 바다에서 아르고호를 필플라 섬 방향으로 향하게 한 적이 없다. 지금까지는 그랬다.

향토 사학자 찰스 보파(Charles Boffa)가 펴낸 필플라 섬에 관한 소책자를 보니, 옛날에 로마인이 이 섬을 방문한 적이 있고, 그들이 남긴 도자기 조각이 섬 여기저기서 발견되었다고 한다. 14세기에는 조그마한 예배당이 동굴에 세워졌으며, 동굴 속에 포도주와 비상 식량을 마련해 두어 난파한 선원이나 폭풍에 밀려온 어부들이 사용할 수 있도록 했다.

놀랍게도 섬에는 민물이 솟아나는 샘이 있고, 이 때문에 이 섬은 나중에 해적들의 소굴이 되었다. 18세기에 성 요한 기사단은 화약으로 샘 주위의 바위들을 날려보냄으로써 이 섬이 해적의 소굴로 사용되는 것을 막으려고 했지만, 아무 소용이 없었다. 그 샘은 끈질기게 살아남아 신선한 물을 제공했기 때문이다.

1930년대에 군함들이 이 섬을 포격 연습장으로 사용하면서 모든 것이 변하기 시작했다. 수직 절벽이 무너져 내리고, 예배당도 사라지고, 마침내 샘도 완전히 파괴되고, 고원으로 올라가는 오솔길도 사라졌다. 따라서 정상까지 올라가려면 밧줄과 갈고리를 사용해야 하며, 포격으로 인해 곳곳의 바위가 느슨한 상태이기 때문에 정상으로 올라가는 것은 매우 위험하다. 멀리서 보면 필플라 섬은 언제나처럼 매력적이지만, 가까이에서 보면 그러한 매력은 온데간데없이 사라진다.

이상이 필플라 섬의 간단한 역사이다. 오늘날 필플라 섬이 내세울 만한 것은 그 도마뱀뿐이다. 해군의 포격과 같은 사소한 위험은 데이비드의 열정을 꺾을 수가 없었다. 운 좋게도 날씨는 쾌청했다. 바다는 아주 잔잔하고, 아르고호는 전속력으로 달려 몰타 섬을 한 바퀴 돈 다음, 그 조그마한 금단의 섬을 향해 달려갔다. 행운이 또 하나 겹쳤는지 주변에 군함은 한 척도 보이지 않았다.

필플라 섬에 가까이 다가갈수록 그 섬이 지닌 '잃어버린 세계'의 속성이 더욱 극적으로 부각되었고, 절벽 너머로 작은 공룡이 우리를 내려다보지 않을까 하는 착각에 빠졌다. 그렇지만 희귀한 도마뱀이 한 마리만 나타나더라도 그것으로 충분할 것이다. 얕은 여울에 뾰쭉날쭉한 바위들이 솟아 있어 나는 섬에 너무 가까이 다가가는 걸 포기하고, 해안에서 50m쯤 되는 곳에서 닻을 내렸다. 라모나의 아버지는 배에 머물러 있고, 데이비드와 내가 헤엄을 쳐 육지로 올라갔다. 그 곳은 괴기스러운 분위기를 지닌 황폐한 장소였다. 해변의 많은 바위들은 인간의 간섭으로 파괴되어 자연의 풍경처럼 보이지 않았다. 섬은 마치 울퉁불퉁한 큰 바위들을 갖다 버린 쓰레기 처리장 같았다. 데이비드가 도마뱀을 찾아다니는 동안 나는 스노클 장비를 착용하고 얕은 여울을 탐사했다. 나는 바다 밑에서 커다란 폭탄을 여럿 발견하고는 소스라치게 놀랐다.

그때 데이비드가 돌아와 도마뱀은 안전하다고 말했다. 우리는 헤엄을 쳐 배로 돌아가면서 스노클을 통해 바다 밑을 관찰했다. 그러다가 나는 놀라운 광경을 발견하고 멈춰 섰다. 우리 바로 밑에 닻이 내려져 있는 게 보였다. 닻은 조그마한 바위처럼 보이는 것에 걸려 있었는데, 자세히 보니 그것은 바위가 아니라 금속 물체였다. 즉 닻은 불발탄에 걸려 있었던 것이다.

그때 물살의 흐름이 좀 세어져서 배를 끌어당기고 있었고, 그에 따라 닻도 폭탄을 끌어당겼다. 나는 다급한 몸짓으로 데이비드를 불러 그것을 보게 했다. 수면 위로 급히 올라온 나는 스노클을 벗고 장인에게 아르고 호의 엔진을 가동시켜 배를 후진하라고 소리쳤다. 그러면 닻이 무사히 폭탄에서 빠져나올 것이다. 그러나 장인은 아르고호의 조종 장치에 서툴러 시동은 걸었지만, 후진이 아니라 전속력으로 전진했다. 나는 스노클을 다시 쓰고 아르고호의 강력한 엔진(뱃사람들은 이 배의 엔진이 롤스로이스 10대의 동력과 맞먹는다고 말했다)이 폭탄에 어느 정도의 힘을 가했는지 바라보았다. 경악스럽게도 폭탄은 바다 밑바닥에서 쑥 뽑혀 나와 수면 위까지 올라왔다. 데이비드와 나는 공포의 금속 물체가 우리를 향해 느린 동작으로 다가오다가 다시 아래로 가라앉는 것을 지켜보았다. 그것은 바위에 닿으면서 소름끼치는 '깡' 소리를 냈다. 폭탄이 물 속에서 솟아오르는 동안 나는 속으로 '이제 우린 죽었군. 이제 끝이야'라고 생각했다. 그리고 폭탄이 아래를 향해 내려갈 때에는 모든 것이 캄캄해질 것이라고 생각했다. 그러나 우리는 여전히 살아 있었다. 기적적으로 그 폭탄은 폭발하지 않았다.

그날 저녁 육지로 돌아온 우리는 파티에 참석해 몰타의 한 기업인에게 필플라 섬이 아직도 해군의 포격 연습장으로 사용되고 있는 것은 유감이라고 말했다. 그러자 그도 즉시 맞장구를 쳤다. "맞아요, 나는 늘 필플라 섬에 호텔을 짓고 싶었어요. 그 모습이 얼마나 이국적일지 상상해 보세요. 고원 전체를 배경으로 삼고 바다 위로 솟아 있는 건물을 말입니다. 멀리 외따로 떨어진 곳에 서 있는 그 호텔은 얼마나 낭만적일까요!" 그 말을 듣는 순간, 결론은 명백해졌다. 해군의 포격이 아주 나쁜 것만은 아니었다. 도마뱀을 몇 마리 죽이긴 하겠지만, 대신에 개발업자들의 발길을 막아 준다. 역설적으로 들릴지 모르지만, 그것은 포격에 의한 보존이라고 부를 수 있었다. 희귀종을 보호하기 위한 교과서적인 방법하고는 거리가 멀지만, 어쨌든 효과가 있는 것만큼은 분명하다.

노트

그후 포격은 금지되었고, 필플라 섬은 자연보호구역으로 지정되었다. 1987년, 가장 큰 백상아리가 필플라 섬 근처에서 붙잡혔다. 돌이켜보면 1970년대에 우리가 그곳에서 겁도 없이 스노클링을 즐긴 것은 그 당시에 생각했던 것보다 훨씬 위험한 짓이었다.

이봐요, 이야기 좀 할까요?

힘든 항해를 끝내고 아르고호를 요트 계류장에 집어넣으면서 나는 큰 실수를 저질렀다. 항구에 들어올 때에는 배의 속도를 낮추어야 한다는 해양 예절의 불문율을 어긴 것이다. 이를 지키지 않으면 상당량의 진과 토닉이 엎질러지기 때문이다. 항구에 정박하고 있는 화려하고 매우 값비싸 보이는 큰 배들은 바다 위에 떠 있는 술집이다. 이 배들은 바다로 출항하는 일은 거의 없고, 부두를 따라 아늑하게 자리잡고 있다. 내 요트처럼 길이 9m 정도의 소형 선박이 깜빡 잊고 빠른 속도로 항구로 들어오면, 이 백만장자의 장난감들이 마구 요동치면서 넘칠락말락 잔에 채워져 있던 진과 토닉이 티 하나 없는 바닥과 우아한 선실 마루 위로 쏟아진다. 이것은 사교적으로 아주 중대한 신성 모독인데, 내가 바로 그러한 짓을 저지른 것이다.

아르고호의 밧줄을 단단히 매고 있을 때, 왼쪽의 기다랗고 매끈매끈한 배에서 마르고 강단 있어 보이는 사람이 걸어오는 게 보였다. 짙은 붉은빛 얼굴은 새하얀 머리카락과 길게 기른 흰 수염과 극명하게 대조되었다. 그는 마치 강한 바람을 마주하고 걷는 듯이 일부러 앞으로 몸을 숙이고 걸었는데, 결코 기분이 좋은 표정이 아니었다. 당혹스럽게도 다른 배들에서도 사람들이 폭발적으로 나오기 시작하더니, 내가 있는 곳을 향해 다가오는 것이 아닌가! 그들의 표정으로 보아 나를 밧줄에 묶어 배 밑으로 던지는 것 정도로는 그들의 성이 차지 않을 것 같았다.

"이봐요, 이야기 좀 할까요?(May I have a word with you?)"

이것은 정중한 영국인이 화가 났을 때 사용하는 표현이다. 그런데

이 사건은 인간 행동에 관한 작은 실험을 하기에 적절한 기회이기도 했다. 이 사람들은 내가 비굴하게 잘못을 빌거나 후회를 한다거나 정신나간 어리석은 짓이었다고 인정하는 것을 기대하지 않는다. 그들이 기대하는 것은 사과를 한다거나 도전적으로 나오거나 전혀 모르고 한 짓이라고 발뺌하는 것이다. 이러한 상황에 대처하는 비결은 그들이 예상치 못한 행동을 취하는 것이다. 나는 완전히 비굴한 쪽을 택했다.

갑판 위에서 내 옆에 서 있던 데이비드는 내가 무엇을 하려는지 알아차리고는 급히 아래로 내려갔다. 그는 오랜 친구가 비굴한 모습을 보이는 것을 보고 싶지 않았던 것이다. 그렇지만 나는 신체 언어의 위력을 보여 주고 싶었기 때문에 그가 내려간 것을 아쉽게 생각했다. 전에 과속으로 교통 위반 딱지를 떼는 걸 피하기 위해 사용한 적이 있는 비굴한 행동(내가 텔레비전 인터뷰에서 무심결에 그 기술을 언급한 후로는 경찰들은 내가 의도하는 바가 뭔지 금방 간파했다)은 효과가 있었다. 나는 필요한 자세를 취했다. 몸을 약간 움츠리고, 머리를 숙이고, 팔을 축 늘어뜨리고, 근심스런 얼굴 표정을 짓고, 손을 얼굴에 갖다대고, 목소리의 톤을 낮추고, 그리고 그 밖의 온갖 비굴한 신호를 다 보였다. 나는 내가 정말 멍청한 바보이며, 그런 행동을 한 데 대해 뭐라고 변명할 말이 없으며, 바다에 관한 모든 일에 왕초보라서 그들의 훌륭한 계류장에 들어올 자격이 없다고 말했다. 얼마 지나지 않아 더 이상 화를 키울 구석이 없자, 그들도 누그러졌다. 나도 우리의 대면이 끝나는 방식에 약간 놀랐다. 그들은 내게 위압적으로 말을 걸어온 것에 대해 사과까지 했던 것이다.

나는 데이비드가 이 모든 것을 듣고 있었다는 것을 알 수 있었다.

그들이 떠난 후에 위로 올라온 그는 고개를 흔들면서 "이 냉소적인 악당 같으니라구!"라고 말했기 때문이다. 나는 그에게 사과를 했는데, 이번만큼은 진심이다. 설사 계획된 연기라 하더라도, 그러한 비굴한 행동은 구경꾼에게는 실망스러운 것이기 때문이다. 그것은 연기자에게도 실망스럽긴 마찬가지다. 설사 계산된 실험이라 하더라도 자신을 비굴하게 낮추는 것은 언제나 뒤끝을 남긴다. 신체 언어는 너무나도 강력해서 연기자의 뇌에 그러한 기분을 남기지 않고서는 어떤 연기를 한다는 것이 불가능하다. 로렌스 올리비에(Laurence Olivier)는 〈오셀로〉를 연기하면서도 세탁물에 대해 생각할 수 있다고 말하곤 했다. 그러나 그러한 기술은 내 능력 밖의 일이고, 다음 몇 시간 동안 기분이 언짢았다.

저녁에 우리는 라바트에 있는 작은 식당에서 외식을 했다. 그곳은 음식은 훌륭하지만 에어컨이 없기 때문에, 우리는 윗단추를 푼 와이셔츠 차림으로 식당에 갔다. 날씨가 몹시 무더운 밤이었기 때문에 우리는 캐주얼한 복장도 괜찮을 것이라고 생각했다. 그러나 오산이었다. 테이블로 안내해 주길 기다리면서 서 있던 우리를 향해 아주 위압적으로 보이는 웨이터가 다가왔다. 데이비드와 나는 최대한 환한 미소를 지어 보였다. 우리 가족들은 기대를 품은 채 뒤에 서 있다. 그러나 미소도 소용이 없었다. 그는 우리가 복장 규정을 어겼다고 말했다. 식탁을 둘러보았더니, 모두들 넥타이를 한 정장 차림에 땀을 뻘뻘 흘리고 있었다. 그러자 속에서 뭔가가 치밀어 올라 나는 그 사람의 얼굴에 대고 소리를 치기 시작했다.

정상적인 상황이라면 나는 소란을 피우는 걸 싫어하기 때문에 그냥 물러났을 테지만, 오늘밤은 아니었다. 나도 모르게 나는 감정의 균형을 회복하고 싶었다. 앞서 나는 지나치게 비굴하게 굴었다. 그래서 이번에는 그것을 보상하기 위해 지나치게 공격적으로 나간 것이다. 나는 남자 넥타이에 대해 프로이트 학파가 내세운 의미에 대해 식당 안에 있는 사람들이 모두 들을 수 있도록 목청껏 일장 연설을 펼쳤다. 그리고는 큰 소리로 "……만약 우리가 숨막히는 이 작은 식당에서 단지 당신을 즐겁게 하기 위해 우스꽝스러운 페니스 심벌을 목에 두르리라고 생각한다면, 크나큰 오산입니다"라는 말로 끝을 맺었다. 그러고 나서 나는 발을 돌려 일행을 이끌고 그곳을 나왔다. 식당에 남은 사람들이 깜짝 놀라 침묵에 빠진 것을 머리 뒤로 느낄 수 있었다. 대부분의 손님들이 데이비드를 알아보았고, 그중 몇 사람은 필시 BBC에서 일하는 그의 직원일 것이라는 사실은 그 사건에 통쾌함을 더해 주었다.

아직도 씩씩거리는 나를 포함해 우리 일행은 차를 타고 가다가 해변에서 바람이 잘 통하는 해물 전문 식당을 발견했다. 놀랍게도 데이비드는 나의 거친 행동에 조금도 기분 나빠하지 않았다. 오히려 그는 즐거운 듯했다. 나는 나 자신뿐만 아니라 그의 감정적 균형까지 되찾아 준 것이다. 나는 일부러 비굴한 태도를 취했고, 그로부터 얼마 되지 않아 어울리지 않게 공격적인 자세를 취했다. 이 두 가지 행동은 상쇄되어 우리는 다시 정상적인 균형을 되찾았고, 나는 비굴한 상태에서 벗어났다.

눈처럼 쏟아지는 코카콜라

영국의 영향 때문인지 몰타 사람들은 축구에 광적인 반응을 보인다. 각 고장마다 열성적인 팬을 거느린 클럽이 있는데, 자기 팀이 이기기라도 하면 경기가 끝난 후 사람들은 거리로 쏟아져 나와 쉴새없이 경적을 울리고, 차창 밖으로 깃발을 휘날리며 돌아다닌다. 축구 리그를 운영할 만큼 클럽 팀들이 충분히 많고, 리그에서 우승하면 그 고장의 위상은 아주 높아진다. 시즌 막바지에 이르러 아직 우승팀이 오리무중일 때에는 열성 팬들의 신경도 곤두서 폭력으로 이어지기까지 하는데, 이에 비하면 영국의 훌리건은 천사처럼 보일 정도이다.

우리는 다행히도 이러한 사실을 전혀 모르는 상태에서 아장아장 걸어다니는 우리아기 제이슨(이곳 몰타에서 태어났음)에게 생애 첫 축구 경기를 구경시켜 주기로 했다. 우리는 몰랐지만, 그 경기는 올해의 우승팀을 결정하는 중요한 경기였다. 우리 지역 팀인 비르키르카라가 발레타를 상대로 경기를 하고 있었다. 만약 발레타가 이기면 발레타가 우승을 차지하지만, 만약 진다면 이미 모든 경기를 다 끝낸 슬리에마가 우승을 차지하는 상황이었다. 따라서 이 경기 결과에는 세 팀의 이해 관계가 걸려 있어 양 팀의 팬들뿐만 아니라 슬리에마의 팬들까지 가세해 세 팀의 팬들이 경기 결과에 촉각을 곤두세우고 있었다. 그 세 팀의 서포터스들이 모두 이곳 비르키르카라 경기장에 모여 뜨거운 열기를 분출하고 있었다.

메인 스탠드 뒤쪽에 있는 우리 자리에 도착했을 때, 분위기는 팽팽하게 고조되어 있었다. 정상적으로는 두 팀의 팬들만 들어와야 할 장소에 세 팀의 팬들이 가득 모여든 경기장에서는 인간의 여러 모습이 표출되고 있었다. 아직 경기는 시작되지도 않았는데, 분위기는 집단 히스테리에 가까웠다. 제이슨도 상황의 중요성을 감지하고 큰 인상을 받은 것 같았다. 어른들이 저토록 흥분하는 모습을 보이는 것으로 보아 뭔가 굉장히 중요한 일이 일어나는가 보다 하고 생각했을 것이다. 제이슨은 특히 운동장 모퉁이에 서 있는 기마 경찰을 좋아했다. 또 각 팀을 상징하는 색의 바다는 마치 카니발 같은 느낌을 주었다. 제이슨의 두 눈은 기대어린 표정으로 커졌다.

마침내 경기가 시작되고, 관중은 온갖 동작을 취하며 고함과 환성을 질러댔다. 제이슨에게는 이 모든 것이 아주 놀랍게 비칠 것이다. 어른들이 이런 행동을 보이는 것을 본 적이 한 번도 없으니까. 잠시 후, 심판이 발레타측에 애매한 페널티킥을 주어 발레타가 선취점을 올렸다. 만약 이대로 경기가 끝난다면, 발레타가 이기고 슬리에마는 우승컵을 놓치게 된다. 그 순간 복잡한 삼각 전쟁이 벌어졌다. 비르키르카라의 팬들이 경기장으로 몰려가 심판을 공격하려고 했다. 발레타의 팬들은 심판을 보호하면서 반격을 가했다. 국면은 잠시 진정 상태에 빠져 곧 모든 것이 정상으로 돌아갈 것처럼 보였다. 그러나 이때, 슬리에마의 팬들도 가세했다. 이들은 비르키르카라의 팬들보다 잃는 것이 더 많기 때문에 이 경기를 무효로 만들고 싶어했다. 그들은 긴 콘크리트 벤치를 들어올려서는 성벽을 부수는 무기처럼 사용했다. 그들이 공포에 질린 심판을 향해 돌진하자, 심판은 우리 바로 아래에 있는 특별 관람석 쪽으로 도망쳤다. 그는 장벽을 뛰어넘어 그곳의 낮은 벽 아래로 몸을 움츠렸다. 제이슨은 축구보다 이것을 더 재미있게 느끼는 것 같았다. 모든 것이 마치 영화 같았다. 그런데 기마 경찰은 어디서 무엇을 하고 있을까? 아, 그들이 바로 저기 보인다.

마치 그랜드 내셔널(Grand National: 영국 리버풀에서 매년 3월에 열리는 장애물 경마)이 시작되기라도 한 것처럼 그들은 경기장을 휘젓고 다니면서 흥분한 팬들을 이러저리 분산시키고 있었다.

비르키르카라와 발레타 팬들의 연합군이 전투에 승리를 거두고, 이제 군중은 초라한 은신처에서 몸을 쪼그리고 있는 심판을 향해 밀려왔다. 우리는 이 모든 일에 완전히 정신이 팔려 관람석은 우리를 빼고는 텅 비어 있다는 사실을 모르고 있었다. 우리 주위에 있던 관중은 현명하게도 서둘러 출구를 빠져나갔던 것이다. 이제 흥분한 팬들이 심판이 숨어 있는 곳을 향해 병들을 던지기 시작했다. 어떤 것들은 아주 높이 날아와 우리가 서 있는 곳 위의 콘크리트 벽에 맞아 깨지면서 사방에 유리 조각을 뿌렸다. 이 유리 조각들은 우리의 옷 위에 눈처럼 쏟아졌다. "코카콜라가 눈처럼 쏟아지는군요. 그만 가야겠어요"라고 라모나가 말했다. 라모나의 말은 옳지만, 제이슨과 나는 각자 다른 이유로 로마 시대의 콜로세움처럼 변해 가고 있는 이 사건을 가장 잘 내려다볼 수 있는 이 자리를 포기하고 싶지가 않았다. 나는 인간이 싸우는 행동을 자세히 관찰하는 데 몰두해 있고, 제이슨은 지금껏 본 어떤 액션 영화보다도 더 흥분되는 장면을 즐기고 있었다. 그러다가 어느 순간 나는 얼마나 아이에게 무책임한 행동을 하고 있는지 깨닫고 눈처럼 쏟아진 유리 파편을 털어 내며 서둘러 출구로 빠져나갔다.

나는 제이슨에게 축구 경기가 늘 그렇게 스릴이 넘치는 것은 아니라고 설명해 주지만, 제이슨은 내 말을 믿는 눈치가 아니다. 그것을 보면서 로마 시대의 어린이들이 콜로세움에서 벌어지는 사자 대 기독교도 3대0 따위의 시합을 일상적인 게임으로 여기며 자랄 수밖에 없었겠구나 하는 생각이 들었다. 제이슨의 관심을 다른 스포츠로 돌려야겠다고 판단했다. 우리의 운전사인 도메닉이 경마를 추천했다. 우리집 우유 배달원은 장래가 촉망되는 우르치 3세라는 빠른 말을 갖고 있다고 했는데, 몰타에는 훌륭한 하니스 레이스(harness race: 마구를 달고 1인승 2륜 마차를 끄는 경마) 경기장이 있다. 그것은 매우 재미있을 것 같았고, 폭력 사태도 발생하지 않을 것 같았다.

그것은 기대 이상이었다. 제이슨은 형태를 연구하려는 훌륭한 자세를 가지고 있었다. 제이슨은 아직 네 살밖에 안 됐지만, 벌써 112종이나 되는 자동차를 구분할 수 있고, 작은 공책에다가 몰타에 있는 모든 택시 번호와 멋있게 장식된 모든 화물차와 항구의 모든 배의 이름을 적어 놓았다. 또한 매일 몰타에서 고초로 가는 페리선에 오르내리는 차량의 수를 세기 위해 그곳에 데려 달라고 요구했다. 제이슨의 수집에 대한 이러한 끝없는 욕구를 경마에 대한 연구로 전환하는 것은 아주 쉬운 일이다. 제이슨은 곧 몰타에 있는 모든 경주마의 이름과, 각각의 말이 우승을 몇 번 차지했고 몇 번이나 졌는지, 그리고 마지막으로 시합에 나선 것이 언제인지까지 줄줄 꿰게 되었다. 경마장에서 제이슨에게 각 경주마의 우승 확률을 계산해, 약간의 돈도 걸 수 있게 해주었다. 제이슨은 마권을 손에 쥔 채 자리에 자신만만하게 앉아서 작은 목소리로 점잖게 다음 경주에 대한 예상 결과를 이야기했다. 몰타의 나이 든 신사들은 어린이의 허세를 귀엽게 여기고 서로 미소를 주고받으면서 머리를 쓰다듬어 주었다. 그리고는 어리석게도 제이슨의 충고를 무시하고 각자 나름대로 돈을 걸었다.

경주가 시작되었다. 그들은 지고 제이슨이 이겼다. 제이슨은 의기양양하게 돈을 받으러 갔다. 그것은 쉬운 일이 아니다. 제이슨은 키가 작기 때문에 창구 앞에서 발끝으로 서서 마권을 쥔 손을 최대한 높이 흔들어야 창구 직원의 눈길에 띌 수 있다. 높은 창구 너머 창구 직원의 눈에는 조그마한 손에 쥐어진 마권 표만 보이고, 제이슨의 나머지 모습은 보이지 않는다. 직원은 제이슨이 딴 소액의 금액을 카운터 너머로 밀어 주면서, 작은 손이 돈을 쥐고 사라지는 것을 흥미로운 눈길로 바라본다.

경마장을 다녀온 날이면 집에 돌아와서 특별한 의식을 치른다. 각각의 경주에 대한 자세한 해설에 열광적인 축하까지 곁들여서 다시 돌이켜보는 것이다. 일진이 좋아 제이슨이 우승마를 네 번 연속 맞힌 날에는 축하 행사가 몇 시간이나 계속되었다. 이것은 그저 지나가는 일시적 취미에 그칠까, 아니면 우리가 부주의하게도 제이슨을 평생 경마에 빠져들게 만든 것일까? 어른의 행동 양식이 어린이에게 자리 잡는 시기는 언제부터일까? 그것은 오직 시간만이 말해줄 것이다.

노트

　제이슨은 곧 도박에 대한 흥미를 잃었지만, 어린 시절에 경마의 통계에 심취한 것은 그에게 큰 영향을 준 것으로 드러났다. 25년 후, 옥스퍼드 대학에서 이집트학 학위를 받은 그는 학문에 등을 돌리고 영국 마사회의 경주 기획국이 있는 런던 경마 클럽 본부에서 일하고 있다.

『친근한 행동(Intimate Behaviour)』

나는 『털 없는 원숭이(The Naked Ape)』를 집필한 후에 인간 행동에 관한 전통적 연구에서 뭔가 빠진 것이 있다는 결론을 얻었다. 비정상적인 행동과 부족 의식, 혈연 관계의 구조와 사회 제도, 지능 검사와 학습 과정 등에 대한 보고서는 아주 많지만, 일상적인 평범한 인간 행동에 관한 연구 보고는 거의 없다. 가정과 거리, 가게와 식당, 해변과 버스에서 우리가 서로 상호 반응하는 방식은 진지한 관찰 분석의 대상이 되는 경우가 드물다. 과학자들은 그것을 잘 알려져 있는 상식적인 것이라고 생각하는 듯하다. 그렇지만 그것은 인간의 근본적인 속성을 이루기 때문에, 나는 그것에 대해 체계적인 방법으로 연구해 보기로 마음먹었다.

내 서재에는 온갖 종류의 사전이 수십 권이나 있지만, 인간 행동에 관한 사전은 없다. 동물학자에게 가장 중요한 영역이 빠져 있는 셈이다. 새로운 종을 연구할 때 맨 처음 취하는 단계는 에소그램(ethogram), 곧 그 동물의 모든 행동 유형을 완전하게 분류한 기록을 작성하는 것이다. 각각의 경우에 대해 동물의 행동을 자세하게 기술하고, 그것을 일으킨 원인과 그것이 초래하는 결과까지 조사한다. 오만에 가까운 용기가 치솟아오른 나는 인간 종에 대해서 이 방법을 사용하기로 결정했다. 즉 인간을 처음 마주친 새로운 종처럼 바라보면서 연구하기로 한 것이다.

이 시도에서 나는 프로이트가 채택한 방법과는 정반대되는 방법을 사용할 것이다. 이 위대한 사람은 환자를 쳐다보지 않도록 얼굴을 돌리고 유명한 간이 침대에 누운 채 환자의 목소리만 듣고 끈기 있게 연구했다. 그러나 나는 관찰 대상을 관찰만 할 뿐, 그들이 하는 말은 일절 듣지 않을 것이다. 나는 오로지 비언어적인 '신체 언어'에만 집중하기로 마음먹었다. 동물학자인 나는 영양에게 말을 건네거나 사자에게 질문을 할 수 없다. 따라서 사람도 동일한 방식으로 대하기 위해 관찰과 기록만 하기로 한 것이다.

어느 봄날, 나는 몰타의 수도인 발레타의 중앙 광장에 있는 한 테이블에 앉아 출판업자인 톰 매실러(Tom Maschler)와 이야기를 나누고 있었다. 그는 내가 쓸 새 책에 대해 논의하기 위해 비행기를 타고 날아왔다. 내가 계획하고 있는 것을 설명해 주자, 그는 약간 놀랐다. 인간 행동에 관한 백과사전은 아주 방대한 작업으로 보이기 때문에 몇 년이 걸릴지도 모르고, 출판되지 않은 채 끝날지도 모른다. 그러나 그는 내게 한번 시작해 보라고 격려해 주면서 어떤 결과가 나오는지 보자고 했다.

우리는 한 노인이 어깨를 으쓱하는 것을 보았다. 나는 톰에게 몰타인은 영국인과는 달리 양손을 들어올리면서 어깨를 으쓱하는 동작에 방향성이 있다고 이야기했다. 영국인은 어깨를 으쓱할 때 이야기 대상과는 상관없이 앞에 있는 친구 쪽을 향한다. 그러나 몰타인은 대상이 있는 방향으로 손이 간다. 예를 들어 정치에 대해 불만을 터뜨리고 있다면, 어깨를 으쓱할 때 양손은 정부 건물이 있는 방향을 향한다. 부두에서 일거리가 없는 데 대해 불만을 토로하고 있다면, 그의 손은 항구 쪽을 향한다. 이것은 아주 사소한 차이이지만, 몰타인의 신체 언어는 이곳을 찾는 영국인 방문객과 미묘한 차이가 나게 만든다.

우리는 관찰을 계속했다. 어깨를 으쓱해 보인 노인 앞에 있던 다른 노인은 갑자기 머리를 뒤로 홱 젖히더니, 눈을 감고 입을 오므렸다. 만약 영국인이 이런 행동을 한다면, 그것은 화가 나거나 경멸의 뜻을 나타내는 것이다. 그러나 몰타인이 이런 행동을 할 경우, 그것은 단순히 "노(No)!"라는 뜻이다. 여기에도 미묘한 차이가 있다. 몰타인을 관찰하면서 여러 시간을 보낸 끝에 나는 이미 내가 자란 나라에서 보는 것과는 약간 다른 광범위한 제스처와 작은 커뮤니케이션 행동을 파악했다. 나는 몰타인 친구들과 이야기할 때 이러한 몰타인의 제스처를 사용하지 않는다. 내가 머리를 가로젓는 대신에 머리를 뒤로 젖힌다면 아무래도 어색할 것이다. 그러나 나 자신이 그러한 행동을 취하지 않는다고 하더라도, 나는 다른 사람의 그런 행동을 잘 이해한다. 이것은 어린 아기가 경험하는 상황과 비슷하다. 아기는 아직 제대로 표현은 못 하지만, 부모가 하는 말은 거의 다 이해한다.

주변 사람들의 신체 언어에 대해 해설을 계속하자, 톰은 "당신은 마치 야생 조류 관찰자가 새를 관찰하듯이 사람을 바라보는군요"라고 말했다. 나는 "맞아요. 나를 인간 관찰자(manwatcher)라고 불러도 좋아요"라고 대답했다. "바로 그거요. 책의 제목을 그것으로 정합시다. '맨워칭(Manwatching: 인간 관찰)'이라고 말입니다." 톰이 제안했다. 나는 여전히 '인간 행동 백과사전'이라는 거창한 제목에 빠져 그의 아이디어가 썩 마음에 들진 않았다. 그렇지만 나는 마음 속에 그것을 잘 기록해 두었다.

톰이 떠난 후에 나는 인간의 신체 언어 목록 작성 작업을 시작할 특별 사무실을 마련하기로 결정했다. 빌라는 널찍하지만, 여름 내내 따뜻한 햇볕 아래서 휴가를 즐기려는 친구들로 북적대고, 분위기가 그다지 좋지 않았다. 나는 슬리에마의 해변에 널찍한 사무실을 하나

임대해 작업에 착수했다. 트리샤 파이크(Trisha Pike)라는 조수도 한 명 구했다. 그녀는 몰타에 주둔하고 있는 육군 장교의 딸로, 생기 발랄하고 지적이다. 우리는 가로 240cm, 세로 90cm인 커다란 널빤지를 십여 개 사서 벽 주위에 세워 놓았다. 그 위에다 인간의 행동을 유형별로 적은 종이 쪽지 수백 개를 핀으로 꽂을 것이다. 그러면 그 쪽지들을 이리저리 옮기면서 분류 체계를 정리해 나갈 수 있다.

처음에 그것은 아주 어려운 작업처럼 보였지만, 시간이 지나면서 새로운 사실들이 드러나기 시작했다. 인간의 행동 유형은 생각했던 것만큼 다양하지 않았다. 다만 우리가 그것들을 많은 방식으로 서로 결합하고, 또 강도를 조절할 수 있기 때문에 우리가 신체를 쓰는 방식이 무한한 것처럼 보일 뿐이다. 그렇지만 관련 요소들을 떼어내 분류해 보면, 사실은 그렇게 혼란스럽지 않다는 것이 드러났다.

예를 들면, 우리가 눈썹을 움직이는 방식은 치켜올리거나, 내리깔거나, 찡그리거나, 빨리 움직이거나, 쭈뼛 세우는 것 이렇게 다섯 가지밖에 없다. 그리고 다리를 꼬는 방법은 네 가지로, 발목을 다른 발목에 얹거나, 무릎 위에 얹거나, 무릎을 무릎 위에 얹거나, 단단하게 꼬는 자세밖에 없다. 팔짱을 끼는 방식도 네 가지다. 양손을 밖으로 내보이거나, 왼손만 내보이거나, 오른손만 내보이거나, 양손을 모두 안 보이게 집어넣는 방식밖에 없다.

이런 식으로 트리샤와 나는 인간의 에소그램을 작성하는 괴상한 작업을 계속해 나갔다. 몇 주일이 지나고, 몇 달이 지났다. 이제 널빤지들은 수백 개의 쪽지로 가득 찼다. 그와 동시에 우리는 인간의 모든 행동을 찍은 사진들도 분류했다. 나는 직접 거리로 나가 사람들의 행동을 기록했고, 우리의 손에 잡힌 신문이나 잡지는 난도질당했다.

서서히 인간 행동의 전체 분류 목록이 모습을 드러내기 시작했다. 일단 어떤 행동을 확인하고 나면, 같은 종류의 상황에서 같은 동작이 반복적으로 나타나는 것이 놀라웠다. 지금까지 아무도 이러한 동작에 이름을 붙이지 않았기 때문에, 그 작업은 순전히 우리에게 달렸다. 이름은 동작을 잘 기술하는 것이어야 하고, 특정 기능에 대한 설명이나 메시지를 담지 않도록 신경썼다.

톰 매실러가 내가 쓰는 책이 어떻게 되고 있는지 점검하기 위해 연락을 취해 왔다. 나는 의기양양하게 눈썹까지 이르렀다고 말했다. 잠깐 동안 침묵이 흐른 후, 그가 물었다. "거기서 올라가고 있습니까, 내려가고 있습니까?" 내가 "내려가고 있다"고 대답하자, 그는 별로 달갑지 않게 여기는 듯했다. 많은 토론 끝에 내가 얻은 백과사전적인 기록들은 덜 야심적인 책을 위한 정보 베이스로 사용하기로 결정되었다. 모든 기록을 파일로 옮긴 뒤에 그 사무실은 문을 닫았고, 나는 새로운 단계로 옮아갔다.

노트

이 연구에서 나온 첫 번째 책은 『친근한 행동(Intimate Behaviour)』
이다. 그 다음에 나는 더 두꺼운 책인 『맨워칭(Manwatching)』을 위
한 작업을 시작했지만, 곧 더 광범위한 문화를 대상으로 현장 관찰을
더 해야 한다는 사실이 명백해졌다. 이러한 생각에서 라모나와 나는
영국으로, 그리고 내가 다녔던 옥스퍼드 대학으로 돌아갈 계획을 세
우기 시작했다.

지중해 최고의 윤락가

캐나다의 저명한 사회학자 어빙 고프먼(Erving Goffman)은 수술실에서 의사들의 행동을 관찰했는데, 의사들이 수술을 하면서 종종 심한 외설적인 농담을 주고받는다는 사실을 발견하고서 깜짝 놀랐다. 그는 이것은 마취된 환자를 무시해서가 아니라 생사가 달린 긴박한 상황의 긴장을 누그러뜨리기 위한 방법이며, 실제로 심각한 상황의 긴장을 감내할 만한 수준으로 긴장을 줄여 주는 효과가 있다고 결론지었다.

나는 경찰 고위 간부나 고등법원 판사, 항공기 조종사, 선장 등에게서도 비슷한 경향을 발견했다. 두 사람을 붙여 놓으면 즉각 그러한 거친 태도가 나타난다. 서로 다른 분야의 전문가 두 사람을 붙여 놓으면, 그러한 태도는 오히려 경쟁적인 양상으로 발전한다. 한번은 직위가 높은 판사와 의사가 식사를 하면서 나누는 대화를 엿들은 적이 있는데, 그들은 영국에서 절도를 추방할 수 있는 방안에 대해 이야기하고 있었다. 판사는 중동처럼 죄인의 손을 자르는 형벌을 도입하겠다고 말했다. 그러자 의사는 그 손을 냉동시켰다가 만약 죄인이 항소심에서 풀려 난다면, 봉합 수술을 해주고 큰돈을 벌겠다고 응수했다.

힘있는 사람들이 나누는 이런 종류의 심한 농담은 사회 안전 장치 역할을 하긴 하지만, 보통 사람들이 들으면 큰 충격을 받을지도 모른다. 나 역시 빌라에서 연 파티 도중에 일어난 그러한 사건에서 큰 충격을 받았다. 현지인 의사 두 사람이 현관에서 멀리 떨어진 응접실에서 잡담을 나누고 있었다. 새로운 손님이 도착할 때마다 두 사람은 그 사람의 모습을 볼 수 있지만, 두 사람이 나누는 대화는 현관까지

들리지 않았다. 손님이 들어올 때마다 두 사람은 "심장, 뇌졸중, 암, 뇌졸중, 심장, 심장……"이라고 말했다. 그들은 한번 흘끗 쳐다보는 것만으로도 그 사람이 무슨 병으로 죽을지 추측할 수 있다고 설명했다. 나는 다소 마음이 편치 않았지만, 그들의 평에 귀를 기울였다.

조금 지나자 이제 그들의 말이 이해되기 시작했다. 심장과 암은 흥분하기 쉽고 격정적인 사람, 뇌졸중은 자제력이 강하고 똑똑한 사람, 암은 극도의 긴장에서 살아가는 근사한 사람에게 일어난다. 물론 버스에 치이거나 질투심에 눈이 먼 연인의 총에 맞아 죽을 수도 있겠지만, 그러한 예외적인 죽음을 피할 수 있다면 그들은 아마도 이 세 가지 '주요 원인' 중 하나로 죽을 것이다.

병원을 소재로 한 멜로드라마를 많이 본 사람들이 '심박 정지', '뇌혈관 출혈', '악성 종양'이라고 알고 있는 응급 상황(두 의사가 각각 '심장', '뇌졸중', '암'이라고 부른)이 결국에는 우리를 데려가는데, 두 의사는 기분을 돋우기 위해 자기끼리 으스스한 게임을 하고 있었던 것이다. 흥미로운 것은 두 사람이 하는 게임이 순전히 장난만은 아니라는 사실이다. 화난 듯한 신체 언어는 심장 발작과 명백한 관련이 있는 것처럼 보인다. 뇌졸중은 자제심이 강한 사람, 그러니까 겉으로는 고요하지만 내면은 그렇지 않은 사람에게 잘 일어나는 것으로 보인다. 그리고 근사해 보이는 사람은 극도의 긴장으로 암에 걸리는 것 같다. 물론 이것은 지나치게 과장된 것일 수 있으나, 거기에 담긴 진실을 곱씹으면서 나는 우리가 신체 언어를 진지한 과학적 주제로 간주하는 경우가 참 드물구나 하는 생각이 들었다.

그러나 이러한 방향으로 나아가던 내 생각은 몰타 주둔 영국군 군의관으로 일하는 젊은 손님에게서 특이한 요청을 받는 바람에 중단

되었다. 그는 발레타에서 악명 높은 '구트(Gut)'—그러나 선원들 사이에서는 지중해에서 가장 활기 넘치는 윤락가로 알려진—에서 일하는 매춘부들을 몇 명 치료한 적이 있다고 한다. 그는 우리의 주빈 (할리 거리에서 외과의로 일하고 있는, 런던에서 온 우리의 옛 친구)과 나에게 그 유명한 장소를 방문하는 데 동행하겠느냐고 물었다. 만약 그러겠다면 헌병대장에게 이야기해 우리의 안전을 보장하는 조처를 취해 주겠다고 했다. 우리는 큰 호기심을 느껴 그의 청을 거절할 수 없었다. 마침 미국 함대가 항구에 들어와 있어 구트는 활기가 넘치고 있을 것이다. 게다가 우리는 안전한 보호와 훌륭한 대접을 받을 것이다.

구트는 발레타 전체를 위에서 아래로 기다랗게 관통하는 아주 좁은 거리이다. 정식 이름은 스트레이트 거리(Strait Street)인데, 이름과 비슷하게 이곳은 스트레이트 섹스(straight sex: 솔직한 섹스 또는 노골적인 섹스)의 메카이다. 위쪽 끝부분에 위치한 술집들에 있는 여자들은 모두 젊다. 거리를 따라 아래로 내려올수록 여자들은 점점 나이가 많아진다. 가장 아래쪽에 이르면 즐거움은 사라지고, 아주 슬픈 풍경이 펼쳐진다.

우리는 헌병대장을 만나 함께 길을 따라 내려가기 시작했다. 웃음소리, 비명 소리, 노랫소리, 시끄러운 음악과 잔 깨지는 소리 등이 사방에서 들려 온다. 이곳은 굶주린 인간성이 분출되는 시끄럽고 부산하고 열광적인 장소이다. 우리가 긴 구트 거리를 어슬렁거리며 걸어가고 있을 때, 손이 하나 뻗어 나오더니 내 넥타이 끝을 잡고 어두컴컴한 문 안으로 끌어당겼다. 내 앞에서 걷고 있던 헌병대장은 내가 갑자기 걸음을 멈춘 것을 알아챘다. 그는 어깨 너머로 뒤돌아보면서 평상시의 어조로 "그 사람 놓아 줘, 실비아"라고 말했다. 그러자 마술처럼 넥타이가 다시 원래의 위치로 돌아왔다.

이곳은 겉보기에는 혼돈의 장소로 보이지만, 자세히 살펴보면 구트는 고도의 구조를 가지고 한 지역을 형성하고 있는 소우주이다. 헌병대장은 누가 어디에 있는지 알고 있고, 지나치는 아가씨 하나 하나를 가리키면서 여행 가이드처럼 설명한다. 그는 두 의사의 직업적 관심을 위해 각 여자가 지닌 성병에 대해 이야기한다. 몰타 교회가 성병을 예방할 수 있는 피임 기구의 사용을 금지하는 것은 이 여성들에게 얼마나 큰 불행인가! 이곳에는 옛날부터 가장 무서운 성병으로 꼽혀 온 매독도 있다.

이곳의 풍경을 보여 준 후에 헌병대장은 우리를 떠나고, 우리는 어느 술집에 들러 이곳의 분위기를 맛보기로 결정했다. 유니언 잭 바, 스플렌디드 라운지 바, 카르멘 바, 예 올드빅 뮤직 댄싱 홀 중에서 원하는 대로 골라잡을 수 있다. 우리는 사람이 가장 많은 곳을 선택했는데, 그래야 눈에 덜 띌 것이기 때문이다. 안으로 들어서니 소음이 귀를 멍멍하게 한다. 우리는 한쪽 구석에 자리를 잡고, 의사 친구는 마실 것을 사러 갔다. 우리는 간단한 것을 주문하기로 했는데, 나는 이 지방에서 나는 맥주인 홉 리프(Hop Leaf)가 좋을 것이라고 제안했다. 친구는 말싸움을 벌이고 있는 한 무리의 미국인 병사들 사이를 헤치고 지나간다. 키가 210센티미터는 되어 보이는 비쩍 마른 백인 청년이 근육질의 흑인 병사 얼굴에다 대고 소리를 지른다. 두 사람의 논쟁은 한 매력적인 몰타 여자를 놓고 벌어지는 것 같다. 방 곳곳에는 예쁜 여자들이 미소를 띠면서 병사들 사이에서 노닥거리고 있다. 전체 풍경은 옛날의 할리우드 뮤지컬에 나오는 장면을 옮겨다 놓은 것 같다. 금방이라도 진 켈리(Gene Kelly)가 테이블 위로 뛰어올라 탭 댄스를 출 것 같은 느낌이 든다. 그러나 현실에서는 전혀 엉뚱한 일이 일어난다.

의사 친구는 바 앞에 가서 소음 속에서 큰 소리로 주문을 했다. "Three Hot Leaves, please(핫 리프 세 개요)." 이름이 약간 틀린 주문을 하는 바로 그 순간, 갑자기 상황은 지옥으로 변한다. 비쩍 마른 백인 병사가 혼잡한 홀 안으로 내동댕이쳐지며 다른 사람들과 테이블과 유리잔도 함께 나뒹굴었다. 이제 그와 흑인 병사는 둘 중 하나가 곧 죽을 것 같은 험악한 레슬링을 하고 있다. 광적인 움직임 속 어딘가에서 칼날이 번득이기까지 한다.

이것은 인간의 싸움 행동을 직접 볼 수 있는 절호의 기회이다. 방송 뉴스나 신문을 통해 세상은 폭력으로 가득 차 있다고 알고 있는 우리는 사람들이 싸우는 현장을 쉽게 목격할 수 있을 것이라고 생각하기 쉽지만 실상은 그렇지 않다. 실제로는 사람들이 싸우는 행동을 표출하는 것은 아주 드물다. 사실 인간이라는 종이 보여 주는 가장 놀라운 특징 중 하나는 아주 과밀한 상태에서 살면서도 싸움이나 파괴 행위가 거의 없이 살아간다는 점이다. 이것은 우리 종이 천성적으로 평화를 추구한다는 사실을 보여 주는 놀라운 증거이다. 우리처럼 과밀한 상태에서 살아가면서도 이 정도의 자제력을 보이는 동물은 거의 없다.

따라서 지금 내가 목격하고 있는 심각한 싸움은 내게는 기대 밖의 보너스인 셈이다. 나는 지금 두 사람의 동작 하나하나를 정확하게 관찰하느라고 충격을 받거나 두려움을 느낄 시간이 없다. 두 사람의 대결에서 한 가지 특징이 분명하게 드러난다. 그것은 존 웨인이 술집에서 벌이는 그런 싸움과는 한참 거리가 멀다는 것이다. 영화에서는 모든 가격 동작은 세심한 안무 동작에 따라 일어나고, 격투는 아주 느린 속도로 와장창, 퍽, 우지끈, 퍽 하는 특징적인 리듬에 따라 진행된다. 그러나 실제 싸움은 전광석화 같은 스피드로 서툴게 진행된다. 구경꾼들이 공포를 느끼는 것은 공격 방향이 어느 순간에 바뀌어 주변 사람들에게 피해를 입힐지 모르기 때문이다.

그때 바텐더가 카운터 아래에 숨겨져 있는 벨을 누르자, 나는 이상한 느낌이 들었다. 발 아래에 있던 바닥이 솟아오르는 것이 아닌가! 얼른 한쪽으로 뛰어내린 나는 내가 커다란 뚜껑문 위에 앉아 있었다는 사실을 깨달았다. 비밀 문이 열리자 여자들이 비명을 지르며 그 속으로 들어가 사라졌다. 문이 다시 닫히고, 나는 다시 구석에 있던 내 자리에 앉았다. 이제 술집 안에는 남자들만이 남아 있고, 아까보다 덜 북적거린다. 이제 두 사람은 기진맥진하여 바닥에서 몸을 뒤틀고 구르고 비틀면서 공격을 하고 있다. 여기에서는 어떤 의식 같은 것은 볼 수 없고, 순전히 신체적인 공격밖에 존재하지 않는다. 두 사람이 뒹굴면서 의자와 테이블이 박살나 날아간다. 마침내 헌병들이 문을 박차고 들어왔다. 두 사람은 서로 떨어져 밖에 기다리고 있는 차량으로 끌려나간다. 그들이 나가자마자 바텐더가 발뒤꿈치로 바닥을 누르자, 다시 내 발 밑에 있는 뚜껑문이 솟아오른다. 여자들이 그 속에서 다시 쏟아져 나오고, 몇 분 지나지 않아 모든 것이 정상적인 분위기로 돌아간다.

바다에 있을 때 미국 해군은 음주를 철저하게 통제하기 때문에, 이들이 R&R(공식적으로는 휴식rest과 레크리에이션recreation이지만, 비공식적으로는 광란 rage과 약탈 ravage)를 찾아 육지에 상륙했을 때 이들은 폭음에 익숙하지가 않다. 거기다가 군대의 규율에서 잠시 벗어났다는 해방감, 술집의 여자들, 또 인종적인 이유까지 겹치면 파괴적인 행동으로 이어지기 십상이다. 이곳에서는 우리가 목격한 사건이 일상적인 일인 것 같다. 나는 장차 인간의 싸움 행동을 연구할 때, 구트가 모든 것을 다 갖추고 있는 실험실이라는 사실을 마음 속에 메모해 둔다.

의사 친구가 마침내 맥주를 세 병 가지고 돌아오자, 나는 그가 'Hop Leaf Beer' 대신에 'Hot Leaves(뜨거운 꽃잎)' 를 주문하는 바람에 그러한 난장판이 일어났다고 이야기했다. 그러나 그는 내 말을 믿으려 하지 않는다. 우리는 나머지 시간을 인간 동물의 다양한 구애 의식과 골목과 문가에서 벌어지는 싸움을 관찰하면서 보냈다. 그리고 마침내 모든 윤락가 중에서도 가장 악명 높은 이곳을 떠나 평화로운 빌라로 갈 때가 되었다.

몰타의 나머지 지역이 모두 깊은 잠에 빠져 있는 가운데 우리는 한적한 어두운 거리를 차를 몰고 달리면서 마치 어느 기묘한 부족의 페스티벌에 참석했던 것 같은 기분이 들었다. 술집에서 본 모든 광경은 한 편의 드라마 같아서 현실이라는 느낌이 들지 않았다. 우리는 모두 피곤했으므로 한참 동안 아무 말 없이 달렸다. 그렇지만 마침내 빌라의 대문이 나타나고, 기다리던 아내들을 보자, 내 친구는 미소를 지으면서 마지막으로 한 마디 했다. "오늘 밤에는 연기를 잘 해야 할 것 같아."

노트

구트는 악의 소굴로서 명성을 잃은 지 오래 되었다. 스트레이트 거리는 아직도 남아 있지만, 술집들은 모두 문을 닫았고, 거기에 걸린 간판들은 색이 바랜 채 너덜거리고 있다. 30년 뒤에 촬영진과 함께 그곳을 다시 찾았을 때, 구트는 황량하고 버려진 거리로 변해 있었다. 지난날의 영화는 역사 속으로 사라지고, 단지 재향 군인 모임에서 옛날의 해군 병사들이 지중해의 모험담을 이야기할 때에나 기억될 뿐이다. 그곳을 처음 방문하고 나서 세월이 한참 흐른 후에 내 친구 의사는 전혀 예기치 못한 방식으로 구트의 망령이 자신을 찾아온 이야기를 들려 주었다.

높은 지위에 오른 그는 런던에서 다른 의사들과 함께 새 의사의 임용을 심사하는 위원으로 지낸 적이 있었다. 한 젊은 의사가 면접실에 들어오더니 잔뜩 긴장한 표정으로 심사 위원들 앞에 앉았다. 내 친구는 그를 본 적이 있었지만, 어디서 봤는지 기억이 나지 않았다. 젊은이의 긴장을 풀어 주기 위해 내 친구는 개인적인 질문을 던졌다. "우리 어디서 만난 적이 있지 않나?" 그러자 그 젊은 의사는 더욱 긴장하는 것처럼 보였다. 내 친구는 다시 물었다. "우린 전에 분명히 만난 적이 있어. 그런데 어딘지 기억이 나지 않는군. 우리가 만난 곳이 정확하게 어디였나?" 그러자 젊은이는 할 수 없이 더듬으며 말했다. "그곳은 몰타에 있는 구트의 윤락가였습니다." 그후 내 친구의 동료들은 이 일을 두고두고 안주거리로 삼았다고 한다.

수염이 달린 배

겨울이 된 몰타는 조용하다. 여행객들도 모두 돌아가고, 해변은 텅 비었다. 해변의 카페들도 손님이 없어 적적하지만, 바다엔 이에 아랑곳하지 않고 조용히 머물고 있는 존재들이 있다. 그들의 커다란 눈은 바다를 응시하고 있다. 해안선을 따라 늘어서 있는 크고 작은 만에는 기묘하게 색칠된 몰타의 배들이 두 눈을 부릅뜬 채 파도를 응시하고 있다. 마치 금방이라도 바다 괴물이 바다에서 솟아나오길 기다리기라도 하는 듯이.

이 배들은 얼굴을 가지고 있다. 뱃머리의 양 측면에는 무스탁(수염)이라고 부르는, 삼각형으로 색칠된 부분 한가운데에 커다란 나무 눈이 조각되어 있다. 이 눈은 다채로운 색을 띤 초현실적인 거대한 조각 작품으로 배를 살아 있는 어떤 '존재'처럼 보이게 하는 효과를 만들어낸다. 실제로 몰타의 어촌에 들어가면 거대한 야외 미술 전시회를 구경하러 가는 것 같은 기분이 든다. 전시물들은 화려하게 장식된 나무 작품들로, 바다를 항해하는 배의 기능도 한다. 이 배들이 주는 인상은 아주 강렬하고 즉각적이다. 이곳을 방문한 사람치고 여기에 깊은 인상을 받지 않는 사람이 없다.

왜 그럴까? 이 조그마한 공예 작품이 여행 책의 표지를 장식하는 주제로 계속 선정되고, 그림 엽서나 수채화나 유화의 소재로도 자주 선택되고, 버스 투어의 경유지가 되는 이유가 무엇일까? 피상적인 답을 내놓기는 쉽지만, 자세한 관찰 후에 떠오르는 진지한 의문들을 충족시킬 수 있는 완전한 답을 찾기는 어렵다. 예를 들어 그저 화려한 색깔로 배를 칠한 것뿐이라고 말하는 것은 충분치 못하다. 버스도 화려한 색깔로 칠하지만, 아무도 버스 터미널을 구경하러 가진 않는다. 아주 색다르기 때문에 깊은 인상을 준다고 말하는 것도 충분치 않다. 신물이 날 정도로 그것에 아주 익숙해진 다음에도 깊은 인상은 계속 남아 있기 때문이다. 그림 같은 바다 풍경 때문도 아니다. 좁은 길의 버팀목 위에 올려놓은 배들을 마주칠 때에는 더욱 인상적으로 보이기 때문이다. 마지막으로, 배 자체에 뭔가 특별한 것이 있다는 점을 인정하지 않을 수 없는데, 내가 큰 흥미를 느낀 것도 바로 이 점이다.

몰타의 농수산부 자료를 열람해 본 결과, 등록된 어선의 수는 모두 948척이며, 그중 743척은 전통적인 '수염이 달린 배'로 분류되었다. 이 배들은 몰타와 고초의 해안 30여 군데에 분산돼 있다. 이 배들은 크게 세 종류로 나눌 수 있다. 가장 오래된 것은 선체가 날씬한 피릴라(firilla)로 36척이 남아 있는데, 모두 30년 이상 된 배들이다. 피릴라를 대체한 가장 무거운 루추(luzzu)는 모두 336척이 있다. 그리고 좀더 작고 뒷부분이 편평한 카익(kajiik)이 371척 있다.

이 어선들에서 가장 눈에 띄는 특징은 다채로운 색깔이다. 그래서 나는 배 한 척의 윤곽을 그린 다음, 그것을 흑백 카드로 만들어 다량 인쇄했다. 나는 이 카드들과 색색의 사인펜들을 가지고 가장 가까운 어촌으로 향했다. 약간의 연습을 거친 뒤, 나는 몇 분 만에 한 배의 모든 색을 그려 넣을 수 있게 되었고, 얼마 후 이 채색 그림들을 표준화시켜 분석·연구할 수 있을 만큼 충분히 많이 그리게 되었다.

새로운 어촌 마을을 찾아 서늘한 겨울 햇볕 아래에 앉아서 카드에 색을 칠해 넣는 일은 곧 중독성을 발휘하여 나는 작업을 멈출 수가 없었다. 나는 눈에 보이는 모든 수염 달린 배를 카드에 기록할 때까지 작업을 계속했다. 그린 카드를 모두 세어 보니 396장이었다. 나머지 배들은 고초에 있거나 보트 창고에 들어가 있거나 배 주인이 바다로 끌고 나갔을 것이다. 나는 백분율 계산을 좀더 쉽게 하기 위해 네 척을 더 찾아 400척을 채우기로 작정했다. 고초에 있는 배들을 포함시키는 것은 너무 복잡한 일이 될 것 같아 근처의 보트 창고들을 기웃거리면서 숨어 있는 배들이 없나 살펴보았다. 그들의 배에 큰 관심을 보이는 것을 기쁘게 받아들인 몇몇 어부들의 도움으로 나는 마침내 400장의 카드를 채우는 데 성공하고, 분석 작업에 들어갔다. 각각의 배에는 눈에 보이는 요소가 모두 20가지씩 있는데, 그 각각은 배에다 색칠을 할 때 독립적인 요소로 취급된다. 따라서 내가 분석해야 할 색깔 부분은 모두 8,000가지가 되는 셈이다.

나는 이 분석에 기초해 80쪽짜리 논문을 썼다. 이것은 오로지 내 고집의 소산인데, 왜냐하면 이 논문은 발표할 데가 없다는 걸 잘 알면서 썼기 때문이다. 내가 알기로는 어선의 장식에 관한 계량적 연구를 다루는 학술지는 전혀 없으며, 만약 그러한 것이 있다고 해도 그 것을 구독할 사람은 나뿐일 것이다. 그러나 나는 미술 비평과 미학 이론이 제 길을 잃었다는 믿음에 이끌려 그 일을 계속해 나갔다. 미술 비평과 미학 이론은, 미술은 화랑에 전시되거나 소더비에서 팔릴 수 있는 경우에만 진지하게 취급할 수 있다는 어리석은 태도를 부추겨 왔다.

미술계의 시각에서 볼 때, 나의 '아름다운 작은 배들'을 '미술 작품'으로 진지하게 취급할 리가 없다는 것은 명백하다. 이러한 태도에는 현대의 불행한 편견이 반영돼 있다. 우리는 미술에 대한 존경심이 커져가는 시대에 살고 있지만, 인간의 미술은 화랑이 생기기 수천 년 전부터 존재했다는 사실을 잊고 있다. '진짜' 미술은 그림이나 조각과 같은 비기능적인 물체에만 국한된다는 생각은 우리 사회에 대한 슬픈 비평이다. 그럴수록 우리는 생활 환경과 우리 주위를 둘러싸고 있는 일상적인 물체에 미학적인 요소가 결여된 것을 당연하게 받아들인다. 우리는 이러한 추세에 대응해 균형을 잡기 위한 노력으로 화랑이나 박물관을 지난 시대의 온갖 화려한 미술 작품들로 가득 채운다. 그리고는 가끔 갇혀 있는 화려한 미술인 '성당'을 방문함으로써 일상 생활에서 날로 커져 가는 미학적 나태함을 용서받으려 한다.

미술과 공예가 하나였던 옛날의 부족 사회 사람들에게는 이러한 태도가 이해가 되지 않을 것이다. 그들에게는 모든 미술 작품이 기능적이면서 일상 생활의 일부였다. 미학과 실용성 사이에는 어떤 양극화도 존재하지 않았고, 그 때문에 그들의 삶은 더 풍요로웠다. 최근 들어 변화가 일어난 주된 이유는 인구 증가 때문이다. 그에 따라 일상 용품의 대량 생산이 불가피해졌다. 우리는 주변의 물체들을 직접 디자인하고 만들고 장식하는 대신에, 이미 만들어진 완성품을 사게 되었다. 물론 우리는 아직도 어느 정도 심미적인 선택을 할 수 있지만, 색이나 패턴의 선택은 그것을 만드는 사람에 의해 크게 제약되거나 심지어는 배제된다. 이 경우 그것을 만든 사람은 여전히 심미적인 선택을 한다고 할 수 있지만, 그가 대규모로 중요한 결정을 내리는 것에 반비례해 개개인 차원의 선택권은 그만큼 줄어든다.

현대 세계에서 이렇게 '선택권이 좁아지는' 경향은 급속도로 증가하고 있고, 그와 더불어 일상적인 물체의 미학적 다양성은 불가피하게 감소한다. 그러나 비록 미학적 균일성에 대한 압력이 크다고는 하지만 아직 압도적인 것은 아니다. 도처에 저항 거점들이 흩어져 있다. 가장 수수하고 순응적인 시민도 가끔 일상 생활의 어떤 부분에서 색깔과 모양을 선택하고 배열해야 할 때 미학적 균일성의 구속에서 벗어나 자신만의 미학적 선택을 행사할 때가 있다. 그러나 그러한 가장 좋은 예는 도시화의 영향력이 최소로 미치는 곳에서 발견할 수 있다. 바로 몰타의 어촌 같은 곳에서.

물론 섬 전체의 '해양 미술' 전시를 책임지고 있는 어부들은 자신이 거기에 어떤 기여를 하는지 전혀 의식하지 못한다. 각자는 매년 자신의 배에 페인트칠을 다시 하는데, 배의 각 부분에 페인트를 칠할 때마다 색을 선택해야 한다. 가장 간단한 방법은 배 전체를 한 가지 색으로 칠하는 것이다. 일부 나라에서는 그렇게 하기도 하지만, 이곳에서는 절대로 그러는 법이 없다. 배에서 확인 가능한 스무 가지의 각 부분은 각각 별개의 시각적 요소로 다루어진다. 사용되는 대부분의 색은 배의 용도와는 거의 상관이 없다. 색의 결정은 배의 보수나 유지와는 전혀 상관없이 순전히 시각적인 이유에서 이루어지는 것이다. 유일한 예외는 배 밑바닥으로, 대개 구리를 섞은 더러움 방지용 페인트를 칠한다.

자세한 부분까지 파고들지 않고도 배 400척을 분석한 결과, 배를 시각적으로 아주 흥미롭게 보이게 하는 몇 가지 원리가 드러났다.

첫째, 각각의 배는 '몰타의 배'라는 것과 '누구의 배'라는 것을 알리는 것이 중요하다. 권위적인 방법을 사용한다면, 몰타의 모든 배를 빨간색으로 칠하고, 각 배에다가 소유주의 이름을 적도록 하면 될 것이다. 그런 방법은 정부에서 엄격한 법을 제정하여 시행해야만 한다. 그러나 이곳 몰타에는 그러한 법이 없다. 각 배의 색은 순전히 각각의 소유주의 재량에 달려 있다. 이러한 자유하에서 훨씬 흥미로운 방식으로 두 가지 정보가 표시된다.

그 원리는 다음과 같다. 배에서 차지하는 면적이 큰 부분일수록 더 보수적인 색을 선택한다. 그리고 더 작은 부분일수록 더 다양한 색을 사용한다. 그 결과 멀리서 보면 모든 배는 분명히 '몰타 배'라는 표시가 나지만, 가까이 다가가서 보면 작은 부분들이 눈에 들어오면서 각 배의 차이가 드러난다.

두 가지 예만 들어 보기로 하자. 배의 옆면은 80% 이상이 파란색으로 칠해져 있다. 이 부분은 면적이 크기 때문에 대부분의 사람들은 '전통의 압력'에 순응한다. 이와는 대조적으로, 이곳에서는 노란색이 전통적으로 가장 선호하는 색인데도 불구하고, 물막이판에 있는 작은 손잡이는 40%만이 노란색으로 칠해져 있다. 즉 큰 부분의 색은 작은 부분에 비해 몰타의 전통에 순응하는 비율이 두 배나 된다.

따라서 색들은 국적과 개인 소유주라는 두 가지 메시지를 전달한다. 그러나 어느 메시지도 고정되어 있지는 않다. 배의 어느 부분에서도 어떤 한 가지 색이 지배하는 경우는 없다. 항상 변이가 존재하며, 이러한 변이 자체도 부분의 크기에 따라 달라진다. 지역에 따른 변이는 문제를 좀더 복잡하게 만든다. 남쪽에서는 특정 색깔(예컨대 노란색 수염)을 선호하는 반면, 북쪽에서는 다른 색깔(예컨대 빨간색 수염)을 선호한다. 물론 이것 역시 각 지방 축구팀들의 색깔처럼 엄격한 규칙은 아니다. 항상 많은 예외가 존재한다. 이러한 사소한 예외들이 각 어촌에 모여 있는 배들에 복잡한 시각적 매력을 더해 준다.

둘째, 개인적인 선호에 의한 사소한 색깔 차이들 때문에 각 배의 색깔 배합은 독특하다. 사실 거의 그렇다. 정확하게 말하면, 400척 중 398척은 그 배에서만 볼 수 있는 고유하고 독특한 색의 배합을 지니고 있다. 그런데 모든 점에서 정확하게 똑같은 배가 두 척 있었다.

이 점에 궁금증을 느끼고 조사를 해본 결과, 두 배는 모두 같은 어부의 배로 드러났다.

배들을 시각적으로 매력있게 보이게 하는 또 다른 불문율이 몇 가지 있다. 페인트칠을 할 때 밝은 색을 칠한 옆에는 그와 대비되는 색을 칠하고, 어두운 색 옆에는 밝은 색을 칠하며, 최소한 대여섯 가지의 색을 사용해 다양한 색으로 배를 칠하는 것이다.

왜 자기 배를 그러한 색들로 칠하는가 물으면, 어부들은 한결같이 "내 마음에 들기 때문"이라고 대답한다. 아무도 당국이나 누구에게서 들은 지침이나 규칙이기 때문이라고 대답하지 않는다. 매년 배에 페인트칠을 다시 하는 데 여러 날이 소요된다는 사실을 감안하면, 그들은 늘 바다로 타고 나가는 배에 깊은 존경심을 품고 있는 것 같다. 배를 무생물 물체가 아니라, 마치 가족의 일원처럼 여기는 듯하다. 배를 처음 진수시킬 때에는 올리브 가지로 장식하고 신부가 축복을 베푸는 '세례' 의식을 치른다. 만약 가까운 친척이 죽으면 배도 가족처럼 상복을 입힌다. 수염을 검은색으로 칠하거나 뱃머리의 수직 기둥에 검은색 '완장'을 그려 넣는다. 이 검은색 표시는 다음 해에 페인트칠을 다시 할 때까지 계속 남아 있게 된다.

배를 인간에 더 가깝게 보이도록 만드는 것은 수염에 특별히 조각해 넣는 나무 눈이다. 나무 눈은 배를 '사람'으로 변화시키고, 더 강한 인상을 준다. 이것은 고대 이집트 시대까지 거슬러 올라가는 오랜 전통이다. 로마 전함도 뱃머리에 눈을 그려 넣었는데, 이러한 관습은 오늘날에도 몰타 이외에 포르투갈이나 발리를 포함해 세계 여러 나라에서 볼 수 있다.

뱃머리에 눈을 그려 넣는 배경에는 미신이 자리잡고 있는데, 깜빡이지 않는 눈이 악마의 눈을 노려보아 굴복시킴으로써 배와 거기에 탄 사람들을 어둠의 마력으로부터 보호할 수 있다고 믿기 때문이다. 행운은 곧 악마를 끌어들여 곧 재앙을 가져온다고 믿었다. 그래서 만약 어부가 고기를 많이 잡으면, 뭔가 나쁜 일이 생기지 않을까 두려워했다. 그러나 뱃머리의 강력한 눈이 그들을 보호해 준다면 두려울 게 없다.

몰타의 그랜드하버에는 이 미신이 돌에 새겨져 있다. 흉벽 위로 높이 솟아 있는 석회암 포탑에는 커다란 눈이 하나 새겨져 있어 부두를 굽어보면서 아래의 만에 머물고 있는 배들을 보호해 준다. 이 섬은 과거에 투르크 함대와 나치를 포함해 여러 차례 외부의 침략군에게 포위 공격을 당했다. 심지어 그들은 포탄 대신 죄수의 잘린 머리를 항구로 쏘기도 했다. 그러나 침입자들은 오래 전에 다 물러갔고, 이제 몰타는 훌륭한 건축물을 유지한 채 그대로 남아 있다. 그리고 어부들도 매년 고기를 풍성하게 잡고 있다. 그래서 몰타인을 보호해 주는 눈에 대한 명성은 여전히 살아 있고, 앞으로도 오랫동안 없어지지 않을 것이다.

노트

25년 뒤에도 눈들은 여전히 남아 있었으며, 앞으로도 그들을 보호하는 그 시선을 영원히 간직할 것처럼 보인다.

고(故) 지미 벙

지미 벙(Jimmy Bung)이 누구인지는 알 수 없지만, 이미 죽은 사람인 것만큼은 확실해 보인다. 그렇지만 그것도 확신할 수 없다는 생각이 들 때가 있는데, 영원히 그의 이름을 달고 있을 것 같은 그 간판의 의미가 모호하기 때문이다. 간판에는 '펠로십 바' 라는 글씨 밑에 '고(故) 지미 벙의 바' 라고 적혀 있다. 지미 벙이라는 사람이 가게를 그만둔 후, 새로 주인이 된 사람이 이전의 고객들을 끌어들이기 위해 새 이름 밑에 옛날 이름을 적어 놓은 것일까? 아니면 지미 벙은 몽티 파이선(Monty Python: 영국인 5명과 미국인 1명으로 이루어진 6인조 코미디 배우)의 앵무새처럼 이미 죽어서 이 세상에 더 이상 존재하지 않고, 땅 속에 묻혀 있을 수도 있다.

나는 아마도 영원히 그 진실을 알지 못할 것이다. 내가 그 바에 들어가 바텐더에게 진실을 확인하려고 하지 않을 것이기 때문이다. 그것은 내가 이 지방의 맥주(맛이 일품이다)나 청량 음료(키나라고 부르는 달콤쌉쌀한 이 음료는 몰타 섬에서만 맛볼 수 있다)를 싫어해서가 아니고, 지미 벙의 미스터리를 내 상상 속에 계속 살아 있게 하고 싶기 때문이다. 해변의 훌륭한 바를 다른 사람에게 넘겼다는 사실을 제외하고는 그에 대해 아는 것이 아무것도 없는 한, 그는 내 기억 속에 신비스러운 인물로 남아 있을 것이다.

그런데 벙은 몰타인의 성이 아니다. 몰타의 전화 번호부에는 벙이라는 성이 없다. 또 외국인이 그랜드하버에서 술집 경영을 허가받기는 어렵다. 나는 홍콩에는 벙이라는 성을 가진 중국인들이 살고 있다는 이야기를 듣고, 선원으로 일하던 어느 동양인 벙이 몰타에 내려

인기 있는 이 지방의 마스코트가 된 것이 아닌가 하는 추측도 해 보았다. 또는 벙은 술을 공급하는 주류 양조자라는 뜻의 벙(bung)에서 유래한 별명일지도 모른다. 영국 어딘가에는 미스터 벙 양조장이 있는데, 그곳의 이름은 이런 식으로 유래했을 것이다. 어쩌면 지미 벙은 지중해를 항해해 본 노련한 선원이라면 누구나 아는 가공의 전설적인 뱃사람일지도 모른다. 그렇지만 어느 것이 진실인지 나는 결코 알 수가 없다.

이러한 두서 없는 생각은, 몰타에서는 공공 장소에 내걸린 문패나 기호나 이름을 유심히 살펴볼 가치가 있다는 이야기를 하기 위해서이다. 그것은 아주 흥미롭다. 외딴 곳에 있는 작은 마을을 방문하면, 그곳은 15세기 이래 거의 모습이 변하지 않았는데, 마을 중심에 있는 교회 바로 옆에는 '엘비스 프레슬리 바'가 있다. 심지어 트럭에도 이름이 붙어 있다. 이러한 이름은 공장에서 일괄적으로 쓰여진 것이 아니라, 배기 가스를 뿜어 내는 이 기계 괴물들이 마치 희귀한 필사본이기라도 한 것처럼 다른 장식들과 함께 차체 위에 손으로 정교하게 그려 넣은 것이다. 각각 가톨릭의 성인 이름을 단 트럭 세 대가 연달아 지나가는 걸 보면, 순전히 종교적 관습인가 보다 하는 생각이 들 수도 있지만, 얼마 후 '클리프 리처드(Cliff Richard)'라는 이름을 단 트럭이 휙 지나간다(아, 물론 그도 성인에 가까운 젊은이이긴 하지만 아무래도……).

요트 계류장을 돌아보면, 요트에 붙은 이름들이 다시 큰 흥미를 불러일으킨다. 일리 마니, 청호, 라 카베코이세, 토르곤, 칼랄루, 쿠나와라, 옴 사디나 같은 이름이 붙은 배를 어떻게 이해해야 할까? 시호스(Seahorse)나 레이디 럭(Lady Luck)처럼 흔히 쓰이던 좋은 이름은 어디로 갔을까?

일부 가게에 붙어 있는 이름은 오늘날의 성들이 어떻게 생겨났는지 단서를 제공한다. 어느 가게에 'Fred the Grocer(야채상 프레드)'나 'George the Plumber(배관공 조지)'와 같은 이름이 붙어 있을 수있다. 그러다가 어디선가 'the'가 생략된 이름이 사용되기 시작한다. 예컨대, 'John the Butcher(푸줏간 주인 존)'가 그냥 'John Butcher'가 되는 것이다. 마찬가지로, 'Joe's Garage(조의 주유소)'는 'Joe Garage'가 된다. 몰타의 전화 번호부에도 이런 식의 이름이 올라 있다. 베이커(Baker: 빵 굽는 사람), 카핀터(Carpenter: 목수), 바버(Barber: 이발사) 같은 영어의 많은 성들이 어떻게 해서 생겨났는지 짐작할 수 있다. 우리의 경우에는 그 과정이 오래 전에 완료되었지만, 이곳 몰타에서는 아직도 현재 진행형이다.

아누비스의 방문

어느 화창한 봄날 오후, 예고도 없이 한 불청객이 빌라를 찾아왔다. 방문객은 여위고 조용하고 민첩하고 품위가 있어 보이는 붉은색 개이다. 개는 테러 분자를 찾아내려는 코만도처럼 재빨리 집 안 곳곳을 샅샅이 살핀다. 아무 이상이 없다고 판단한 듯, 개는 잠시 동안 가만히 멈춰서 정원으로 이어지는 돌계단 위에서 사진이라도 찍는 듯이 서 있다. 심지어 아직 아장아장 걸어다니는, 개보다 키가 작은 우리 아들 제이슨이 그 등에 친근하게 손을 얹어도 가만히 있다. 이 개는 재미있거나 친밀감을 주는 특징은 전혀 없다. 그렇지만 적대감도 거의 느껴지지 않는다. 그 개를 바라보고 있던 우리는 갑자기 우리가 그 개의 섬에 무단으로 들어온 침입자가 된 듯한 기분이 들었다. 그 개는 이곳에서 수천 년 동안 살아온 듯한 인상을 풍겼기 때문이다. 나중에 알게 되지만, 그것은 어느 정도 사실이었다.

우리의 방문객은 귀족 혈통인 게 분명했지만, 우리가 알고 있는 어떤 혈통에도 속하지 않았다. 그렇지만 영어를 전혀 모르는 정원사 카르멜로(Carmello)는 그 개를 즉각 알아보았다. 그는 그 개를 '켈브 탈 페넥(Kelb tal-Fenek)', 즉 '농부의 개'라고 설명했다. 그러나 이 개는 몰타의 시골 농가 지붕 위에서 짖어대던 개와 같은 잡종처럼 보이지 않는다. 털투성이의 양치기개하고도 거리가 멀다. 그레이하운드의 우아함과 늑대의 개성을 지닌 이 품위 있는 동물은 고상한 짐승이다. 짧은 적갈색 털은 햇빛을 받아 빛을 내뿜으며 반짝인다. 쫑긋 세운 큰 귀는 이리저리 움직이며 모든 미세한 소리를 다 포착한다. 호리호리한 유선형 몸은 마치 이집트 벽화에서 방금 튀어나온 듯하다. 이 개는 절대로 농부의 개가 될 수 없다. 이 개는 바로 신성한 아누비스 (Anubis: 죽은 자의 넋을 오시리스의 심판장으로 인도하는 이집트의 신. 자칼의 머리에 사람의 몸을 하고 있음)가 분명하다.

그 개는 나타나던 때와 마찬가지로 소리 없이 휙 사라져 버려 신비로움을 더해주었다. 짧은 방문 동안에 그 개는 한 번도 우리의 비위를 맞추려고 시도하지 않았다. 사실, 그 개는 자신의 영역에 들어온 우리의 존재를 거의 무시했다. 그 개는 내가 지금껏 알아온 여느 개와는 달랐기 때문에 나는 호기심을 느꼈다. 나는 섬의 가장 외딴 곳까지 다니면서 그 개를 찾았다. 결과는 실망스럽지 않았다. 그 개들은 곳곳에 상당히 많이 살고 있었다. 그런데 왜 우리는 이때까지 이

개를 몰랐을까? 외부 세계에 전혀 알려지지 않은 위엄 있는 이 순종 개들은 몰타의 가장 깊은 비밀 중 하나처럼 보였다. 켈브 탈 페넥이 무슨 뜻인지 물어 보았더니, 문자 그대로 해석하면 '토끼개'라는 뜻 이란다. 나는 절벽 꼭대기 근처에서 산토끼를 한두 번 본 적이 있는 데, 그 토끼들 역시 같은 색이었던 것이 기억났다. 붉은색의 토끼를 뒤쫓는 붉은색의 개.

그런데 왜 몰타의 토끼개는 외부에 전혀 알려지지 않은 것일까? 산 안톤 공원 근처에서 몰타에서 아주 드물게 열리는 개 품평회를 방문 했을 때 그 답을 얻을 수 있었다. 참가한 개들의 명단을 살펴보니, 몰 타의 개 주인들은 수입된 개들만 좋아한다는 사실을 즉각 알 수 있었 다. 전람회에 나온 몰타의 토종개라고는 위풍당당한 토끼개 딱 한 마 리밖에 없었다. 우리의 눈에는 그 개야말로 '최고의 명견'으로 보였 다. 그러나 심사 위원들은 토끼개를 완전히 무시하고, 매력적이긴 하 지만 평범한 독일 셰퍼드에게 1등 상을 수여했다. 토끼개가 왜 제외 되었느냐고 넌지시 물어 보자, 그 개들은 혈통을 알 수 없기 때문에 진지하게 고려되지 않는다는 대답을 들었다. 사람들은 얼마나 잘못 된 판단을 많이 하고 살아가는지!

조사 결과, 토끼개의 조상은 약 3,000년 전에 페니키아의 무역상들 이 이 섬에 들여온 것으로 밝혀졌다. 페니키아인은 아마도 고대 이집 트에서 이 개들을 훔쳐 왔을 것이다. 동물을 길들이는 데 뛰어났던 이집트인은 동물에 대한 독점욕이 유별난 것으로 유명하다. 고양이 역시 그러한 동물에 속했다. 그런데 고대 페니키아인은 고대 세계의 '중고 자동차 딜러'라고 불릴 정도로 천재적이고 유능한 상인이었 다. 그들은 외국에 팔아먹기 위해 이 귀중한 동물들을 몰래 빼내는

데 성공했다. 그들은 귀한 이집트 집고양이와 빠른 이집트 사냥개를 다른 나라에 전파시켰다. 따라서 우리 빌라를 찾아온 신비로운 방문객은 정말로 아누비스일지도 모른다.

아이러니하게도, 몰타의 도시 사람들이 농부의 토끼개를 무시한 덕분에 토끼개는 다른 품종의 개들과 교배하지 않고 수천 년 동안 순수한 혈통을 유지할 수 있었다. 사람들의 관심을 끌지 않고 섬의 외딴 구석에 고립돼 살아온 이 놀라운 개는 아마도 전세계에서 가장 오래된 순종 개 중 하나일 것이다. 수입해 온 이국적인 개가 아니라는 이유로 찬밥 대우를 받아 온 이 개야말로 몰타의 개 중에서 가장 귀한 보물이다.

몰타에 살고 있는 영국인 주민들과 이야기를 나누면서 이 개의 혈통에 경의를 보인 것은 우리뿐만이 아니라는 사실을 알게 됐다. 실제로 한 이웃 사람은 이 혈통의 개를 번식시키기 위해 이미 여러 마리를 구입해 영국으로 보냈다고 한다. 그러나 불행하게도 그 여자가 얼마 후 자동차 사고로 사망하면서 그 계획은 거의 수포로 돌아갔지만, 다른 사람들의 노력으로 마침내 몰타의 토끼개가 영국에 수입되었다고 한다. 다만, 그 이름이 너무나도 어울리지 않기 때문에 좀 더 위엄이 있어 보이는 파라오하운드(pharaoh hound)라는 이름으로 바뀔 것이라고 한다. 이 개는 그런 이름으로 불릴 자격이 충분히 있다.

이 작은 섬들이 원산인 개는 파라오하운드뿐만이 아니다. 또 다른 매력적인 혈통이 두 종류 나왔는데, 몰타개와 치와와가 그것이다. 몰타개는 제대로 붙여진 이름이지만, 치와와라는 이름은 잘못 붙여진 것이다. 기묘하게도, 나는 이곳에서 몰타개를 어디서도 본 적이 없지만, 슬리에마 교외에서 대개 덩치가 아주 큰 주인과 가벼운 산책을 하는 조그마한 치와와는 아주 많이 보았다. 그 이름 때문에 이 두 품종은 혈통이 서로 아주 다른 것처럼 보인다. 그러나 17세기의 저술가들은 몰타에는 조그마한 개가 털이 긴 것과 짧은 것 두 종류가 있었다고 기록해 놓았다. 털이 긴 종류는 몰타개라는 이름을 계속 유지했지만, 어떤 이유로(아마도 더운 날씨 때문에) 그 개들은 이곳에서 인기가 시들해져 거의 사라지게 되었다.

털이 짧은 종류는 원래 몰타호주머니개라는 이름으로 불렸는데, 큰 인기를 끌어 수백 년 전에 프랑스, 포르투갈, 에스파냐 등 근처의 나라들로 수출되었다. 그리고 나중에 에스파냐의 초기 탐험가들에 의해 멕시코까지 전파되었다. 그곳에서 이 개들은 북아메리카로 흘러들어가게 되었는데, 그곳 사람들은 이 개들을 멕시코에서 발견된 장소인 치와와 주의 이름을 따 부르게 되었다. 이 이름을 보고 사람들은 치와와의 원산지를 멕시코로 오해한다. 오늘날 몰타의 거리에는 조그마한 치와와들이 경쾌하게 뛰어다니며 세상에서 가장 작은 개인 자신의 진짜 고향이 몰타임을 알려 준다.

노트

얼마 지나지 않아 파라오하운드는 품평회 관계자들로부터 국제적인 인정을 받았다. 이 일이 있고 나서 파라오하운드는 자신의 고향에서도 완전히 인정을 받게 되었는데, 1974년에는 '몰타의 국견'으로 선포되었다. 심지어 그 모습이 동전에까지 새겨지게 되자, 몰타의 전문가들은 이 개의 새로운 이름이 몰타보다는 이집트의 파라오와 관계가 있는 것처럼 보인다며 원래의 이름인 켈브 탈 페넥을 사용할 것을 주장하고 나섰다. 그러나 국제 개 관계자들은 이들의 요청을 무시했는데, 사실 그 거창한 이름이 아니었더라면 국제적으로 그렇게 큰 관심을 끌지 못했을 것이다.

뇌에 일식을 일으키는 태양

햇볕에 굶주린 영국인에게 몰타의 기후는 신이 주신 축복처럼 느껴진다. 정원에 있는 돌식탁 위에서 아침 시장에서 사온 싱싱한 생선을 먹다가 불과 몇 미터 떨어진 곳에서 직접 레몬을 따 즙을 짜낼 수도 있다. 식탁 위로는 포도 송이들이 늘어져 있다. 문득 나는 전에 느끼지 못한 한 가지 차이점을 깨닫게 되었다. 영국에서는 늘 죽은 과일만을 먹었는데, 이곳에서는 살아 있는 과일을 먹고 있다. 향기와 맛에서 비교할 수 없는 큰 차이가 있기 때문에 다시는 이전처럼 죽은 과일을 먹고 싶은 생각이 들지 않았다.

내가 놀란 또 한 가지 변화는 더 이상 손목시계를 차지 않게 된 것이다. 영국인 방문객을 차에 태우고 몰타의 시골 길을 달리다가 그가 시간이 몇 시냐고 물으면, 나는 아무 생각 없이 하늘의 해를 쳐다보고 2시 30분이라고 말한다. 잘난 척하려고 그런 것이 아니다. 나는 내가 특별한 행동을 한다는 사실을 의식하지도 않고 그렇게 하는데, 방문객은 내 말을 믿으려 하지 않는다.

이러한 변화는 몰타의 기후에 적응하면서 나도 모르는 사이에 조금씩 조금씩 일어났다. 또 한 가지 변화는 햇볕에 몸을 노출시키는 방식이다. 지중해의 주민이 일광욕을 하는 모습은 거의 볼 수 없다. 늘 푸른 하늘 아래에서 사는 사람은 아무도 태양을 거대한 해침대로 생각하지 않는다. 그러나 영국에서 막 도착한 사람들은 짐을 풀자마자 풀장으로 나가 누워 햇볕 아래에서 일광욕을 즐긴다. 그렇지 않은 유일한 사람이 데이비드 애튼버러였는데, 그에게 왜 일광욕을 하지 않느냐고 묻자, 그는 "관광객에게는 태양이 친구이지만, 여행가에게는 적이니까"라고 대답했다. 그리고는 웃더니 이렇게 덧붙였다. "맙소사, 대단히 거창한 말처럼 들리는군." 그러나 그의 말은 옳다. 덥고 해가 쨍쨍 내리쬐는 기후에서 살아가는 사람들은 피부가 천천히 그을리지만 타지는 않는다. 이곳에서 태어나 거의 매일 해변에 나가는 제이슨은 햇볕에 그을려 머리카락이 금발로 변했다. 피부는 밝은 갈색이고, 매일 바다에서 몇 시간이고 물놀이를 하며 놀면서도 햇볕에 화상을 입은 적은 없다.

밝은 햇빛에 매일 노출되는 것은 심리 상태에도 신비한 효과를 미쳐 마음이 진정되고 낙관적인 생각을 갖게 된다. 여기서 힌트를 얻은 나는 문명의 거대한 도약이 일어난 장소에 대해 생각해 보았다. 고대 세계에서 북유럽은 야만적이고 원시적인 지역이었다. 메소포타미아와 이집트를 거쳐 그리스와 로마에 이르기까지 초기 문명의 발달은 모두 중동과 지중해 지역에서 일어났다. 시간이 흐르면서 문명의 초점은 더 추운 지역으로 옮겨가기 시작했고, 마침내 북유럽이 혁신과 문화 성장의 중심지가 되었다.

오늘날 아테네나 카이로를 방문해 보면, 어떻게 그곳들이 한때 창조성의 중심지였는지 이해가 가지 않는다. 기온은 뜨겁고, 태양은 뇌를 지치게 한다. 이곳들은 혁명적인 새로운 발명을 위해 끊임없이 노력을 기울일 수 있는 장소로는 부적합하다. 그런데도 불구하고 한때 이곳은 그러한 창조성의 중심지였다. 그 당시에는 기후가 더 서늘했을까? 지금까지 밝혀진 증거를 보면 그렇진 않다. 그렇다면 그 당시 사람들은 서늘한 겨울철에만 왕성하게 지적인 활동을 했을까? 나의 경우에는 분명히 그렇다. 아마도 문명의 성장은 매년 서늘한 계절에만 잠깐 동안 분출되며 일어났을 것이다. 북유럽에서는 그럴 필요가 전혀 없다. 우리는 연중 무휴로 일한다. 우리는 인공 난방을 통해 겨울을 날 수 있으며, 여름에는 정말로 무더운 3~4일만 빼고는 일하는 데 아무런 문제가 없다.

내 경우에는 뇌 세포들을 재작동시키기 위해 불쾌한 북쪽 기후로 돌아가야만 할 때가 분명히 올 것이다. 이곳에서 나는 나태에 가까운 수준으로 점점 더 긴장이 풀리고 있다. 이곳 생활은 아주 달콤하지만, 나는 이것이 건강에 해로울 정도로 달콤해지지 않을까 경계한다.

이제는 정말 조금 덜 유혹적인 다른 곳으로 옮겨가 탐사를 해야 할 시간이 다가오고 있는 것 같다. 친구이자 작가인 헌터 데이비스(Hunter Davies)는 이 섬에서 몇 달을 지낸 후에 새로운 목장을 찾아보아야겠다고 말했다. "지난 목요일에 나는 단지 커피 한 잔을 준비하는 데 하루 종일이 걸리는 단계에 이르렀다는 사실을 깨달았거든."

문제는 이 작고 아름다운 섬에서 살아가는 것은 너무나도 즐겁기 때문에 쉽사리 뿌리치고 떠날 수가 없다는 점이다. 그러나 조사해야 할 것이 너무나 많이 남아 있고, 둘러보아야 할 나라도 많이 남아 있다. 우리 집안 조상들의 수명을 감안한다면, 나는 60대를 넘기지 못할 가능성이 높다. 외가 쪽의 남자 조상 10명을 선택해 평균 수명을 구해보았더니 61세로 나왔다. 그렇다면 아직 방문하지 못한 180개국을 둘러보는 데 20여 년밖에 남지 않은 셈이다. 할 일은 많고, 시간은 없다.

지붕 위의 황소신

빌라 마당에는 낡은 농가 건물이 몇 채 있다. 하루는 그것들을 조사하다가 한 건물의 바깥쪽 벽 높은 곳에 한 쌍의 황소 뿔이 장식되어 있는 것을 발견했다. 이것은 가축들을 악마의 눈으로부터 보호하기 위한 것이라고 한다. 가축들은 떠난 지 오래되었지만, 뿔은 그대로 남아 있다. 운전사인 도메니크가 차고 위에 내가 만든 스튜디오도 이와 같은 보호를 받길 원하느냐고 물었다. 스튜디오가 소나 돼지만큼의 가치는 없을지 모르지만, 그러한 보호 조처를 취한다고 해서 손해볼 일은 없으므로, 나는 그의 말에 동의했다.

도메니크가 어디론가 사라지더니, 몇 시간 후 스튜디오의 문에 못을 박는 소리가 들려 왔다. 도메니크는 근처의 도살장에 가서 쇠뿔을 얻어 와 스튜디오의 문에 매달고 있었다. 이것은 이 지방의 관습이냐고 물어 보았더니, 도메니크는 시골에서는 어디서나 집과 농가 건물을 이런 식으로 악마로부터 보호한다고 말했다. 그후 몰타의 시골을 둘러볼 때, 쇠뿔을 찾는 내 눈에는 쇠뿔이 너무나도 많이 띄었으므로, 이전에 그것을 전혀 보지 못한 것이 이상하게 생각될 정도였다. 어떤 것은 조각품이거나 모형이었지만, 대부분은 진짜 쇠뿔이었다. 어떤 것은 칠을 하거나 장식으로 꾸미기도 했지만, 어떤 것은 자연 모습 그대로였다. 대부분은 담벼락이나 지붕 위에 얹어 놓아 쇠뿔은 마치 배나 요새의 대포처럼 위압적으로 삐죽 돌출해 있었다. 도시 지역에서 멀리 떨어진 곳일수록 쇠뿔이 더 많이 보였다.

큰 호기심을 느낀 나는 이 관습에 대해 더 자세히 알아본 결과, 이것이 1,000년 전부터 시작되었다는 사실을 알아냈다. 8,000년 전에 번성했던, 세상에서 가장 오래된 도시인 아나톨리아(오늘날의 터키)의 사탈휘위크에서도 벽 위를 뿔들로 장식했다. 황소는 고대 세계에서 중요하게 간주되었다. 황소는 엄청난 근육의 힘 때문에 힘을 상징했고, 인상적인 짝짓기 행동 때문에 다산을 상징했으며, 쟁기로 땅을 경작하기 때문에 농작물의 풍년을 상징했다. 이러한 특징 때문에 황소는 인간과 가축과 농작물의 이상적인 보호자로 자리잡게 되었다.

이로부터 고대 농경 민족의 마음 속에는 풍작을 거두려면 위대한 황소를 숭배해야 한다는 생각이 자리잡게 되었다. 황소는 신과 같은 존재가 되었다. 황소신의 상이 도처에 존재하게 되었고, 그 뿔은 황소신의 상징이 되었다. 나중에 그 뿔은 사람의 형상으로 옮겨가 뿔 달린 신을 만들어 냈는데, 이는 결국 초기 기독교의 적으로 간주되었고, 뿔 달린 신은 악마의 형상으로 변해 기독교 최대의 적으로 두려움과 증오의 대상이 되었다.

그러나 기독교의 악마화 작업에도 불구하고 뿔이 원래 지닌 보호자로서의 상징은 살아남았고, 특히 이탈리아에서는 집게손가락과 새끼손가락을 펴서 만드는 코르누타(cornuta)라는 인기 있는 손동작을 만들어 냈다. 이 제스처는 몰타에서도 널리 사용되는데, 자동차나 배에 그림으로 그려지기도 한다. 농가 건물에 올려져 있는 황소 뿔은 처음 황소신을 숭배하던 관습이 시작된 옛날을 상기시키고, 쉽사리 사라지지 않는 지방의 미신을 보여 준다. 지금은 아주 독실한 가톨릭 신자인 몰타 농부들이 악마의 힘으로부터 보호를 받기 위해 이교도의 도구를 사용한다는 게 흥미롭다. 실제로 어떤 농가에서는 기독교 성인의 작은 상을 악마의 뿔과 나란히 놓아 두기도 한다. 농작물과 동물을 위험으로부터 보호할 수만 있다면, 누구의 도움이라도 받으려고 하는 게 인지상정이다.

몰타에서는 말에 뿔이 있다. 조그마한 카로친(말이 끄는 택시)을 끄는 말들이 양 귀 사이에 한 쌍의 금속 뿔을 달고 있는 것을 종종 볼 수 있다. 이 뿔들의 가운데에는 기다란 깃털(공작이나 꿩의 깃털이 이상적임)이 추가적인 보호 장치로 덧붙여져 있다. 깃털에 눈 모양의 무늬가 있다면 그것이 악마의 눈을 노려보아 악마를 물리치는 데 도움이 되고, 말을 적대적인 힘들로부터 보호해 준다.

이 문제를 깊이 파고들수록 몰타 사람들은 미신을 믿는 경향이 강한 것으로 드러난다. 가장 기묘한 예는 섬의 종교적 건축물에서 볼 수 있다. 중요한 성당들의 전면 현관 위 양쪽에는 큰 시계가 두 개 걸려 있다. 하나는 진짜 시간을 가리키고, 다른 하나는 가짜 시간을 가리킨다. 이것은 악마를 헷갈리게 해 나쁜 짓을 저지르는 시간을 잘못 선택하게 함으로써 어떤 사건에 악마가 간섭하는 것을 막기 위한 것이다.

악마의 눈으로부터 보호하기 위해 당나귀에게 붉은 리본을 두르는 것, 임신을 보호하기 위해 검은색 속옷을 입는 것, 성 주간(부활절 전의 1주일) 때 교회에서 축복을 받은 올리브 가지로 집 안을 훈증 소독하는 것, 악령을 물리치기 위해 아이들의 목 주위에 조개 껍데기를 걸어 주는 것 등이 있다.

개인적으로 마음에 들지 않는 지방 미신 중 하나는 부기맨에 관한 것이다. 흔히 보보라고 부르는 이 무시무시한 괴물은 사람과 황소와 숫양과 당나귀를 결합시켜놓은 모습을 하고서, 캄캄한 겨울 밤에 몰타의 거리를 돌아다니면서 꼬마 아이가 있는 집을 찾는다고 한다. 그리고 아직 자지 않고 깨어 있는 아이가 있으면 끔찍한 소리로 아이를 공포에 질리게 하면서 공격한다.

이 이야기는 어른들이 아이들을 일찍 잠자리에 들게 하려고 이야기해 주곤 하는데, 우리 아들도 이미 보보가 자기를 데려갈 것이라는 이야길 들었다고 한다. 나는 제이슨이 모든 사람은 천성적으로 사악하며, 특정 방식으로 행동하지 않으면 지옥 불에서 영원히 불태워진다는 생각에 물들지 않을까 염려되기 시작했다. 몰타에 계속 머문다면, 우리가 아무리 노력을 기울인다 하더라도 제이슨이 그런 터무니없는 생각에 물들 위험이 있다. 제이슨은 이곳에서 처음 몇 년 동안은 물고기처럼 헤엄치고, 아무런 두려움 없이 아주 깊은 곳까지 잠수하는 법을 배우면서 즐거운 나날을 보냈다. 늘 모래 해변에서 논 탓에 작은 몸은 유연하고 탄탄해졌다. 그것은 목가적인 유년기였지만, 이제 다섯 살이 다 된 제이슨은 곧 학교에 다녀야 한다. 나는 내 아들에게 훗날 떨쳐내는 게 감정적으로 매우 어려울지도 모를 지옥불 철학을 주입하는 게 끔찍하게 싫다.

라모나와 나는 이곳 생활이 무척 마음에 들었지만, 이제 떠나야 할 시간이 된 것 같다. 몰타 섬 탐사는 우리가 처음에 생각했던 것보다 훨씬 길게 몇 년이나 계속되었고, 우리는 많은 것을 배웠다. 자신의 문화와는 아주 다른 문화 속에 들어가 경험하는 것은 편협한 사고를 해방시키는 데 큰 도움이 된다. 나 개인적으로는 신체 언어의 차이에 대해 중요한 가르침을 얻었다. 나는 왜 아주 많은 인간 행동들은 보편적인 반면, 어떤 행동들은 서로 그렇게 차이가 날까 하는 어려운 질문을 던지기 시작했다. 나는 이 질문을 좀더 철저하게 파고들 것이다. 그러려면 더 많은 문화를 살펴보아야 하는데, 이곳에 머물러 있는 한 그렇게 할 수 없다. 떠나야 할 때가 온 것이다.

란사로테 탐사

몰타 섬 탐사 기간이 생각보다 훨씬 길어졌기 때문에 그곳에 머물던 마지막 무렵에 우리는 초조함에 쫓겨 다른 섬들을 알아보기 시작했다. 제일 먼저 키프로스를 방문했으나, 우리는 1974년에 카나리아 제도의 란사로테로 갔다. 그후 이 섬은 인기를 끄는 관광지가 되었지만, 1974년만 해도 현대의 침입이 거의 닿지 않은 장소였다.

나를 그곳으로 이끈 것은 거석(巨石)이었다. 나는 오래된 책에서 그 그림을 보고, 현장에 가서 생생한 모습을 직접 보아야겠다는 생각이 들었다. 그래서 1974년 4월, 라모나와 다섯 살이 된 제이슨과 나는 아프리카 북서해안에서 100km 지점에 있는 이 신기한 섬을 잠깐 방문했다.

화산 위에서 토스트를 구우며

란사로테에 도착했을 때 달에 착륙하는 기분이 드는 것은 전혀 이상한 일이 아니다. 여기저기 화산 분화구가 널려 있는 황량한 풍경은 지구 어디서도 찾아볼 수 없다. 란사로테에는 화산이 단 하나만 있는 것이 아니라 집단으로 존재한다. 폭 20km, 길이 32km 정도에 불과한 이 섬에 화산이 100개 이상이나 있다. 일부 화산은 오래되어 풀로 덮여 있지만, 어떤 것들은 생긴 지 얼마 안 돼 암석으로만 이루어져 있다. 마치 전체 지역이 금방이라도 화산 폭발을 일으킬 것 같은 느낌을 준다.

섬의 3/4은 용암으로 뒤덮여 있다. 일부 지역은 거칠고 불규칙한 화산재 파편으로 뒤덮여 있어 어떤 식물도 자랄 수 없고, 어떤 동물도 그 위에 거처를 마련하지 않는다. 마치 굽이치는 시커먼 바다가 얼어붙은 듯한 이 넓은 용암밭은 240년 전부터 이곳을 덮고 있으면서 어떤 생명체의 접근도 허락하지 않았다. 1730년에서 1736년 사이에 마지막 대분화가 일어났을 때, 30개 이상의 화산이 동시에 분화했다. 녹은 용암이 몇 년 동안 계속해서 뿜어 나오면서 섬을 완전히 폐허로 만들었다. 상상하기 힘들 만큼 격렬한 규모로 잇달아 일어난 화산 폭발은 아름답고 비옥한 땅을 불타는 액체로 뒤덮어 버렸다. 읍과 마을과 농토가 녹아 내리며 용암 밑으로 영원히 사라졌다. 지금도 지표면 바로 아래에는 뜨거운 열이 남아 있다. 어떤 곳에서는 수십 cm만 파도 온도가 약 95℃에 이른다. 약 12m 아래까지 파고 들어가면, 온도가 약 500℃까지 치솟는다. 이 화산재 위에 찬물을 끼얹으면, 잠시 후 그것은 증기 구름이 되어 식식거리며 솟아오른다. 지구 전체적으로 볼 때, 이 섬은 매우 얇은 피부에 해당하는 셈이다.

섬에 호텔은 몇 개 있지만, 아직 패키지 관광 상품은 개발되지 않았다. 대부분의 사람들은 이곳의 경관을 너무 황량하고 거칠다고 느낀다. 그들은 더 부드럽고 안락한 곳에서 휴식을 취하고자 한다. 검은색의 화산 모래에서는 산호섬의 넓은 백사장이 주는 매력을 찾기 어렵다. 그러나 나는 특별한 이유 때문에 이곳을 찾았다. 그것은 어느 오래된 책에서 본 거석을 찾아보기 위해서였다.

약 4천 년 전의 청동기 시대에 특이한 사람들이 란사로테에 도착해 거대한 돌을 세우고는 그 표면에다가 곡선으로 이루어진 어떤 문양을 새겼다. 그 당시 사람들은 왜 이렇게 외딴 황량한 장소까지 와서 그들의 흔적을 남기려고 했을까? 그리고 그 곡선의 문양은 무엇을 의미할까?

그림으로 볼 때 거석은 원시적인 어머니 신을 조야하게 나타낸다는 사실을 알 수 있다. 새겨진 문양은 많은 선이 반원형의 목걸이 모양을 이루고 있는데, 이것은 다른 지역에서 좀더 분명한 형태로 발견되는 어머니 신의 형상과 같은 종류이다. 다른 곳에서는 대개 목걸이를 분명히 알아볼 수 있을 정도로 세부적인 것이 더 자세히 묘사되어 있지만, 이곳에서는 기묘하게도 이러한 형태만 유일하게 남아 있다. 이것은 위대한 어머니의 상징이 되었고, 그 자체만으로 거석을 신성한 '존재'로 만들기에 충분했다.

옛날에 많은 곳에서 사람들이 거석을 만들 당시, 어머니 신을 상징하는 거대한 돌을 세움으로써 어머니 신에 대한 깊은 믿음을 보여 주는 것을 중요하게 여긴 것이 분명하다. 모든 거석 사원 중 가장 초기에 세워진 것이 몰타에 남아 있는데, 신성한 건물의 모양 자체가 신성한 여성의 곡선으로 이루어져 있다. 스톤헨지를 비롯해 그 밖의 북쪽 거석들은 훨씬 나중에 세워졌다. 모든 거석은 모든 식물을 신성한 '제공자'로 간주하던 농경 민족의 원시 종교와 관련이 있다. 위대한 어머니 대지는 위대한 대지 어머니로 변했다. 그리고 위대한 대지 어머니는 위대한 어머니 신이 되었다. 세월이 한참 흘러 최초의 도시들이 출현할 무렵에 가서야 신은 성을 바꾸어 아버지 신이 된다.

나는 영국 월트셔 주의 시골에서 자랐는데, 에이브버리와 스톤헨지는 내가 놀던 장소였다. 그런데 영국의 거석 중 새긴 문양이 남아 있는 것은 하나도 없다. 그 표면은 모두 반반하다. 그래서 내가 볼 때 란사로테의 거석은 큰 흥미를 불러일으켰다. 나는 거석이 있는 장소가 존자마스라는 사실을 알고 있었고, 섬에 도착하고 나서 첫 번째 목표는 차를 빌려 그곳까지 가는 것이었다. 우리는 별 어려움 없이 그곳에 도착했지만, 거석은 안전한 보존을 위해 지역 박물관으로 옮겨져 있었다. 이것은 현재 전세계에서 벌어지고 있는 잘못된 '보호'이다. 왜 잘못되었느냐 하면, 원래의 자리에서 옛날의 유적을 보지 않으면 그 완전한 의미를 느낄 수 없기 때문이다.

우리가 실망하며 존자마스를 떠나려고 할 때 땅에서 토기 파편을 하나 발견했다. 자세히 살펴보니 원시적으로 새긴 선들이 있었다. 근처의 밭에서 이러한 파편을 더 발견한 우리는 그것들을 수집하기 시작했다. 낙타와 함께 나무 쟁기로 밭을 갈고 있던 농부가 가까이 다가와 우리가 무엇을 하나 살펴보았다. 처음에 나는 그 농부가 옛날의 토기 파편을 주워 간다고 화를 내리라 생각했지만, 놀랍게도 그는 우리에게 고맙다고 했다. 그는 골치 아픈 토기 조각들을 치워 주어 기쁘다고 말했다. 밭에는 그러한 파편이 도처에 널려 있는데, 낙타를 이용해도 그것들을 모두 산산조각낼 수가 없다고 설명했다. 이러니 고대 유물이 제대로 보존될 리가 없다.

나는 박물관에서 거석을 보았는데, 그것은 정말로 인상적이었다. 그것이 땅을 위험으로부터 보호하기 위해 세운 위대한 어머니 신이라는 것은 의심의 여지가 없었다. 그러나 결국에는 어머니 신조차 화산의 힘에는 당할 수 없었다.

우리는 박물관의 큐레이터인 후안 브리토(Juan Brito)를 만났는데, 그는 내게 특별한 것을 보여 주었다. 그것은 이 섬의 역사에서 특별한 의미를 지닌 것이었다. 그것은 발견된 지 채 24시간도 안 되었는데, 그는 그와 비슷한 것은 한 번도 본 적이 없다고 했다. 위대한 발견에는 어린이가 관련되는 경우가 많다. 에스파냐의 유명한 알타미라 동굴 벽화를 처음 발견한 것도 어린 소녀였다. 프랑스에서는 소년이 개를 찾으러 나섰다가 라스코 동굴 벽화를 발견했다. 이곳 카나리아 제도에서 그것을 발견한 사람은 오래된 화산 분화구에서 놀던 타이체 마을의 초등학생 네 명이었다. 아이들은 땅에서 이상하게 생긴 물건를 발견했다. 그것은 돌로 만든 조각상으로, 바위들 사이에 끼여 있었다. 그것은 더 높은 곳에 위치한 분화구 사면에 있는 작은 동굴에서 나온 것으로 보였다. 그 동굴은 심하게 침식되었는데, 그 조각상은 아마도 빗물에 씻겨 내려왔을 것이다.

조각상 근처에서 아이들은 조그마한 다른 유물 세 개도 발견했다. 아이들은 그것을 수집해 부모에게 보여 주었다. 한 아이의 어머니가 그것을 중요한 물건이라고 판단해 아레시페 시장에게 보고했고, 시장은 후안 브리토에게 통보했다. 브리토는 즉시 이것이 이 섬에서 발견된 가장 중요한 고고학적 유물임을 인식했다.

높이가 13cm 정도에 불과한 이 조각상은 전혀 손상되지 않은 완전한 모습을 지니고 있는데, 달랑 머리 하나와 기묘하게 생긴 목 부분으로만 이루어져 있다. 목의 밑면은 편평하여 평면 위에 조각상을 똑바로 세울 수가 있다. 표면을 반들반들하게 처리한 이 상은 아주 정교하게 조각되었다. 머리 부분에 표현된 유일한 특징은 두 눈구멍과 조그맣게 베어낸 입뿐이다. 우묵하게 들어간 두 눈구멍은 서로 반대면에 위치해 있고, 입은 아주 높이 올라가 있어 머리는 기묘한 동물의 인상을 풍긴다.

이 같은 추상적인 형상에도 불구하고, 이 물체가 사람을 표현한 것이 아님은 명백했다. 그렇지만 정확하게 어떤 종을 표현한 것인지는 딱 꼬집어 말할 수 없었다. 목을 이루고 있는 지렁이의 체절 같은 둥근 부분 네 개는 크기가 다 똑같지 않고, 머리에서 밑으로 갈수록 작아져서 가장 좁은 부분이 가장 아래에 있다. 조각상은 일부 해변의 암회색 모래 사이에서 발견되는 대리석 비슷한 돌인 버프(buff)로 만들어졌다. 그러한 돌이 발견되는 가장 가까운 장소는 한 화산에서 약 6km 떨어진 곳이다. 그 화산은 아레시페에서 북쪽으로 약 6km 떨어진 타이체 바로 남동쪽에 있는데, 이곳은 옛날에 테히아라는 이름으로 불리던 지역이다.

테히아의 조각상은 란사로테뿐만 아니라 카나리아 제도 전체에서도 독특한 것이며, 나는 세상 어느 곳에서도 이와 비슷한 유물을 본 적이 없다. 함께 발견된 조그마한 유물들은 이것이 청동기 시대에 만들어졌음을 말해 주는데, 따라서 동물 머리를 한 이 기묘한 조각상 역시 약 4천 년 전에 만들어진 것으로 짐작된다.

고대의 동물 조각상은 대개 그 동물의 정체를 파악하기가 쉽다. 내 눈에는 이 조각상이 메뚜기처럼 보였는데, 고대 미술에서 메뚜기가 표현된 예는 매우 드물다. 내가 전에 메뚜기 조각상을 본 유일한 예는 고대 이집트의 것이었다. 나는 이 점을 후안 브리토에게 말하면서 이것은 그냥 단순히 추측에 불과하지만 메뚜기가 아주 국한된 지역에서만 표현된 것 같지는 않다고 덧붙였다. 그러자 브리토는 20여 년 전에 이 섬은 메뚜기 떼로 큰 피해를 입었으며, 그보다 더 20년 전에는 엄청난 수의 메뚜기가 몰려와 어부들의 그물마저 먹어치웠다는 소문이 돌았다고 이야기해 주었다. 청동기 시대에 란사로테에 살던 주민들에게 그러한 메뚜기의 침입은 공포스럽고 파괴적인 사건으로 느껴졌을 것이다. 그러므로 섬에 격리된 사람들에게는 메뚜기가 중요한 신화적 의미를 지닌 존재가 될 수 있었을 것이다. 따라서 내 생각이 전혀 터무니없는 추측만은 아닌 셈이다. 만약 그것이 사실이라면, 이 기묘한 물체는 정말로 고대 미술사에서 아주 희귀한 유물이 될 것이다.

이때 민주적인 우리 가족은 투표를 통해 고대 미술에 대한 나의 집착에 제동을 걸고 당면한 현실 문제에 관심을 돌리기로 결정했다. 그래서 우리는 세상에서 가장 특이한 식당 중 하나로 향했다. 그것은 화산 한가운데 자리잡은 티만파야 레스토랑이다. 이곳은 심약한 사람들에게는 권하고 싶지 않은 곳인데, 공포스러울 정도로 뜨거운 작은 화산 위에 서 있기 때문이다. 레스토랑 가운데에는 커다란 금속 그릴이 바닥이 보이지 않는 컴컴한 구멍 위에 올려져 있는데, 그 구멍은 화산의 심장부까지 연결돼 있다고 했다. 이 화산은 마지막으로 분화를 한 지 240년이 지났는데도 아직 뜨거운 열기를 내뿜고 있어서 이 그릴 위에 음식을 얹어 조리를 할 수 있다고 했다. 우리는 그것을 과장된 이야기라고 생각했지만, 화산 분화구 위에서 요리를 한다는 아이디어가 아주 기발해서 섬 서쪽의 검은 분화구가 있는 곳으로 식사를 하기 위해 차를 몰고 갔다.

우리는 정말로 달을 탐사하고 있는 듯한 기분이 들었다. 풍경은 아주 황량하고 을씨년스러웠다. 멀리 저 위로 티만파야 레스토랑이라 생각되는 원형 물체만이 보인다. 그때 초자연적인 일이 일어났다. 구불구불한 도로 위를 달리는 차는 우리 차뿐이었는데, 자동차 바퀴가 우리를 휙 앞지르더니 빠른 속도로 레스토랑을 향해 달려가는 것이 아닌가! 바퀴 위에 있어야 할 차체는 전혀 보이지 않았다. 자동차 바퀴는 자체 생명을 가진 것처럼 보였으며, 점점 우리에게서 멀어져 갔다. 불의 산맥의 유령 자동차란 말인가!

우리 차가 비틀거리다가 불꽃을 튀기며 멈춰서고 나서야 우리는 유령의 정체를 알아챘다. 그것은 우리 차에서 빠져나간 바퀴였다. 바퀴가 빠져나가 차가 멈춰섰으므로, 할 수 없이 우리는 나머지 길을 걸어서 가야 했다. 자동차 렌트 회사에 전화를 걸면서 나는 경악과 분노의 반응과 함께 운전을 어떻게 했느냐는 비난을 들을 각오를 했다. 그런데 그렇지 않았다. 전화를 받는 쪽에서는 놀라는 기색을 전혀 내비치지 않았고, 다른 차를 곧 보내 주겠다고 했다.

현재 란사로테에는 자동차 렌트 회사가 여러 군데 있지만, 정비소는 한 군데도 없다는 사실을 그제서야 알았다. 그래서 자동차 고장이 빈번하게 발생한다. 고장난 자동차는 어떻게 하느냐고? 그냥 버릴 수밖에 달리 방법이 없다.

우리는 화산 위의 레스토랑에서 식사를 하면서 새 차가 도착하길 기다리기로 했다. 그런데 우리가 들은 말은 전혀 허풍이 아니었다.

실제로 화산 깊은 곳에서 솟아오르는 강한 열로 음식을 조리할 수 있었다. 제이슨과 나는 지옥의 문을 지키는 것처럼 보이는 무시무시한 그릴 위로 롤빵을 가져온 다음, 손잡이가 긴 포크에 꽂았다. 그리고 그릴 가운데로 롤빵을 밀어넣고 기다렸다. 얼마 후, '식' 하는 소리가 나면서 토스트가 다 구워졌다. 창문 밖으로 땅에서 솟아나와 있는 금속관이 보인다. 웨이터가 나타나더니 커다란 깔때기를 그 금속관 속에 집어넣고 거기다가 찬물을 한 통 부었다. 몇 초 후 요란하게 식식거리는 소리가 나더니, 관 끝에서 증기가 쏟아져 나왔다. 또 다른 웨이터는 바위틈 사이에 나뭇가지를 집어넣었다. 그것은 즉각 불에 타기 시작했다. 우리는 신의 오븐 위에 앉아 있는 것이다.

이 레스토랑에 대해 궁금한 점이 하나 떠올랐는데, 지은 지 얼마 안 됐다는 이 레스토랑의 기초를 어떻게 놓았을까 하는 것이었다. 또 지금쯤 레스토랑 전체에 불이 붙어 연기를 뿜어야 할 것 같은데, 그렇지 않은 이유는 무엇일까? 음식에 신경을 집중하는 것이 더 낫다 싶어 맛을 보았는데, 이곳에서 종업원들을 유지한다는 것이 얼마나 어려운지를 감안한다면, 음식 맛은 썩 괜찮은 편이다. 약간의 위험을 감수하는 것만큼 식욕을 돋워 주는 것도 없는 것 같다.

점심을 먹고 나니 새 차가 도착했다. 이번 차는 낡은 비틀인데, 여기저기 망가진 차체는 마치 요 앞번에는 보니와 클라이드가 사용한 것처럼 보인다. 핸들은 마치 아교가 칠해져 있는 것 같아 한번 잡으면 놓기가 어려웠는데, 그 아교 물질은 땀이 들러붙어 굳은 것으로 밝혀졌다. 왜 전에 이 차를 사용한 운전자들은 손바닥에서 이렇게 많은 땀이 날 정도로 공포를 느꼈을까 하는 의문이 떠올랐다. 차를 몰고 달리면서 나는 그 답을 알 수 있었다. 이 차는 운전자가 원하는 대로 나아가길 거부했다. 바퀴가 흔들거려 주춤주춤 주행할 수밖에 없었다. 우리는 비틀거리며 갈지 자로 움직이면서 간신히 호텔로 돌아갔다. 운전대에는 내 손에서 나온 땀도 흥건히 묻어 있었다.

우리는 섬의 반대편 끝에 있는 환상적인 지하 나이트클럽인 하메오스 델 아구아도 찾아가 보았다. 넓은 지하 동굴에서 식사도 하고 춤도 출 수 있는 이곳에는 작은 호수가 하나 있는데, 거기에는 눈먼 하얀 게들이 살고 있었다. 이 게들은 다른 곳에서는 볼 수 없으며, 나이트클럽에서만 살아가는 게로는 세계 유일한 종일 것이다.

동굴은 지하 용암강이 굳어서 생겼다. 4,000년도 더 이전에 몬테코로나 화산이 분화할 때, 용암이 강물같이 쏟아져 나와 섬을 가로지르며 바다로 흘러갔다. 용암의 바깥쪽이 굳는 동안 그 안쪽의 용암은 계속 아래로 흘러내려가 길이 약 6km의 '화산 관'이 생겨났다. 이것은 세상에서 가장 긴 관 모양의 동굴로, 바다 밑으로도 약 1.5km나 더 뻗어 있다. 관이 뻗어 있는 깊이까지 잠수해 본 사람은 왜 이것을 '아틀란티스의 입구'라고 부르는지 이해할 수 있다. 화산 활동이 멈춘 후, 바닷물이 관속으로 천천히 스며들었고, 그곳을 통해 이 기이한 작은 게들이 들어와 란사로테에서만 볼 수 있는 독특한 종으로 진화했다.

도처에 위험이 도사리고 있는 듯한 느낌을 주는 이곳은 정말 놀라운 섬이다. 언젠가 뜨거운 용암이 솟아오르면서 섬 전체가 하늘로 날아갈 날이 반드시 올 것이다. 그때가 오기 전까지는 이곳 란사로테는 아무리 사람이 살기에 불리하고 위험한 곳이라 하더라도, 이 조그마한 지구의 구석구석까지 점령해 살아가는 인간의 놀라운 능력을 생생하게 보여 주는 또 하나의 예이다.

노트

우리가 란사로테를 방문한 1970년대 초에 그 섬을 방문하는 영국인은 연간 2,500명에 지나지 않았다. 그러나 25년 후인 1995년에는 56만 9,000명으로 급증했다. 따라서 내 생각은 틀린 셈이다. 나와 마찬가지로 사람들은 인간이 가까이 다가가기 어려운 매우 위험한 경치를 매력적으로 여기는 듯하다.

기묘한 '메뚜기 조각상'에 관한 재미있는 뒷이야기가 있다. 나는 메뚜기 조각상의 또 다른 예는 고대 이집트밖에 없다고 이야기했다. 카나리아 제도에 맨 처음 거주한 사람들인 관체족에 관한 최근 연구 결과에 따르면, 그들도 죽은 사람을 이집트식으로 미라로 만들었다는 사실이 밝혀졌다. 이것은 두 문화를 서로 연결지으려는 내 생각이 전혀 터무니없는 공상만은 아니라는 것을 시사한다.

신체 언어 연구를 위한 유럽 여행

몰타에 머무는 동안 과거 나의 교수였던 니코 틴버겐(Niko Tinbergen)이 찾아와 옥스퍼드 대학으로 돌아오라고 설득했다. 그는 그곳에서 동물행동학을 연구하는 팀을 이끌고 있었다. 그의 엄격한 '노동관'에 비추어 생각할 때, 이제 내가 따뜻한 햇볕 아래서 사치스러운 생활을 하는 것을 그만둘 때가 되었으며, 진지한 연구에 다시 몰입해야 한다고 판단한 듯하다. 그리고 사실은 나 역시도 이제 안락한 생활에 싫증이 나기 시작했고, '인간의 신체 언어' 연구 계획도 대학에서만 가능한, 새로운 자극이 필요한 단계에 이르렀다. 그래서 우리는 1974년에 옥스퍼드 중심가에 가까운 밴버리 거리에 집을 하나 구입했고, 나의 인간 행동 연구는 새로운 단계에 접어들었다.

몰타에서 지내는 동안 문화에 따라 나타나는 제스처와 표현과 일반적인 신체 언어의 차이에 대한 연구가 너무 적다는 사실을 깨닫게 되었다. 되도록이면 많은 문화에 대해 광범위한 조사를 하여 지역에 따른 신체 언어 지도를 작성하고, 그것을 모두 모아 포괄적인 인간의 '신체 언어 지도'를 만드는 것이 필요하다고 판단했다. 그것은 전세계를 포괄하는 아주 야심적인 계획이지만, 우선 유럽과 지중해 지역부터 시작하기로 했다.

울프슨 칼리지의 특별 연구원으로 일하면서 뉴욕의 해리 프랭크 구겐하임 재단에서 연구비까지 지원받아 필요한 무대가 마련되자, 1975년부터 '신체 언어 지도' 연구가 본격적으로 시작되었다. 이 계획에는 사회심리학자 피터 콜렛(Peter Collett)과 피터 마시(Peter Marsh), 언어학자 마리 오쇼프네시(Marie O'shaughnessy)가 함께 참여했다. 우리는 25개국, 40군데의 장소를 방문하면서 그 지역의 신체 언어를 기록하기로 계획을 세웠다. 이 연구를 마치기까지는 오랜 시간이 걸렸고, 중간에 사건들이 없었던 것은 아니지만, 결국 우리는 인간의 모든 신체 언어는 각각 독특한 지리적 분포를 보이며, 지역에 따른 차이를 무시했다간 큰 재앙을 초래하는 오해를 낳을 수도 있다는 것을 보여 주는, 이 분야에서 이루어진 것으로는 최초의 보고서를 작성할 수 있었다.

고리 모양의 손동작

신체 언어는 시시한 주제라고 말하는 사람들이 있다. 어떤 사람이 제스처를 이런 식으로 하건 저런 식으로 하건 그게 무슨 대수냐는 것이다. 그러나 때로는 제스처의 차이가 중대한 결과를 가져올 수도 있다. 심지어 그것은 생사를 가를 수도 있다. 다음과 같은 사건이 일어났다고 상상해 보라.

스칸디나비아에서 온 두 젊은이가 지중해의 어느 나라에서 휴가를 즐기고 있다. 둘 다 수영 실력이 뛰어난 젊은이라서 피서객이 붐비는 해변에서 물놀이를 하는 것으로는 성이 차지 않는다. 그래서 그들은 아주 멀리까지 헤엄을 치기로 하고, 마침내 곶을 지나 해안 군사 기지까지 접근한다.

그때 바위 위에는 무장한 경비병이 보초를 서고 있다. 두 젊은이를 발견한 경비병은 그들이 간첩일지도 모른다고 생각하고, 심문을 위해 뭍으로 올라오라고 손짓한다. 그런데 그 손짓을 본 두 젊은이는 그것을 다가오지 말고 멀리 가라는 신호로 해석하고, 몸을 돌려 다시 돌아간다. 그들은 경비병의 명령대로 따르고 있다고 생각한다. 그러나 경비병은 그들이 도망간다고 생각하고 저들은 분명히 간첩일 것이라고 판단해 총을 쏴 두 젊은이를 사살하고 만다.

어떻게 해서 이런 오해가 발생했을까? 어떻게 두 젊은이는 그렇게 간단한 제스처를 오해했을까? 그 답은 사람을 오라고 하는 손짓에 있다. 북유럽에서는 오라고 할 때 손바닥을 하늘로 향한 채 손을 위로 까닥까닥한다. 그렇지만 남유럽에서는 손바닥을 아래로 한 채 손을 아래로 까닥까닥한다. 그래서 북유럽 사람에게 남유럽 사람의 오라고 하는 손짓은 가라고 하는 제스처처럼 보인다. 신체 언어의 이러한 사소한 차이가 두 젊은이의 목숨을 앗아간 것이다. 이 경우 두 젊은이에게 신체 언어는 결코 시시한 문제가 아니다.

이것은 외국인과 얼굴을 맞대고 만날 때 언제라도 일어날 수 있는 불행하고 불필요한 실수를 보여 주는 하나의 예이다. 유럽 각 지역의 신체 언어를 자세히 기록하며 연구를 해 나가면서 우리는 제스처에 아주 많은 차이가 존재한다는 사실에 깜짝 놀랐다. 우리가 만난 많은 사람들 역시 마찬가지 반응을 보였다. 대부분의 사람은 자신이 쓰고 있는 개인적인 제스처가 다른 사람들에게도 널리 통할 것이라고 믿고 있었다.

프랑스의 어느 강가에서 두 사람이 낚시를 하고 있었다. 고기들의 입질이 뜸해 두 낚시꾼은 기꺼이 우리의 질문에 응해 주었다. 엄지손가락과 집게손가락을 동그랗게 구부려 '고리 모양의 사인'을 만들면서 그 의미를 묻자 두 사람은 조금도 주저하지 않고 즉각 대답했는데, 그들은 동시에 'OK'와 '0'이라고 말했다. 그들은 오랜 친구 사이였기 때문에 놀란 표정으로 서로를 바라보았다. 어떻게 서로 다른 답이 나올 수 있단 말인가? 그들은 열띤 논쟁을 벌였지만, 어느 쪽도 양보하려 들지 않았다.

두 사람이 생각한 의미의 차이는 사소한 것이 아니다. OK 사인은 긍정적인 것을 나타낸다. 그렇지만 0은 뭔가 나쁘다는 것을 나타낸다. 두 사람은 모르고 있었지만, 그들은 한 가지 제스처가 서로 다른 두 가지 의미로 통용되는 '중첩' 지역에 살고 있다. 그러한 모순적인 상황이 존재할 수 있다는 것에 우리 역시 그들 못지않게 놀랐다. 그러나 이것은 예외적인 유별난 사례가 아니다. 우리가 조사한 대부분의 제스처는 여러 가지 의미를 지닌 것으로 드러났다. 한 지역에서 다른 지역으로 옮겨감에 따라 의미가 달라지고, 이런 일이 일어날 때에는 두 가지 의미가 나란히 공존하는 지역이 존재할 수도 있다.

또 이와는 달리 의미가 분명히 구별되는 '제스처 경계선'이 존재하는 경우도 있다. 예를 들면, 포르투갈에서 귓불을 만지는 것은 어떤 것이 아주 좋다는 뜻이다. 그런데 국경을 넘어 에스파냐 남부 지방에서는 완전히 다른 뜻으로 통한다. 이곳에서는 자신이 해야 할 일을 다하지 않는 사람을 강하게 비판하는 뜻으로 사용된다. 그러나 이러한 차이를 '민족적 차이'로 해석하는 것은 잘못이다. 에스파냐 중부와 북부에서는 귓불을 만지는 제스처의 의미를 전혀 알지 못하기 때문이다.

놀랍게도 오늘날에는 제스처의 차이가 국가들의 국경을 따라 나타나는 경우는 거의 없다. 대부분의 제스처는 먼 옛날의 경계에 따라 한 국가의 어느 지방에 국한되거나 여러 나라에 걸쳐 퍼져 있다. 이것은 오늘날 우리가 사용하는 상징적인 제스처들이 대부분 현대의 정치적 경계선이 그어지기 훨씬 전에 생겨났기 때문이다. 실제로 일부 유럽의 '제스처 경계선'은 2000년보다도 더 전에 생긴 것들이다. 인간의 신체 언어는 놀라울 정도로 보수적이고 생명력이 길다. 제스처에 대한 무언의 충성심은 우리가 과시적으로 드러내 보이는 국기에 대한 충성심보다 훨씬 크다.

현지 조사 연구팀이 이러한 제스처의 차이를 찾기 위한 작업에 들어갔을 때, 필요한 정보를 얻는 것이 항상 쉽지만은 않았다. 대부분의 나라에서는 현지민들이 협조를 아끼지 않았지만, 어떤 곳에서는 개인적인 습관을 조사하는 것을 싫어하는 기색을 드러냈다. 그들은 우리의 관심에 흥미를 보이기는커녕, 지방의 부정을 조사하러 나온 정부의 은밀한 조사팀이 아닌지 우리의 동기를 의심했다.

예를 들어, 불가리아의 경우 우리는 짐을 싸서 그곳을 떠나며 명단에서 그 나라를 지울 수밖에 없었다. 불가리아인은 우리가 뭔가 좋지 못한 목적으로 그러한 조사를 한다고 느끼는 것이 분명했다. 연구자들이 음료수를 마시러 바에 들렀을 때 바텐더는 쾌히 음료수를 제공하고 돈을 받고서는, 그들이 바를 떠나자마자 경찰에 전화를 걸었다. 즉각 경찰차가 출동하여 그들을 세우더니, 불가리아에서는 단 한 잔의 술을 마셨더라도 운전하는 것은 불법이라고 말했다. 결국 우리는 불가리아에서의 조사를 포기할 수밖에 없었다.

튀니지에서는 다른 종류의 어려움에 봉착했다. 우리는 모두 같은 호텔에 방을 얻을 수가 없었다. 내가 일행보다 먼저 도착해 호텔에 투숙했다. 방은 숨막힐 정도로 무더웠는데, 에어컨이나 환기 장치는 전혀 없었다. 그러자 호텔측은 커다란 잔에 야채와 꽃이 가득 찬 핑크빛 음료수로 나를 달래려고 했다. 호텔은 만원이라서 방을 바꿀 수도 없었다. 할 수 없이 나는 그냥 자기로 했다. 다음 날 아침이 되자, 나는 근처 호텔에 예약해 놓은 동료들의 방이 걱정되었다. 그들은 오늘 늦게야 도착할 예정이라서 나는 호텔측에 확인한 결과, 방 세 개가 예약돼 있다는 대답을 들었다.

호텔의 프런트 담당은 아무 문제가 없다고 확인해 주었지만, 그의 신체 언어는 다소 어색하고 뻣뻣했는데, 그것은 진실을 말하지 않을 때 흔히 나타나는 몸짓이다. 나는 어떤 방들이 배정되었는지 물어 보았다. 나는 그 세 사람은 몇 주일 동안 계속 여러 나라를 여행하고 있기 때문에, 무덥고 답답한 방에서 핑크빛 음료수나 마시길 원치 않는다고 말했다. 그들에게는 아주 편안한 잠자리가 필요하다고 강조했다. 부지배인의 굳은 미소를 지켜보던 나는 의심이 더욱 커졌다.

내가 그들의 방 번호를 알려 달라고 하자, 그는 아직 방이 배정되지 않았다고 말했다. 더 집요하게 묻자, 마침내 그는 한도 이상으로 예약을 받아서 세 동료에게 돌아갈 방이 하나밖에 없다고 털어놓았다. 그렇지만 방이 아주 크기 때문에 걱정하지 않아도 된다고 덧붙였다. 나는 일행 중 한 사람은 여자이고, 두 사람은 남자라고 설명했다. "그게 무슨 문제라도 되나요?" 그가 물었다. "그들은 모두 미혼이란 말이오." 그러자 그는 양손을 올리고 어깨를 으쓱하며 말했다. "걱정 마세요. 여기 도착하는 즉시 우리가 결혼을 시켜 드리지요."

나의 거친 항의에도 불구하고, 더 이상 방이 여유가 없다는 사실만큼은 요지부동이었다. 그래서 나는 실랑이를 끝내고 동료들이 도착하길 기다렸다. 시간을 때우기 위해 나는 낙타 시장을 찾아가 아랍인의 흥정 태도를 관찰했다. 이곳에서는 단지 낙타만 파는 것이 아니었다. 땅에 널려 있는 놀랍도록 다양한 물건들 중에는 헌 속옷과 헌 안경도 있었는데, 이미 사용된 틀니도 무더기로 쌓여 있었다. 정말이다.

나는 가지고 다니던 소형 영화 카메라로 아랍인들이 인사를 나누는 동작을 촬영하기 시작했다. 아랍인의 신체 언어는 생각했던 것보다 유럽인과 큰 차이가 있었다. 그때 렌즈를 통해 색다른 사건이 잡혔다. 누군가 돌로 얻어맞고 있었다. 한 남자가 비명을 지르고 있는 한 여자에게 돌을 던지고 있었다. 아무도 그녀를 도우려고 나서지 않았다. 그녀는 날아오는 돌을 피하려고 노력했다. 나는 계속 촬영을 하면서 오래된 이 관습을 필름에 담는 데 완전히 푹 빠졌다. 눈을 카메라에 댄 채 그 광경을 촬영하던 나는 마치 극장에서 영화를 보고 있는 듯한 착각에 빠졌다. 어떻게 된 일인지 나의 뇌는 눈앞에서 일어나는 일이 현실이라는 것을 믿지 않으려고 했다. 나는 정말 흥미로운 장면이라고 생각하며 구경하다가 그 남자가 카메라를 쳐다보면서 내게 돌을 던지려고 하자 '나는 참 운이 좋구나'라는 생각까지 들었다. '정말 극적인 장면을 찍겠구나' 하고 생각했기 때문이다. 나는 그 장면을 찍는 데 너무 몰입한 나머지 위험을 전혀 느끼지 못했다. 그러다가 어느 순간 '참, 내가 극장에 앉아 있는 게 아니라 북아프리카의 낙타 시장에 와 있지' 하는 생각이 퍼뜩 들었다. 나는 황급히 그곳을 떠났다. 이제 나는 왜 종군 기자들이 전쟁터에서 총알이 날아올 때까지도 촬영을 멈추지 않다가 종종 죽는지 이해가 갔다. 그들 역시 나처럼 극장에 앉아 있는 듯한 착각에 빠지기 때문이다.

나는 공항에서 동료들을 차에 태워 호텔로 데려갔다. 내가 약간 곤란한 문제가 있다고 설명했지만, 그들은 귀담아들으려고 하지 않았다. 그들은 기진맥진하여 오로지 목욕과 달콤한 잠만을 생각하고 있었다. 그렇지만 호텔에 도착해 세 사람에게 방이 하나밖에 없다는 사실을 알리는 순간, 그들은 폭발하고 말았다. 커다란 핑크빛 음료수가 나왔지만 아무 소용이 없었다. 그들은 분노를 억제하지 못했다. 그러자 호텔 직원이 각자에게 별도의 방을 배정해 문제를 해결해 주겠노라고 말했다. 나는 그 말에 안심이 되어 내가 머무는 호텔로 돌아갔다.

다음 날 아침, 일행을 다시 만난 나는 문제가 어떻게 해결되었느냐고 물었다. 호텔측이 내놓은 해결책은 방에다가 줄을 치고, 그 위에 담요를 걸쳐 놓는 것이었다. 임시방편으로 만든 이 '별도의 방'이 마음에 들 리 없었지만, 너무 피곤했던 일행은 더 이상 싸울 힘도 없어 값싼 여인숙 수준의 침대로 쓰러지고 말았다고 한다. 그렇지만 오늘 아침에는 앞길이 밝아 보인다. 북아프리카는 매력적인 곳이고, 우리는 베두인족의 신체 언어에 대해 인터뷰를 하기 위해 출발했는데, 아주 흥미로운 경험이 될 것으로 기대되었다.

불행하게도 우리는 사막 문화의 극단적인 여성 차별을 감안하지 못했다. 남자들은 우리의 인터뷰에 응하기로 동의했지만, 부족 여자가 있는 곳에서는 안 된다고 했다. 우리가 자리를 잡고 앉아 첫 번째 질문을 던지자, 그들은 여자들에게 뭐라고 소리를 질렀다. 그러자 그들은 즉각 그곳을 떠나 다시는 돌아오지 않았다. 아마도 제스처 중에 성과 관련된 것이 있어서 남자들끼리만 이야기하고 싶었던 것 같다.

이제 모든 여자들이 사라졌지만, 통역을 하는 사람이 아직도 문제가 하나 남아 있다고 말했다. 베두인족 남자들이 여전히 대화를 하려고 하지 않는다는 것이다. 뭐가 문제인가? 우리가 뭔가 실례라도 저질렀는가? 그게 아니라 우리 일행 중에 여자가 하나 있기 때문이었다.

마리 오쇼프네시는 인류가 행하고 있는 거의 모든 음란한 제스처에 이미 익숙해 있었다. 설사 우리가 다루는 제스처가 상스러운 것이라 하더라도 그녀는 상관하지 않는다고 그 사람들에게 아무리 설명해도 아무 소용이 없었다. 베두인족 남자들은 그녀가 자리를 비키기 전에는 제스처에 대한 어떤 이야기도 않겠노라고 버텼다. 결국 할 수 없이 마리는 수풀 뒤로 몸을 숨겨 그 뒤에서 무슨 이야기가 오고가는지를 알기 위해 최대한 귀를 기울였다. 그리고 나서야 우리는 비로소 대화를 나눌 수 있었다.

베두인족의 신체 언어는 그만한 대가를 지불할 가치가 있었다. 베두인족은 우리가 조사한 어떤 문화보다도 상대방을 모욕하는 방법이 다양한 것처럼 보였다. 내가 가장 좋아하는 아랍식 모욕 방법 중 하나는 한 손의 집게손가락으로 모아쥔 다른 손의 각 손가락 끝부분을 톡톡 두드리는 것이다. 함부로 이 행동을 했다간 아주 난처한 상황에 빠질 수 있다. 잘못하면 죽을 수도 있다. 이것이 나타내는 상징은 간단하다. 집게손가락은 당신의 어머니를 나타내고, 그것이 갖다댄 다섯 손가락은 다섯 남자를 나타낸다. 그러니까 이 행동은 "너는 아버지가 다섯이다"라는 뜻으로, 곧 네 어머니는 창녀라고 말하는 것이 된다.

이 첫만남 뒤에 우리는 효율적인 인터뷰 방식을 터득하게 되었다. 베두인족 거주지에 들어갈 때마다 우리가 도착하면, 베두인족 여자들이 떠나고, 우리가 자리를 잡고 앉으면 마리가 아무 말 없이 일어나 수풀 뒤로 몸을 감춘다. 그리고 우리가 인터뷰를 마친 뒤에 마리가 다시 우리와 합류하여 다음번 인터뷰 장소로 이동하는 것이다. 페미니스트들은 이러한 절차에 눈살을 찌푸릴 터이지만, 우리로서는 선택의 여지가 없었다. 마리가 수풀 뒤로 숨지 않는다면 인터뷰를 아예 할 수가 없었다.

다른 지역에서는 또 다른 문제들에 부닥쳤다. 가장 예상 밖의 경우는 사람들이 가끔은 지나치게 도우려고 나설 때였다. 인터뷰에 응한 사람이 어떤 제스처에 대해 잘 모르면서도 우리를 실망시키지 않으려고 어떻게 해서라도 적당한 답을 찾아내려고 애쓰는 경우이다. 뿔 모양의 손(나머지 손가락은 오므린 채 새끼손가락과 집게손가락만 한 쌍의 황소 뿔처럼 삐죽 내미는 동작)은 남유럽에서는 흔한 제스처이지만, 북유럽 사람들은 거의 모르는 동작이다. 한 친절한 북유럽 사람은 우리를 실망시키지 않으려고 자기가 생각하기에는 그것은 'Pills for the Mills'라는 뜻 같다고 말했다. 우리는 이것이 그 지방에서 특별히 통하는 의미일지도 모른다고 생각하고 열심히 기록했다. 그런데 'Pills'는 맥주 이름인 'Piltzner'의 약자이고, 'Mills'는 'the Sawmills'의 약자라고 설명했다. 따라서 그는 두 손가락을 삐죽 내민 그 손동작은 '제재소에서 온 사람이 맥주 네 병을 주문하는 것'이라는 게 아닌가!

앞에서 언급한 고리 모양의 손동작은 유럽의 지역에 따라 'OK', '0', '구멍', '위협' 등 여러 가지 의미로 통했다. 그런데 어느 곳에서 우리는 놀랍게도 이것이 '목요일'이라는 의미로 통한다는 말을 들었다. 우리가 영문을 몰라 어리둥절해하자, 그는 새끼손가락부터 시작하여 손가락끝을 꼽으면서 '월', '화', '수', '목' 하고 세었고, 그제서야 수수께끼가 풀렸다.

제스처를 조사하기 위해 유럽과 지중해 지역을 여행하면서 겪은 경험 중에서도 가장 특이한 것은 이탈리아의 어느 높은 산에 있던 마을의 한 작은 집 돌계단에서 일어났다. 쭈글쭈글한 한 백발 노인이 그곳에 앉아 철학적으로 파이프를 빨고 있었다. 우리는 노인에게 다가가 그의 제스처에 대해 이야기를 나눌 수 있겠느냐고 물었다. 그는 우리를 올려다보더니 한숨을 쉬며 "다시는 안 돼"라고 말했다. "지난주에는 독일인이 와서 우리의 두개골 모양을 재려고 했네." 그리고는 자리에서 일어서더니 등을 돌려 집 안으로 들어가 버렸다. 누가 그를 비난할 수 있으랴? 우리가 주의를 기울이지 않는다면, 곧 모든 농부에게 과학자들이 다섯 명씩 달려들지 모른다.

조사가 마침내 완료되어 우리는 옥스퍼드로 돌아가 결과를 분석하는 데 착수했다. 처음으로 우리는 중요한 상징적인 신체 언어에 관한 정확한 지도를 갖게 되었다. 이 지도에서 우리가 얻는 지식이 국제적 오해를 줄이는 데 도움을 줄 수 있다면, 우리가 다른 사람들의 삶에 잠깐 침입한 일은 용서받을 수 있을 것이라고 생각한다.

노트

'신체 언어 지도' 계획은 1976년에 완료되었다. 약간 지체된 뒤에 그것은 1978년에 『신체 언어: 그 기원과 분포(GESTURES: THEIR ORIGINS AND DISTRIBUTION)』라는 책으로 출간되었다. 이 분야에서 이루어진 연구 중 책으로 출간된 것은 이것이 최초였다.

이탈리아에서의 인간 관찰

1977년에 BBC는 인간의 신체 언어에 관한 내 연구를 텔레비전 프로그램으로 만들어 달라고 요청해 왔다. 한 시간짜리 프로그램에 책정된 예산이 빠듯해 해외 로케 장소는 두 군데밖에 선택할 수 없었다. 지난 2년 동안 신체 언어 지도를 만들기 위해 돌아다닌 유럽과 지중해 지역 중에서 나는 몰타와 이탈리아를 선택했다. 몰타는 내가 잘 아는 장소라서 선택했고, 이탈리아는 신체 언어, 그중에서도 특히 제스처가 아주 풍부한 곳이라서 선택했다. 몰타 여행은 기대만큼 성과가 있었지만, 별다른 사건은 없었다. 흥미로운 사건들이 일어나기 시작한 것은 이탈리아에 도착하고 나서부터였다.

해결사 푸리오

여명이 밝아올 무렵, 나폴리는 아주 고요하다. 이곳은 아침부터 부산을 떠는 도시가 아니라서 우리는 북쪽의 로마로 향하는 도로에 금방 안전하게 진입할 수 있었다. 나는 활기찬 어조로 말을 했다. "교황을 찍을 겁니다. 나는 교황이 발코니에 나올 때, 사람들이 성 베드로 광장에서 무릎을 꿇으며 순종하는 행동을 찍고 싶었어요. 또, 교황이 손을 흔드는 특별한 행동도 찍고 싶어요. 그는 손바닥을 위로 하고 천천히 리드미컬하게 양팔을 올렸다가 내립니다. 그것은 교황만이 사용하는 특별한 방식이지요."

"허가는 받았나요?" 아무런 장애 없이 한 번에 촬영을 끝마치는 걸 선호하는 카메라맨이 물었다. "아무 문제 없어요." 배리가 대답했다. "RAI에서 우리를 위해 로마 최고의 적임자를 붙여 주기로 했거든요. 그 사람은 세계 최고의 해결사라고 하더군요. 이름이 푸리오라고 했던가?"

검은색 머리카락에 땅딸막한 근육질 남자가 마중나와 있었는데, 그가 바로 푸리오였다. 그는 우릴 돕고자 하는 에너지가 넘치는 것처럼 보였다. 다음 날 아침, 우리는 바티칸으로 출발했다. 마리가 말하길, 푸리오가 교황을 촬영할 허가를 정식으로 얻으려면 7년이 걸리지만, 훌륭한 해결사라면 흔히 그렇듯이 자기도 내부에 끈이 있어서 우릴 위해 일을 신속하게 처리해 줄 수 있다고 한다. 몇 년이나 걸릴 일을 몇 시간으로 단축시킬 수 있다면, 그것은 정말 아주 특별한 끈임이 틀림없다.

솔직히 나는 이 모든 소동이 어리둥절하다. 내가 원하는 것은 발코니 위에 높이 서 있는 교황의 모습을 그 아래의 광장에서 카메라에 담기만 하면 된다. 이와 똑같은 일을 하는 관광객의 카메라가 수십 개가 넘을 것인데, 왜 BBC는 그렇게 대단한 접촉을 해야 한단 말인가? 마리는 우리가 전문가이기 때문일 거라고 설명했는데, 나는 그 말이 맞을지도 모른다고 생각했다.

이제 우리는 바티칸 궁전 안쪽으로 깊숙이 들어왔고, 푸리오가 움직이기 시작했다. 아주 인상적인 사무실 복도로 안내된 우리는 기다리고 있으라는 지시를 받았다. 문이 열리더니 온통 검은 옷을 입은 엄숙해 보이는 여성이 우리 앞으로 왔다. 그녀는 우리의 계획과 동기에 대해 길게 물어 보았다. 그녀는 아주 강한 미국식 억양을 사용해 우리는 펜타곤에 왔나 하는 느낌마저 들었다.

일이 뭔가 잘못된 방향으로 흘러가고 있다. 교황은 내 각본에도 없다. 그러나 우리는 인간 행동에 관한 진지한 다큐멘터리를 제작하고 있으며, 이것은 결코 위장한 몽티 파이선의 스케치가 아니라고 설득하는 데 성공했다. 그녀는 우리의 대답에 만족한 듯 교황 면담 허가증을 발급했다. 이것은 번호가 매겨진 배지로, 우리의 옷에 부착해야 한다. 귀중한 배지를 단 우리는 안마당을 지나 어느 옆문으로 안내를 받았다. 나는 이 문이 다른 관광객들이 기다리고 있는 성 베드로 광장으로 연결되는 문인 줄 알았다. 그러나 그 문을 들어서는 순간, 나는 충격에 빠져 입이 떡 벌어졌다.

그 문을 나온 우리는 거대한 대리석 연단 위에 서 있었는데, 그 중앙에는 위엄 있는 대리석 옥좌가 있었다. 그것을 자세히 살펴보던 우리는 그곳에 우리만 있는 것이 아니란 사실을 깨달았다. 왼쪽을 쳐다보는 순간, 믿지 못하겠다는 듯 일제히 침묵에 빠진 수천 개의 눈이 우리를 응시하고 있었다. 말없이 우리는 그들을 쳐다보고, 그들도 우리를 쳐다본다. 어느 쪽이 더 놀랐는지 알 수 없다. 우리는 관광객들이 많이 모여 있는 광장으로 나올 것이라 예상하고 있었다. 그리고 그들은 교황이 나오리라 예상하고 있었다. 그러나 교황의 옥좌를 향해 걸어나온 사람은 교황이 아니라, 단정치 못한 청바지와 티셔츠 차림의 이상한 사람들이 아닌가!

그제야 우리는 상황을 파악했다. 푸리오가 정말로 일을 확실하게 처리한 것이다. 우리의 소박한 요구를 제대로 파악하지 못한 그는 교황을 직접 알현하는 것과 진배없는 촬영을 할 수 있도록 손을 썼던 것이다. 내 배지를 자세히 살펴보았더니, 거기에는 'per udienza(알현용)'라고 쓰여 있었다. 모자라는 이탈리아어 실력으로도 그것이 무슨 뜻인지 이해할 수 있었다. 심문에 가까운 질문을 그렇게 한참 동안 받았던 것도 무리가 아니었다. 7년 전에 교황이 마닐라를 방문했을 때, 신부로 위장하고 칼을 휘두른 암살범에게 공격을 받은 적이 있었다. 그 이후로 보안 조처가 크게 강화되었다. 우리의 반항적인 복장은 폭도 같은 인상마저 약간 풍겼다. 그들이 우리에게 의심을 품었다 해도 조금도 이상하지 않다. 그러나 그 모든 것에도 불구하고 그들은 우리를 받아들였고, 우리는 지금 이곳에 서 있다.

우리를 보고 군중은 어안이 벙벙했을 것이다. 이 특별한 순간을 진지하게 기다려 왔는데(어떤 사람은 몇 년 동안이나), 정작 그들 앞에 나타난 것은 우리였으니! 얼마나 맥이 빠졌을까! 어떤 사람들은 우리를 교황이 발을 씻어 주는 의식에 필요한 지저분한 불쌍한 사람이라고 상상하면서 이 상황을 합리화시키려고 노력할지도 모른다. 또 다른 사람들은 카메라 장비를 보고 우리가 촬영팀이라는 걸 눈치채지만,

언론계 종사자 특유의 오만함 때문에 적절한 경의를 나타내는 옷을 입지 않은 것으로 이해할지도 모른다.

음향 효과 담당자를 바라본 나는 그의 헤드폰에 커다란 미키 마우스 스티커가 붙어 있는 것을 보고 기겁했다. 이것은 의도적인 모욕으로 비칠 테지만 우리는 군중에게 상황을 설명하거나 사과할 길이 없기 때문에, 그저 연단 앞에 있는 대리석 계단 맨 아래로 내려가 구석에 쪼그리고 앉아 교황이 나타나길 기다렸다. 짙은 파란색 옷을 입은 남자가 우리 쪽으로 다가오더니, "교황 성하께 열 걸음 이내의 거리까지 다가가서는 안 됩니다"라고 주의를 주었다. 그 정도라면 칼을 휘두르더라도 미치지 않는 안전한 거리일 것이다. 우리는 진지하게 고개를 끄덕였다. 백 걸음이라도 괜찮다고 말할 필요는 없으니까.

확성기에서 교황이 곧 나오실 것이라는 방송이 흘러나왔다. 교황은 중앙 통로를 통해 이동식 옥좌인 세디아 게스타토리아(Sedia Gestatoria: 교황이 타는 가마)에 오른 채 나온다. 이 옥좌는 교황의 높은 지위를 강조하기 위한 것이 아니라, 오늘 이 자리를 위해 먼 길을 여행한 모든 순례자들이 잘 볼 수 있도록 하기 위함이라는 친절한 설명이 따랐다.

넓은 홀 뒤쪽에서 환호성이 터졌다. 교황의 행렬이 홀 안으로 들어오면서 엄숙한 분위기는 순식간에 사라졌다. 사람들은 자리에서 일어나 환호를 지르고 손뼉을 치고 손을 흔들고 플래시를 터뜨렸다. "오, 성모 마리아여, 지금 그가 오나이다" 하고 마리가 속삭인다. 가톨릭 신자로 지낸 어린 시절의 경험이 어른이 되어 전문가로서 힘든 일을 하는 와중에도 저절로 튀어나온 것이다.

전통적인 흰색 로브를 걸친 교황은 미소를 지으면서 눈에 보이는 모든 사람에게 차별 없이 축복을 내린다. 그는 매우 연로하고 눈에 띄게 허약하지만, 몇 번이고 계속해서 성호를 그었다. 교황은 건장한 사내들이 어깨 위에 메고 있는 화려한 옥좌에 앉아 입장했다. 옥좌를 멘 사람들은 아주 느린 속도로 우리를 향해 중앙 통로를 걸어 나오고 있다. 우리는 예기치 못한 이 사건에 너무나도 놀라 그저 멍하니 바라보고만 있었다. 그러다가 배리가 정신을 차리고 우리가 여기 왜 와 있는지 깨달았다. 우리는 그의 지시에 따라 작은 무리를 지어 카메라와 음향 케이블을 든 채 교황을 맞으러 중앙 통로로 나갔다. 그리고는 옥좌를 멘 사람들의 페이스에 맞춰 뒷걸음질치면서 교황의 개선 행렬을 카메라에 담았다.

교황이 거의 통로 끝에 다다르고 나서야 우리는 연단 앞에 있는 계단에 막혀 더 이상 물러날 데가 없다는 사실을 깨달았다. 이동식 옥좌를 멘 사람들은 이제 옥좌를 땅에 내리고, 교황을 내려오게 한다. 교황이 옥좌에서 내려오려면, 막대들을 앞으로 밀어 뺀 다음, 한쪽으로 치워야 한다. 우리는 위험할 정도로 그 현장에 가까이 있지만, 어떻게 할 방법이 없다. 막대 중 하나가 앞으로 푹 튀어나오더니 카메라맨의 다리 사이로 들어갔다. 그는 나지막한 비명을 지르면서 뒤쪽에 있던 음향 효과 담당자 쪽으로 넘어졌는데, 케이블에 연결돼 있던 그 사람 역시 넘어지고 말았다. 배리와 마리와 나는 최대한 모습을 드러내지 않으려고 그들 뒤에 쪼그리고 앉아 있었는데, 바로 그 순간 옥좌에서 내려온 교황이 우리를 똑바로 응시했다.

가까이에서 본 교황은 너무나도 연로해서, 만약 교황이 아니라면 아마도 치매 환자 치료소에 가 있어야 할지도 모른다는 생각이 들었다. 앞에 엎드려 있는 우리를 본 교황은 우리가 일종의 극단적인 중세식 경의를 표하고 있다고 생각했는지 환한 미소를 지으며 우리에게 다가와서는, 허리를 굽히고 모든 사람에게 일일이 성호를 그어 주었다. 내가 원했던 것은 멀리서 교황의 모습을 카메라에 담는 것이 전부였다. 그런데 이렇게 친히 교황의 축복을 받다니! 비신자인 나는 몹시 당혹스러웠다. 그는 지금 모든 것을 오해하고 있다. 나는 부정한 방법을 써서 이곳에 온 것은 아니지만, 상대를 속였다는 죄책감이 들었다. 진실을 깨닫는 순간 그곳을 떠나야 했다는 생각이 들지만, 나도 다른 사람들과 마찬가지로 그 화려한 장관에 휩쓸리고 말았다.

교황이 마침내 거대한 연단의 대리석 옥좌에 올라가 자리를 잡을 때, 우리는 조용히 그곳을 빠져나와 안도의 한숨을 쉬며 콜로세움으로 향했다. 전에 내가 이 웅장한 건축물을 방문할 때마다 이곳은 늘 수많은 관광객으로 붐비고 있었으나, 오늘은 텅 비어 있다. 내가 이 점을 이야기하자, 푸리오는 맞다고 하면서 우리를 위해 이곳을 텅 비게 하느라고 많은 돈을 썼다고 한다. 이 사람은 위험할 정도로 자기 일에 최선을 다한다. 또 무슨 엉뚱한 일을 꾸밀까?

푸리오가 보여 줄 놀라운 일이 한 가지 더 남아 있었다. 로마 공항에 도착하고 나서야 마리는 여권을 호텔에 두고 온 것을 알게 되었다. 여권이 없이는 비행기를 탈 수 없다. 푸리오는 아무 걱정 말라고 하더니 사라졌다. 잠시 후, 우리 비행기가 기술적인 결함 때문에 출발을 연기한다는 방송이 나왔다. 그리고 놀랍게도 푸리오가 의기양양하게 여권을 가지고 나타나는 순간, 우리 비행기가 이제 출발할 준비가 되었다는 방송이 흘러나왔다. 이것은 필시 우연의 일치였을 것이다. 그렇지만 RAI가 푸리오를 로마 최고의 해결사라고 말했으니, 정말 우연의 일치인지는 알 수 없는 일이다.

노트

　우리가 로마를 방문한 때는 1977년이었고, 그 당시 교황은 80세의 바오로 6세였다. 그는 그 다음 해에 세상을 떠났다. 그 당시 내가 몰랐던 사실이 하나 있는데, 바오로 6세는 모든 자문가들의 강한 권고에도 불구하고, 모든 형태의 피임을 비난하는 회칙을 발표한 바로 그 교황이었다. 인구 폭발의 비극적인 결과를 연구한 생물학자인 나는, 인류의 진화에 관한 완전한 오해에서 비롯된 교황의 그러한 행동은 인류에 대한 범죄라고 말하지 않을 수 없다. 그러나 그걸 알았다고 하더라도, 나는 교황의 모습을 카메라에 담는 작업을 중단하지는 않았을 것이다. 그것은 우리 행동의 모든 측면을 연구하고, 연구 결과의 객관성을 유지하기 위해 인간이라는 종을 관찰·연구하는 과학자로서 내가 해야 할 일이다. 내가 인정하는 사람들의 행동만 연구한다면 그 얼마나 웃기는 연구가 되겠는가! 그러나 내가 개인적인 강한 감정을 지니고 있지 않다고 말하는 것 역시 웃기는 이야기다.

태평양 대항해

1978년, 나는 신체 언어에 관해 일련의 강의를 해 달라는 초청을 받았다. 그 전해에도 이 주제에 관해 쉴새없이 강의를 했기 때문에, 나는 정중하게 거절했다. 그러나 그들은 포기하지 않고 강의 장소가 세상에서 가장 호화로운 대양 여객선 퀸 엘리자베스 2호 선상이라고 말했다. 그래도 나는 싫다고 말했다. "퀸 엘리자베스 2호는 태평양을 순회하는데도요?" 그래도 나는 싫다고 말했지만, 강도는 좀 약해졌다. "가족을 동행해도 좋습니다. 비용 일체는 우리가 부담하죠." "그렇다면 좋소." 그래서 우리는 짐을 챙겨 지구 반대편에서 기다리고 있는 거대한 배를 타기 위해 비행기를 탔다.

퀸 엘리자베스 2호

아니, 런던의 이층 버스가 왜 맨해튼 거리를 달리고 있지? 그러다가 문득 나는 참 여기는 뉴욕이 아니고 홍콩이지 하고 정신이 들었다. 열아홉 시간이나 비행기를 타다 보면 정신이 몽롱해지게 마련이다. 생체 리듬이 엉망이 되어 그저 잠에 빠져 있다가 체내의 자명 시계가 깨울 때마다 눈을 떠 블라인드를 통해 밖을 내다볼 따름이다. 그러다가 거리에 물결치는 광고판 홍수와 고층 건물의 숲이 나타난 것이다. 이 혼잡한 식민지에는 600만 명이나 되는 사람들이 분주히 활동하며 돌아다니고 있다. 그중 최소한 100만 명은 상점 주인으로, 인류가 지금까지 팔아 온 모든 것을 팔고 있다.

퀸 엘리자베스 2호는 새로 완공된 오션 터미널에 정박해 있다. 이 터미널은 사우샘프턴 항 부두 한가운데에 해롯 백화점을 새로 지어 놓은 것처럼 보이는 독특한 건축물이다. 거대한 배 바로 옆으로 끝없이 뻗어 있는 길가에는 수백 개의 화려한 상점들이 줄지어 늘어서 있다. 세계의 다른 터미널에서는, 대양 여객선의 호화로운 카펫을 밟고 악취가 나는 동굴 같은 부둣가로 내려서면, 세관 직원과 경찰, 일꾼들과 호루라기 소리 그리고 통관 절차가 기다리고 있다. 그러나 약삭빠른 홍콩 사람들은 물과 육지의 경계에 상점들을 즐비하게 늘어세워 놓았다. 통로에서 스무 걸음도 채 떨어지지 않은 곳에 상아(불쌍한 코끼리들…… 홍콩에는 상아 제품을 취급하는 상점이 174군데나 있다)를 조각한 물건들, 미용실, 양복점(나는 근사한 양복을 48시간 만에 맞추었는데, 그들은 시간을 넉넉하게 주어 고맙다고 했다), 그리고 온갖 종류의 선물 용품이 가득 찬 가게들이 늘어서 있다.

상점의 종류도 엄청나게 다양하다. 니콘과 펜탁스 카메라가 가득 찬 진열창 옆으로는 현지 음식들이 진열되어 있는데, 말린 생식기나 마녀의 약초, 말린 도마뱀 같은 것도 있다. 도시 위로 솟아 있는 산에는 호저, 애기사슴, 붉은원숭이를 비롯해 많은 야생동물이 살고 있지만, 감히 이 넓은 인간 동물원으로 내려올 생각을 하지 못한다. 만약 그랬다간 즉시 잡아먹히고 말 것이다. 이곳 사람들은 못 먹는 것이 없는 것 같다. 홍콩에는 뱀을 취급하는 업소가 최소한 31군데 있는데, 까다로운 미각을 가진 주부들을 위해 즉석에서 뱀을 잡아 준다. 뱀들은 작은 나무통 속에서 꼼짝도 않고 자기 차례의 운명이 다가올 때까지 기다리고 있다.

수상 타운을 이루고 있는 배들의 갑판 위에는 철사 우리 속에서 아이들이 놀고 있는 반면, 동남아시아에서 가장 높은 고층 건물들은 냉담하게 빈민가를 굽어보고 있다. 나는 이곳에서 홍콩의 미로를 탐사하며 몇 주일이라도 보내고 싶지만, 승선 안내문에는 이리저리 돌아다니지 말고 승선 계단으로 모이라고 적혀 있다.

가까이에서 바라본 배의 측면은 가히 위압적이다. 마치 고층 건물이 쓰러져 물 위에 떠 있는 것처럼 보인다. 배 안으로 들어서는 순간, 이미지는 완전히 변한다. 분위기는 기묘하게도 텔레비전에서 보던 것과 비슷하다. 이곳은 배가 아니라 우주선 같다. 항구에서 떠나는 순간, 이러한 느낌은 더욱 강해진다. 소리 없는 엘리베이터, 제복을 입은 승무원, 긴 복도, 어두운 색들, 밝은 색들, 인터콤을 통해 들리는 낮은 목소리, 부드럽게 웅웅거리는 에어컨 소리……. 이곳에는 그 모든 요소가 다 갖추어져 있다. 우리는 항해를 하는 것이 아니라 우주 궤도를 향해 나아가고 있으며, 3일 후에는 빛줄기를 타고 일본으로 내려갈 것이다. 바다는 수십 km 저 아래에 있고, 엔진 소리는 전혀 들리지 않는다. 사람들은 모두 느긋하다. 승객들은 모두 의심하거나 알아야 할 것은 하나도 없다는 표정을 짓고 있다. 승객의 수는 약 천 명인데(승무원의 수도 그 정도 된다), 이 독특한 조그마한 공동체는 홍콩에 잠시 머물면서 받은 변화를 흡수하면서 스스로 변화해가기 시작한다.

들르는 큰 항구마다 일부 승객들이 내리고, 다른 승객들이 승선한다. 식당에서 식사를 할 때마다 새로운 얼굴들이 나타나고, 새로운 환영 행사가 벌어지고, 갑판 위에서 새로운 친구들을 만나고, 같은 나라 사람들끼리 반갑게 인사를 나눈다. 카메라를 들고 다니며 탐사하는 일본인 무리도 있다. 그들은 모든 것을 사진에 담는다. 한 프랑스인은 화장실에서 나오는 자기 아내 사진까지 찍었다며 가볍게 불만을 토로했다. 그들은 내가 아들과 함께 셔플보드(shuffleboard: 배 위에서 하는 원반 밀어치기 놀이)를 하는 모습도 사진에 담았다. 도대체 그들은 이 모든 사진을 어디에 쓰려고 하는 걸까? 선장과 만나는 환영회에서 그들은 190센티미터나 되는 거구의 선장 주위에 다닥다닥 모여 포즈를 취하고, 그중 한 사람이 플래시를 터뜨린다. 그러고 나서는 서로 역할을 바꾸어 다시 플래시를 터뜨린다. 그것이 한없이 계속되자, 결국 근육 피로로 인해 선장의 미소가 찡그려지기 전에 한 승무원이 함교에서 긴급 호출이 왔다고 말해야 했다.

선장은 아주 멋진 사람이다. 마치 〈잔인한 바다 (The Cruel Sea)〉에 나오는 잭 호킨스(Jack Hawkins)가 느긋하게 휴가를 즐기고 있는 듯한 인상을 풍긴다. 나머지 승무원들도 영화 촬영을 위해 신경 써서 선발한 배우들 같다. 그들은 정말로 영화 속에 나오는 사람들 같다.

식당의 웨이터들도 완벽하다. 마이클 케인(Michael Caine)처럼 친숙하게 농담도 잘 하고, 일을 처리하는 솜씨도 우리가 생각한 것보다 훨씬 뛰어나다. 처음 식사를 할 때, 우리 아들에게 우유를 한 잔 갖다 줄 수 있겠느냐고 부탁을 하기도 전에 그들은 벌써 우유를 갖다 주었다. 몇 주 전 내가 떠나기 전에 매그너스 파이크(Magnus Pike)가 "캐비어 맛은 최상이라네. 마음에 들 걸세"라고 말했는데, 정말로 그랬다. 모스크바 밖에서 먹은 것 중에서는 최고였다. 밤이 되자 배의 이미지는 완전히 변해 카지노, 나이트클럽, 카바레가 문을 열고, 멋진 칵테일과 스타들이 나오며 마치 라스베이거스의 호텔에 온 것 같다. 매일 밤 쇼의 내용과 영화가 바뀌었는데, 영화는 커즌(Curzon) 극장만큼 근사한 극장에서 상영되었다. 태평양 위를 30노트의 속도로 미끄러져 가며 선상에서 야회복을 입고 호화로운 극장에서 〈스타 워즈〉를 보는 것은 색다른 감동이었다고 고백하지 않을 수 없다. 이따위에 감동을 느끼는 것은 어리석은 짓이라고 되뇌면서도……

일본 헬리콥터들은 지금이 짝짓기 철인가 보다. 배 위에 소형 헬리콥터들이 아주 많이 떠다니고 있다. 우리가 일본의 첫 모습을 보기 위해 고베 항에 접근할 때, 이렇게 많은 헬리콥터들이 몰려온 것은 도대체 무엇 때문일까? 쌍안경으로 살펴본 결과, 우리가 의심했던 생각이 옳다는 것이 확인되었다. 헬리콥터 안에는 니콘과 펜탁스 카메라를 든 사람들로 가득 차 있었고, 그들은 열심히 셔터를 눌러대고 있었다. 이제 배가 부두에 접안하고 있다. 빨간색 튜닉을 입은 밴드가 낮은 음의 음악을 연주하는 가운데, 고베의 예쁜 아가씨들이 인형 같은 복장에 인형 같은 화장을 하고서 손이 닿는 모든 사람에게 꽃과 일본의 산을 담은 전통적인 인쇄물을 나누어 준다. 이제 우리는 짙은 일본의 스모그 속으로 내려가 도대체 뚫릴 것 같지 않은 교통 체증을 겪으며 버스 여행을 해야 한다. 그동안 가이드는 일본의 오염(실제로 일본인들은 거리에서 하얀 마스크를 쓰고 다녔다)과 높은 물가에 대해 강의를 했다.

그는 가이드로서는 다소 의욕이 지나쳐 단순한 관광을 대학의 언어학 세미나로 바꾸려고 하는 듯하다. 주유소를 지나칠 때, 우리는 가솔린을 나타내는 일본 글자가 문자 그대로 해석하면 '돌기름(石油)'이 된다는 것을 배웠다. 도로 공사를 하는 곳에서는 '위험'을 나타내는 표지가 기울어진 지붕 밑에 똑같이 생긴 글자 두 개로 이루어져 있었는데, 이것은 문자 그대로는 '한 지붕 밑의 두 여자'라는 뜻이라고 한다(아마도 위험의 險나자를 가이드가 그렇게 이야기한 것 같다. 반면에, 安는자는 한 지붕 밑에 여자가 하나 있으니 안전하다고 설명했을 것이다—옮긴이). 이제 일본어에 친숙해지기 시작했다. 거기에는 무지한 외국인이 상상하는 것보다 시와 유머가 훨씬 많이 포함돼 있는 게 분명하다. 호리호리한 체격의 가이드가 자기 이름의 뜻을 영어로 풀이하면 'big belly(큰 배)'가 된다고 설명했는데, 모습과 이름의 불일치 때문에 제이슨이 무척 재미있어 했다. 그러나 우리가 그를 친근한 그 이름으로 부르자, 그에게는 모욕으로 들린다는 사실을 알게 되었는데, 그의 이름의 실제 뜻은 발음이 좀 까다로운 'big valley(큰 계곡)'였기 때문이다.

버스는 야구 경기장으로 알려진 오래된 일본의 성소와 맥도날드 햄버거를 지나 고베 뒤에 있는 산으로 올라갔고, 우리는 그곳에서 도시 풍경과 항구에 정박한 우리 배를 바라보았다. 그러나 스모그가 너무 심해 잘 보이지 않는다. 신선한 공기가 그립다.

버스는 정체를 알 수 없는 건물 바깥에 멈춰섰고, 우리는 그 안으로 안내받았다. 그 안으로 들어간 우리는 깜짝 놀랐다. 건물의 겉모습은 별 특징이 없는 현대식이었지만, 그 안에는 예상 밖의 아름다운 경치가 펼쳐졌기 때문이다. 아주 세세한 부분까지 각별한 신경을 쏟은 마술의 정원을 보는 순간, 문자 그대로 입이 떡 벌어졌다. 정교한 결을 가진 바위들, 커다란 물고기들이 헤엄치는 조그마한 맑은 연못, 작은 인공 폭포들, 절묘한 위치에 자리잡은 작은 관목과 식물은 그야말로 훌륭한 예술 작품이었다. 수백 년 동안 선택 교배를 통해 완벽하게 밝은 색을 갖게 된 커다란 잉어는 우리의 존재를 알아채고 먹이를 가져왔는지 살피는 눈치다. 밋밋한 전면과 화려한 정원의 조합은 현대 일본을 요약해 보여 주는 것 같다. 일본은 아주 정교하고 규율 있는 전통을 가진 나라인데, 서양인들의 추하고 경쟁적인 산업적 사고 속에서 거의 질식될 정도로 지나치게 윤색돼 왔다. 우리는 심지어 멋진 잉어에 전지가 들어 있는 것은 아닐까 하는 생각까지 한다.

시간이 다 됐다. 우리는 다시 버스에 올라타 출발했지만, 때마침 항구로 집중되는 교통 혼잡에 휘말리고 말았다. 뉴욕의 교통 마비에 대한 이야기를 들은 적이 있지만, 이곳의 교통 마비는 좀 색다르게 항구를 중심으로 펼쳐진다. 밀려든 차량 때문에 관광 버스는 한 대도 배로 다가가지 못한다. 그래서 배는 출발할 수가 없고, 배가 떠나기 전에는 모여든 군중도 흩어지지 않는다. 교착 상태에 빠진 셈이다. 아는 것이 많은 가이드가 지역 특산품(마른 오징어 조각)을 나누어주면서 우리를 달래려고 노력한다. 그러나 마른 오징어를 반가워하는 사람은 없다. 한 노파가 얼토당토않게 고베에 섹스 용품점이 아직 있느냐고 묻는다. 그곳이 고베에서 가장 재미있는 장소라고 그녀는 말한다. 우리를 남겨 두고 배가 출발하지 않을까 초조해하는 가운데 몇 시간이나 지난 후에야 우리는 마침내 부두에 당도해 무사히 배에 올라탔다.

설마 요코하마는 사정이 좀 낫겠지. 그러나 이번에는 비와 안개 속에서 항구에 닿았는데, 그 사이로 20만 개의 우산이 보였다. 물론 이들은 우리가 도착하는 것을 보러 나온 요코하마 시민들인데, 이제 그들은 사진을 찍기 위해 20만 개의 노출계를 조절하느라고 애를 먹을 것이다. 전통 의상을 입은 아름다운 소녀들이 라운지를 통해 강아지처럼 걸어와 승객 한 사람당 실크 꽃다발과 담배 세 갑씩을 선물로 나누어 준다.

오늘 밤에는 도쿄의 클럽 지구를 구경한다고 한다. 차는 빠른 속도로 이국적인 네온 사인을 지나갔는데, 맥도날드 햄버거와 켄터키 프라이드 치킨과 코카콜라도 보였다. 게다가 오, 맙소사! 믿을 수 없게도, 베르니 인(Berni Inn)까지 보였다. 확실히 여행은 감탄사를 발달시켜 준다. 가이드가 말하길, 도쿄에서 땅값이 가장 비싼 지역은 사방 1미터의 면적이 1,200만 달러나 나간다고 한다. 일행 중에 끼여 있는 텍사스의 백만장자들도 이 말에는 깜짝 놀란다. 천황이 사는 황궁을 지나갈 때, 가이드가 옛날에는 해자에 독사들을 가득 풀어 놓았다고 설명했다. 시끄러운 이웃을 다루기에는 아주 좋은 방법이다.

정교하게 진행되는 다도는 아주 흥미로웠는데, 그에 비하면 영국의 차는 아주 조야하고 초라한 것처럼 보인다. 바닥에 앉아 전통 음식으로 식사를 한 다음에 펼쳐진 게이샤의 춤도 매력적이었다. 다만, 우리 일행 중 약 절반은 너무 연로해 바닥에 그냥 앉을 수가 없었다.

그러나 일본의 전통에 따라 의자는 사용할 수 없기 때문에, 나이가 많은 사람들은 맥주 상자를 제공받아 그 위에 앉을 수밖에 없었다. 이것은 게이샤 공연의 우아한 분위기를 약간 손상시켰지만, 정교한 우아함을 지닌 게이샤 춤을 달각거리는 영국 포크 댄스와 비교하는 것은 적절치 않다.

그 다음에는 그날 밤의 클라이맥스였던 도쿄 환락가 구경으로 이어졌다. 시내 관광에 나선 사람들 중 대부분은 존경받을 만한 미국인 기혼 부인들이었다. 그러나 그날 밤에 본 쇼는 그들을 기절초풍하게 만들었다. 그들을 소스라치게 한 것은 예기치 못한 장면 때문이었다. 다리를 높이 차는 매력적인 무용수들의 공연이 끝난 후, 동양의 플러시천으로 디즈니식으로 야하게 꾸민 인테리어가 어두워지더니 무대에 조명이 비쳤다. 조지와 모니카라는 젊은 커플이 나와 '격조 있고 우아한' 공연을 보여 줄 것이라고 소개되었다. 그런데 여자는 끈 한 오라기만을 걸치고, 남자는 조그마한 가죽 주머니 같은 것으로만 몸을 가리고 있는 것이 불안감을 자아냈다. 마침내 남자는 여자의 끈을 풀더니, 혀로 그녀를 애무하기 시작했다. 나는 차를 타고 배로 돌아갈 때 분위기가 심상치 않겠구나 하는 생각이 들었다.

차를 타고 배로 돌아갈 때 가이드가 눈치를 채고 분위기를 진정시키기 위해 노력했다. 그는 "전 그 카바레 쇼를 보기엔 너무 어린 것 같아요"라고 말하며 웃는다(그의 나이는 25세이다). 그러자 백발의 텍사스 사람이 말했다. "음, 우린 너무 늙어서 못 보겠더군." 가이드는 더 이상 위험을 무릅쓰지 않기로 마음먹고 창 밖을 내다보았다. 침묵이 점점 깊어가는 가운데 86이라고 쓰인 전광판이 지나갔다(이 숫자는 지난 석 달 동안 그곳에서 교통 사고로 사망하거나 부상당한 사람의 수를 나타낸다). 머리 위에는 몇 킬로미터 밖의 교통 체증을 알려 주는 특별한 전광판이 있다. 이 전광판은 매일 아침과 저녁에 불이 들어오는데, 낮 동안에도 대부분 불이 들어온다. 도로변의 나무들은 오염으로부터 보호하기 위해 막대기로 둘러치거나 받쳐 놓았다. 사람들이 쓴 마스크들도 눈에 띈다. 그러다가 도쿄 타워가 나타났다. 이것은 파리의 에펠탑을 그대로 본뜬 것인데, 다만 높이가 1m 더 높다. 가이드가 작별 인사를 했다. 또다시 그는 가이드치고는 지나치게 많은 것을 알려 주려고 한다. 이번에는 임상 심리학자가 되지만, 너무 과장돼 보인다…….

거대한 배로 돌아와 바다로 나가니 마음이 편해졌다. 일본은 우리에게 마지막으로 생생한 기억을 한 가지 남겼다. 바다 밑에서 큰 지진이 일어나 돌풍과 큰 파도가 밀어닥치는 바람에 이 큰 배조차 심하게 흔들렸다. 그렇지만 배에 대기하고 있는 의사는 이미 이러한 사태에도 만반의 준비가 되어 있다. 한 대만 맞으면 30분 가량 잠을 자고 나서 뱃멀미가 감쪽같이 사라지는 마법의 주사가 있다고 한다. 우리는 믿어지지 않았지만, 사실이라고 한다.

그 주사가 효과가 있다면 다행이다. 왜냐하면 나는 오늘 오후에 신체 언어에 관한 네 차례의 강연 중 첫 번째 강연을 하기로 되어 있기 때문이다. 강연장으로 마련된 콘서트 홀로 걸어가는 동안에도 배는 여전히 좌우로 흔들리고 있다. 나는 긴 복도를 걸어가는 동안 이 쪽 벽으로 밀려갔다가 저 쪽 벽으로 밀려갔다 했다. 마치 레프트 훅, 라이트 훅을 연달아 얻어맞는 것처럼. 무대로 나가는 문 앞에 도착하는 순간, 나는 안에 아무도 없겠지 하는 생각이 들었다. 거대한 강당은 텅 비어 있을 것이다. 아마도 모든 사람들은 선실에서 침대를 거머쥐고 누워 있을 것이다. 이것은 태풍도 허리케인도 아니다. 이것은 세상에서 가장 큰 대양 여객선도 코르크 마개처럼 뒤흔드는 지진 해일인 것이다. 아무도 없다면 나도 안전한 내 방으로 돌아가 쉴 수 있을 것이다. 그러나 나는 '노련한 여행자'들을 미처 생각하지 못했다.

나는 흔들거리는 무대로 걸어가 중심을 잡기 위해 책상을 붙잡으면서 강당 안을 살펴보았다. 거기에 그들이 앉아 있었다. 이들은 바다에 굴복하기보다는 차라리 뇌진탕의 위험을 감수하는 사람들이다. 이들은 모두 나이가 아주 많은데, 한창 때에 대양을 여러 차례 항해해 본 사람들이 분명하다. 그들은 당황한 기색이 조금도 없이 팔걸이를 단단히 부여잡고 의자에 똑바로 앉아 있었다. 여기저기 한두 명씩 흩어져 있는 청중의 수는 손가락을 헤아릴 정도에 지나지 않았다. 그렇지만 나는 그들의 강인한 용기에 보답하기 위해 강연을 하기로 마음먹었다. 나는 최대한 재미있게 이야기하려고 노력하면서 강연을 시작했다.

내가 왼쪽으로 기우뚱 오른쪽으로 기우뚱하면서 그 중간에 수직 자세를 취하는 동안에만 원고를 읽을 수 있다는 점을 감안하면, 강연은 그다지 나쁘지 않았다. 사실 모든 것이 아주 순조롭게 흘러갔다. 배가 굽이치는 파도 속으로 아주 크게 떨어질 때까지는. 그 순간 나는 양손으로 책상(다행히도 볼트로 단단히 조여져 있었다)을 꽉 잡을 수밖에 없었는데, 불길하게 삐걱거리는 소리가 들려 왔다. 그것은 선장이 "배를 포기하라!"는 명령을 내리기 직전에 삐걱거리는 낡은 범선의 선체가 무거운 밧줄과 마찰되면서 나는 소리를 연상시켰다. 이 상황에서 내가 훌륭한 연설을 할 수는 없었겠지만, 용감한 청중들이 지금도 내 강연에 주의를 집중하고 있는지 의심스러웠다. 불길하게 삐걱거리는 소리는 리드미컬하게 계속해서 반복되었는데, 그 소리는 내 왼편에서 들려 왔다. 소리가 나는 곳을 바라본 나는 그 원인을 알아챘다. 그것은 정말로 두꺼운 밧줄이 낡은 나무와 마찰을 일으켜 나는 소리였다. 문제의 나무는 그랜드피아노의 다리였고, 밧줄로 무대의 반대쪽 끝부분에 묶여 있었다. 배가 한 번 기울어질 때마다 피아노는 나를 향해 몇 cm 정도 미끄러져 오다가 그 다음 순간엔 반대쪽으로 미끄러져 갔다. 한 번 움직일 때마다 밧줄이 조금씩 느슨해지는 것처럼 보였고, 미끄러지는 거리도 매번 늘어나는 것 같았다. 내 강연은 한 시간 동안 하기로 잡혀 있는데, 밧줄은 그렇게 오랫동안 버틸 수 있을 것 같지 않았다. 나는 돌진해 오는 그랜드피아노에 깔려 강연 도중에 죽고 말 것이다. 그것은 아주 순식간에 끝날 것이고, 내 사망 기사에 활기를 불어넣어 주겠지만, 필즈(W. C. Fields: 필라델피아 출신의 미국 배우, 극작가)가 한 불멸의 명언처럼 "최후에 나는 필라델피아에 있고 싶다."

어찌어찌해서 밧줄은 계속 잘 버텨 주어 나는 강연을 계속했지만, 이제 내 몸짓이 말보다 더 재미있지 않을까 하는 의심이 자꾸 들었다. 마침내 강연이 끝나 할 일을 다했으므로 나는 내 방으로 돌아갔다. 도중에 나는 승무원들이 톱밥이 든 물통을 들고 다니면서 갑판과 복도를 돌아다니는 것을 보았다. 마법의 주사를 맞아야 할 사람들이 아직 더 있는 모양이다.

그후에 한 강연들은 이에 비하면 산책에 지나지 않았다. 그리고 갈수록 바다가 점점 잠잠해지면서 배 안의 생활도 평상시의 호화로운 상태로 되돌아왔다. 이제 육지를 떠난 지도 시간이 한참 지나 우리는 하와이로 가는 여정의 중간 지점인 거대한 태평양 위를 항해하고 있다. 대양촌은 저녁에 무엇을 입을까와 같은 중요한 문제에 골몰하고 있다. 아니, 여자들이 아니라 남자들이 그렇다는 거다(여자들은 매일 밤 새로운 옷을 입을 수 있을 만큼 충분히 많은 옷을 준비해 왔다). 검소한 검은색 정장 한 벌이면 되지 않느냐고? 그런 옷은 거의 입지 않는다. 심지어 열대 지방의 흰색 턱시도도 거의 보기 어렵다. 대신에 야한 색깔의 패션쇼가 펼쳐진다. 갈색 가두리끈 장식이 달린 베이지색 디너 재킷이나 검은색 패턴이 박힌 초록색 실크 재킷 또는 은색 꽃무늬가 박힌 검은색 재킷이나 오렌지색 또는 파란색 격자 무늬 모직 등 온갖 옷이 다 등장한다.

　저녁 식사 초대 때 착용하는 '검은색 넥타이'도 이러한 경향에 발맞추어 다양한 색깔들이 폭발적으로 등장했고, 내일의 공식 남성 정장이 어떤 것이 될지 벌써부터 그 조짐이 보이기 시작한다. 내일은 바로 노타이 정장이다. 미래 수석 웨이터의 심사를 통과하려는 사람은 내가 퀸 엘리자베스 2호에서 목격한 것을 모방한다면 성공할 수 있을 것이다. 패션의 규칙을 깨뜨리는 노타이 정장은 넥타이를 맨 차림보다 두 배나 화려하게 꾸며야만 성공을 보장받는다. 와이셔츠는 핑크색 또는 검은색 벨벳 상의와 어울리도록 특별히 디자인된, 가장자리가 검은색이 벨벳 주름 장식을 단 핑크색 상의를 입는다. 노타이는 캐주얼한 복장이라기보다는 의도적인 것이며, 이로써 사회의 작은 복장 관습 장벽 하나가 또 무너진다. 옆 테이블에 앉아 있는 남자는 항해를 시작하고 나서부터 같은 정장을 두 번 입은 적이 없다고 라모나가 알려 주었다. 그는 벌써 2주일 동안이나 이 원칙을 지키고 있다. 그것도 아내의 색상과 조화를 이루도록 신경 쓰면서.

　저녁을 먹은 뒤에는 많은 결정을 내려야 한다. 알 파치노가 나오는 최신 영화를 볼까, 체스 게임을 할까, 나이트클럽에서 춤을 출까, 오케스트라를 감상할까, 카지노에서 룰렛 게임을 할까, 퀸즈 룸에서 바이올린 독주회를 들을까, 아니면 백만장자들과 함께 최고 상금이 1,685달러인 빙고 게임을 할까? 빙고는 대개 세상의 패배자들이나 하는 게임이지만, 이곳에서는 백만장자들이 하는 게임이기 때문에 그들은 상을 타는 데 실패하면 화를 낸다. "잘 섞어요! 잘 섞으라구요!" 하고 그들은 소리친다.

배에는 백만장자들이 아주 많이 타고 있는데, 그들은 공연자들에게는 반갑지 않은 관객이다. 공연을 하는 사람들은 그들은 아무런 반응도 보이지 않으며, 자신들의 공연을 즐기지 않는다고 생각했다. 그러나 그렇지 않다. 그들을 자세히 관찰한 나는 그들 역시 즐기지만 내색을 하지 않는다는 사실을 알아챘다. 그들은 조용히 즐긴다. 그들은 공연하는 사람들을 만족시키기 위해 즐거운 기분을 드러낼 필요성을 전혀 느끼지 않는다. 그들은 이 여행을 하기 위해 큰돈을 지불했기 때문에, 그러한 즐거움을 선사받는 것을 당연하게 여긴다. 이러한 태도를 공연자들이 달갑게 여길 리가 없는데, 어떤 사람들은 공공연히 그러한 감정을 드러냈다. 한 아일랜드 코미디언은 "돈이 전부가 아니라는 사실을 알게 해주셔서 고맙습니다"라고 말하며 공연을 끝냈다. 그러나 이 정도는 승객들이 서로를 대하는 방식에 비하면 아무것도 아니다. 부자 아내는 춤추기를 거절하는 부자 남편에게 이렇게 말한다. "조금 전까지만 해도 생기가 넘치더니, 지금은 송장으로 변했잖아. 이 나쁜 자식!" 또 짐꾼을 기다리면서 불평을 주절주절 늘어놓는 부자 남자에게 부자 여자는 이렇게 말한다. "줄서요, 이 시끄러운 양반아. 저 사람은 내 차례라고요, 내 차례!"

나는 '백만장자의 행동'에 관한 기록을 작성하는 걸 즐기고 있다. 이렇게 가까운 거리에서 그들을 관찰할 수 있는 기회는 아주 드물기 때문이다. 큰돈이 생겼을 때 으레 맨 먼저 하는 일 중 하나는 자기 주위에 벽을 치는 것이다. 이곳 배 안에서는 그들도 어쩔 수 없이 자신의 모습을 보여 주게 되는데, 돈 걱정 없이 살아가는 정말 큰 부자들의 일상사에는 상대를 걱정해 주는 예의, 즉 같은 근심과 고민을 안고 살아가기 때문에 사람들이 매일 나누는 사교적인 말 같은 것은 실종되고 없다는 것을 발견할 수 있다. 그리고 이들의 세계에서는 자신의 두려움을 드러내는 유머 역시 아주 보기가 드물다.

나이 든 부자와 젊은 부자의 차이도 두드러지게 드러난다. 나이 든 부자는 오랜 경험을 통해 최고의 서비스를 받으려면 시중드는 사람에게 대가를 지불해야 한다는 사실을 알고 있다. 그리고 우리처럼 미소를 많이 짓지는 않더라도, 대체로 무례함은 보이지 않으려고 한다. 젊은 부자는 이러한 것을 더 배워야 한다. 이 특이한 해상 공동체에서 늦은 밤에 그들이 함께 섞여 있는 모습을 관찰하노라면, 나이 든 부자들이 겉치레를 좋아하는 젊은 부자들을 매우 경멸하는 것을 발견할 수 있다. 젊은 부자들에 대한 그들의 경멸은 나머지 우리에 대한 경멸보다 더 심하게 표출된다. 이 얼마나 풍부한 사회적 관계의 향연이 펼쳐지는 장소인가! 인간 행동의 관찰자인 나에게 이것은 산업 혁명이 절정에 이르렀던 빅토리아 시대의 속물 근성을 볼 수 있는 현장으로 간 것만큼이나 좋은 기회이다.

내가 여기서 배운 작은 교훈 한 가지는 나이 든 부자들은 자신의 신념을 고수하는 용기가 있다는 사실이었다. 그들은 또한 잘못된 편견을 고집하는 용기도 있다. 일단 어떤 믿음을 가지면, 어떠한 반대

증거를 갖다 댄다 하더라도 그들은 절대로 그 믿음을 포기하려 들지 않는다. 예를 들면, 한 영국인 노부인이 제2차 세계대전 때 미군이 미국식 속어를 유럽에 퍼뜨린 것에 대해 탄식조로 이야기하고 있었다. "전쟁 전만 해도 우리 젊은이들은 말을 정확하게 아주 잘 했어요. 그런데 전쟁 후에 애들 말버릇이 형편없어졌어요. 적절한 말을 하는 대신에 그저 이것도 OK, 저것도 OK라고 말하지요. 끔찍한 일이에요!"

보통 나는 그러한 말을 그냥 흘려듣지만, 너무 점잖아서 그녀의 말에 이의를 제기하지 않는 일부 미국인들이 있는 자리에서 영국인으로서 그런 말을 듣고 있으니 부끄러웠다. 개인적으로 나는 미국인이 영어를 변화시켜 아름답게 다듬은 많은 사례에 대해 호감을 느껴 왔다. 웹스터 사전이 성가시게 철자를 자꾸 고치는 것만 뺀다면, 그들이 미친 영향은 대체로 상상력이 뛰어나고 화려한 것이었다. 그래서 나는 자리에서 일어나 이렇게 말하고 말았다. "OK에 관한 부인의 말씀은 잘못된 것입니다. 그것은 제2차 세계대전 이전에도 이미 영국에서 널리 쓰이고 있었습니다." 그녀는 마치 꼬챙이에 꽂혀 있는 것처럼 머리를 빙그르르 돌려 나를 바라보았다. "그럴 리 없어요!" 그녀가 단호하게 소리쳤다. 나도 물러서지 않고 말했다. "사실, 그 말은 19세기의 빅토리아 시대에도 이미 영국에 널리 퍼져 있었습니다." "말도 안 되는 소리!" 그녀가 또 소리쳤다. "100년도 더 전인 1860년대에 유명한 음악 공연자가 있었지요. 위대한 밴스라는 이름으로 알려진 그 사람은 'Walking in the Zoo is the OK Thing to Do(동물원에서 걷는 것은 즐거운 일이야)' 라는 노래를 불렀습니다." 내가 이 사건을 잘 알고 있는 것은 'zoo' 라는 단어가 최초로 사용된 예였기 때문이다. 그녀는 다소 못마땅한 표정으로 눈을 깜박이며 나를 쳐다보았다. "당신 말은 믿을 수 없어요." 아주 조심스럽게 이렇게 말하고 나서 그녀는 자리를 떴다. 나도 포기할 수밖에 없었다. 나이 든 부자는 새로운 사실을 전혀 받아들이려고 하지 않기 때문에 노력을 기울여 봤자 그 보람이 없다. 젊은 부자는 이 점에서는 훨씬 유연하다. 새로운 사실이 예컨대 혁명적인 옷걸이를 낳아 전세계의 옷장을 채우게 될지도 모르는 일이니까. 그래서 젊은 부자는 그 천박함에도 불구하고, 선택의 폭을 항상 열어 두는 경향이 있다.

우리가 잠든 동안에 배에 있는 인쇄기들은 자체 내에서 제작하는 신문인 「QE2 익스프레스」를 찍는다. 이 신문은 다음 날 아침 각 객실 문 앞에 배달된다. 이것은 바깥의 일상적인 세계에 대해 궁금해하는 승객을 위한 서비스이다. 그러나 나는 고맙지만 사양하고 싶다. 아침 공기 속에서 우리는 밖으로 나가 배 뒤를 따라오는 알바트로스의 수를 센다. 나는 알바트로스들이 문자 그대로 수천 km나 우리를 따라오고 있다는 사실에 감탄한다. 어제 이후 배는 약 1,000km나 이동했다.

나는 휴식을 일종의 큰 죄악으로 간주하는 지칠 줄 모르는 아들 녀석에게 끌려다니며 끊임없이 탁구, 수영, 미니골프, 셔플보드에 매달려야 했다. 모든 게임은 마치 우리의 목숨이 그 결과에 달려 있는 듯이 팽팽한 긴장 속에서 진행된다. 아홉 살짜리 소년보다 진지한 경쟁심을 가진 존재가 또 있을까? 규칙은 철두철미하게 지켜야 한다. 점수도 정확하게 매겨야 하고, 일단 시합이 시작되면 경솔한 행위나 간섭은 용납되지 않는다. 그런데 흐르는 듯한 검은색 옷에 장발을 한 로버트 미첨(Robert Mitchum)처럼 생긴 한 미국인이 이단 목사의 역할을 하면서 우리의 영토에 침범해 왔을 때, 제이슨이 얼마나 황당한 표정을 지었겠는지 상상해 보라. 우리는 마침 탁구 시합의 중요한 순간에 있었는데, 허풍을 늘어놓기 좋아하는 이 사람이 다가와서 뻔뻔스럽게 탁구대 모서리에 걸터앉더니 말을 주섬주섬 늘어놓는 게 아닌가! 나는 공손함은 저만치 밀어 놓은 짧고 간결한 말투로 그의 질문에 대답하면서 이 시합을 계속하고 싶다는 뜻을 분명히 밝혔다. 그러나 텔레비전을 통해 복음을 전도하는 이 사람은 전혀 비키려 하지 않았다. 우리가 한 마디도 않고 굳은 표정으로 경기를 계속할 포즈를 취하고 있는 가운데, 그는 느릿느릿한 남부 억양으로 자기가 텔레비전에서 눈먼 사람과 절름발이와 귀머거리를 어떻게 낫게 했는지 자랑스럽게 이야기하면서 일장 연설을 했다.

잠시 후, 예의상 나도 뭔가 한마디 해야겠다는 생각이 들어 당신은 이 항해에서 무엇을 하고 있느냐고 물어 보았다. "하느님의 돈을 쓰고 있죠." 그는 냉소적인 미소를 지으며 대답했다. 그 말에 나는 순간적으로 혐오감을 일으키며 그의 기도회에서 주를 찬양하면서 삼위일체를 믿는다고 맹세하며 미소를 짓는 어리석고 불쌍한 영혼들이 떠올랐다. 그들은 그래도 가진 것 중에서 제일 나은 것으로 골라 입은 싸구려 옷 속에 손을 집어넣어 자기 쓰기에도 모자란 지폐를 끄집어내 씩 웃고 있는 이 사기꾼에게 건네 주었을 것이다. 조직적인 종교에 대해 내가 갖고 있던 부정적인 견해는 다시 더 깊이 추락했다. 그도 내 눈에서 뭔가 심상치 않은 기색을 눈치챘는지 우리가 시합을 계속하도록 자리를 떴다. 정치에서와 마찬가지로 종교에서도 맨 위에는 찌꺼기들이 뜬다. 진짜 진국은 솥바닥 근처에 있다.

날들은 서로 구별되지 않고, 쾌락에 빠져 사는 나 자신에 대해 죄책감이 들 무렵, 저 멀리 하와이 섬이 보이면서 새로운 활기와 흥분이 일어나기 시작했다. 한두 시간 뒤면 그곳에 도착할 것 같았으므로, 나는 그동안 영화관에서 서사적인 작품 〈하와이〉를 보기로 했다. 영화 속에서 배가 막 닻을 내리고, 따뜻한 미소를 머금은 아름다운 하와이 아가씨들이 선원들을 환영하기 위해 헤엄쳐 오는 순간, 우리 배가 진짜 하와이에 도착해 부두에 접안하고 있다는 사실을 알게 되었다.

가공의 하와이를 버려 두고 우리는 재빨리 바깥으로 나가 실제 하와이와 비교해 보았다. 퀸 엘리자베스 2호는 하와이 제도의 주섬인 오아후 섬 항구에 입항하고 있다. 그러나 현실은 다소 실망스러웠다. 꽃다발을 들고 배로 헤엄쳐 오는 아가씨는 하나도 보이지 않았다. 대신 부두 바로 건너편에 커다란 건물이 솟아 있는 게 보였는데, 윗부분에 커다랗게 IBM이라고 쓰여 있었다. 낙원의 섬이라기보다는 〈하와이 파이브 오(Hawaii Five-0)〉(TV 역사상 최장기간 방영된 범죄 드라마)에 더 가까워보였다.

우리는 택시를 잡아 섬에서 인적이 드문 야생 지역을 둘러보기로 했다. 우리는 곧 IBM을 뒤로하고 오아후 섬의 중심으로 달려갔다. 마침내 우리는 상상하던 열대 섬으로 돌아왔다. 나는 운전사에게 숲으로 난 도로에 차를 세우라고 했다. 그는 의아해했다. 그곳에는 관광객을 끌 만한 것이 아무것도 없었기 때문이다. 쇼핑몰도, '알로하' 나 '하와이에서 편히 지내세요' 라는 글이 박힌 작은 장신구를 파는 가게도, 반으로 자른 코코넛으로 가슴을 가리고 미국 팬티 위에 풀치마를 걸친 아가씨가 인쇄된 그림 엽서도 없다. 그저 뒤엉킨 덤불뿐이지만, 이것이야말로 바로 우리가 원하는 것이다.

운전사가 도로변에서 참을성 있게 기다리고 있는 동안 우리는 울창한 수풀 속으로 들어가 멈춰 서서 공기를 깊게 들이마신다. 화산 지역의 뜨겁고 축축한 흙 향기가 강하게 느껴진다. 이곳에서 자라는 식물은 모두 우리에게 낯설다. 곤충도 모두 우리가 알지 못하던 종들이다. 대부분의 작은 섬들처럼 이곳에도 큰 야생동물은 없지만, 밝은 색의 새들과 엄청나게 큰 나비들이 들끓고 있다. 이 순간은 영원히 잊혀지지 않고 기억 속에 선명하게 남을 것이다.

하와이 제도가 20세기로 넘어오면서 겪은 우여곡절에도 불구하고, 훌라 춤과 와이키키 해변의 나이트클럽 지역에서 벗어나기만 하면 그 미와 분위기가 그대로 남아 있는 것을 발견할 수 있다. 그리고 물은 아주 따뜻하고, 해변은 부드럽고 유혹적이다. 나는 언젠가 꼭 다시 돌아와 바다에 누워 물고기들(일부는 세상에서 가장 기이한 종류이다)이 헤엄쳐 지나가는 것을 바라보면서 내 수십 개의 작은 섬들을 탐사해 보겠다고 다짐한다. 나중에 하와이 바다에 관한 안내 책자를 사본 나는 놀랍게도 이 섬들 주위에는 산호초에 사는 어종이 최소한 420종이나 있으며, 그중 120종은 세상의 다른 곳에서는 볼 수 없는 것이라는 사실을 알게 되었다.

우리는 모두 하와이를 떠나기가 싫었고, 배의 엔진이 고장나길 바랐다. 그러나 다음 기항지인 샌프란시스코까지는 3,000km가 넘게 남았고, 그곳에서는 퀸 엘리자베스 2호가 처음 방문한다는 이유로 대대적인 행사를 준비하고 기다리고 있기 때문에 지체할 수가 없다. 퀸 엘리자베스 2호는 어떤 정기 여객선보다 시간을 정확하게 지킨다. 또 다시 바다 위에서 비현실적인 궤도를 비행하는 듯한 시간을 보내던 어느 날 아침 눈을 떠 보니, 거대한 금문교가 웅장하게 머리 위를 지나가고 있었다. 우리 배 주위에는 해적들이 타고 다니던 대형 범선, 옛날의 외륜선, 소방선을 비롯해 작은 배들로 이루어진 함대가 둘러싸고 있었다. 소방선들은 많은 호스를 통해 환영의 분수를 쏘아댔다.

소형 쾌속정, 행락용 모터보트, 요트 수천 척이 우리의 항로를 가로지르며 지나가고, 우리 배가 부두에 접안할 때 딕실랜드 재즈(미국 뉴올리언스에서 발생한 재즈) 밴드가 독특한 미국식 환영 음악을 연주했다.

곧 케이블카를 타고 나들이를 한 다음, 피셔먼즈 호프(Fisherman's Wharf: '어부의 부두'라는 뜻으로, 샌프란시스코에서 가장 인기 있는 관광 명소)를 산책했다. 나는 미국의 모든 도시들 중 가장 매력적인 이 도시를 사랑하게 되었다. 어디에나 음악이 있는 것처럼 보인다. 광장에서는 록 밴드가 연주를 하고 있고, 상점가에서는 순회 공연이 벌어지고 있고, 교차로 가운데에서는 광대가 외발자전거를 타고 묘기를 부리고 있고, 자그마한 해변에서는 4인조 봉고 드럼 주자들이 열심히 드럼을 두들긴다. 구석마다 믿을 수 없을 정도로 맛있는 갑각류 요리를 팔고 있다. 내가 가장 좋아하는 여흥인 자동 인간 전축도 있다. 스무 가지의 곡을 선택할 수 있는데, 동전을 집어넣고 단추를 누르면, 아래의 뚜껑이 열리면서 수염을 기른 작은 남자가 튀어나와 트럼펫으로 선택곡을 생음악으로 연주한다. 새로 지은 고층 건물 중 하나는 끝이 뾰족한 피라미드 모양으로 솟아 있다(건축가들도 이곳에 재미를 가미해야 할 필요성을 느낀 것 같다).

젊은 미국인들이 새로운 승객으로 배에 탔는데, 오늘 밤 출항한 배에서 코미디언 빌 코스비(Bill Cosby)가 벌인 쇼는 일전에 디키 헨더슨(Dicke Henderson)이 미국인들을 어리둥절하게 만든 것처럼 영국인들을 어리둥절하게 만들었다. 대부분의 유머는 다른 곳에서는 잘 통하지 않는 경우가 많다. 그에 비하면 가수와 무용수는 형편이 훨씬 나은 편이다.

　이제 시간이 얼마 남지 않았다. 로스앤젤레스까지는 아주 짧은 여행이라서 마지막 아침을 먹은 후에 우리는 육지로 올랐다. 지구는 예전보다 약간 줄어든 것이 분명하다. 부유한 미국인 여자 몇몇이 작별 인사를 하면서 웨이터의 뺨에 키스를 하는 것이 보였다. 불과 몇 주일밖에 지나지 않았지만, 고립된 바다에서는 유대 관계가 아주 깊어진다. 우리는 어느새 다시 공항으로 돌아와 좌석 번호에 대해 염려하고 있었다. 이 얼마나 멋없고 지루하며 비인간적인 여행 방법인가! 바다 위를 떠다니는 황홀한 해상촌을 떠나기가 너무나도 아쉬웠다.

지브롤터 탐사

1978년, 나는 지브롤터에 대한 기사를 써달라는 부탁을 받았다. 그곳은 굉장히 작은 지역이라 이전의 외국 여행에 결코 포함된 적이 없었다는 점에서 흥미가 느껴졌다. 통상적인 모래 해변도 없고, 군사적인 체취가 강한 이곳은 관광객을 끄는 좋은 장소는 아니었다. 그러나 지브롤터는 매력적인 역사를 지니고 있으며, 에스파냐와의 팽팽한 긴장 관계 때문에 포위된 도시 국가 같은 달갑지 않지만 흥미로운 성격을 지니고 있다. 그리고 이곳에는 내가 늘 만나고 싶어하던 독특한 거주자들이 살고 있다.

지브롤터원숭이

유럽에 살고 있는 야생 원숭이는 모두 몇 마리나 될까? 그 답은 43 마리인데, 이들은 모두 3㎢도 안 되는 삐죽삐죽한 지브롤터의 바위 위에 살고 있다. 나는 글을 통해 이 원숭이들에 대한 이야기를 여러 차례 읽었지만, 이제야 직접 내 눈으로 확인하러 나섰다.

지브롤터는 에스파냐 남단에 붙어 있는데도 불구하고, 심한 문화적 차이 때문에 마치 작은 섬처럼 느껴진다. 사실 지브롤터는 너무나도 작아서 비행기를 타고 착륙할 때, 바다로 미끄러지기 전에 정지한 것에 안도의 한숨을 내쉬게 된다. 하늘에서 내려다본 활주로는 해변에 붙어 있는 항공모함처럼 보인다. 짧은 활주로는 더 록(the Rock: 지브롤터를 하나의 큰 바위로 생각하여 흔히 the Rock이라고 부른다)과 에스파냐 본토를 연결하는 목처럼 뻗어 있는 평지에 건설돼 있는데, 그 양 끝은 바다에 닿아 있다. 에스파냐로 이어지는 주도로는 활주로의 중심부를 수직으로 가로지르며 지나간다. 그래서 비행기가 착륙할 때에는 마치 철도 건널목 앞에서 차들이 기다리듯이 육상 교통이 약 15분간 정지된다.

그러나 작은 크기에도 불구하고, 이곳은 아주 매력적인 장소인데, 지구상에서 일어난 가장 극적인 사건 가운데 하나를 생생히 증언해 주는 곳이기 때문이다. 이 당당한 바위 위에 앉아 타임머신을 타고 500만 년 전으로 돌아가는 것이 가능하다면, 여러분은 엄청난 장관을 보게 될 것이다. 그때 대서양이 갈라져 지중해가 생겨났기 때문이다. 그러면서 바로 이 장소에 지구 역사상 가장 큰 폭포가 생겼을 것이다. 그 얼마나 장관일까 상상해 보라!

유명한 지브롤터원숭이는 수백 년 동안 이곳의 가파른 산비탈을 기어다녔는데, 이 원숭이들이 처음에 어떻게 이곳에 오게 되었는지 아는 사람은 아무도 없다. 가장 낭만적인 가설은 지브롤터 해협 아래에 있는 지하 통로를 통해 바위에 벌집처럼 뚫려 있는 144개의 동굴 중 하나로 나왔다는 것이다. 이 동물(정확한 이름은 바르바리원숭이)의 자연 서식지는 모로코의 아틀라스 산맥이고, 비록 이곳이 북아프리카 해안에서 불과 22km밖에 떨어져 있지 않다고 해도 이 가설은 환상적인 생각에 가깝다.

대서양이 떨어져 나가기 전에 유럽 대륙이 아프리카와 붙어 있던 먼 옛날에 살았던 지브롤터원숭이가 지금까지 살아남은 것이라는 가설 역시 가능성이 희박하다. 지브롤터에서는 어떤 지브롤터원숭이 화석도 발견되지 않았기 때문이다. 가장 그럴듯한 가설은 천 년 전에 이곳에 정착했던 무어인 침입자들이 데려온 애완 원숭이들이 야생으로 탈출해 사람들이 미치지 않는 정상 근처에다가 조그마한 군집을 만들었다는 것이다.

세월이 흐르는 동안 원숭이의 수는 계속 증가하다가 한때는 160마리까지 살았다. 현대에 들어 지브롤터에 점점 더 많은 사람들이 살게 되자, 야생 원숭이는 집과 정원의 과일과 채소를 훔치러 산에서 내려와 약탈을 일삼는 해충 같은 존재가 되었다. 인간의 재산을 보호하기 위해 군대는 1924년까지 원숭이를 저격했고, 결국에는 단 세 마리만이 남게 되었다. 지브롤터원숭이는 멸종 직전에 이르렀으나, 이 영악한 트리오는 계속 살아남아 번식해 갔다.

1927년에 이르자 원숭이의 수는 모두 8마리로 늘어났고, 1930년대에 들어서도 그 수는 계속 증가했다. 그러나 1939년에 전쟁이 터지자, 원숭이들은 또 한 번 시련을 겪게 되었다. 지브롤터에서 원숭이가 사라지면 영국이 지브롤터를 잃게 된다는 전설을 잘 알고 있던 윈스턴 처칠(Winston Churchill)은 원숭이들의 고초에 대해 관심을 갖게 되었다. 그 수가 겨우 7마리로 줄어들었다는 사실을 보고받은 처칠은 원숭이 집단의 수가 다시는 24마리 미만으로 줄어들지 않도록 하라는 명령을 내렸다. 아틀라스산맥에 원숭이 포획팀을 보내 새로운 원숭이들을 지브롤터에 살고 있는 원숭이 무리에 합류시켰다. 1947년에 이르자 처칠의 개입은 큰 성공을 거두어 원숭이 무리는 그 수가 크게 늘어나 미들힐(Middle Hill) 무리와 퀸즈게이트(Queen's Gate) 무리의 두 집단으로 나누어져 지금까지 존속하고 있다.

미들힐 무리는 수컷 8마리와 암컷 10마리로 이루어져 있으며, 군사 시설 근처를 돌아다니며 방문객들의 눈에 띄지 않고 철저하게 야생에서 살아간다. 관광객을 즐겁게 해주는 것은 수컷 8마리와 암컷 17마리로 이루어진 퀸즈게이트 무리이다. 친근하고 느긋한 이 원숭이들은 찰칵거리는 카메라 앞에서도 지방 명사다운 인내심과 강한 기품을 잃지 않는다. 이 원숭이들은 인간 팬들이 아주 가까이까지 접근하는 것도 허용하는데, 가끔 갑자기 모자나 핸드백을 낚아채면서 평화를 깨뜨리곤 한다. 이 원숭이들이 보통의 동물원 원숭이보다 더 특별한 매력을 풍기는 것은 완전한 자유 상태에서 살고 있다는 사실 때문이다. 이 원숭이들에게 그렇게 가깝게 다가갈 수 있다는 사실은 사람들에게 뭔가 특혜를 받은 듯한 느낌을 준다.

현재와 같은 성공적인 결말에 이르기까지는 한 사람의 각별한 노력이 있었다. 지브롤터 대대의 알프레드 홈스(Alfred Holmes) 상사는 세상에서 '원숭이 담당 하사관'이라는 보직을 가진 유일한 군인이다. 이 특별한 군 원숭이 관리인은 지브롤터 최대의 관광 자원을 20년 동안 돌봐 왔다. 원숭이들이 더 이상 마을의 정원을 습격하지 않고, 잘 먹어 건강이 좋고, 관광객들과 친근하게 지내고 말썽을 일으키지 않는 것은 다 홈스 상사 덕분이다. 게으른 녀석을 야단치고, 박해받는 놈을 보호하고, 병든 놈을 치료하며, 괴상한 병사 43마리 모두의 행복을 위해 신경 쓰는 무리의 진짜 대장은 바로 홈스 상사이다.

원숭이들은 모두 공식적인 군 기록에 올라 있으며, 열매와 장과, 뿌리와 곤충 등의 야생 먹이를 보충해 주기 위해 매일 한 마리당 과일, 견과류, 야채 값으로 15펜스가 책정돼 있다. 홈스 상사는 모든 원숭이를 이름으로 알고 있으며, 그가 알프레드 혹은 조슈아를 외치면 바로 알프레드 혹은 조슈아만이 무슨 일인가 하고 고개를 들어 그를 쳐다본다.

원숭이의 송곳니가 아주 크고 날카로워서 나는 그에게 조사나 치료를 위해 원숭이를 잡아야 할 때에는 어떻게 하는가 물어 보았다. "그냥 맨손으로 잡지요. 무슨 수가 있겠어요? 저 녀석들은 너무 영리해서 덫으로 잡을 수도 없어요."

"이걸 보세요." 홈스 상사가 속삭였다. 검은 털을 가진 조그마한 새끼원숭이가 어미가 잠든 사이에 그 품에서 어느 정도 벗어났다. 홈스 상사가 그 쪽을 향해 다가간다. 그러나 세 걸음을 떼기도 전에 무리 중에서 서열 2위인 수컷 지미가 벌떡 일어나 쏜살같이 달려오더니 홈스 상사 앞을 가로막는다. 조금 전까지만 해도 지미는 주변의 일에는 아무 관심도 없다는 듯이 꾸벅꾸벅 졸고 있었다. 그러나 이렇게 순식간에 강력한 방어벽으로 돌변한 것을 보면 그것은 속임수였는지도 모른다.

나는 만약 홈스 상사가 재빨리 그곳을 지나가 놀고 있는 새끼를 붙잡았다면 지미가 어떤 반응을 보였을지 물어 보았다. 그랬더니 "지미는 그 어미에게 매우 화를 내면서 정신을 놓은 것에 대해 야단을 치겠죠"라고 예상 밖의 대답을 했다.

"그런데 원숭이에게 공격을 당하는 일은 없어요?" 내가 다시 물었다. "그렇지 않아요. 원숭이들은 나를 향해 울부짖고 소리를 지르긴해도, 20년 동안 나는 아주 가벼운 상처 몇 번만 입었을 뿐입니다." 그러면서 그는 털북숭이 친구들이 배가 부른 상태에서도 여러 나라의 관광객들을 맞이할 수 있도록 하기 위해 멜론과 사과와 포도를 한아름 안고 갔다.

아침 해가 더 록의 산등성이 위로 떠오를 때 하늘을 쳐다보았더니 아주 작은 검은 점들이 무리를 이루어 날아가는 것이 보였다. 쌍안경으로 보았더니 따뜻한 상승 기류를 타고 비행 고도까지 날아오른 맹금이었다. 내가 짧은 순간에 세어보니 모두 51마리였다. 그러고 나서도 더 많은 새들이 보였는데, 모두 남쪽의 아프리카 해안 쪽으로 날아가고 있었다. 저 새들은 벌매(말벌의 집을 습격하거나 나는 벌을 잡아먹는 매)인데, 매년 유럽의 모든 벌매들은 겨울을 나기 위해 이동하는 도중에 이곳에 모인다. 이 고장의 한 조류학자가 어제만 해도 4,000마리 이상이 날아갔다고 말했다. 이것은 다른 어떤 곳에서도 보기 힘든 장관을 이루며, 이 때문에 지브롤터는 조류 관찰자들의 천국으로 각광받는다. 독수리, 솔개, 황새, 홍학 등이 모두 이곳을 지나가기 때문에, 이곳에서는 쌍안경 하나만 있으면 심심하지가 않다.

이것은 또 묘한 인연을 엮어 냈다. 이곳의 텔레비전 방송국에서는 내가 원숭이를 관찰하기 위해 왔다는 소식을 듣고 나에게 스튜디오에 나와 잠깐 인터뷰를 해달라고 부탁했다. 아마도 이곳은 세상에서 가장 규모가 작은 텔레비전 방송국일 테고, 시청자도 가장 적을 것이다. 스튜디오는 낡은 집 지하실에 마련되어 있었는데, 인터뷰가 끝나자 누군가 내게 전화를 걸어 왔다. "도망갈 데가 그렇게도 없었던 모양이지?" 귀에 익은 목소리가 들려 왔다. "호텔에서 텔레비전을 켜 지브롤터 방송 채널을 틀었더니 바로 자네가 나오지 뭔가!"

그는 내 오랜 친구 데이비드 애튼버러였다. 그는 새로운 자연사 시리즈 〈지구의 생물〉을 제작하기 위해 전세계를 돌아다니고 있었는데, 텔레비전에서 내 얼굴을 보고 나서 자기가 지금 어디에 와 있는지 재차 확인했다고 한다. 우리는 둘 다 상대방이 지브롤터에 있는 줄은 전혀 모르고 있었다. 우리는 잠시 만나 이야기를 나누었다. 그는 나처럼 원숭이를 연구하기 위해 이곳에 들른 것이 아니라, 조류의 대이동을 촬영하기 위해 왔다고 한다(우리는 전에도 이런 식으로 만난 적이 있다. 한번은 런던에서 일전에 산 도곤 족의 곳간 문—이 문이 없이는 집이 완전하게 만들어지지 않는다—의 대금을 지불하러 부족 미술 화랑에 들른 적이 있었다. 거기서 나는 데이비드를 만나 웬일이냐고 물었다. "뉴욕으로 떠나기 전에 도곤 족의 곳간 문을 사러 왔다네." "그것 참 유감이군. 나는 어제까지 뉴욕에 있었는데."). 우리는 둘 다 여행을 아주 많이 하기 때문에 함께 저녁을 하게 되는 것은 놀라운 일이다. 그런데 비록 내가 여행을 자주 한다고는 하지만 데이비드는 차원이 다르다. 우리 집에는 큰 세계 지도가 걸려 있는데, 나는 아들에게 보여 주기 위해 그 위에다가 내가 다녀온 장소를 색깔 있는 핀으로 표시한다. 데이비드에게도 그러한 세계 지도가 있다면, 다녀온 장소보다는 가보지 않은 장소를 핀으로 꽂는 게 훨씬 쉬울 것이다.

다음 날 아침, 나는 지브롤터 만을 관찰하러 나갔다가 또 다른 동물 세계의 장관을 목격했다. 백여 마리의 돌고래 떼가 물 위로 뛰어올라 곡선을 그리며 다시 물 속으로 들어갔다. 그 사이에 창백한 은빛 배가 잠깐 동안 햇빛에 반사되어 눈부시게 빛났다.

나는 원숭이를 관찰하기 위해 이곳을 방문했지만, 지브롤터는 원숭이말고도 볼 것이 많았고, 더 록 관광은 놀랄 거리를 더 제공해 줄 것처럼 보인다. 더 록에는 144개의 동굴 외에도 사람이 만든 길이 35km의 터널이 뚫려 있다. 천연 동굴 중 가장 큰 성 미카엘 동굴은 내가 여태껏 본 것 중 가장 인상적인 종유석과 석순으로 장식되어 있었다. 어떤 것은 높이가 24m나 되고, 두께는 큰 나무 둥치만하다. 동굴의 메인 홀에는 1천 석 규모의 극장이 마련돼 있는데, 이곳의 음향 효과는 인간이 만든 어떤 공간과도 필적할 수 없을 정도로 완벽하다. 조용히 앉아서 녹음된 음악을 듣는 사람들은 자기 귀를 믿을 수 없을 정도이다. 이곳에서 라이브 콘서트를 연다면 정말로 잊혀지지 않는 기억이 될 것이다.

그 다음 날, 나는 길이 24m의 콩케스트 3호를 타고 더 록 주위를 돌면서 물고기들이 수면 위를 거대한 메뚜기처럼 나는 광경을 즐겼다. 그리고 멀리서 보면 지브롤터의 이미지는 계속해서 변한다. 어느 각도에서 바라본 그 모습은 봉우리만 남겨 놓고 물 속에 잠긴 산을 연상시켰고, 또 다른 각도에서 바라본 모습은 이베리아 반도를 지키고 있는 거대한 스핑크스의 잔해처럼 보인다. 또 다른 각도에서 보면 그것은 화석화된 거대한 성당처럼 보이고, 더 멀리서 보면 따뜻한 지중해의 입 속에서 반짝이는 거대한 어금니처럼 보인다.

어금니 이야기가 나왔으니 하는 말인데, 최초의 네안데르탈인 두

개골이 발견된 곳이 바로 이곳 지브롤터이다. 1884년에 발견된 그 두 개골은 독일의 네안더 계곡에서 발견된 것보다 8년이나 앞섰다. 따라서 정확하게 말한다면, 네안데르탈인이 아니라 지브롤터인이라 불러야 할 것이다.

지브롤터가 유명한 것은 물론 그 웅장한 항구 때문인데, 슬프게도 지금은 텅 비어 있다. 이 항구는 영국과 에스파냐 사이에 분쟁의 원인이 되어 왔다. 대부분의 영국 사람들은 유니언 잭이 지금도 더 록 위에 펄럭이고 있고, 지브롤터의 2만 주민 중 대다수가 그것을 보길 원한다는 사실을 만족스럽게 생각한다. 그러나 에스파냐측에서는 생각이 다르다. 그것은 마치 그들의 정치 지도자들이 우리가 에스파냐의 무적 함대를 쳐부순 것을 용서할 수 없는 것과 비슷하다. 그래서 에스파냐는 더 록과 에스파냐 본토를 연결하는 좁은 지협을 통과하는 국경을 봉쇄하고 있다. 국경 초소에서 검은색의 지브롤터 관문은 상징적으로 널찍하게 열려 있으나, 그 옆에 있는 초록색의 에스파냐 관문은 굳게 잠겨 있다(지브롤터 주민들은 이것을 경멸적으로 '마늘 장벽'이라 부른다).

초록색 문의 아랫단은 지브롤터 주민들이 100m 정도의 무인 지대 너머에 있는 에스파냐 친척들을 향해 소리치면서 초조한 심정에서 걷어찬 발길에 닳아 은빛으로 빛난다. 에스파냐측의 또 다른 바리케이드에 막혀 있는 이곳에 본토 친구들과 친척들이 일요일 아침마다 와서 서로 소식과 인사를 나눈다. 정치적 지위에 집착하는 정치인들에 의해 지속돼 온 역사적 분쟁의 희생자들은 모로코 같은 제3국을 거쳐 멀고도 비용이 많이 드는 여행을 하는 수밖에 달리 방법이 없다. 그러나 100m 거리를 놔두고 150km나 빙 돌아서 간다는 것은 너무나도 터무니없는 짓이기 때문에 그렇게 하는 사람은 별로 없다.

대신에 지브롤터 주민들은 대체로 격리를 받아들이고, 자기들끼리 살아가는 방법을 터득했다. 더 록의 가벼운 봉쇄는 사실상 지브롤터를 외로운 도시국가로 변모시켰다. 지브롤터가 자체의 내수 시장과 1,600개의 침상을 갖춘 호텔 10개, 해변 5곳, 카지노, 거대한 항구를 갖추고서 에스파냐와 거의 아무런 관계가 없이 독립해 살아갈 수 있다는 사실에 사람들은 감탄한다. 그러나 더 록이 자신의 특별한 정체성을 강화하기 시작한 것과 함께 압력이 점차 완화될 조짐이 보인다. 프랑코 사후의 에스파냐는 유럽 공동 시장으로 진출을 모색하고 있고, 곧 바리케이드가 철거되고 마침내 에스파냐 사람들이 더 록을 발에 박힌 가시가 아니라 색다른 매력적인 휴가 장소로 찾을 날이 머지않은 것 같다.

그러나 어떤 변화가 일어나든 간에, 불쑥 돌출한 더 록의 울퉁불퉁한 윤곽은 이곳을 찾는 모든 사람에게 계속 그 그림자와 매력을 던질 것이다. 게다가 아주 대조적인 아랍 세계인 탕헤르까지 불과 15분이면 날아갈 수 있다는 점과 함께, 저 높은 봉우리에서 살고 있는, 지금은 거의 신성한 존재가 된 친근한 원숭이들은 이곳의 여행에 약간의 양념을 더해준다.

노트

오늘날 지브롤터에 살고 있는 원숭이의 수는 약 250마리나 된다. 이제는 수가 더 이상 불어나는 것을 막기 위해 먹이에 피임약까지 섞고 있는 실정이다.

축구 부족을 찾아 나선 여행

『맨워칭』에서 신체 언어에 대한 전반적인 연구를 마친 후에 나는 한 가지 특별한 사건에 초점을 맞춰 연구해 보기로 했다. 내가 선택한 사건은 축구 경기이다. 내가 축구 경기에 대해 잘 모르는 상태에서 연구를 시작한 것은 신선한 시각으로 주제에 접근할 수 있게 해주었기 때문에 오히려 도움이 되었다. 축구에 대한 글을 쓰는 다른 사람들은 해박한 전문 지식 때문에 멀찌감치 물러난 곳에서 그 정체, 즉 축구가 원시적인 사냥이 현대적인 경기로 변모된 의식이라는 사실을 파악하지 못한다. 효율적인 농업이 등장하면서 사냥 활동을 박탈당한 젊은이들은 이제 골을 넣는 상징적인 목표에서 뿌리 깊은 사냥 욕구의 배출구를 찾는다. 이것은 축구 경기가 불러일으키는 강렬한 열정과 축구가 스포츠로서 전세계적으로 큰 성공을 거둔 이유를 설명해 준다.

1977년, 나는 내 고장 축구 클럽인 옥스퍼드 유나이티드 팀의 이사가 되면서 축구 경기의 모든 측면을 관찰할 수 있게 되었다. 3년이 지난 후, 나는 충분히 많은 경기를 보아 축구를 주제로 한 『축구 부족(The Soccer Tribe)』을 쓸 수 있게 되었다. 정보를 현장에서 직접 수집하기 위해 나는 모든 홈 경기를 보았을 뿐만 아니라, 팀의 코치진에 합류해 원정 경기에도 따라갔다. 또 팀과 함께 해외에까지 간 기억도 생생하게 남아 있다. 나는 유럽, 북아메리카, 아시아, 오스트레일리아 등 다른 나라에서 벌어진 경기도 직접 가서 보았다.

그러한 여행의 독특한 맛을 살리기 위해 나는 두 가지 특별한 사례를 선택했다. 하나는 1979년 시즌이 끝나고 나서 옥스퍼드 유나이티드 팀이 따뜻한 태양을 즐기며 휴가를 보내기 위해 떠난 카나리아 제도의 테네리페 섬 여행이다. 또 하나는 지금은 거의 명맥이 끊긴 슈로브타이드 풋볼을 보기 위해 1980년에 영국 북부를 여행한 것이다. 슈로브타이드 풋볼은 중세 시대에 하던 경기가 오늘날까지 남아 있는 마지막 흔적으로, 여섯 종류의 현대 풋볼은 모두 여기서 유래했다.

축구 선수들의 유별난 단체 정신

나는 공중으로 붕 날아올랐다가 아래로 추락하면서 풀장에 첨벙 빠졌다. 이거야 별 이상할 게 없다. 다만, 내가 옷을 다 입은 상태였다는 사실만 뺀다면 말이다. 나를 집어던진 젊은 축구 선수 네 명은 이번에는 방금 만난 매력적인 아가씨에게 눈길을 돌린다. 잠시 후,

그녀 역시 공중 높이 날아오르더니 비명을 지르면서 물 속 깊이 빠진다. 다음은 팀의 주장 차례이고, 그 뒤를 이어 8명의 선수들이 차례로 물 속에 던져졌고, 마지막으로 이것을 시작한 당사자가 피날레를 장식했다.

이것은 젊은 선수들이 어느 정도 고통스런 부상을 겪으며 보낸 길고 힘든 프로축구 시즌이 끝난 것을 기념하는 행사이다. 오늘 이들은 각자 여름 휴가를 떠나기 전에 클럽에서 마련해 준 주말 휴가를 즐기고 있다. 클럽은 선수들에게 충성을 바친 데 대한 보상과 다음 시즌에도 열심히 하라는 격려의 취지로 매니저, 보조자와 함께 카나리아 제도로 휴가를 보내 주었다. 축구 경기에서 승리를 거두기 위해서는 개인적인 기량도 중요하지만 팀의 사기가 아주 중요한데, 이번 여행은 사기를 진작시키기 위해서 마련되었다.

나는 공식적으로는 이사진을 대표하여 이곳에 왔지만, 이 역할을 자청하고 나선 이유는 내가 쓰려고 하는 책을 위해 축구 선수들의 행동을 가까이에서 관찰하고 싶었기 때문이다. 일반 대중은 전형적인 축구 선수가 어떤 사람이라는 것을 아주 상세하게 알고 있다. 신체가 튼튼하고, 발이 빠르고, 머리가 둔하고, 말주변이 없다는 식으로. 나는 이러한 인상은 일부만 옳다는 사실을 발견했다. 신체가 튼튼하고 발이 빠르다는 것은 사실일지 모르지만, 머리가 둔하다는 것은 전혀 사실이 아니다.

축구 선수의 정신적 능력에 대한 이러한 오해는 지능 검사가 주로 언어 능력 평가에 치중하기 때문에 일어난다. 그러나 사실은 그렇지 않다. 화가처럼 눈의 능력이 뛰어난 사람도 있고, 작곡가처럼 귀의 능력이 뛰어난 사람도 있고, 운동 선수처럼 근육의 능력이 뛰어난 사람도 있다. 전형적인 지능 검사를 치르면, 화가나 작곡가나 운동 선수는 글이나 말로 먹고 사는 사람들보다 낮은 점수를 받을 것이다. 그러나 언어의 천재에게 시각이나 청각 또는 근육의 능력을 측정하는 검사를 받게 한다면, 그는 아마도 가장 낮은 점수를 받을 것이다. 시인이 축구 경기에서 멋진 프리킥을 찰 수가 없듯이, 축구 선수는 "이번의 중요한 경기에서 이긴 소감이 어떻습니까?"라는 질문에 시적으로 대답할 수가 없다. 축구 선수의 입에서 나오는 답은 아마도 다음 중 하나일 것이다. "마침내 꿈이 이루어졌습니다", "말로 표현할 수가 없군요", "아직 흥분이 가라앉지 않는군요", "저도 믿어지지 않습니다", "정말 기쁩니다." 답변이 이렇게 제한되는 이유는, 90분 동안 계속 뛰어다녀 기진맥진했거나, 크게 흥분한 마음을 적절한 단어로 옮기기가 쉽지 않거나, 자기 감정을 말로 표현하는 훈련을 받아 본 적이 없기 때문이거나, "보이지 않는 여인의 포옹을 받은 것처럼 내 팔다리 위에 변화무쌍한 광휘가 춤추는 것 같습니다"라는 식으로 답변했다간 두고두고 팀 동료들에게 놀림을 받기 때문이다.

축구 선수들끼리 이야기하는 것을 들어 보면 위트가 매우 뛰어나다는 것을 느낄 수 있다. 그들은 유머로써 종종 잔인하며, 혼자 잘난 체하는 동료를 여지없이 깔아뭉갠다. 그들은 항상 상대방을 깔아뭉개는 말을 속사포처럼 퍼부을 준비가 되어 있기 때문에, 이처럼 격의 없는 농담을 주고받는 게임에 끼지 못하는 선수는 따돌림을 받을 수 있다. 프로축구 선수라면 필수적인 동료들과의 관계에 실패한 한 유명한 선수는 큰 고통을 받았다. 한 예를 들면, 팀이 외국 도시의 한 호텔에서 머물 때 그는 그 지방의 어느 잡지사에서 인터뷰 요청을 받았다. 취재 기자는 완전한 선수 복장을 한 그의 사진을 찍고 싶다고 했다. 그는 저녁 7시에 호텔 리셉션 데스크 앞에서 기자와 사진 기자를 기다렸다. 나머지 팀 동료들은 그에게 손을 흔들고 시내로 가 광란의 밤을 즐겼다. 말할 필요도 없이 그 연락은 가짜였고, 불행한 '스타'는 혼자 남아 존재하지도 않는 기자가 나타나길 기다렸다.

이처럼 축구 선수들이 이기주의를 배척하는 행동을 하는 이유는 경기에서 이기려면 선수들이 팀을 이루어 합심해야 하기 때문이다. 그들은 솔로 연주자의 엄청난 자기 도취를 절대로 이해하지 못한다. 그들은 항상 서로를 짓궂게 놀리고 조롱하지만, 외부 사람이 사소한 반대나 적의를 보이면 적극적으로 동료를 감싸고 돈다.

선수가 되지 않는 한 이들의 그룹에 들어가는 것은 불가능하다. 수천 개의 비판적인 눈이 쳐다보는 가운데 프로축구 경기가 벌어지는 운동장에서 직접 뛰어야만 그들의 그룹에 들어가는 회원증을 얻을 수 있다. 따라서 그들은 클럽을 운영하는 이사인 나를 완전히 국외자로 본다. 그렇지만 나는 통상적인 이사처럼 행동하지 않음으로써 그들을 헷갈리게 한다.

예를 들면, 부감독조차 놀림의 대상이 될까 봐 거절하는 술마시기 게임에 나는 기꺼이 참여한다. 『축구 부족』을 쓸 수 있을 만큼 그들의 세계에 충분히 가까이 다가가려면 선택의 여지가 없다. 심지어 나는 맥주를 좋아하지도 않는다. 그 게임은 이유는 알 수 없지만, '캡틴 블러프(공갈 선장)'라고 불렸다. 이 게임은 가득 채운 1파인트(570cc)짜리 맥주잔을 앞에 놓고 "캡틴 블러프가 처음에 손가락 하나와 엄지로 마시노라"라고 말한다. 그러고 나서 일련의 행동이 이어지게 되는데, 먼저 손가락 하나와 엄지로 맥주잔을 들어올려 맥주를 한 모금 마시고 잔을 내려놓고, 테이블을 한 번 두들기고, 왼쪽 손가락 하나로 오른쪽 어깨를 두들기고, 오른쪽 손가락 하나로 왼쪽 어깨를 두들긴다. 그 다음에는 모든 과정에서 하나를 두 개로 바꿔 전체 과정을 다시 반복하고, 그 다음에는 세 개로……잔이 완전히 빌 때까지 계속한다.

만약 도중에 어떤 동작을 생략하거나 숫자를 잘못 헤아려 실수를 하면 잔이 다시 채워지고 처음부터 다시 해야 한다. 실수를 많이 저지를수록 점점 더 많이 취하게 되고, 일련의 동작을 제대로 해낼 수 없게 된다. 이 일련의 과정을 제대로 해내지 못하는 사람은 가망이 없는 실패자로 간주되기 때문에, 모든 선수는 지는 것을 싫어하고 아주 진지하게 시합에 임한다. 팀에서도 거칠기로 소문난 선수가 저 쪽 구석에서 자기 차례가 오기 전에 몰래 순서를 연습하고 있는 게 보인다.

며칠 동안 팀과 함께 휴가를 보내고 나자, 선수들은 비록 내가 공식적으로는 클럽의 이사진을 대표해서 이곳에 왔고, 이론상으로는 그들의 거친 행동에 일종의 제약을 가할 수도 있지만 실제로는 손가락 하나도 까딱하지 않을 것이란 사실을 알아차렸다. 그들이 나를 풀장에 집어던진 것은 모욕이 아니라 친근감의 표시이다. 그들은 서로를 차례로 집어던졌고, 그들의 의식에 나를 끼워 준 것은 내가 자신들의 집단에 평소보다 더 가까이 다가오는 것을 허락한다는 뜻이다. 내가 중립적이고 그들에게 아무런 위협도 되지 않는다는 걸 알아챈 그들은 관습에서 아주 벗어난 행동을 보여 주면서도 내가 그것을 보고하지 않을 것이라고 믿었다. 그래서 나도 그들의 믿음을 저버리지 않으려고 하며, 다만 그들은 바이킹에게도 한수 가르쳐 줄 것이 있다는 정도로만 말해 두기로 한다.

농담은 끊이지 않는다. 집단적인 행동이 시시때때로 일어난다. 이것은 심지어 여자들에게도 해당된다. 미혼 선수들이 그들의 멋진 육체에 반한 매력적인 젊은 아가씨를 몇 명 발견했다. 만약 선수들 중 한 명이 골을 넣으면(성적으로), 그는 그 아가씨를 독점하는 것이 아니라 팀 동료들이 같은 아가씨를 상대로 골을 넣는 것을 보길 좋아한다. 여자 친구를 이렇게 서로 돌리는 행위는 비정하게 보일 수 있지만, 경기장 안에서나 밖에서 동료들의 이기심을 잠재우려는 노력을 보여 주는 하나의 척도에 불과하다.

인류학자들은 종족 연구를 통해 일처다부제는 매우 드물며, 그것이 일어나는 경우도 남자들이 형제일 경우에 한한다는 사실을 발견했다. 이것은 팀원들이 서로를 바라보는 방식에 대해 시사하는 바가 크다. 그들은 개개의 개인들로 이루어진 집단보다는 한 사람으로 생각한다. 경기장에서 팀은 "하나의 자아 밑에 22개의 다리가 달린 괴물로 이루어진 초개인"으로 묘사되어 왔다. 경기장에서 1,600여 km나 떨어진 이곳 테네리페 섬에서도 나는 그것을 발견했다. 이것은 쉽사리 없어지지 않으며, 이 사실에서 나는 축구를 원시적인 사냥에 비유한 것이 옳다는 확신을 얻는다.

남자들 사이의 이러한 강한 협력 정신이 없었더라면, 우리 종은 식량을 얻기 위해 큰 동물을 죽여야 했던 원시 시대에 성공을 거둘 수 없었을 것이다. 오늘날 먹는 것이 남아도는 사회에서는 옛날의 사냥을 대체할 거리를 만들어 냈고, 내가 현미경으로 관찰하고 있는 이 젊은 축구 선수들은 토요일마다 우리를 위한 드라마를 연출하기 위해 경기장으로 간다. 오직 이 해석만이 그렇게 유치할 정도로 단순한 구기 경기가 벌어질 때마다 엄청난 관중이 모여 열광하는 이유를 설명할 수 있다.

왜 그들은 판자로 창문을 두를까?

더비 주의 애시번에 가면 그린맨 호텔의 바 위에 있는 기둥에 큰 공 두 개가 나란히 매달려 있다. 그 속은 코르크로 채워져 있고, 겉은 가죽으로 덮여 있고, 광택나는 흰색으로 칠해져 있다. 이 흰색 배경 위에 섬세한 장식이 첨가돼 있고, "God Save the Queen(여왕 폐하 만세)"라는 글자도 쓰여 있다. 각각의 공에는 날짜도 적혀 있다. 왼쪽에 있는 것은 오순절(성령이 세상에 임한 날을 기념하는 축일. 그리스도의 부활에서 50일째에 해당하는 날—옮긴이 주)의 화요일, 오른쪽 것은 재의 수요일(예수의 수난을 기억하기 위하여 단식·속죄를 하도록 규정한, 부활절 전 40일의 첫날. 가톨릭에서 참회의 뜻으로 머리에 재를 뿌린 데서 유래함—옮긴이 주)이 적혀 있다.

이것을 처음 보는 순간, 나는 그것이 지니고 있는 우연한 상징성에 깜짝 놀랐다. 환상 속을 비행하는 내 눈에는 잉글랜드 북쪽에 위치한 이 소도시가 거인을 죽이고 승리의 표시로 그 전리품을 모두가 볼 수 있게 여관에 높이 걸어 둔 전설적인 영웅의 고향으로 보인다. 모두 와서 보라! 괴물은 이제 죽었다!

그런데 실제 사연 역시 이에 못지않게 기묘하다. 멋지게 장식된 이 두 공은 지금은 거의 사라지고 없는 옛날 경기인 슈로브타이드 풋볼의 마지막 유물이기 때문이다. 이 옛날의 오락거리는 오늘날 전세계에서 치러지는 풋볼 경기와 관련된 모든 프로 경기의 원조격에 해당한다. 그러니까 럭비, 축구, 미식축구, 캐나디안 풋볼, 게일릭 축구(주로 아일랜드에서 행해지며, 한 팀이 15명으로 구성된 축구 비슷한 경기), 오스트레일리아식 축구는 모두 이곳에서 벌어지던 슈로브타이드 풋볼에서 유래했다.

영국 제도의 젊은이들은 천 년이 넘게 공놀이를 즐겨 왔다. 그것을 '풋볼(football)'이라 불렀는데, 많은 사람들이 생각하듯이 공을 발로 차는 경기라서 풋볼이라고 부른 게 아니라, 말을 살 형편이 안 되는 사람들이 할 수 없이 두 발로 뛰어다니며 경기를 했기 때문에 그런 이름이 붙었다. 부자들이 즐기던 우아한 스포츠는 말을 타고 하는 것이었다. 풋볼은 서민들의 게임이었기 때문에 매우 거칠고 우악스러웠다.

중세의 풋볼 경기는 규칙이랄 게 거의 없고, 발로 찰 수 있을 뿐만 아니라 손으로 잡을 수도 있었다. 풋볼 경기는 자주 난동으로 변하곤 했기 때문에 왕이 풋볼 경기를 불법화하는 명령까지 내리기까지 했다. 영국의 군주들은 풋볼을 금지하는 법령을 계속해서 공포했으며, 이를 어기는 자는 감옥에 보내겠다고 협박했다. 1314년에 에드워드 2세가 맨 처음 금지령을 내린 이래 1365년에는 에드워드 3세, 1388년에는 리처드 2세, 1410년에는 헨리 4세, 1414년에는 헨리 5세, 1477년에는 에드워드 4세가 각각 금지령을 내렸다. 16세기에는 풋볼은 "악마의 오락……금지시켜야 할 사악한 놀이……피비린내나고 죽음을 부르는 경기……때로는 목이 부러지고, 때로는 목이나 다리, 팔이 부러지며……때로는 코에서 피가 펑펑 쏟아지고, 때로는 눈이 빠져 나오기도 한다……"고 묘사되었다.

실제로 풋볼은 비공식적으로 폭력을 분출할 수 있는 광범위한 배출구가 되었고, 국가가 승인한 공식적인 폭력인 전쟁으로부터 젊은이들의 관심을 빼앗고 있었다. 심지어 활쏘기 놀이하고도 경합을 벌이게 되었다! 따라서 풋볼은 폐지시켜야 마땅했다. 그러나 풋볼은 좀체 사라지지 않았으며, 왕실과 정부의 온갖 노력에도 불구하고 그 열기는 계속되었다. 나중에는 상류층 자제가 다니는 기숙 학교에서도 유행했는데, 거기서는 신사 계급의 아들들을 시련을 통해 단련시키기 위해, 또 아마도 식민지에서 규율을 잡을 수 있는 복수심에 불타는 어른으로 키우기 위해 풋볼을 도입했다. 풋볼은 기숙 학교에서 대학으로 전파되었고, 곧 전세계로 수출되었다. 이러한 학교들을 통해 어느 정도 규칙이 자리잡기 시작했다. 농부들의 경기에서 나타나는 무법 천지의 혼란을 줄이기 위해 각 학교마다 나름의 특별한 규칙을 만들었다. 불행하게도 학교마다 각각 규칙이 달랐기 때문에 다른 학교끼리 시합이 벌어지면 어떤 방식을 따를 것인가를 놓고 끝없는 설전이 벌어지곤 했다. 그러한 차이점들 중 많은 것은 해결할 수 있었으나, 한 가지만큼은 쉽사리 해결되지 않았다. 어떤 학교에서는 공을 손으로 잡아도 되는 옛날의 관행을 허용한 반면, 어떤 학교에서는 그것을 금지하고 오로지 발로만 공을 다루게 했다. 이 차이는 결국 영원히 해소되지 못하고, 옛날의 풋볼 경기는 럭비와 축구 두 가지로 갈라지게 되었다.

북아메리카에서는 이 분열이 큰 혼란을 가져왔는데, 순전히 우연이었겠지만 영국이 캐나다에는 럭비를 수출하고, 미국에는 축구를 수출했기 때문이다. 캐나다 맥길 대학 팀이 하버드 대학 팀과 국제 경기를 하기 위해 미국에 왔을 때 이 문제가 불거졌다. 미국 선수들은 캐나다 선수들이 연습을 하면서 손으로 공을 다루는 것을 보고 대경실색했다. 미국 팀은 발로만 공을 다루는 방식으로 경기를 하지 않는 한 시합에 나설 수 없다고 버텼다. 그러나 그렇게 하면 자기 쪽이 불리하다고 판단한 캐나다 팀은 미국측의 제안을 거부했다. 한참 동안의 설전 끝에 전반전에는 축구 방식으로 경기를 하고, 후반전에는 럭비 방식으로 경기를 하기로 타결을 보았다. 그날은 1874년 5월인데, 이 역사적인 시합 후에 미국인은 공에 손을 대는 경기가 훨씬 재미있다고 느껴 원래의 축구 전통을 버리게 되었다. 그들은 새로운 경기 방식을 발달시켜 오늘날의 미식축구를 탄생시켰다.

오스트레일리아에서는 손으로 공을 만지는 옛날 방식을 고수했지만, 크리켓 경기장에서 경기를 했는데, 이 때문에 오늘날에도 오스트레일리아식 축구는 커다란 타원형 경기장에서 벌어진다. 아일랜드에서도 손으로 공을 만지는 옛날 방식을 그대로 유지했지만, 게일릭 축구는 중세 시대에 사용되던 옛날의 구형 공을 그대로 사용함으로써 더 오래된 전통을 고수하고 있다. 이처럼 오늘날 행해지는 여섯 가지 풋볼 경기는 모두 옛날 영국의 공놀이에서 비롯되었다.

오늘날의 풋볼 경기는 모든 사람들이 잘 알고 있다. 경기장을 가득 채운 수만 명의 관중과 전세계 각지에서 텔레비전을 시청하는 수많은 사람들이 지켜보는 가운데 경기가 진행되며, 매일 신문의 스포츠 면을 큼직하게 장식한다. 현대의 풋볼 경기는 아주 큰 성공을 거두어 중세의 난폭한 경기를 거의 사라지게 만들었다. 실제로 대부분의 사람들은 옛날 방식의 풋볼 경기는 소곯리기(우리 안에서 개를 부추겨 황소를 물게 하는 경기), 마녀 화형식, 공개 교수형과 같은 영국인의 많은 오락거리와 함께 완전히 사라졌다고 생각한다. 나 역시 그 관습과 의식을 연구하기 위해 풋볼의 기원을 찾는 조사를 하기 전까지는 그렇게 생각했다. 그러다가 나는 아직도 한두 곳에서는 진짜 무법 천지의 중세식 게임이 계속되고 있다는 사실을 발견했다. 오순절의 화요일 전날에 내가 이곳 애시번에 온 것도 바로 옛 방식대로 진행되는 진짜 풋볼 경기를 목격하기 위해서이다.

경기의 진수를 생생하게 맛보기 위해 나는 친구인 피터 콜렛(Peter Collett)과 함께 이곳의 호텔에 방을 예약했다. 경기가 벌어지기 하루 전날인 월요일 저녁에 우리는 이곳에서 앞으로 벌어질 경기의 첫 번째 징후를 목격했는데, 그것이 바로 술집 위에 매달려 있는 아름답게 장식된 공 두 개였다. 사회적 의식에 큰 관심을 가진 심리학자인 피터는 내일 벌어질 사건을 사진에 담으려고 한다. 나와 마찬가지로 그 역시 이 옛날 경기에 대해 어떤 문헌에서도 본 적이 없었기 때문에 호기심이 아주 크다. 우리는 질문을 던지기 시작했고, 바텐더는 경기의 경과를 설명해 주었다.

가장 놀라운 경기 규칙은 규칙이 아예 없다는 것이다. 일단 경기가 시작되면 어떤 것이라도 가능하다. 옛날에는 그 결과 불구가 되거나 죽는 사람도 발생했다. 풋볼 경기라는 명목하에 원한을 갚는 경우도 비일비재했다. 1800년에는 폭력 사태가 걷잡을 수 없이 심각해져 완전한 난동으로 변한 사태를 진압하기 위해 더비 주 경찰이 출동해야 했다. 이 악명 높은 사건에서 '로컬 더비(local derby: 같은 지역 연고 팀끼리의 시합)' 라는 말이 생겨났는데, 이 말은 서로 이웃한 팀끼리의 시합에서 평소보다 심한 긴장과 경쟁이 초래될 때 사용된다.

바텐더는 요즘에는 폭력의 정도가 훨씬 약해져서 구경하는 우리에게 별 위험이 없을 것이라고 말했다(그러나 이것은 사실이 아닌 것으로 드러났다). 그가 이 말을 할 때 밖에서 망치질 소리가 들려 왔다. 밖을 내다보니 가게 주인들이 창문 앞에 판자를 씌우고 있었다. 그러자 바텐더는 경기가 좀 거칠긴 하다고 말했다. 어느 해에 군중의 압력이 너무나도 거센 나머지 큰 상점의 유리창을 깨고 들어가는 사고가 일어난 후로 가게 주인들도 조심을 하게 되었다는 것이다.

우리는 내일 보게 될 경기 양상을 소개해 달라고 부탁했다. 그것을 요약하면 다음과 같다.

도시의 모든 펍과 바는 다음 날 새벽 네 시까지 문을 연다. 왜냐고? 맨 정신으로는 그 위험한 경기에 뛰어들 바보가 없기 때문이다. 경기는 오후 2시에 도시 한복판에 있는 군중 속으로 공을 던지면서 시작된다. 그리고 누구라도 그 공을 두 골대 중 한쪽에 세 번 터치하면 경기가 끝난다. 두 골대 사이의 거리는 약 5km이다. 원래는 그곳에 각각 물레방아 바퀴가 서 있었으나, 방앗간 하나가 없어지는 바람에 이제 골대 하나는 옛날 건물이 있던 자리에 서 있는 돌을 사용한다. 경기 시간은 모두 여덟 시간이다. 만약 어느 쪽에서도 세 번의 터치를 하지 못하면 경기는 10시에 끝난다.

경기에 참가하는 팀은 윗마을 팀과 아랫마을 팀 두 팀이 있다. 자기가 태어난 장소에 따라 자신의 팀이 결정된다. 도시의 가운데를 가로지르며 흘러가는 작은 강인 헨모어 강의 북쪽에서 태어난 사람은 윗마을 팀이 되고, 남쪽에서 태어난 사람은 아랫마을 팀이 된다. 이것은 단지 애시번의 주민에게만 해당하는 것이 아니라, 전세계 인류에게 해당한다. 예를 들면, 아이슬란드 사람들은 모두 윗마을 팀이 되고, 오스트레일리아 사람들은 모두 아랫마을 팀이 된다. 이것은 쓸데없는 구분처럼 보일지 모르지만 그렇지 않다. 원하는 사람은 세계 어느 마을 사람이든 참가할 수 있기 때문이다. 실제로는 대부분 이곳 출신 사람들 수천 명만이 참가할 뿐이고, 그중에서 활동의 중심에서 진지하게 경기에 참가하는 사람은 100여 명뿐이다.

럭비의 스크럼을 팽창시켜 놓은 듯 공을 잡기 위해 그 주위를 둘러싸고 있는 사람들의 집단을 '허그(hug)'라 부른다. 이 무리는 회오리 바람처럼 마을을 휩쓸고 지나가면서 도중에 있는 모든 것을 파괴한다. 그러다가 누군가가 공을 잡아채 달리는 데 성공하고[이 사람을 '브레이커(breaker)'라 부른다], 그 뒤를 수많은 사람들이 고함을 지르며 쫓아간다.

이 경기는 이기기가 쉽지 않은데, 이긴 사람들은 그것을 큰 영광으로 여기며, 그들의 사진은 챔피언으로 마을 곳곳에 붙게 된다. 시간이 지나면서 사람들이 점점 더 많이 취하고 피로해지지 않는다면, 이 경기에서는 결코 승자가 나오지 못할 것이다. 그러나 여덟 시간은 아주 긴 시간이고, 종국에는 누군가 공을 가로채 질주하게 된다. 만약 그 사람이 윗마을 팀이라면 마지막 관문을 통과해야 하는데, 하나 남은 스터스턴의 물레방아 바퀴에 터치를 하기 위해서는 건물 벽에 난 작은 구멍을 기어서 통과한 다음, 깊은 물 위에 뻗어 있는 축 위를 걸어가 물레방아 바퀴에 공을 세 번 두들겨야 한다. 종종 이것은 어둠 속에서 해야 하고, 상대편 선수들의 공격을 받기 때문에 아주 위험하다. 아랫마을 팀은 훨씬 수월한데, 상대편의 골대인 돌은 탁 트인 들판에 있기 때문이다.

이 특이한 시나리오를 머릿속에 잘 기억하면서 피터와 나는 내일의 드라마를 기대했다. 아침에 우리는 차를 몰고 두 골대가 있는 장소로 가 그것이 실제로 존재하는지 확인했다. 그것들은 그대로 서 있었다. 점심때 큰 잔치가 벌어지고, 애시번 시장과 공을 던져 주는 명예로운 임무를 맡은 명사가 연설을 했다. 오후 1시 45분에 존 피츠허버트라는 훌륭한 영어 이름을 가진 지역 유지인 이 명사는 세 사람의 건장한 보디가드의 도움과 보호를 받으며 튜즈데이 볼(Tuesday Ball)

을 들고 경기가 시작되는 장소를 향해 전통적인 행진로를 따라 출발했다. 쇼크로프트(Shaw Croft)라는 이름의 넓은 장소에서 그는 공을 머리에 이고, 모인 군중의 키보다 더 높게 특별히 만든 단 위로 올라갔다. 거기서 그는 군중을 선도하며 '올드 랭 사인(Auld Lang Syne: '석별의 정'. 스코틀랜드에 전해 내려오는 민요)'과 영국 국가인 '갓 세이브 더 퀸(God Save the Queen)'을 부른다. 정각 두 시가 되자, 그는 공을 공중 높이 군중 위로 던지고, 환호성이 터진다.

피터는 공이 인산인해의 물결 속으로 파묻혀 다시 나올 기미가 안 보이자 초조함을 참지 못하고 직접 그것을 자세히 보기 위해 '허그' 속으로 뛰어들었다. 그의 이 용감한 행동을 마지막으로 나는 한동안 그를 볼 수 없었다. 사실 그날 늦게서야 병원에서 돌아온 그를 볼 수 있었다.

나는 이리저리 이동하는 활동의 중심 무대를 따라가려고 노력했다. 허그는 천천히 탁 트인 공간을 가로질러가다가 간선 도로에 이르렀다. 작은 차를 몰고 가던 한 중년 부인이 이 소동의 와중에 휘말려 오도가도 못하게 되었고, 사람들의 무게에 차가 찌그러지는 동안 운전대 뒤에 앉아 울고 있다. 이번에는 차가 마치 큰 물살에 휩쓸려 가듯이 천천히 옆쪽으로 이동하기 시작했다. 오늘은 절대로 쇼핑에 나서서는 안 될 날이다.

이제 허그는 도로를 건너갔고, 20분이 지난 지금 나무와 울타리를 마구 박살내면서 헨모어 강을 향해 소용돌이치며 다가가고 있다. 그리고는 강물 속으로 뛰어들더니 윗마을 쪽을 향해 나아간다. 이것은 추운 한겨울에 벌어진 경기라서 물은 얼음이 얼 정도로 차지만, 수백 명의 선수들이 달라붙어 사람들이 여기저기 뒹구는 가운데 진행되던 이 싸움은 한 시간이 넘도록 물 속에서 벗어나지 못하고 계속되다가 마침내 한 브레이커가 공을 가로채 활동의 중심을 근처의 밭으로 옮겼다. 30분쯤 후 심각한 싸움이 또다시 불붙고, 또 다른 브레이커가 공을 가로채 헤엄을 쳐서 연못을 건너갔다. 경기가 시작된 장소 쪽으로 돌아가는 것으로 보아 그는 아랫마을 선수가 분명하다. 거기서 활동의 중심은 도시 중심 쪽으로 옮겨 가고, 5시 30분경에 처음으로 윗마을보다는 아랫마을 골대 쪽에 더 가까이 다가갔다.

나는 이 경기의 진지한 열기에 놀랐다. 웃음이나 빈둥거림은 전혀 볼 수 없었다. 일어나는 전체 사건에는 무슨 수를 써서라도 이기겠다는 진지하고도 결연한 각오가 진하게 배어 있었다. 사회는 전해 내려오는 민속과 관습들을 '모든 가족이 재미있게 즐길 수 있는' 안전한 형태로 변형시키는 경향이 있다. 그러나 이 경기는 절대로 재미를 위한 것도 아니고, 모든 가족이 즐길 수 있는 것도 아니다. 이것은 디즈니랜드 관광객의 주의를 끄는 수준으로 타락하지도 않고, 생생한 옛날 모습 그대로를 보여 주는 보기 드문 옛날 관습 중 하나이다. 유일하게 현대적인 요소가 가미된 것이 있다면, 부상자를 병원에 실어 가기 위해 한쪽 구석에 대기하고 있는 앰뷸런스뿐이다.

어둑해질 무렵이 되자, 애시번 거리는 구토물과 피로 얼룩졌다. 그 피 중에는 피터 콜렛의 것도 있을 것이다. 그는 그제서야 얼굴에 꿰맨 바늘 자국이 난 채 다시 나타났다. 허그 아래로 사라질 때 턱에 상처를 입어 다섯 바늘을 꿰매야 했고, 손도 심하게 다쳤다. 우리는 이제 그만 자리를 떠야 할 때가 되었다고 결정했다. 경기는 시작한 지 이제 겨우 네 시간밖에 지나지 않아 아직 네 시간이나 더 남았지만, 이만하면 충분히 보았다고 판단한 우리는 이 자리를 피하기로 했다.

풋볼의 뿌리에 대한 내 호기심이 피터에게 저런 불편을 주었다고 생각하니 죄책감이 들었지만, 그는 자신의 작은 부상을 마치 "내가 그곳에 있었다"는 것을 알려 주는 배지인 양 자랑스럽게 여기는 듯했다(훗날 그는 그때 찍은 사진을 보내면서 "나를 북쪽으로 데려가 주어 고맙네. 설사 수십 바늘을 꿰맨다 하더라도 그것을 못 보았더라면 후회했을 걸세"라는 메모를 덧붙였다). 아마도 그날 밤 늦게 만신창이가 되어 애시번의 펍에 모여 이야기를 나눈 윗마을 사람들과 아랫마을 사람들도 똑같이 느끼지 않았을까 싶다. 천 년이나 지속되어 온 전통의 마지막 유물인 이 괴상한 사건이 계속 이어 가는 비밀은 바로 여기에 있을 것이다.

애시번을 떠나며 내 마음 속에 떠오른 생각이 하나 있는데, 오늘날의 훌리건은 옛날의 선수 역할에서 관객의 역할로 지위가 강등된 사람들이 자신의 감정을 다 발산하지 못하기 때문에 생기는 것이 아닌가 하는 것이다. 중세 시대의 '허그'가 없어지자, 그들은 나름대로 새로운 것을 만들어 냈다. 그리고 그들은 경기장 밖에서 자기 나름의 '경기'를 시작한다. 다만 이 경기에는 공이 없다. 애시번의 슈로브타이드 풋볼을 구경한 것은 현대의 축구 경기에 따르는 격렬한 감정의 열기를 더 잘 이해하는 계기가 되었다. 그 핵심은 경기가 아니라 남성다운 기상을 테스트하는 원시적인 시험이며, "축구는 생사가 달린 문제가 아니다. 축구는 그것보다도 훨씬 중요하다"라는 축구에 관한 유명한 격언이 마음에 와닿는다.

노트

결과를 알고 싶어하는 사람들이 있을 것이다. 우리가 구경한 슈로브 타이드 풋볼 시합(1980년 2월 19일)은 양 팀 모두 득점 없이 밤 10시에 끝났다.

축구에 관해 쓴 내 책 『축구 부족』은 1981년에 출간되었다. 그 판매는 명암이 교차했다. 외국에서는 비교적 판매가 좋았다. 그러나 국내에서는 프로축구 작가들이 자기 영역을 침범한 것을 못마땅하게 여겼고, 내 책은 많은 비판을 받았다. 그럼에도 불구하고 그 노력은 충분히 보람이 있었다. 그것은 이전에는 내게 닫혀 있던 새로운 세계인 프로 스포츠 세계로 나를 이끌었기 때문이다. 나는 또 다른 영역인 경마로 진출해 보기로 결심하고, 경마 세계에 대해 연구하기 시작했다.

나는 BBC의 자연사 팀을 위해 경주를 하는 동물들의 세계를 필름에 담기로 동의했다. 이번에 이 경기에 내가 깊숙이 뛰어드는 데 사용한 도구는 직접 경주마를 구입한 것이었다. 운 좋게도 우리가 산 말은 우승을 했고, 우리는 급속히 경마에 빠져들게 되었다. 가족 모두가 그 말을 지극히 아꼈는데, 그 말은 빠를 뿐만 아니라 매우 아름다웠다. 그러던 어느 날 비극이 발생했다. 우리 말은 간단한 연습 주행을 하다가 우연한 사고로 다리가 부러지고 말았다. 경주마의 관행에 따라 그 말은 그 자리에서 총으로 쏴 죽였다. 나중에 그 이야기를 들은 우리는 너무나도 큰 충격을 받아 몇 년 동안 경마장을 찾지 않았다. 나는 영화 제작 계획을 포기하고, 청동기 시대 미술 분석으로 관심을 돌렸다. 이것은 훨씬 안전했다. 고대의 세라믹 형상은 다리가 부러지더라도 쉽게 복원할 수 있기 때문이다.

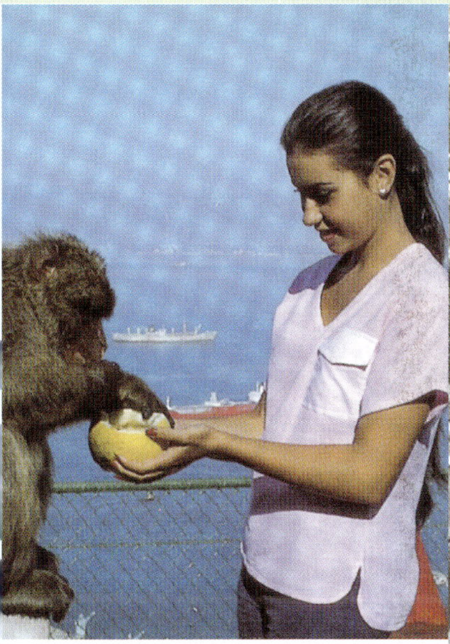

▲지브롤터의 산꼭대기 근처에서 살아가는 지브롤터원숭이. 이들은 전유럽에서 유일한 야생원숭이들이다.

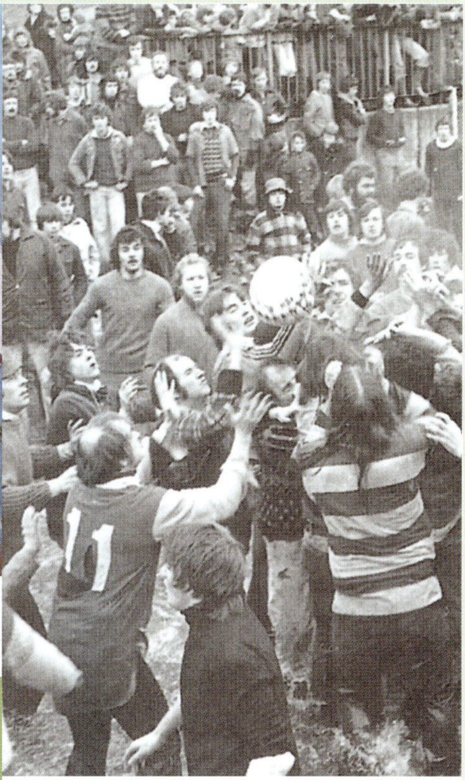

▲슈로브타이드 풋볼의 경기 장면. 규칙도 없고, 참가 선수의 수에도 아무 제한이 없다.

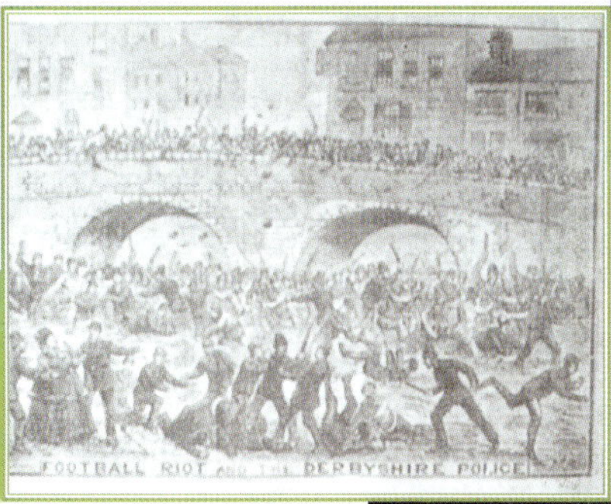
FOOTBALL RIOT AND THE DERBYSHIRE POLICE

◀1880년 풋볼 경기 때문에 애시번에서 일어난 폭동을 묘사한 그림. 이 사건에서 '로컬 더비'라는 말이 생겨났다.

Royal
save the
Queen
Shrovetide
1980

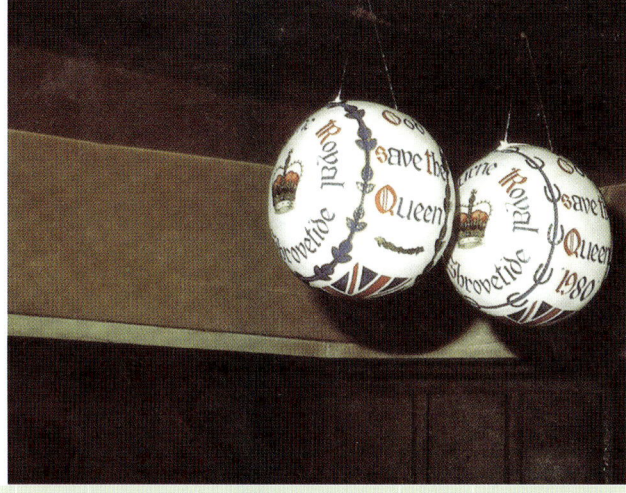

▶더비 주 애시번의 한 술집에 있는 슈로브타이드 풋볼을 할 때 사용하던 공. 하나는 화요일 공이고, 다른 하나는 수요일 공이다.

▶ 우리가 지중해 탐사를 할 때 전진기지였던 몰타의 아타르드에 위치한 빌라 아파프 볼로냐.

▶ 화석을 찾아 아르고호를 떠나는 데이비드 애튼버러.

▲ 1960년대만 해도 몰타의 검열은 아주 엄격해서, 수입된 패션 잡지에 실린 노출된 여성의 가슴을 잉크로 지울 정도였다.

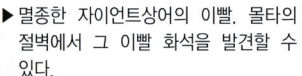

▶ 멸종한 자이언트상어의 이빨. 몰타의 절벽에서 그 이빨 화석을 발견할 수 있다.

▲ 아르고호의 타륜을 잡고 있는 저자.

▲ 필플라 섬으로 가는 도중에 아르고호에서 휴식을
취하고 있는 데이비드 애튼버러.

◀ 아르고호에서 호박돌이 널린 필플라
섬의 해변으로 헤엄쳐 가는 저자.

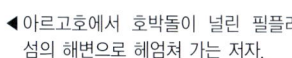

▼ 돌에 새겨진 눈이 몰타의 그랜드 하버를 굽어보고 있다.

▲ 몰타 해안에서 몇 km 떨어져 있는 '잃어버린 세계', 필플라 섬을 공중에서 촬영한 사진.

전형적인 몰타 어선의 화려한 장식.
검은색 '수염'은 어부의 가족이 죽었다는 것을 의미한다.
섬 북쪽에서는 빨간색 '수염'을 선호하는 반면, 남쪽에서는 노란색 '수염'을 선호한다.
뱃머리의 눈은 '악마의 눈'을 노려보아 굴복시키기 위한 것이다.

▲ 빌라 아파프 볼로냐를 불쑥 방문한 '아누비스' 개.

▼ 달처럼 황량한 란사로테의 풍경.
멀리 보이는 흰색 점은 바퀴가 빠져나가
버려두고 온 렌터카이다.

▲ 몰타의 재미있는 술집 간판.

▲▶ 몰타의 농가 건물 높은 곳에 올려놓은 황소 뿔은 악마의 눈으로부터 가족을 보호해 준다고 한다.

◀ 박물관으로 옮겨지기 전 원래 자리에 있던 란사로 테의 거석. 거석에 새겨진 '목걸이'는 어머니 신을 나타낸다.

▲ 란사로테 섬의 사화산 산등성이에서 발견된, 특이하게 메뚜기 머리를 한 테히아의 조각상.

▲ 케냐의 리프트 밸리에 있는 외딴 폭포 아래에서 소년들이 틸라피아 물고기를 잡기 위해 둥그렇게 둘러서서 물 속으로 뛰어들 준비를 하고 있다. 소년들은 아무 장비도 없이 물 속으로 들어가 살아 있는 물고기를 입에 물고 나온다.

▶ 아프리카에서 고립된 채 살아가는 여러 부족을 방문하려면 소형 비행기를 타고 여러 차례 위험한 착륙을 해야 한다.

◀ 잡은 물고기를 물고 있는 케냐 소년.

▼ 케냐에 사는 투르카나족의 일부 부족민들은 참을 수 없을 정도로 뜨겁고 황량한 들판 위에 둥근 모양의 조그마한 오두막집을 짓고 산다.

▲삼부루족의 젊은 전사들은 서로의 몸을 정교하게 색칠하고 분장하는 데 많은 시간을 보낸다. 그러나 조그마한 손거울이 들어오면서 이제 자신의 얼굴을 자신이 직접 장식하게 되자, 서로 장식을 해주며 우의를 다지던 관습이 사라져가고 있다.

▲삼부루족의 소녀들이 서로의 가슴에 대자석을 문지르며 서로의 분장을 도와주고 있다.

▼ '모란' 이라고 부르는 삼부루족의 젊은 전사들이 진지하게 출전의 춤을 추고 있다.

▼▼ 일본에서 야구는 오래 전부터 인기 있는 스포츠이다. 그래서 일본 특유의 의식과 응원이 발달했는데, 경기 때마다 음악과 노래, 북, 색깔과 상징을 동원한 응원이 펼쳐진다.

▲ 스모 경기가 시작되기 전에 취하는 의식. 이 대회는 오사카에서 개최되었다.

▶ 일본에서는 해마다 봄이면 벚꽃놀이 축제가 벌어진다. 도쿄의 우에노 공원에는 수많은 인파가 몰려와 벚꽃을 구경하면서 술도 마시고 춤도 춘다.

◀ 교토 근처의 료안지에 있는 유명한 바위 정원에
앉아 있는 통역자 마사코.

▼ 교토의 전통 게이샤 술집에 들른 저자.
이곳에서는 서양 사람들이 흔히 생각하는 술집과는 달리
의식과 우아함과 예절을 중요하게 여긴다.

◀ 벽이란 벽은 온통 낙서로 뒤덮여
있는 로스앤젤레스의 암흑가.
[사진: 존 맥니시]

▶ 라스베이거스에서 치러진 드라이브
인 결혼식을 촬영하는 모습.
[사진: 클라이브 브롬홀]

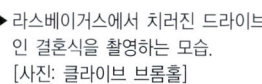

▼우리는 인구가 밀집한 곳의 생활상을 보여주기 위해 뭄바이의 거리를 촬영했다.
[사진: 클라이브 브롬홀]

▲버스를 타고 다니는 뭄바이의 까마귀들. 이들은 버스를 타고 도시를 돌아다니면서 먹을 것을 찾는다. 먹이를 발견하면 버스에서 내려 먹이를 먹고 나서 다음 버스에 올라탄다.
[사진: 클라이브 브롬홀]

◀성스러운 도시 베들레헴의 지하 동굴에 있는 예수가 태어난 곳. 매우 인상적으로 꾸며 놓았다.

▼겟세마네 동산에 있는 아주 오래된 올리브나무들. 탄소 연대 측정을 해보면, 이 나무들은 예수가 최후의 만찬 후에 이곳에 들렀을 때도 자라고 있었다고 한다.

◀ 모세가 하느님과 대화를 나눈 장소로 가는 길목에 있는 시나이 사막에서 휴식을 취하고 있는 베두인 족의 낙타들.

◀ 오늘날 싱가포르는 현대식 고층 건물이 즐비하게 들어서 있어 식민지 창설자 스탠퍼드 래플스의 동상은 왜소해 보인다

▲ 깨끗한 섬 싱가포르는 청결을 거의 신앙처럼 여긴다.

▼ 싱가포르의 심장부에 서 있는 싱가푸라고양이와 그 새끼들의 청동상은 이 특이한 고양이종을 기념하기 위해 세운 것이다.

▲ 옛 수도 위에에 있는 이 화려한 베트남 레스토랑은 공산 국가라는 이미지와는 이상하게도 어울리지 않아 보인다.

▲ 최근까지 초강대국 미국과 중국의 전쟁터였음에도 불구하고, 위에 근처에 있는 이 수상 건물이 보여주듯이 베트남은 세상에서 가장 아름다운 나라 중 하나이다.

▲ 최고의 효율성을 자랑하는 브루나이의 새 모스크에서는 뜻밖의 일이 일어날 여지가 없다.
[사진 속의 글자는 '신발 보관하는 통로(북쪽)'란 뜻임]

ATTENTION

To maintain the religious pur
and cleanliness of this templ
Women during menstruatio
should not enter the templ
Do not climb on or deface
temple structures .
Wear suitable clothes and
observe polite manners .

▲ 원숭이 사원 밖에 있는 놀라운 내용의 표지판. 최근에 전세계 도처에서 페미니스트 운동이 활발하게 펼쳐지고 있음에도 불구하고, 이곳에는 아직도 여성에 대한 원시적인 미신이 남아 있음을 보여준다.

◀ 브루나이에 세워진 새 모스크. 세계에서 둘째가는 부자가 세운 것으로, 그 안에는 세계 최대의 상들리에가 있다.

◀◀ 발리의 유명한 케작 춤은 현재 관광객을
위한 화려한 극장 공연으로 연출된다.

▲ 발리에 있는 신성한 원숭이
사원의 내부. 이곳에서는 암
컷 원숭이는 생리를 해도 되
지만, 여자는 생리를 해서는
안 된다.

▶ 오스트레일리아를 방문한 유
럽인의 눈에는 모든 동식물이
신기하고 흥미롭게 보인다. 다
른 어느 곳에서 하얀 코카투
앵무새가 나무에 가득 앉아
있는 모습을 볼 수 있겠는가?

▲ 대담하고 재미있게 디자인된 몰라. 달을
물어뜯는 개가 그려져 있다. 중앙아메리카
의 산블라스 군도에 사는 쿠나 인디언이
만든 것이다.

▶ 나는 피지 섬의 모래 해변에서 하마터면
이 줄무늬 바다뱀에 물려 죽을 뻔했다.

◀ 카리브 해에 있는 바베이도스 섬의 교차
로에 그려져 있는 인상적인 낙서.

▼ 카리브 해의 쿠라사오 섬에 세워져
있는 네덜란드풍의 건축은 문화적
모순을 보여주는 사례이다.

인류를 찾아 아프리카로

1981년, 나는 템스 TV에서 다소 거창하게 '인류'라는 제목이 붙은, 인간의 행동에 관한 텔레비전 시리즈를 맡았다. 1973년에 옥스퍼드로 돌아온 후 나는 다시는 장기적인 텔레비전 프로그램은 맡지 않기로 했다. 1956년에서 1967년까지 나는 약 500편의 프로그램을 만들었는데, 한 생애의 업적으로는 그만하면 충분하다는 생각이 들었다. 이제 연구와 책을 쓰고 그림을 그리면서 여생을 보내겠다고 마음먹었다. 내 책과 관련이 있는 단편적인 TV 프로그램은 만들었지만, 시리즈물은 전혀 생각도 하지 않았다. 그때 프로듀서인 테리 딕슨(Terry Dixon)이 나를 찾아와 인간의 행동을 화면에 비쳐 줄 수 있는 방법이 있는데, 내 마음에 들 것이라고 말했다. 그것을 위해서는 해외 여행을 많이 해야 하며, 접근이 불가능한 외딴 곳을 많이 방문할 것이라고 했다. 그 말에 호기심이 커졌다. 단 몇 시간짜리 텔레비전 방영물로 복잡하기 그지없는 '인류'를 묘사한다는 것은 위험한 임무처럼 보였지만, 해외 그것도 아프리카에서 촬영을 한다는 신선한 느낌이 큰 매력으로 다가왔다. 나는 곧 그 유혹에 빠져들어 얼마 후 케냐로 날아가 미리 도착해 있던 프로듀서 마틴 루카스(Martin Lucas)의 제작팀과 합류했다.

동시에 코피 흘리기

초가집에서 나무 창문을 열어 보니 아프리카 새벽의 오렌지빛 광채, 알 수 없는 종류의 새들이 지저귀는 소리, 갈색 털을 가진 작은 동물들이 잽싸게 기어다니는 소리, 동물의 오물로 찌든 흙 냄새가 들어왔다. 내 감각은 새로운 정보들을 받아들이느라 윙윙거리고 있다. 내 앞에 펼쳐진 풍경에는 기계라곤 전혀 보이지 않고, 사람도 거의 없다.

그런데 지금 내가 무엇을 하고 있는 긴가? 나는 새벽을 싫어한다. 나는 야행성 동물이다. 집에서 지낼 때 나는 아침마다 겨울잠에 빠진 민달팽이 상태에서 활동적인 사람으로 변신하는 데 두 시간 가량이 걸린다. 그런데 지금 이곳에서 해가 돋을 무렵에 창 밖을 내다보며 무슨 짓을 하고 있단 말인가? 마치 귀에 거슬릴 정도로 고음으로 노래를 부르려고 하는 줄리 앤드루스(Julie Andrews)처럼 말이다. 이것은 아프리카가 규칙을 허물어뜨리는 장소이기 때문이다. 아프리카는 골대를 옮겨 놓는다. 도시화된 서양인도 단순히 창문를 여는 순간 빅토리아 시대의 낭만적인 박물학자로 변하고 만다.

한 무리의 얼룩말이 거닐고 있는 게 눈에 들어왔다. 이 동물들은 싼 물건을 찾아 노점을 천천히 구경하며 돌아다니는 사람들처럼 유유자적하게 움직인다. 이곳에는 이들을 위한 것이 별로 없다. 다른 곳으로 가는 것이 좋지만 서둘 필요는 없다. 그때 갑자기 한 수컷이 화가 났는지 몸을 휙 돌려 경쟁자를 노려본다. 둘은 뒷발로 서서 앞발로 서로를 공격하는 동시에 상대방의 목을 물어뜯으려고 한다. 잠깐 동안 그들은 문장(紋章)을 위한 오디션을 받는 듯한 자세를 취하고 있었지만, 이젠 빙빙 돌고 뒷발로 차고 다시 빙 돌아 쫓고 물고 비명을 지르며 처절하게 싸우고 있다. 하렘을 이끄는 것은 결코 쉬운 일이 아니다. 어떤 술탄이라도 그렇게 말할 것이다.

얼룩말이 떠나고 나자 한 무리의 비비가 오더니 진격하는 군대처럼 경계심을 늦추지 않고 주위를 두리번거리며 활보한다. 비비 무리는 걸음을 멈추고 휴식을 취한다. 새끼비비들은 기회만 닿으면 어미의 등에서 뛰어내려와 흙 속에서 서로 싸우며 논다. 왜 동물들이 노는 동작은 항상 공격적인 형태를 띨까? 큰 수컷 한 마리는 한 암컷에게 다가가더니 암컷에게 자기 털을 고르게 한다. 그러면서 수컷은 놀고 있는 새끼들 가까이로 다가갔는데, 엉켜붙어 싸우던 새끼들은 서로 떨어지더니 공포에 질린 표정으로 수컷을 쳐다본다. 수컷은 입맛을 다시듯이 입술을 움직이며 용서한다는 표정을 지었다. 우두머리 수컷이 잠깐 동안이나마 자신을 덜 무섭게 보이도록 이런 얼굴 표정을 지음으로써 무리의 긴장을 누그러뜨리는 광경은 놀라웠다. 마치 어린이에게 키스를 하는 정치인처럼 보였다.

비비가 떠나자 코뿔새 한 마리가 날아오더니 낮은 가지에서 흥미로워 보이는 물체를 유심히 조사한다. 또 땅다람쥐 한 마리가 내가 머물고 있는 오두막집 앞의 탁 트인 곳으로 쪼르르 달려오더니, 걸음을 멈추고 앉아서 조그마한 도토리를 먹는다. 아프리카의 밤이 물러가고, 이제 아프리카의 낮이 기지개를 켜며 활동을 시작한다.

앞으로 몇 주일 동안은 신문도 라디오도 텔레비전도 어떤 연락도 전화도 약속도 가게도 영화도 주차장도 도시도 없는 곳에서 지내야 한다. 왜 나는 이곳에 살지 않을까? 이곳에서는 아침마다 창문 밖을 내다보면서, 100만 년 동안이나 이 상태를 계속 유지해 온 것처럼 보이는, 울타리도 없고 통제도 없는 세상에서 햇빛을 쬘 수 있는데, 왜 나는 소란스러운 도시 생활을 감내하며 살아가는 것일까? 영국에 있을 때에는 궁금증 때문에 뉴스를 보고, 보고에 귀를 기울이고, 신문의 제목 기사들을 훑어보고, 소문에 관심을 기울이고, 사태의 추세에 발맞추어 살려고 노력했다. 그런데 그러한 모든 노력에 대해 무슨 대가를 얻는가? 대개는 다른 사람들이 겪는 많은 문제들을 떠안아 그들의 문제를 내 문제처럼 여기며 산다. 새로 생긴 큰 걱정거리와 작은 문제거리들이 모든 것을 잘 수용하는 내 뇌 세포에 입력된다. 토스트를 우적우적 씹는 소리와 함께 이 세상 어딘가에는 늘 끔찍한 잔혹 행위가 일어난다. 우리는 뉴스를 취재하는 사람들에게 의지하여 최근에 일어난 인간의 어리석은 행위나 자연 재해를 알 수 있고, 그것이 우리 자신에게 닥치지 않았다는 데 안도한다. 그렇지만 그와 함께 내일엔 그것이 우리에게 닥칠지 모른다는 두려움이 생긴다.

성급한 인간들이 빚어낸 교통 체증, 좌절한 개혁주의자들과 중재자들의 골칫거리를 비롯해 문명 자체를 싹 잊어버리자. 나는 잠시 동안 그 모든 것에 등을 돌리고, 부족 시대 때부터 내려온 옛날의 생활

주기를 지키고 살아가는 사람들의 삶을 기록하기로 했다. 우리는 삼부루족의 구애 의식과 춤을 카메라에 담고, 투르카나족의 원시적인 건축물을 찍을 것이다. 젊은 전사들이 분장을 하는 모습, 소녀들이 가슴을 붉은 오커(물감의 원료)로 물들이는 모습, 여자들이 아기에게 젖을 먹이는 모습, 어린 소년들이 강에서 물고기를 잡는 모습, 노인들이 특별한 나무 밑에 모여 그날의 문제를 의논하는 모습을 관찰할 것이다. 고결한 야인(noble savage: 낭만주의 문학 속에 나타나는 이상화된 원시인상)이 다시 자리를 잡는다. 그러나 나는 삼부루족 사람에게 무슨 선물을 원하느냐는 질문을 던졌을 때, 그들이 슬로건이 새겨진 티셔츠를 요구하지 않았으면 한다. 훌륭한 다큐멘터리 필름을 제작하는 비결은 코카콜라화(cocacolonization: 제2차 세계대전 후 포도주의 나라 프랑스에까지 미국의 코카콜라가 침투한 것을 상징한 표현)가 되기 전에 도착하는 것이다. 우리는 그저 너무 늦기 전에 도착하길 바랄 뿐이다.

오두막집 앞으로 나를 데리러 온 차를 타고 활주로로 향했다. 말이 활주로지 관제탑이나 포장된 활주로 같은 것은 없다. 이곳의 활주로는 다소 고른 풀밭에 불과하고, 그 장소를 표시하기 위해 드럼통이 하나 놓여 있을 뿐이다. 경비행기 한 대가 착륙하면서 바로 내 앞에서 멈춰섰다. 문이 열리더니 잭러셀 한 마리가 뛰어나온다. 나는 잭러셀이 세상에서 가장 영리한 개라는 건 알고 있지만, 경비행기를 착륙시키는 것은 개의 능력을 넘어서는 일이라고 생각해 왔다. 그렇지만 이 개는 아프리카에서 가장 노련한 파일럿 데이브 앨런(Dave Allen)이 파트너로 조종을 하기 때문에 그 일을 해낼 수 있다.

데이브의 발랄한 아내 페탈(Petal)은 어제 나이로비 국제 공항에서 나와 만났다. 그녀는 나를 맞이하기 위해 세관 검색대까지 거침없이 걸어 들어옴으로써 작은 말썽을 일으켰다. 나와 함께 나가려고 하는 순간, 그들은 그녀 역시 외국에서 입국하는 줄 알고 증빙 서류를 요구했다. 그녀가 그들에게 한참 유쾌한 욕설을 퍼부어 대자, 마침내 그들은 알았다는 듯 그녀를 통과시켜 주었다.

다른 공항이라면 한참 동안 심문을 당하고 알몸 수색까지 당할 수도 있었겠지만, 이곳 나이로비 국제 공항은 아직 인간적인 면모를 지니고 있는 것 같다. 이러한 면모는 페탈이 도착하기 전에 내가 건강 체크를 받을 때에도 도움을 주었다. 제복을 입은 직원이 의무적인 의료 진단서를 요구했는데, 나는 그런 걸 가지고 있지 않았다. 나는 접종을 싫어하여 그런 것에는 신경도 쓰지 않았다. 진단서를 보여 달라고 요구하는 경우는 아주 드문데, 이번에는 내가 걸리고 만 것이다. 내 가방 속에 들어 있는 것은 이미 유효 기간이 한참 지난 낡은 것들뿐이다. 나는 자포자기의 심정으로 그것을 꺼내 건네주었다. 그 직원은 그것을 펼쳐 자세히 살펴보았다. 나는 이제 난처한 상황에 처했다고 생각했다. 통과하는 데 시간이 한참 걸릴지도 모르고, 어쩌면 다음 비행기편으로 영국으로 쫓겨갈지도 모른다. 나는 정말로 이물질이 내 혈액 속으로 들어오는 것에 대한 비합리적인 두려움을 극복해야 할 것이다. 제복을 입은 직원은 나를 잠깐 동안 쳐다보더니 고개를 끄덕이며 진단서를 돌려 주고, 나에게 나가라고 손짓했다. 페탈에게 내가 어떻게 거길 빠져 나올 수 있었는지 모르겠다고 이야기하자, 그녀는 "아마도 그 사람은 글을 읽지 못했겠지요"라고 대답했다.

이제 나는 그녀의 전설적인 남편과 함께 하늘을 날아다니는 것으로 유명한 개를 만났다. 우리는 조그마한 비행기로 걸어가 올라탔는데, 데이브가 조종간을 만지는 동안 잭러셀은 데이브의 무릎 위로 올라가 앉아 있다. 호기심 어린 눈으로 창 밖을 응시하는 개는 꼬리를 까닥거리면서 데이브의 가슴을 간지럽힌다. 우리는 외딴 장소에 기다리고 있는 촬영팀을 만나기 위해 출발했는데, 나는 평생 잊지 못할 화려한 비행 묘기를 즐기게 된다.

데이브의 소형 비행기는 그의 몸의 일부가 된 듯했다. 그는 어떤 동작을 생각하기만 하면, 비행기로 하여금 그렇게 하도록 할 수 있었다. 특히 착륙 비행은 인상적이었다. 우리는 포르 근처에서 겨우 30~40명이 무리를 지어 사는 투르카나 부족을 찾고 있었다. 그들이 사는 조그맣고 둥근 오두막집은 너무나도 단순하여 인류 건축의 시조격으로 간주할 만한 것이었다.

데이브는 근처에 활주로가 있다고 알고 있었고, 우리는 그것을 찾기 위해 아래를 살펴보았다. 우리는 데이브의 젊은 조수가 조종하는 다른 비행기를 타고 있는 나머지 팀과 연락을 취하며 활주로를 향해 내려가고 있었는데, 나는 활주로가 길고 반반한 땅일 거라고 생각하고 있었다. 그러나 내 생각은 여지없이 빗나가고 말았다. 그 활주로는 작은 바위와 돌들이 널려 있고 길이도 짧은 맨땅에 불과했다. 그것은 우리에게 친숙한 활주로보다는 달 표면을 연상케 했다. 우리가 탄 비행기는 낙엽처럼 우아하게 하강하더니 땅에 닿자마자 멈춰섰다. 어떻게 그런 착륙이 가능할까? 언제나처럼 하늘을 나는 개가 문이 열리자마자 맨 먼저 펄쩍 뛰어내렸다. 이것은 한 인간에게는 작은 한 걸음이지만, 잭러셀에게는 거대한 한 걸음이다.

데이브는 우리 머리 위에서 선회하고 있는 비행기를 호출한다. 젊은 조수는 돌이 널려 있는 땅을 보고는 퉁명스럽게 착륙을 거부한다.

분별이 있는 친구다. 착륙을 돕기 위해 활주로에서 돌을 치우면서 나는 데이브가 어떻게 이 돌들을 피해 착륙할 수 있었는지 신기했다. 돌은 양탄자처럼 사방에 깔려 있었다. 우리가 탄 비행기가 그중 하나에 걸려 뒤집어지지 않은 것이 기적처럼 보였다. 데이브는 투르카나 부족을 찾아 나섰다가 곧 그들이 다른 곳으로 이동했다고 판단했다. 그들은 완전한 유목민은 아니지만, 풀밭에서 가축을 키우기 때문에 좋은 풀밭을 찾아 이동할 가능성이 있다. 거의 먼지만 남아 있는 이 황량한 장소에서는 가축을 먹일 수 없다는 게 명백했다. 그래서 우리는 다시 비행기로 돌아갔고, 내가 유언을 생각하기도 전에 비행기는 하늘을 날고 있었다.

한참 동안 수색을 한 끝에 마침내 부족이 있는 장소를 찾아 냈는데, 그들의 새로운 터전 옆에 그럴듯한 활주로가 있는 것을 보고 나는 크게 안도했다. 이번 착륙은 그다지 어렵지 않겠군. 그러나 그것은 틀린 생각이었다. 가까이 가서 자세히 살펴보니, 누군가 활주로 한가운데에 돌무더기를 쌓아 놓았다. 데이브도 기분이 약간 나빠진 것처럼 보였는데, 그것은 다른 사람의 어리석은 행동에 대한 분노였지 착륙에 대한 불안감 때문은 아니었다.

비행기는 돌무더기 바로 옆에서 멈춰 섰다. 비행기 문을 여는 순간 악취가 코를 찔렀다. 그것은 지금까지 내 코가 맡았던 것 중 가장 고약한 냄새였다. 데이브는 "부족민 중 누군가 죽은 사람이 있어 여기다 묻은 것 같군요. 그들은 땅을 파 시체를 묻지 않고, 그냥 시체 위에다가 작은 돌들을 덮어 둡니다"라고 설명했다. 그러니까 저 악취는 사람 시체가 썩는 냄새이다. 나는 공포 영화에 흔히 등장하는 그 장면을 잘 알고 있다. 희생자의 시체가 며칠 동안 방치돼 있던 방으로 경찰이 들어간다. 노련한 형사 반장은 상을 찌푸리면서 손수건으로 입을 틀어막고 창문을 연다. 뒤따라온 풋내기 형사는 구역질을 하면서 밖으로 튀어나간다. 이것은 영화에서 판에 박힌 듯 되풀이되는 진부한 장면이지만, 나는 그것을 실제로 경험하고 있으며, 정말로 역겹다.

다른 비행기도 착륙하는 데 성공하자, 우리는 이 작은 부족을 촬영하기 위해 서둘러 그곳을 떠났다. 그들에게 대가로 뭘 지불할 거냐고 묻자, 돈은 아무 소용이 없기 때문에 식량을 가져왔다는 대답을 들었다. 그들은 식량을 받자 매우 기뻐하며 아주 협조적으로 나왔다. 가축, 즉 소와 염소를 기른다는 사실을 빼놓고는 그들의 생활 방식은 수천 년 전과 거의 다름없다. 이보다 더 원시적인 삶은 생각할 수가 없다. 오두막은 한두 사람만 들어갈 수 있을 정도로 작은 나무 돔이다. 나는 그중 하나를 자세히 살펴보았다. 그 안에는 밖에서도 환히 보이는 땅 위에 개인 용품이 몇 가지 놓여 있었다. 나무로 만든 연장 몇 개, 막대기, 깃털 몇 개가 전부였다. 우리는 지금 20세기 후반에 살고 있지만, 그곳에 서 있는 나는 기원전 2000년으로 돌아간 것 같은 기분이 들었다.

가장 기묘한 점은 부족민들이 우리의 갑작스런 방문에 대해 별다른 반응을 보이지 않는다는 사실이다. 그들은 적대적이지도 않지만, 우호적이지도 않다. 그들은 손을 흔들며 인사도 하지 않았다. 우리가 그곳에 있는 동안 그들은 하던 일을 멈추지 않았고, 우리가 그들을 촬영하든 말든 전혀 신경 쓰지 않았다. 마치 우리가 그들의 삶에 아무런 의미도 없기 때문에 전혀 반응을 보일 필요가 없다는 듯이 보인다. 그들은 생존의 한계선상에서 겨우 살아가고 있기 때문에 노닥거릴 시간이 없는지도 모른다. 무슨 이유에서인지 그들의 무관심이 자꾸 마음에 걸린다. 우리가 마음에 안 든다면 차라리 그렇다고 불만을 표시해 주었으면 좋겠다. 이러한 그들의 어색한 반응은 마치 그들이 인간의 에너지를 잃고 인간이 아닌 다른 존재가 된 것 같아 두려움마저 불러일으킨다.

다음 날, 우리는 좀더 멀리 떨어진 곳으로 떠났다. 그곳에는 그 다음 단계의 인류 건축물이 우리를 기다리고 있었다. 이 건축물은 기술적으로 큰 발전을 보여 준다. 이것 역시 둥근 모양의 조그마한 오두막이지만, 튼튼한 버팀 기둥 위에다 지은 것이기 때문에 밤중에 돌아다니는 맹수의 공격에 안전하다. 이곳의 기후 조건은 너무나도 가혹하기 때문에 내가 머리에 아무것도 쓰지 않고 땡볕에서 카메라를 보며 말을 하는 것을 본 선교사는 대경실색했다. 보통 온도계로는 잴수 없을 만큼 기온이 높아 그는 내가 열사병에 걸리지 않을까 염려했다. 그는 어디론가 가더니 물을 가지고 다가왔다.

뜨거운 열을 피해 나머지 일행과 함께 그늘에 앉아 있던 나는 내차례가 되자 땡볕이 내리쬐는 곳으로 걸어 나갔다. 말을 막 시작하려고 하는데, 갑자기 눈앞에서 하얀 별들이 어른거리고, 말은 입에 달라붙어 나오지 않는다. 불안해진 선교사가 물 한 통을 들고 나왔다. 그것은 마시라고 가져온 게 아니었다. 그는 내가 과열되는 걸 막기위해 물을 쏟아부을 참이었다. 제작 책임자인 마틴 루카스는 깜짝 놀랐다. 그것은 시나리오를 망칠 수도 있기 때문이었다.

행동을 제지당한 선교사는 나를 걱정스런 표정으로 바라보았다. 그렇지만 나는 별 이상을 느끼지 못했고, 왜 이런 소동을 벌이는지 이해가 되지 않았다. 그래서 나는 다시 촬영을 시작하려고 했다. 그러나 땡볕으로 나가자마자 의식이 가물가물해지기 시작했다. 내가 이렇게 몇 차례 NG를 내자, 헤밍웨이 스타일로 턱수염을 기른 터프 가이 마틴이 걸어 나와서 나를 꾸짖었다. "도대체 왜 그래요? 왜 말을 제대로 못 해요? 단지……." 땡볕 아래서 떠들어 대던 그의 목소리도 점점 희미해졌고, 그도 어지러움을 느끼면서 다리가 휘청거리기 시작했다. 사람들이 그를 그늘로 데려갔다. 그제서야 그는 문제가 무엇인지 이해했다.

햇볕에 조금 더 신경을 쓰면서 우리는 그늘에서 최선을 다해 촬영을 마쳤다. 그러고 나서 우리는 다시 비행기에 올라탔다. 오늘은 조금 더 큰 비행기 한 대에 일행 모두가 탔다. 데이브와 그의 개는 다른 일 때문에 다른 곳으로 떠났고, 젊은 조수가 우리를 책임졌다. 이륙하여 하늘 높이 올라가면서 우리는 오늘 처음으로 시원한 기분을 느꼈다. 그때 나는 감기라도 걸린 것처럼 콧물이 줄줄 흘러 깜짝 놀랐다. 그것을 닦던 나는 손수건에 피가 묻어 있는 것을 보았다. 나는 코피를 흘리고 있었던 것이다. 이상한 느낌이 들었다. 비행기 앞쪽에 앉아 있던 나는 몸을 돌려 다른 사람들을 쳐다보았다. 그런데 이 얼마나 놀라운 광경인가! 일행 모두가 코피를 흘리고 있었다. 나처럼 그들도 자신이 코피를 흘리고 있다는 사실을 잘 모르고 있었다. 내가 내 코를 가리키면서 코피가 묻은 손수건을 보여 주자 그제서야 그들도 알아챘다. 만약 '동시에 코피 흘리기 대회'가 있다면, 우리가 가장 유력한 우승 후보가 아닐까 싶다.

우리가 동시에 코피를 쏟은 이유는 아주 간단하다. 우리는 그늘의 온도마저도 약 55℃나 되는 곳에서 작업을 하고 있었다. 땡볕에서는 온도가 65℃ 정도는 되었을 것이다. 이렇게 높은 기온에서는 피부에서 모든 습기가 빠져 나간다. 땀은 피부에서 퍼지기도 전에 땀샘에서 그냥 증발하고 만다. 그 결과, 무덥고 끈적끈적한 느낌 대신에 이상하게도 그냥 약간 건조한 기분만 든다. 외부에 노출된 가장 축축한 피부는 콧구멍이다. 그러나 뜨거운 열기는 이곳의 습기까지도 빨아들이면서 콧속에 있는 미세한 모세 혈관들을 파열시킨다. 그렇지만 피 역시 말라붙어 공기중으로 증발되기 때문에 지상에서는 코피를 흘리지 않는다. 나중에 주위의 공기가 시원해지면(우리가 공중 높이 날아오르면서 그런 환경이 마련된 것처럼) 터진 모세혈관에서 피가 나오기 시작한다. 그래서 우리는 동시에 코피를 흘리는 장면을 연출했던 것이다.

우리의 다음 목적지는 거대한 폭포 근처에 있는 투르카나 호수 남쪽의 조그마한 선교촌이다. 이곳에서 우리는 인간 수달처럼 입으로 물고기를 잡는 아프리카 꼬마들을 촬영할 것이다. 이곳은 물이 풍부하므로 다소 시원할 것이라고 우리는 생각했다. 폭포에서 쏟아지는 물소리는 심리적으로는 시원한 느낌이 들게 할지 모르지만, 실제 기온은 앞서 방문한 장소와 별 차이가 없었다. 이번에는 촬영팀 중 한 사람이 완전히 졸도하고 말았다. 그녀를 구하기 위해 선교 요원들이 달려왔다. 그들은 그녀를 선교촌에 있는 작은 방으로 데려가 눕혔다. 스파르타인의 거처 같은 이 건물의 선반 위에는 세 개의 혹이 튀어나온 것처럼 이상하게 생긴 견과류가 놓여 있는데, 여러 색의 구슬이 달린 띠로 장식돼 있었다. 이것은 다산을 위한 일종의 부적이다. 이곳 여자들은 그것을 옷 속에 지니고 다니면 임신이 잘 된다고 믿는다. 심지어 그것을 만지기만 해도 임신이 된다고 믿는다.

이곳 여성들이 임신하기 어려운 이유는 쉽게 이해되었다. 이렇게 무더운 곳에서 사랑을 나눌 수 있을 만큼 정력이 왕성한 사람은 존재할 것 같지 않다. 설사 있다 하더라도 뜨거운 공기가 이미 남자의 몸에서 정액을 빨아들여 성층권으로 날려 보냈을 가능성이 높다. 그래서 마법의 부적이 비싼 값에 팔리는 것이다. 우리도 그와 비슷한 부적이 있느냐는 질문을 받은 나는 영국 여성이 어떤 부적을 가지고 다닌다면, 그것은 임신을 하기 위해서라기보다는 오히려 임신을 피하기 위한 것일 가능성이 높다고 말했다.

폭포 바깥으로 원시 자연의 장관이 펼쳐졌다. 새카만 알몸의 꼬마 수십 명이 폭포 아래의 물 속에 원형으로 빙 둘러서 있다. 누군가 소리를 지르자, 그 신호를 기다렸다는 듯이 꼬마들은 모두 물 속으로 뛰어든다. 물 속에서 잠깐 동안 팔다리가 요동치는가 싶더니 하나 둘씩 물 위로 모습을 나타내기 시작한다. 그리고 거의 모든 꼬마가 하얗게 빛나는 이 사이에 퍼덕거리는 틸라피아 물고기를 한 마리씩 물고 있다. 꼬마들이 물 속에서 땅으로 걸어 나오는 동안 물고기의 꼬리는 계속 요동친다. 땅으로 올라온 꼬마들은 긴 끈에 물고기들을 꿴 다음, 다시 물 속으로 들어간다. 이 꼬마들은 아무런 장비도 없이 물고기를 잡는데, 이것은 작살이나 낚싯대, 낚시 바늘, 칼, 곤봉, 그물 등 어떤 도구도 발명되기 전인 수천 년 전에 사용되던 방법이었을 것이다. 우리의 먼 조상들은 아마도 이런 방식으로 귀중한 단백질을 보충했을 것이다. 최근에 인류가 아프리카의 평원이나 사바나로 진출해 큰 먹잇감을 사냥하며 살아가기 전에 물가에서 사는 단계를 거쳤느냐를 놓고 많은 논란이 있었다. 만약 인류가 사냥 생활을 하기 이전에 물고기를 잡아먹는 생활을 했다면, 아마도 이 꼬마들처럼 살았을 것이다. 이 꼬마들은 어떤 기술적 발전이 이루어지기 전에 우리

조상들의 생활 모습을 보여 주는 살아 있는 증거이다.

이곳을 떠나는 내 마음 속에는 아직 답을 얻지 못한 의문이 두 가지 남아 있다. 첫째, 뜨거운 목욕탕과 다름없는 물 속에서 어떻게 물고기들이 살아갈 수 있을까? 둘째, 이 원시적인 자연에는 멋진 폭포 꼭대기에서 원숭이 비슷한 괴성을 지르면서 다이빙을 하는 자니 와이즈뮬러(Johnny Weissmuller: 올림픽 수영 금메달리스트로, 영화 〈타잔〉에서 주인공을 맡았다) 같은 존재가 왜 없을까? 나는 카메라맨에게 이곳은 아주 멋진 영화 촬영 장소가 될 거라고 이야기하자, 그도 동의했다(나중에 우리의 생각이 틀렸다는 것을 알게 되었다. 이곳은 너무나도 뜨거워서 안타깝게도 우리의 모든 필름을 누렇게 변색시켜 버렸다).

오늘 밤, 우리는 투르카나 호수 동쪽에 있는 사냥꾼 숙소에서 숙박할 것이다. 이곳에는 근사한 활주로가 있다. 오두막도 아주 깨끗하고, 반갑게도 풀장까지 있다. 그것은 온천수를 끌어들인 천연 풀장이었다. 우리는 식사를 잘 하고, 술도 아주 많이 마신 다음, 모두 풀장으로 뛰어들어갔다. 힘든 하루를 보낸 뒤에 잠시 마음껏 긴장을 푸는 시간이었다. 이미 밤이 깊어 어두웠고, 풀장을 사용하는 사람은 우리밖에 없었으므로, 누군가 모두 옷을 벗어 풀장 한쪽에 놓아 두자고 이야기했다. 그러고 나서 우리는 따끈한 물(35℃ 정도에 불과했지만)에 몸을 푹 담그고 알코올에 취한 선(禪) 수행자처럼 편안한 시간을 가질 수 있었다. 그것은 아주 순수한 행동이었고, 우리는 아이들처럼 즐겁게 물을 튀기며 놀았다. 그때 두 수녀 아니 검은 옷을 입은 가무잡잡한 두 백인 남자가 건물 쪽에서 나타나더니 풀장 가까이에 있는 의자에 앉았다. 두 사람의 존재는 우리가 스스로 만든 환상을 여지없이 부수고 말았다. 두 사람은 건물 안의 바에서 우리를 보고 있었던

게 분명하며, 우리가 수영을 끝낸 뒤에 옷이 있는 장소까지 알몸으로 걸어가는 걸 보려고 마음먹은 것 같았다. 우리 팀 중 여자들은 분노했으며, 한쪽 구석에서는 이 불쾌한 침입자들을 쫓아낼 방법을 놓고 의논들을 했다.

우리는 저 사람들이 누군지 이미 알고 있었다. 웨이터가 말하길, 저 사람들은 사파리에 나섰다가 이곳에 묵게 된 무솔리니의 딸을 보호하는 무장 보디가드라고 했다. 이렇게 외딴 곳에 어울리지 않게 우아한 복장을 하고 있는 것은 총을 감추기 위한 것이었다. 그들의 주인은 이미 잠에 빠졌고, 그들은 따분하고 무료했을 것이다. 우리의 엉뚱한 장난은 그들에게 재미있는 오락거리를 제공해 준 셈이다.

몇 년 전 몰타에서 데이비드 애튼버러가 이탈리아인 부호에게 사용해 효과를 본 '영장류의 위협적인 노려보기'를 떠올린 나는 일행에게 두 사람이 앉아 있는 곳까지 헤엄쳐 가 풀장의 벽에 붙어서야 한다고 말했다. 그곳의 수면은 가장자리의 턱보다 훨씬 낮기 때문에 그들의 눈에는 우리가 전혀 보이지 않을 것이다. 그리고 그들이 우리가 어디로 갔나 하고 궁금해하고 있을 때, 우리가 돌연히 나타나서 그들을 정면으로 응시한다. 우리는 아무 말도 않고 아무 표정도 짓지 않고, 그들이 불안감과 불편함을 느껴 떠날 때까지 그 자세로 움직이지 않는다.

모두가 훌륭한 작전이라고 동의했고, 우리는 당장 행동 개시에 들어갔다. 우리는 그곳으로 헤엄쳐 가 손을 머리 위로 뻗어 풀장의 가장자리 끝을 거머쥔 채 일렬로 늘어섰다. 그리고 나서 신호에 따라 우리는 모두 위로 솟구쳐 가장자리 끝에다 턱을 올려놓았다. 우리는 찡그린 얼굴을 하고 있는 두 사람을 노려보다가 술 때문에 웃음을 터뜨리며 하나씩 도로 물 속으로 떨어지고 말았다. 우리는 진지한 표정을 지을 수 있다고 생각했지만, 지금 이 순간만큼은 진지함은 우리의 장기가 아니다. 우리는 진정을 되찾아 다시 한 번 시도하기로 했다. 그런데 이번에는 두 사람의 찡그린 얼굴이 비웃음으로 바뀌었다. 무슨 이유에서인지 그 비웃음은 또다시 우리를 무너지게 했고, 우리는 또다시 그들의 시야에서 사라졌다. 우리가 세 번째로 다시 솟아올라 그들을 노려보려고 할 때, 두 사람은 막 자리에서 일어서고 있었다. 한 사람이 걸음을 멈추고 돌아서더니 "당신들, 머리가 어떻게 된 것 아니야?"라고 말했다. 우리는 이 말을 어떻게 해석해야 할지 몰랐다. 그들은 너무 어른스럽고 평범한 사람들이라서 우리의 유치한 행동을 화가 났을 거라고 생각되었다. 그리고 우리의 유치한 행동은 촬영팀 특유의 장난기라고 생각하기보다는 마약에 취해 나온 행동으로 여겼는지도 모른다. 그러나 그들이 어떻게 생각하든 상관없다. 어쨌든 '영장류의 위협적인 노려보기' 전략이 또 한 번 통했고, 우리는 아주 사소한 것이긴 하지만 삶의 전투에서 또 한 번의 유쾌한 승리를 거두었다.

다음 날 아침 검은 옷을 입은 남자들이 다시 나타났는데, 이번에는 여주인을 대동하고 나타났다. 그 여자는 항상 박제된 고양이(얼마 전까지 살아 있던 애완동물)를 식탁 위에 올려놓고 아침식사를 한다. 이것은 그다지 보기 좋은 광경은 아니지만 한 가지 편리한 점은 있다. 박제가 된 고양이는 아무 반응을 보이지 않는다는 단점이 있지만, 최소한 통관에 따르는 말썽은 피할 수 있다.

오늘 우리는 모란을 만나러 간다. 모란은 삼부루족의 젊은 전사들을 부르는 이름이다. 그들은 출전할 때 몸에 바르는 물감을 완전히 칠한 채 우리를 위해 출전의 춤을 보여 주겠노라고 약속했다. 그것은 인위적인 연기지만, 어쨌든 우리는 일단 보기로 했다.

삼부루족은 마사이족 중에서도 엘리트 부족이다. 마사이족은 아프리카의 다른 모든 부족을 우습게 여기지만, 삼부루족은 마사이족을 우습게 여긴다. 이들은 아주 신분이 높은 부족이므로 우리는 행동을 조심해야 할 것이다. 창으로 사자를 죽여야만 성인 남자로 인정받았던 모란은 그 용맹성으로 유명하다. 최근에는 사자의 수가 많이 줄어들었는데, 사자를 대체할 거리를 찾는 그들의 눈에 배회하는 템스 TV의 직원들이 띄지 않길 바랄 뿐이다.

그들의 겉모습은 정말 인상적이었다. 특별한 의식을 위해 그들은 상당한 시간을 들여 몸단장을 한다. 그들의 분장은 놀랍도록 정교하다. 젊은 전사가 몸단장을 완성하기까지는 며칠이 걸리며, 그동안 밤에 잠잘 때에는 특별히 만든 나무 베개를 베고 잔다. 나무를 정교하게 깎아 만든 이 베개는 잠자는 동안 헤어 스타일이 망가지지 않도록 해준다. 옛날에는 서로가 동료의 얼굴 분장을 도와 주었지만, 언젠가 외부에서 손거울이 들어온 뒤부터는 각자가 자기 얼굴을 직접 분장한다.

모란은 드러내 놓고 허영을 과시하지만, 그들에게 이러한 허영심은 하나의 미덕이다. 젊은 전사는 가장 좋은 창을 가져야 할 뿐만 아니라 외모도 가장 화려해 보여야 한다. 그것은 지위가 달려 있는 중요한 문제이다. 각자는 피부에 물감으로 그린 가장 정교한 무늬와 가장 우아한 쓰개 등의 가장 아름다운 장식을 과시하기 위해 동료들과 경쟁한다. 이곳에서는 겸손을 떠는 것을 볼 수 없다. 젊은 전사들에 해당하는 서양사회 사람들의 행동과는 아주 대조적이다. 우리 사회에서는 큰 성공을 거둔 유명한 젊은 운동 선수나 소설가, 팝 가수, 영화 배우는 허름한 옷을 입고 파티나 식당에 가기도 하고, 인터뷰를 할 때에도 자기 비판의 위험을 기꺼이 감수하기도 한다. 이것은 이미 사회에 그의 명성이 널리 알려져 있기 때문이다. 설사 면도를 하지 않거나 지저분하거나 초라한 차림이라 하더라도 그다지 문제가 되지 않는다. 왜냐하면 우리는 이미 그가 어떤 사람인지 알고, 그가 부자이고 유명하다는 것을 알고 있기 때문이다. 그러나 부족민 사이에서는 이것이 통하지 않는다. 어떤 매체나 선전이나 홍보 수단이 없는 이곳에서는 보이는 모습이 곧 그 사람이다. 따라서 자신의 모습을 어떻게 보이느냐가 아주 중요하다. 그래서 그들은 어떤 거리낌도 주저도 없이 서로 경쟁한다.

관찰자인 우리는 승자가 된 기분이 들었다. 모란 전체가 함께 춤을 추는 광경은 잊기 힘든 장관이기 때문이다. 출전의 춤은 놀랍도록 리드미컬하다. 그들은 마치 하나의 유기체인 양 빽빽하게 밀집된 집단을 이루어 전진하면서 발을 구르며 "후와! 후와! 후와!" 하고 큰 함성을 지른다. 그리고 모두 창을 높이 들고 있다. 날카로운 창끝은 대개 가죽 덮개가 씌워져 있으나, 필요할 때에는 그것을 벗기고 날카로운 금속 날을 드러낸다. 나는 그들이 지금 덮개를 벗긴 채 춤을 추고 있다는 걸 깨달았는데, 그 때문에 그들은 평소보다 훨씬 무서워 보였다.

우리는 운이 좋다는 이야기를 들었다. 이것은 우리가 생각하고 온것과는 다르게 우리의 카메라를 위해 연기하는 것이 아니기 때문이다. 밤중에 투르카나족이 습격을 해 삼부루족의 가축을 일부 훔쳐갔다고 한다. 그래서 우리가 촬영하고 있는 출전의 춤은 실제 출전의 춤이다. 젊은 전사로서 명예를 지키기 위해 그들은 투르카나족을 몇명 죽여야 한다. 그리고 지금 이 집단 군무에 쏟아붓고 있는 노력은 목숨을 건 일에 자신들을 몰입시키는 한 방법이다. 이것은 관광객을 위한 포크 댄스가 아니다. 공격성이 점점 커져 가는 것을 느낄 수 있다. 그러다가 그들은 갑자기 카메라를 위해 내 주위를 둘러싸고, 그 중 한 사람이 나를 향해 몸을 구부리며 영어로 상소리를 지껄인다. 재빨리 옆눈으로 살펴본 나는 그의 얼굴에서 기묘하게 굳은 미소를 발견했다. 그가 내뱉은 두 단어는 아마도 그가 아는 유일한 영어일 것이다. 언젠가 백인끼리 다투면서 내뱉는 소리를 듣고 기억했다가 지금 사용하는 것이리라.

그 메시지는 충분했다. 우리가 너무 오래 머물러 더 이상 환영받지 않는다는 뜻이다. 그렇지만 촬영을 하는 대가로 그들에게 약속한 죽은 소 한 마리를 전해야 하는 작은 문제가 남아 있다. 그것은 지금쯤 도착해야 하는데, 아직 도착하지 않았다. 우리의 마사이족 해결사는 아침 일찍 우스꽝스러운 담배를 피우며 모습을 드러냈는데, 담배에 취해 멀리 떨어진 시장까지 갔다가 아직 돌아오지 못한 것이 아닐까 하는 생각이 들었다. 그가 돌아올 기미는 전혀 보이지 않고, 모란은 점점 침착성을 잃어 가는 것 같았다. 이제 그들은 각자 날을 드러낸 창을 깃대처럼 꼿꼿이 세우고서 밀집 대형으로 땅에 앉아 있다. 동시에 숨을 내뿜던 행동은 이제 창을 똑같이 흔드는 동작으로 바뀌었다. 각자는 수직으로 세운 창의 아랫부분을 붙잡고 손을 가볍게 흔들면서 그 진동이 창 전체로 퍼져 나가게 한다. 그 결과는 수직으로 세운 창의 숲이 불길하게 흔들리는 모습으로 나타난다.

모란 중 하나가 일어서더니 나머지 무리를 향해 뭔가 열변을 토하기 시작한다. 이리저리 왔다갔다하며 뭐라고 계속 떠든다. 그가 무슨 말을 하는지 우리는 알아들을 수 없지만, 우리의 중개자는 랜드로버에 타 시동을 건 채 고기가 도착하길 기다리는 게 좋겠다고 제안했다. 우리는 그것이 농담인 줄 알았는데, 상황은 그게 아니었다. 그래서 무지하게 길게 느껴진 시간을 기다린 끝에 마침내 고기를 실은 짐마차가 지평선 위로 작은 점처럼 나타나는 것이 보이자, 우리는 안도의 한숨을 내쉬었다. 고기가 도착하자 분위기가 갑자기 밝아졌다. 그러나 한결 나아진 분위기에도 불구하고, 정교한 보디 페인팅 아래에는 여전히 강철 같은 투지가 흐르고 있어, 소를 훔쳐 간 투르카나족 사람들은 곤욕을 치를 것이라는 예감이 들었다.

아주 오래된 옛날 방식에 따라 살아가고, 밤중에 돌아다니는 포식 동물로부터 원시적인 가시 울타리로 가축을 보호하는 삼부루족 마을에서 며칠 동안 촬영을 마친 뒤 우리는 마침내 고향으로 돌아갈 비행기를 타기 위해 수도인 나이로비로 갔다. 쇼핑을 할 시간이 있길래 나는 원주민이 옷 대신 허리에 두르는 천에다 지퍼를 달아 완성시킨 물건을 샀다. 마지막 밤을 즐기기 위해 우리는 나이로비에서 가장 악명 높은 나이트클럽을 찾았다. 촬영팀과 함께 여행할 때 가장 좋은 점 하나는 가족과 함께 보내는 휴가에서는 결코 생각할 수 없는 모험을 할 수 있다는 것이다. 나이로비의 밤은 위험할 정도로 어두운 성격으로 유명하지만, 일행과 함께 이 클럽에 온 우리는 수적으로 안전을 느낀다.

다음 날 아침, 호텔에서 차편을 기다리면서 나는 케냐에서 가장 즐거운 오락거리 중 하나를 찾아 시간을 보냈다. 그것은 바로 케냐에서 발행되는 영자 신문을 읽는 것이다. 나는 거기서 항상 숨어 있는 보석을 몇 개 발견한다. 예를 들면, 지금 내가 읽고 있는 「나이로비 스탠더드」에서는 정적의 시체를 토막내 냉장고에 보관하는 것으로 악명을 떨치다가 추방된 우간다의 독재자 이디 아민(Idi Amin)이 스스로를 "22명의 자녀를 교육시키기 위해 미국 입국을 호소하고 있는 충실한 가장"으로 묘사했다는 기사가 실려 있다. 또 필리핀에서 공중화장실에서 수거한 소변이 뉴질랜드의 암 환자를 치료하는 데 도움이 되고 있다는 기사도 있다. 이제 소변 보는 일은 완전히 새로운 의미를 지니게 된 것이다. 그렇지만 내가 가장 좋아하는 기사는 「나이로비 스탠더드」의 사망 기사이다. 일전에 케냐를 방문했을 때 너무나도 마음에 들어 찢어서 보관한 사망 기사가 있는데, 영국 신문들에 실리는 사망 기사들은 이에 비하면 너무나 삭막하다. 그것을 소개하면 다음과 같다.

사랑의 기억

당신이 떠난 후,
우리는 큰 고통을 느낍니다.

장미가 지고 난 뒤에도
가시는 남는 것처럼

비록 꽃봉오리가 남아
큰 축복이긴 하지만,

당신은 그것을 보고 기뻐하지 못한다는 사실이
우리를 더욱 슬프게 합니다.

노트

우리가 아프리카 여행을 한 직후에 〈인류〉 프로젝트는 위기를 맞았다. 제작비가 대폭 삭감되는 바람에 여행에 많은 제약이 따르게 되었다. 비용 절감을 위해 세계 곳곳을 돌아다니는 대신에 옥스퍼드의 내 서재에서 이야기하는 모습을 내보내기로 결정되었다. 내 입장에서 이것은 엄청난 타격이었으나, 이미 이 시리즈는 상당히 진행되고 있던 터라 중단할 수가 없었다. 그러나 이렇게 되면 완성된 작품은 테리 딕슨과 내가 처음에 시리즈를 시작할 때 기대했던 것보다 질이 훨씬 낮아질 수밖에 없다. 결국 완성된 작품은 흥미로운 시리즈이긴 했지만, 우리가 꿈꾸었던 획기적인 작품은 되지 못했다. 그리고 슬프게도 내가 아프리카에서 카메라 앞에서 했던 모든 장면도 필름에서 잘라 내야 했다. 다른 지역은 전혀 없이 내가 한 곳만 방문해 이야기하는 모습은 우스꽝스럽게 보이기 때문이었다. 그렇다면 애초에 그런 색다른 여행을 할 필요도 없었다. 마틴은 내가 없어도 부족의 활동을 쉽게 촬영할 수 있었을 것이다. 그러나 소득이 전혀 없었던 것은 아니다. 내가 직접 현장에서 경험하면서 얻은 지식은 내게 그후 서재의 의자에 편안하게 앉아 부족민에 대해 이야기할 때 특별한 영감을 주었기 때문이다.

템스 TV가 제작한 〈인류〉는 영국에서 1982년 4월에 처음 방송되었다. 한 비평가는 인간의 생활 조건에 대한 접근 방법을 "지나치게 낙관적"으로 묘사한 작품이라고 비평했는데, 나는 그 평이 마음에 들었다. 그것은 예산에 대해 낙관적으로 생각한 내 판단이 잘못되었음을 지적해 주는 것처럼 보였기 때문이다.

일본에서의 인간 관찰

1982년 나는 일본인의 관습과 신체 언어를 조사하기 위해 극동 지역으로 초청받았다. 다만, 내가 어디로 가든지 간에 일본의 촬영팀이 나를 따라다니면서 촬영하고, 내가 한 말을 현지 텔레비전에 방영한다는 조건이었다. 동양과 서양 사이에는 문화적 차이가 아주 크기 때문에 이 아이디어는 아주 매력적이었다. 그리고 동양 문화 중에서도 16세기까지 서양과 단절되어 온 일본은 아주 독특한 신체 언어와 행동과 의식이 발달했다. 초기의 행동 양식 중 아직도 많은 것이 남아 있지만, 최근에는 북아메리카와 다른 외국에서 들어온 행동 양식들과 충돌을 일으키면서 옛것과 새것이 기묘하게 혼합된 양상을 빚어내고 있다.

게이샤의 비밀 언어

난생 처음으로 나는 고도 9,000m의 침대에서 잠을 자고 있다. 지금까지 나는 비행기 여행에서 반쯤 기운 의자나 거의 완전히 기운 의자에서 눈을 붙여 보려고 노력한 적은 많았지만, 편한 침대에서 잠을 자본 적은 없었다. 이것은 아주 사치스러운 고도 여행으로, 반반한 매트리스 위에 두 다리를 쭉 뻗고 누운 나는 다시는 다른 방식으로는 장거리 비행 여행을 하지 말아야지 하고 맹세한다. '하늘의 침대차'라 불리는 이 마술 같은 서비스는 모든 대륙 간 항공기에 의무적으로 적용되어야 마땅하지만, 현재로서는 일본 항공에서만 제공된다. 영리한 일본인 설계자들은 보잉 747기의 위층을 작은 기숙사처럼 개조함으로써 이것을 가능하게 만들었다. 저녁 식사와 영화를 본 뒤 침대가 있는 위층으로 올라가 잠을 한숨 푹 자고 내려와 아침을 먹고 나면, 어느 새 도쿄 공항이다.

내가 일본 텔레비전에 오염되고 있는 것처럼 보일지 모르지만, 일본 TV 제작진은 내가 별로 좋아하지 않는 일을 해달라고 요구했는데, 그러려면 이제부터 정신을 차려야 한다. 대본에 따르면, 트롤리를 밀고 공항의 검색대를 통과하는 순간부터 내가 일본 사람들의 행동을 자세히 관찰하기 위해 막 일본에 도착했노라고 말하는 장면을 카메라에 담아야 한다. 영국에서 일본까지 날아오는 여행은 지구상에서 가장 긴 비행 중 하나이기 때문에, 나는 일본에 도착해 흐리멍덩한 상태에서 말을 제대로 할 수 있을지 염려된다면서 내가 텔레비전 방송을 처음 시작하는 장면을 늦추어 달라고 부탁했다. 그러나 그들은 그러길 원치 않았고, 지금까지 내가 경험한 것 중 가장 값비싼 기내 수면을 취하면서 여행을 하도록 함으로써 그런 걱정을 덜어 주었다. 잠을 푹 자고 깨어난 나는 아무 실수 없이 카메라에 대고 말을 하고, 트롤리를 밀면서 혼잡한 공항 라운지를 통과해 기다리고 있던 차에 올라탔다.

잠시 숨 돌릴 틈도 없이 나는 다시 이곳의 열차 교통 체계를 조사하러 나갔다. 운 좋게도 역에는 다른 지사로 발령이 나 떠나는 사원을 배웅하러 나온 사람들이 모여 있었다. 그를 배웅하기 위해 회사의 전 직원이 나온 듯하다. 검은색 정장을 입은 사람 13명이 반원형으로 둘러서 있는데, 그들은 사무실과 컴퓨터 화면으로 얼른 돌아가고 싶은 생각이 굴뚝같다는 것을 한눈에 눈치챌 수 있었다. 그렇지만 그들은 사회적 의식이 끝날 때까지 거기에 정중한 자세로 서 있어야 한다.

의식은 한 젊은 여성이 떠나는 직원에게 커다란 꽃다발을 주는 것으로 시작된다. 이에 대한 답례로 그 사람은 절을 네 차례 한다. 그러고 나서 그의 친구가 전체를 이끌며 '반자이'를 세 번 외치는데, 아마도 우리가 하는 만세 삼창과 같은 것이 아닌가 싶다. 그 다음에, 떠나는 사람은 반원을 이루며 서 있는 사람들에게 다가가 머리를 숙이면서 가장 왼쪽에 있는 젊은 사람과 악수를 나눈다. 그가 고개를 숙이는 방식을 보고 그곳에 있는 모든 사람의 상하 관계를 짐작할 수 있다. 처음 악수를 한 사람은 그보다 아랫사람이라서 머리를 더 많이 숙여 인사를 한다. 그 다음 사람 역시 그러하다. 세 번째 사람은 거의 똑같은 각도로 머리를 숙이는 것으로 보아 같은 직위에 있는 사람인 것 같다. 네 번째부터 열세 번째까지 나머지 사람들은 모두 고개를 약간만 숙이는 것으로 보아 그의 상사인 게 분명하다. 상사에게 인사를 할 때에는 고개가 거의 배꼽 아래로 내려갈 때까지 최대한 낮춘다.

이제 그는 열차로 걸어가 올라탄 뒤, 문을 열어 놓은 채 인사를 여러 차례 더 한다. 열차는 출발해야 하지만, 무슨 이유에서인지 지연되고 있다. 모두가 참을성 있게 기다린다. 마침내 문이 닫히고, 떠나는 사람은 창문을 통해 네 차례 더 인사를 하고, 플랫폼에 남은 사람들은 손을 흔들고 손뼉을 친다. 마침내 열차가 역에서 멀어져 가고, 의식은 끝난다.

나는 서구 사회에서 이러한 종류의 작별 의식을 본 적이 없다. 다른 지사로 발령이 난 젊은 사원을 위해 모든 동료와 상사가 패딩턴역에 반원형을 그리며 모여서 전송식을 해주리라고 기대하는 사람이 과연 있을까? 이러한 정교한 예절은 여러 차례 반복하는 인사와 함께 일본 문화의 특징이다. 나는 떠나는 사원이 절을 몇 번이나 하는지 세어 보려고 했는데, 최소한 33번은 한 것 같다. 아랫사람의 절은 허리까지 조아리지만, 윗사람은 고개만 까딱한다. 거기다가 특별한 3단계 절까지 있어 사회 생활을 더 복잡하게 만든다. 이 절은 머리를 먼저 숙인 다음 점점 더 깊이 숙여 가는 것이지만, 천천히 길게 머리를 숙이는 동작이 아니라 3단계에 걸쳐 절도 있게 행하는 것이 특징이다.

통계를 좋아하는 사람을 위해 알려 주자면, 전형적인 일본인 영업 사원은 하루에 평균 123번 절을 한다고 한다. 그리고 백화점에서 일하는 에스컬레이터 안내원은 하루에 무려 2,560번이나 절을 한다.

일본을 처음 방문하면서 일본인 못지않게 절을 잘 할 수 있다고 생각하는 서양인이 있다면 얼마 안 가 자기 생각이 잘못이라는 걸 깨닫게 된다. 절은 일본 문화에 오래 노출되어야만 습득할 수 있는 정교한 예술에 가까운 동작이다. 일본을 방문하는 서양인들은 종종 실수를 저지르는데, 이것은 정중한 주인의 입장을 아주 난처하게 만들 수 있다. 엉터리로 절을 하느니 아예 하지 않는 편이 낫다. 최악의 잘못은 윗사람이 아랫사람에게 아주 정중하게 절을 하는 것이다. 부자 서양인이 일본에 도착하여 호텔 방에 안내를 받았을 때 흔히 이런 일이 일어난다. 호텔 직원이 방에다 짐을 날라 주고 열쇠를 건넨 후 떠나려고 하면, 너그러운 손님은 그에게 팁을 주면서 마치 일본의 관습을 아주 잘 안다는 듯이 허리를 깊이 숙이며 절을 한다. 그러면 직원은 크게 당황할 것이다. 이것은 서양을 방문한 일본인이 호텔 직원에게 한쪽 무릎을 꿇으면서 팁을 주는 것과 비슷하다고 생각하면 된다. 자기보다 아랫사람에게는 절대로 더 정중하게 절을 해서는 안 된다. 그저 머리를 앞으로 약간 숙이기만 하면 된다.

이곳 일본에서 개인 간의 지위 관계는 부주의한 사람에게는 지뢰밭이나 마찬가지인데, 나 역시 얼마 안 가 중대한 실수를 저지르고 말았다. 촬영팀 중에는 영어를 할 줄 아는 사람이 아무도 없었고, 나는 혼자서 비행기를 타고 이곳에 왔기 때문에 그들의 대화에 끼지 못하고 혼자 외롭게 지내야 했다. 그들은 내게 구명줄을 던져 주었는데, 그것은 바로 마사코라는 친절한 통역인이었다. 마사코는 촬영 기간 내내 내 곁에 붙어 다니면서 일어나고 있는 일과 내가 해야 할 일을 설명해 주었다. 나는 창백할 정도로 새하얀 그녀의 피부 색깔이 궁금하게 생각되었다. 그것은 어쩐지 자연스러워 보이지 않았지만, 나는 아무것도 묻지 않았다. 함께 며칠을 지내다 보니 나는 그녀를 매우 좋아하게 되었고, 오랫동안 곁에서 통역을 해주는 것이 무척 고마웠다. 우리는 다음 촬영을 위해 어느 건물로 들어가던 참이었는데, 서양식 에티켓에 따라 내가 먼저 문으로 다가가 그녀를 위해 문을 열

어 주었다. 그러자 그녀는 발을 딱 멈추고 어쩔 줄 몰라했다. 나는 손
짓으로 그녀에게 어서 지나가라고 했다. 그녀는 머리를 가로저으면
서 뒤로 물러났다. "자, 어서 가세요." 나는 미소를 지으면서 말했다.
그래도 그녀는 움직이려 하지 않고, 더욱 당황한 기색을 보였다. 그
녀의 불편을 덜어 주기 위해 내가 먼저 문을 지나가자, 그녀가 곧 뒤
따라 들어왔다. 이 작은 사건에 대해 궁금한 점을 물어 보기도 전에
건물 안에 기다리고 있던 사람들을 소개받는 바람에 그냥 넘어가고
말았다.

　다음 날 똑같은 사건이 또 일어났다. 내가 그녀를 위해 문을 열어
주자, 그녀는 한사코 먼저 지나가길 거부했다. 이번에는 그녀에게서
내가 윗사람이기 때문에 먼저 지나갈 수 없다는 설명을 들었다. 사
실, 내가 그녀를 위해 문을 열어 준 행동 자체가 실수였던 셈이다. 나
는 다시는 같은 일로 그녀를 난처하게 만들지 않겠다고 약속했다.

　이번에는 마사코와 함께 이야기를 나누면서 길을 걸어가고 있는
데, 마사코의 상사인 PD가 뒤따라와 내게 말을 걸었다. 마사코는 재
빨리 뒤로 세 걸음 물러서서 걸었는데, 거기서는 제대로 통역을 할
수 없기 때문에 이해가 가지 않는 일이었다. 나는 마사코에게 옆으로
오라고 설득했지만, 그녀는 미소를 지으면서 고개를 가로저었다. PD
는 아주 서툰 영어를 구사하며 자신이 원하는 바를 내게 설명하려고
최선을 다했다. 나중에 마사코에게 이 일에 대해 물어 보자, 그녀는
우리는 둘 다 그녀의 상사라서 두 사람이 이야기할 때에는 나란히 걸
을 수가 없고 몇 걸음 떨어져서 따라와야 한다고 대답했다. 내 마음
속의 일부는 마사코에게 그렇게 고리타분한 전통은 따르지 말라고
말하고 싶지만, 한편으로는 내가 그런 관습적인 행동에 간섭하려고

드는 것은 그녀를 더 곤란하게 만들 뿐이라는 사실을 잘 안다. 이렇게 매력적인 젊은 여성을 그런 난처한 입장에 빠뜨리는 짓은 하고 싶지 않아 나는 비록 마음에 들지 않더라도 일본의 예절에 적응하려고 최대한 노력했다.

하루는 촬영을 위해 더 나은 조명이 도착할 때까지 기다리는 동안 나는 마사코와 함께 앉아 이야기를 나누었다. "마사코 양은 고향이 어딥니까?" 이런, 이 질문도 그녀를 난처하게 만든 것 같다. 도대체 내가 무슨 말을 했길래? 잠깐 말이 없다가 마사코는 죄송스러운 미소를 지으면서 낮은 목소리로 "히로시마"라고 짧게 대답한다. 나는 아무 대꾸도 하지 않았다. 그녀는 슬픈 표정으로 멍하니 허공을 바라보고 있고. 나는 대꾸할 적당한 말이 생각나지 않았다. 내가 무슨 말을 하든 그것은 진부한 소리가 되고 말 것이기 때문에, 우리는 그냥 아무 말 없이 앉아 있었다. 나는 그녀가 무슨 생각을 하는지 알 수 없었지만, 내 머릿속에서 이런 목소리가 들렸다. "그녀가 왜 그것 때문에 미안함을 느끼는 걸까?" 그러나 그게 아니었다. 마사코는 잿더미로 변한 그 도시의 이름을 말함으로써 나를 불편하게 했다는 데 대해 미안함을 느꼈던 것이다.

나는 3월 말에 일본에 도착했기 때문에, 도쿄의 흥미로운 구경거리인 하나미(花見), 즉 벚꽃놀이를 구경할 수 있었다. 매년 우에노 공원의 벚꽃이 활짝 필 때면 수많은 일본인이 회사와 가정을 팽개치고 나와 자연의 아름다움을 감상하면서 하루를 보낸다. 그것은 아침 일찍부터 벚나무가 늘어선 길을 따라 작은 땅을 확보하면서 시작된다. 각자의 영토는 깔개나 상자 또는 그 밖의 다른 것으로 땅 위에 표시하는데, 일단 그런 표시가 있으면 다른 사람들은 그것을 존중하여 다른 곳으로 간다. 벚꽃 축제에 참석하고 싶지만, 온종일 깔개 위에 맨발로 쪼그리고 앉아 있을 수가 없는 높은 사람들은 부하 직원들을 보내 대신 자리를 맡게 한다. 시간이 흐르면서 사람들이 작은 직사각형의 개인 공간 위로 무리를 지어 모이기 시작해 벚꽃의 경치를 즐긴다. 그들은 쌀로 만든 술인 '사케'를 마시고 춤도 추고 노래도 부른다. 혹은 끝없는 구름처럼 뻗어 있는 화려한 벚꽃 풍경을 가만히 앉아 감상한다.

땅 위에 아무런 표시도 없이 텅 비어 있는 장소는 딱 한 군데뿐인데, 그 위에는 검은색 상의를 입은 젊은이들이 원형으로 쪼그리고 앉아 있었다. 이 젊은이들은 무술을 하는 집단으로, 땅 위에 자리를 표시하지 않는 것은 일종의 지위를 과시하는 행동이라고 한다. 아무런 표시를 하지 않더라도 아무도 그들의 공간에 침입하려고 하지 않으며, 그들의 몸 자체가 바로 필요한 표시라는 것이다.

우리는 공원에서 촬영을 시작했고, 나는 내가 느낀 인상을 이야기했다. 그러고 나서 잠시 휴식을 취한 다음, 근처에 있는 우에노 동물원으로 갔다. 동물들은 다소 지루한 표정으로 그냥 우리 속에 앉아 있었다. 콘크리트 바닥 위에 멋진 호랑이 한 마리가 힘없이 누워 있는 것을 보고 나는 호랑이와 몇 마디 나누기 위해 그곳으로 갔다. 내가 호랑이 말로 인사를 건네자, 호랑이는 충격을 받아 까무러치려고 한다. 호랑이는 벌떡 일어나 마치 유령이라도 본 듯이 나를 노려본다. 이 불쌍한 동물은 몇 년 동안 우리 속에서 홀로 지내는 동안 호랑이끼리 나누는 "프흐-프흐-프흐"라는 인사를 전혀 들어 보지 못했을 것이다. 그 호랑이는 나와 비슷한 소리를 내면서 마치 고양이가 주인의 다리에 몸을 비비듯이 우리 창살에다가 몸을 비빈다. 일본인 동료들은 이 광경에 깜짝 놀란다. 나는 우리의 언어를 잠깐 잊고 다른 종의 언어에 귀를 기울이기만 하면 그 종의 언어를 배우는 것은 쉽다고 설명하느라 한참 애썼다. 그들은 전혀 생각지도 못한 일이라는 반응을 보인다. 어쩌면 나는 여기서 새로운 유행을 전파시킬지도 모르겠다.

벚꽃이 만발한 장소로 다시 돌아와 보니 많은 사람들은 상당히 취해 있었고, 축제 분위기라는 특별한 상황에서 일본인 특유의 자제심이 무너져 내리고 있었다. 그렇지만 한 곳에 있는 네 젊은이는 전혀 취하지 않은 채 정신이 말짱했다. 이들은 회사 사원들로, 하늘이 두쪽 나도 복종해야 하는 그들의 상사가 도착하길 기다리고 있었다. 이들은 불만을 감추지 못한 채 일본인 특유의 굳게 찡그린 엄격한 표정을 짓고 있다. 그때 바람이 불면서 꽃잎들이 눈발처럼 휘날리기 시작했다. 다른 사람들이 여기저기 놓아 둔 깔개들은 이리저리 날아갔지만, 네 사람이 놓아둔 깔개는 끄떡도 하지 않았다. 그들은 접착 테이프를 사용해 깔개를 단단히 고정시켜 놓았기 때문이다. 그들의 상사는 이들을 대견하게 생각할 것이다. 그러나 그때 비가 쏟아지면서 사람들은 피할 곳을 찾아 달리기 시작했다.

공원은 금세 땅 위에 작은 표시들만 널린 유령 마을로 변했다. 아직 남아 있는 극소수 사람들 중에는 자리를 떠날 수 없는 이 불쌍한 네 젊은이도 있었다. 한 사람이 멋진 제복을 비에 젖지 않게 하려고 테이프로 붙여 놓은 깔개를 뜯어 그 밑에 몸을 숨겼다. 다른 사람들도 그 밑으로 들어오고, 마실 것과 그 밖의 물건들도 이 임시 텐트 밑으로 가져왔다. 바깥 세상에서는 보이지 않지만, 그들은 그곳에서 불쌍한 신세로 쪼그리고 앉아 폭풍우가 멎길 기다린다. 하늘은 점점 더 어두워져 갔고, 우리는 자리를 뜨지 않는 이 용감한 젊은이들의 모습을 계속 촬영했다. 아마도 이제는 그들의 상사도 오지 않는 것이 아닐까? 마침내 비에 흠뻑 젖은 채 풀이 죽은 표정으로 그들은 자리에서 일어나 그곳을 떠나며 깔개를 근처의 쓰레기통에 버린다. 그리고 눈을 내리깔고 그 무거운 먹을 것과 마실 것을 들고 도로 사무실로 돌아간다. 이제 벚꽃 축제는 끝났고, 다시 내년이 올 때까지 기다려야 한다.

봄은 일본인에게 축제가 연이어지는 계절이다. 나는 너무 늦게 도착하여 3월 3일의 인형 축제나 3월 14일의 속옷 선물하는 날을 보지 못했고(3월의 둘째 일요일이 어머니날이라, 속옷이나 내복을 선물하기도 하는데, 저자는 이것을 혼동한 것 같다—옮긴이 주), 또 4월 말의 황금 주간이 시작되기 전에 일본을 떠날 것이다. 그렇지만 최소한 나는 벚꽃이 만발한 광경을 보았고, 한 중년 남자가 아주 큰 사케 병을 비우고는 빈 병을 마이크로 사용해 낭만적인 일본 노래를 열정적으로 부르던 모습도 인상적이었다. 그는 우리의 카메라나 비바람은 전혀 의식하지 않고, 자기 혼자 넘치는 흥을 주체하지 못해 흥겹게 노래를 불러댔다. 내일이 되면 의무와 복종과 규율과 회사에 대한 충성심, 그리고 현대 일본인이 회사 생활을 하면서 따라야 하는 온갖 구속에 얽매여 살아야 하겠지만, 우에노 공원에 벚꽃이 만발한 이 멋진 봄날 하루만큼은 자기 속에 숨어 있던 꿈을 마음껏 자유롭게 발산할 수 있는 것이다.

도쿄는 아주 효율적인 '탄환 열차'로 유명하다. 이것은 속도 때문에 통근자에게 큰 인기가 있지만, 그러한 큰 인기는 오히려 불편함을 가져다 주었다. 승객이 너무나도 많이 몰리는 바람에 출퇴근 시간에는 아르바이트 학생들을 고용하여 열차 문이 닫히기 전에 승객들을 열차 안으로 밀어넣게 하고 있다. 나도 그런 이야기는 들었지만, 직접 목격한 적은 없었다. 이제 그것을 몸소 체험해 보려고 한다. 마사코는 나를 촬영팀이 기다리고 있는 정거장에서 한 코스 전의 역으로 데리고 갔다. 열차가 도착하면 나는 객차의 한가운데로 밀고 들어가야 한다. 그래야 다음 역에서 촬영팀은 열차에서 내리기 위해 필사적으로 애쓰는 내 모습을 찍을 수 있다.

열차가 출발하기까지 통근자들이 계속 밀려와 이미 **빽빽**하게 얽혀 있는 인간들의 매듭 속으로 몸을 던졌다. 문이 닫힐 때가 되자 나는 내 발이 더 이상 바닥에 닿아 있지 않다는 걸 깨달았다. 신체 접촉 없이 절만 하는 것이 전통적인 예절이고, 거리에서 친구를 껴안는 것을 부적절하게 여기는 문화에서 바로 이러한 일이 일어나고 있는 것이다. 밀착해 있는 사람들은 전혀 모르는 사람들이고, 다시는 만날 일이 없을 것이기 때문에 그들은 개개인의 사람이라기보다는 가구와 같다고 생각할 수도 있다.

마침내 열차가 다음 역에 도착했고, 플랫폼에서 기다리고 있는 촬영팀의 모습이 보였다. 열린 문으로 사람들이 폭포처럼 쏟아져 나갔지만 나는 움직일 수가 없었다. 나는 여전히 사람들에게 둘러싸인 채 시간이 계속 흘러가고 있었다. 곧 문이 닫힐 것이고, 만약 지금 밖으로 나가지 않는다면 나는 열차에 실려 낯선 장소에 도착하게 될 것이라는 생각이 들었다. 일본어도 전혀 모르는데다가 돌아갈 방법도 전혀 모르는 상태에서 말이다. 이 생각에 자극을 받은 나는 학교에 다닐 때 잘 피해 온 럭비 스크럼의 난폭성을 되살리려고 노력했다. 그때부터 나는 몸을 비틀고 사람들을 마구 밀치며 나아가기 시작했다.

얼마 후 부딪치는 주위 사람들의 압력이 줄어드는 게 느껴지더니, 마침내 코르크 마개가 뻥 터지는 것처럼 나는 플랫폼으로 나와 비틀거리며 카메라 앞으로 걸어갔다. PD는 흡족한 것처럼 보였다. 나는 일본인으로 살아가는 한순간을 완벽하게 보여 주었고, 그것도 연기(그런 재주도 전혀 없지만)를 전혀 부리지 않고 해냈다.

다음 날은 아주 대조적인 경험을 했다. 대도시 도쿄의 혼잡에서 벗어나 우리는 교토 근처에 있는 료안지라는 고요하고 평온한 절로 갔다. 15개의 돌이 서 있는 이 절의 자갈 정원은 세계적으로 유명하다. 이 독특한 미니멀리즘(최소한의 조형 수단으로 회화나 조각을 제작하는 예술)적인 선불교의 바위 정원은 어떤 식물의 침입도 허용하지 않으면서 이렇게 500년이 넘게 기다란 직사각형의 공간을 유지해 왔다. 이곳에서는 어디에 앉든지 간에 15개의 돌 중 14개만 보이지만, 오랜 선 수행을 통해 영적인 깨달음을 얻으면, 보이지 않는 열다섯 번째 돌을 마음의 눈으로 볼 수 있다고 한다.

물론 이 신성한 장소도 곧 낮이 되면 수많은 관광객으로 붐비겠지만, 우리는 일반인의 출입이 허용되지 않는 새벽에 왔기 때문에 나는 15개의 돌 앞에서 혼자서 맨발로 다리를 꼬고 앉아 촬영을 할 수 있었다. PD는 이처럼 부동자세로 앉아 떠오르는 태양에 의해 돌 위에 비치는 그림자의 위치가 상당히 많이 변할 때까지 명상을 하라고 요구했다.

새벽 공기는 매우 차갑고, 시간이 지남에 따라 나는 몸에서 온기가 서서히 빠져 나가는 것을 느낀다. 이곳은 마술의 세계와 같은 장소이고, 나는 이 묘한 분위기를 결코 잊지 못할 테지만, 내 개인의 평온함은 서서히 불편함에 의해 무너지고 있었다. 만약 내가 이곳에서 얻는 것이 있다면, 그것은 영적인 깨달음보다는 근육의 경련일 것이다. 내가 추위보다는 더위를 좋아한다는 사실 외에도, 나는 오랫동안 책상다리를 하고 앉아 있는 데 익숙하지 않다. 이것은 여윈 사람에게 유리한 게임인데, 나는 신체적으로 적합하지 않다. 나는 할 수 있는 최대한, 흠 하나 없는 하얀 자갈 바다와 그 위로 넘실대는 섬세한 파도와 불쑥 솟아 있는 검은색 바위섬들에 정신을 집중하려고 노력하지만, 결국에는 이 절을 보고 싶은 생각보다는 떠나고 싶은 생각이 간절하다.

나는 왜 일본 문화에서는 테이블과 의자를 사용하는 편리한 관습이 발달하지 않았는지 모르겠다. 오늘날 일본인은 서양에서 그 아이디어를 대규모로 수입했지만, 기회만 닿으면 그들은 마루로 돌아가며, 거기서 한없이 편안함을 느끼는 것 같다. 이것은 우리가 함께 한 많은 식사에서도 느낄 수 있는데, 나는 서투른 서양인의 신체를 거기에 편안하게 적응시키는 방법을 아직 터득하지 못했다. 주위에 앉아 있는 다른 사람들을 살펴보니, 그들은 아무런 힘도 들이지 않고 발레 무용수처럼 우아하게 책상다리를 한 채 알 수 없는 맛깔스러운 음식과 늘 나오는 생선 요리를 맛있게 먹고 있다. 나는 그들의 자세를 모방하려고 노력하지만, 곧 내 허리는 그 명령에 불만을 나타낸다. 그래서 나는 한쪽 다리는 세우고 한쪽 다리만 웅크리기, 옆으로 쪼그리고 앉기, 반만 책상다리하기, 무릎 꿇고 앉기 등 여러 자세를 시도해 본다. 나는 인류에게 알려지지 않은 새로운 앉는 자세를 발명해 내고 있다. 각각의 자세는 몇 분이 지나기 전에 근육이 고통을 호소한다. 나는 이렇게 계속 자세를 바꾸는 것을 다른 사람의 눈에 띄지 않으려고 음식을 집는 행동을 할 때마다 자세를 바꾸었다. 그러다가 마침내 나는 한 가지 해결책밖에 없다는 결론을 내렸다. 쓰시는 두 다리를 테이블 아래로 그냥 쭉 뻗고 앉는 것이다. 그러자 아주 편안해졌지만, 대신에 허리가 약간 아팠다.

2주일 동안 계속해서 바닥에 앉아 생선과 기묘한 식물을 먹던 어느 날 저녁, 나는 멋지게 마련된 식사를 먹지 못하겠다고 양해를 구했다. 그들은 내 건강에 대해 염려했지만, 나는 다음 촬영을 위해 약간의 휴식이 필요할 뿐이라고 안심시켰다. 그러고 나서 나는 몰래 빠져나와 기름기 많은 햄버거 가게를 찾아 선 채로 게걸스럽게 햄버거를 먹었다. 도중에 나는 롤링스톤스 그룹의 한 멤버를 만났는데, 그 역시 나와 비슷한 이유로 탈출해 나온 것이 분명했다.

나를 초청한 사람들은 내게 일본인이 열광하는 모든 것을 경험하게 해주려고 각별히 배려했다. 거기에는 스모, 가부키, 게이샤, 야구도 포함되었다. 야구라고? 그렇다. 일본인은 이 미국 스포츠에 아주 큰 열정을 보인다. 많은 서양인들은 일본 야구는 제2차 세계대전 이후에 미군이 들여온 것으로 생각한다. 그러나 사실은 일본 야구의 역사는 100년이 넘는다. 일본 최초의 야구 경기는 1873년에 열렸고, 프로야구는 1934년부터 시작되었다.

일본 야구에서는 의식을 아주 중요시한다. 팬들은 우아한 의상과 상징을 준비하고, 많은 사람들은 북과 그 밖의 악기를 가져온다. 그들은 경기 도중에 노래와 함성에 맞춰 북과 악기를 두드리며 국제 축구 경기장에서나 볼 수 있는 화려한 장관을 연출한다. 나는 가까이에서 이것을 관찰할 수 있도록 허락을 받아 그들이 노래를 부르는 시기를 분석하려고 노력했다. 스톱워치를 사용해 나는 자기 팀이 비교적 경기를 잘 할 때 팬들은 자기도 모르게 정확하게 심장 박동과 같은 속도, 즉 분당 72회로 북을 두드리고 노래를 부른다는 사실을 발견했다. 그리고 자기 팀이 아주 훌륭한 플레이를 할 때 그 박자는 분당 80회로 증가했다. 그러다가 홈런이 터지거나 승부에 결정적인 순간이 오면 일치된 박자가 무너지고, 모두가 기쁨에 겨워 소리를 지르고 펄쩍펄쩍 뛰면서 소음은 불규칙한 소리들의 불협화음으로 변했다.

우리가 관람한 야구 경기는 대학 야구 결승전이라서 관중의 열기는 크게 고조되었다. 경기가 끝났을 때, 우리는 탈의실에서 두 팀을 촬영할 수 있도록 허락받았다. 이긴 팀 선수들은 마치 세계 챔피언이나 된 듯이 웃고 고함치고 신이 났지만, 패배한 팀 선수들은 이전에 내가 한 번도 본 적이 없는 행동을 보였다. 그들은 아무 말도 없었고, 고개를 숙인 채 움직이지도 않았다. 구부정하게 벤치에 앉아 있는 그들의 얼굴에서는 반짝이는 긴 액체가 실처럼 바닥으로 떨어졌다. 그들은 기괴할 정도로 움직임이 없는 아주 인상적인 장면을 연출하며 울고 있었다. 그것을 지켜보는 것이 너무 안쓰러워 우리는 방문 시간을 단축하여 그 자리를 떠났다.

야구는 일본에서 두 번째로 인기 있는 스포츠이다. 가장 인기 있는 종목은 스모인데, 마침 나는 운 좋게도 매년 봄에 열리는 큰 대회의 마지막 날 경기를 볼 수 있었다. 스모는 일본에서 2000년 이상 계속돼 온 유명한 운동 경기여서 옛날부터 전래되어 온 의식적 요소를 많이 지니고 있다.

우리가 도착했을 때 직사각형의 거대한 경기장은 이미 인파로 꽉차 있었고, 그 열기는 전에 어디선가 본 적이 있다고 느껴졌다. 그게 어딜까 하고 한참 생각하다가 마침내 어딘지 떠올렸다. 이것과 같은 종류의 관중의 긴장감을 내가 마지막으로 경험한 것은 발리 사원에서 벌어진 닭싸움에서였다. 그 경기장 역시 똑같은 모양이었고, 두 경기 모두 의식적 요소를 갖춘 싸움에 종교적 의미가 담겨 있으며, 관심의 초점은 조그마한 중앙의 링에서 쪼그린 자세로 시작하는 일대일의 격렬한 결투이다.

우리 일행은 좌석으로 안내를 받았는데, 주위를 살펴본 나는 일본인이 아닌 사람이 이곳에 앉는 것은 일종의 영광으로 알아야 한다는 사실을 깨달았다. 이 거대한 경기장에 모인 사람은 모두(물론 나는 제외하고)가 열광적인 전문가이고, 날 때부터 스모 시합을 계속 지켜봐 온 사람인 것 같았다. 그런데 내가 아까 '좌석'이라고 했던가? 정정해야겠다. 여기는 좌석 같은 것은 없다. 다시 한 번 쪼그리고 앉아야 하는 시간이다. 우리 일행은 내 눈에 큰 고양이 변기처럼 보이는 곳에 함께 앉아야 했다. 우리는 그곳으로 비집고 들어가 어찌어찌하여 자리를 잡고 앉았다. 우리 일행 옆에 앉아 있는 한 중년 남자는 내게서 얼굴이 불과 몇 cm밖에 떨어져 있지 않았는데, 내가 영국인이라는 사실을 알고 몹시 반가워한다. 그는 자신이 영어를 잘 한다고 자신하기 때문이다. 개막식이 끝나고 첫 시합을 할 두 선수가 링으로 걸어 올라오자, 그는 내게 둘 중 누가 이길 것 같으냐고 묻는다. 내가 답을 맞힐 확률은 절반밖에 안 되므로, 나는 두 사람이 몸을 푸는 동작에서 신체 언어를 유심히 관찰한 다음 어느 쪽이 이길 것 같다고 말해 주었다. 그는 크게 숨을 들이쉬는 소리를 냈는데, 내가 천재라서 그런 건지 바보라서 그런 건지 모르겠다.

시합은 양 선수가 세 가지 의식적 행동을 하고 나서 시작된다. 발로 땅을 쿵쿵 밟는 것은 악마를 짓밟기 위한 것이고, 손바닥을 위로 한 채 양팔을 벌리는 것은 신들의 도움을 얻기 위한 것이고, 소금을 뿌리는 것은 짠 바다를 건너온 조상들을 기리기 위한 것이다. 이것이 끝나면 두 거인은 쪼그린 자세로 서로를 노려보다가 신호와 함께 상대방의 가슴을 향해 돌진한다. 두 거구가 충돌하는 순간은 마치 거대한 두 지방 덩어리가 부딪쳐 요동치는 것 같다. 그러고 나서 두 선수는 아슬아슬하게 중요한 부위만 가린 샅바를 붙잡고 한 사람이 넘어지거나 링 밖으로 밀려날 때까지 사투를 벌인다.

놀랍게도 승자는 내가 예측한 선수였다. 내 옆에 앉아 있던 사람은 다소 놀란 표정이다. 그는 다음 시합의 승자도 맞혀 보라고 했다. 나는 몸을 푸는 동작을 살펴보고 어느 선수가 이길 것 같다고 말했다. 이번에도 내 예측은 맞았고, 옆사람은 신기해하는 표정이다. 나 역시 그렇다. 나는 예측을 계속했고, 거의 80%의 확률로 승자를 알아맞혔다. 이것은 단순히 운이라고 하기에는 아주 높은 확률이다. 나는 그저 선수들이 서로를 바라보면서 드러내는 신체 언어에서 불안감과 자신감을 가늠하여 결과를 예측했을 뿐이다. 나는 우쭐해졌지만, 그것은 오래 가지 못했다. 지금까지 본 것은 조연급에 해당하는 실력이 좀 떨어지는 선수들의 시합이었다. 챔피언들의 시합은 아직 시작되지 않았다. 이들의 시합이 시작되자, 내 예측은 거의 50% 수준으로 떨어지고 말았다. 포커의 대가들과 마찬가지로, 이 대선수들이 성공을 거둔 비결 중에는 자신의 진짜 감정을 감추는 능력도 있다. 몸을 푸는 과정에서 이들은 쉽사리 자기 감정을 드러내지 않는다. 그리고 양 선수 모두 자기가 이긴다는 암시 비슷한 신호를 드러내는 재주가 있다. 그러니 나의 추측은 빗나가기 일쑤이다.

마침내 최후의 결전이 다가왔다. 최고 챔피언 두 사람이 시합을 벌이는 것이다. 나이가 많은 선수는 기타노우미라는 이름으로 싸우는 오바타라는 선수이다. 젊은 선수는 아키모토인데, 스모계에서는 지요노후지라는 이름으로 알려져 있다. 이것은 늙은 사자와 젊은 도전자의 대결이다. 지요노후지는 모든 사람을 열광시키는데, 그는 잘생긴 데다가 아주 민첩하기 때문이다. 그는 여느 스모 선수와는 달리 몸집이 크지 않지만, 체중의 불리를 민첩한 동작으로 보완한다. 그가 하와이 출신의 거인인 다카미야마와 대결할 때 그 광경은 매우 인상적이다. 지요노후지는 체중이 117kg인 데 비해 다카미야마는 무려 195kg이나 나가기 때문이다. 그것은 마치 거대한 덩치의 고래와 약삭빠른 늑대의 싸움과 같다. 그리고 늘 늑대가 이기고, 이 때문에 지요노후지는 새로운 스타들 중에서도 가장 공포의 대상이다. 그는 오늘도 승리를 거두었고, 나 자신도 지요노후지에 열광하는 무리 속에 함께 휩쓸렸다. 만약 내가 일본에서 산다면 대부분의 일본인처럼 스모에 중독되고 말 것이다.

경기장 밖에는 거대한 검은색 리무진들이 대기하고 있다. 내부는 술 장식이 달린 커튼으로 가려져 있다. 이 차들은 신들, 곧 스모계의 위대한 챔피언(요코즈나)들을 위한 것이다. 대회(바쇼)가 끝난 뒤, 이 차들은 그 신들을 특별한 장소로 데려가고, 그들은 그곳에서 다음의 대회가 열릴 때까지 경쟁적으로 열심히 먹고 훈련하는 과정에 돌입한다(15일간 계속되는 바쇼는 매년 여섯 차례 열린다).

스모 선수들을 이렇게 신격화하거나 지나치게 대접해 주는 것을 고깝게 여겨서는 안 된다. 그들은 문자 그대로 자신의 삶을 스모에 바치기 때문이다. 스모 선수들은 거대한 몸집을 유지해야 하는 신체적 부담 때문에 대부분 일찍 죽는다. 그렇지만 그들의 삶은 대부분의 시간동안 절제되고 엄격한 규율 속에서 생활을 하다가 시합이 열리는 아주 짧은 동안에 폭발적으로 분출하는 아주 영광스러운 삶이다. 이들은 나머지 일본 사람들과는 해부학적으로 너무나도 차이가 나기 때문에, 몸집이 거대한 다른 종처럼 보인다. 나는 샅바를 차고 거대한 몸뚱어리를 부딪치는 이들에게서 또 다른 특별한 인상을 받았는데, 십대 이후로 처음으로 내 몸매가 날씬하게 생각되었기 때문이다.

그 다음에 우리는 최고의 게이샤 전통이 살아남아 있고, 아직도 옛날 스타일의 게이샤 술집이 남아 있는 교토로 갔다. 많은 서양인은 게이샤를 단순히 화려한 복장을 한 고급 매춘부 정도로 생각하지만, 실상은 전혀 다르다. 우리는 오래된 목조 건물의 계단을 올라가 직사각형 방으로 안내되어 바닥에 앉았다. 게이코와 마이코라는 여자가 들어와 나를 시중들기 시작했다. 게이코는 고참 게이샤이고, 마이코는 어린 견습생이다. 누가 견습생인가는 쉽게 분간할 수 있는데, 견습생은 양 입술에 립스틱을 바르는 것이 허용되지 않고 오직 윗입술에만 바를 수 있는데, 이것은 묘한 매력을 풍겼다.

마이코는 전통 일본 여자 복장으로 아름답게 차려입었고, 영양조차 촌스럽게 보일 정도로 아주 우아하다. 미소를 듬뿍 머금고 아주 깊숙이 허리를 숙여 절을 하는 그녀는 나의 모든 비위를 다 맞춰 주기 위해 그곳에 존재한다는 인상을 준다. 그녀는 내게 음식과 술 시중을 들며 담뱃불도 붙여 주는데, 성 행위를 연상시킬 정도로 모든 행동을 아주 사랑스럽게 한다. 그런데도 불구하고 이상하게도 전체적인 분위기는 정숙하다. 나는 마치 종교에 속박되지 않은 수녀원에 와 있고, 이곳 사람들은 단지 나를 즐겁게 하는 것만을 인생의 유일한 목적처럼 생각하는 듯한 느낌이 든다(이러한 분위기에 실망한 미국의 한 방문객은 게이샤 파티를 '성적인 암시를 물씬 풍기는 교회 만찬과 비슷하다' 고 묘사했다).

　간단하게 요약하면, 이것이 바로 게이샤의 본질이다. 게이샤는 엄격한 의미로는 남성의 쾌락을 위한 여자이다. 부유한 일본인 기업가는 근심거리를 잊고 우아하고 순종적인 이 여인들과 조용히 지내기 위해 저녁에 이곳을 찾는데, 게이샤는 그들을 편안하게 시중들고, 춤을 추거나 악기를 연주하거나 노래를 불러 주고, 그들의 말에 귀를 기울여 준다. 게이샤의 재주는 아주 뛰어나, 이곳을 떠나 20세기의 가혹한 현실 속으로 돌아갈 때까지 손님은 마치 지나친 시중을 받는 왕자가 된 듯한 기분이 든다.

　불행하게도 오늘날 전통 게이샤 술집을 찾는 많은 손님들은 뭔가 에로틱한 것 외에는 다른 것을 거의 기대하지 않는다. 그래서 그들은 어색한 행동에 당황해하며, 고풍스런 분위기에 잘 적응하지 못한다. 어떤 사람은 이러한 문화 충돌을 "전혀 이해하지 못하는 축구 팬들 앞에서 엘리자베스 시대의 의상을 입고 연극을 공연하는 것과 같다" 고 묘사했다.

　그렇다면 아주 훌륭한 성적 즐거움을 준다고 세계적으로 정평이 나 있는 게이샤의 명성은 무엇인가? 물론 그러한 일은 가능하지만, 최고의 게이샤 술집에서는 보기 힘들다는 대답을 들었다. 만약 부자 손님이 어떤 게이샤에게 반한다면, 그녀는 마지막 봉사를 제공한다는 데 동의할 수도 있지만, 그녀에게 상당 기간 아파트를 따로 마련해 주어야 한다. 그러면 그녀는 오직 그 사람에게만 몸을 허락하며, 그가 가끔 찾아오기만을 참을성 있게 기다린다. 그러나 오늘날 이 정도의 사치스러운 생활을 즐기려면 최소한 큰 회사의 사장이나 주요 정치인 정도는 되어야 한다.

나는 게이샤의 사생활에 대해 더 많은 것을 알려고 노력했지만, 킬킬거리는 웃음과 수줍은 시선만 돌아왔다. "게이샤는 손님들을 어떻게 생각하나요?" 그러자 킬킬거리는 웃음소리가 더 커진다. 그러다가 한 게이샤가 달갑지 않은 손님을 나타낼 때 사용하는 비밀 제스처가 있다고 말했다. 한참 동안 캐물은 끝에 나는 그것을 보여 달라고 설득하는 데 성공했는데, 그것을 본 나는 적잖이 놀랐다. 그것은 내가 잘 알고 있는 옛날 유럽인의 제스처였는데, 그것이 이 먼 곳까지 전파되었다는 사실에 놀라지 않을 수 없었다. 그것은 고대 그리스 시대부터 알려져 있던 성적인 제스처인 피코(fico)였다. 이것은 주먹을 쥐면서 엄지손가락을 첫째 손가락과 둘째 손가락 사이로 삐죽 내미는 것이다. 엄지손가락 끝은 주먹 쥔 손 틈으로 삐죽 나오면서 성적인 삽입을 상징한다. 고대 그리스인은 이 제스처를 악마의 눈에 대해 강력한 보호를 제공해 준다고 생각했고, 많은 사람들은 이 모양으로 조각된 조그마한 손을 보호용 부적으로 지니고 다녔다.

이것은 오랜 세월이 흐른 뒤에도 살아남아 지금도 많은 서구 국가에서 제스처나 부적으로 남아 있다. 그러나 그동안 이 제스처의 의미에는 많은 변화가 일어났다. 대부분의 장소에서 이 제스처는 외설적인 모욕을 뜻하게 되었고, 원래 지녔던 보호의 기능은 상실했다. 이 제스처가 지금도 '행운'의 주술로 널리 사용되고 있는 유럽 국가는 딱 하나밖에 없는데, 그곳은 바로 포르투갈이다. 그런데 16세기에 일본을 최초로 방문한 유럽인이 바로 포르투갈인이었다. 특정 손님을 혐오한다는 감정을 은밀히 나누는 게이샤의 이 제스처는 포르투갈인이 일본인과 최초로 접촉하던 그 당시에 전래된 것일까? 아니면 순전히 우연의 일치로 두 장소에서 따로 생겨난 것일까? 나는 포르투갈

전래설을 믿고 싶은데, 감사의 뜻을 나타내는 일본어 '아리가토'와 포르투갈어 '오브리가도(obrigado)'의 발음이 비슷한 것도 나의 흥미를 자아냈다. 아마도 포르투갈의 탐험가들은 많은 사람들이 상상하는 것보다 훨씬 많은 것을 이곳 일본 땅에 남겼는지 모른다.

게이샤 사이에는 자신들이 특별히 고안해 낸 마임 언어도 있는데, 이것을 사용해 손님의 이름을 은밀히 알려 줄 수 있다. 나는 '모리스'라는 이름을 마임으로 나타내 보라고 요청했는데, 그들은 뿔 모양 다음에 보이지 않는 종을 두들긴 다음, 뿔을 가는 원형의 동작을 보였다. 뿔 모양은 '모오오~'라고 우는 소를 뜻하고, 종은 '리리리링' 하는 소리를, 뿔을 가는 것은 '스스스스'라는 소리를 낸다고 설명했다. 이것들을 합하면 '모오오오-리리리-스스스'가 된다. 나는 내 이름을 게이샤의 비밀 언어로 어떻게 나타내는지 알게 되어 뿌듯했지만, 이것을 앞으로 어디에 써먹을 수 있을지 짐작이 가지 않았다. 소니나 니콘 또는 도요타의 중역이 아닌 나는 게이샤에게 개인적으로 아파트를 마련해 주고 장차 일본을 방문할 때 긴장을 풀러 찾아가려는 생각은 버리기로 결정하고, 마지못해 거칠고 험한 바깥 세상으로 발걸음을 떼었다.

이제 일본 여행도 거의 끝날 때가 되었다. 내 프로그램을 담당한 PD인 유카타는 편집할 녹화 필름을 33시간 분량이나 찍어 몹시 흡족한 표정이다. 내가 이곳에 온 지 겨우 3주밖에 지나지 않았지만, 3년이나 지난 것 같은 느낌이 든다. 그동안의 시간이 지루했다는 뜻이 아니라 촬영팀과 함께 돌아다니다 보니 단순히 관광객으로 경험하는 것보다 훨씬 많은 것을 경험했기 때문이다. 촬영팀은 최고의 여행 가이드도 해낼 수 없는 최적의 여건을 만들어 놓은 장소로 우리를 데려간다. 현대 텔레비전 시대의 사람들은 무슨 일이 일어나고 있는지 즉각 알아채고, 지금 촬영하고 있는 장면을 자기 집에 돌아가서 언제 볼 수 있을지 궁금해한다. 그들은 촬영을 위해 좀 양보해 달라는 부탁에 거의 거절하는 법이 없다.

나는 촬영팀을 대동하고 가면 은행을 성공적으로 털 수 있지 않을까 하고 생각한 적이 있다. 그러면 다른 사람들은 눈앞에 벌어지고 있는 일을 영화 촬영이라고 생각할 것이다. 그리고 사람들이 진실을 알 무렵에는 이미 때가 늦다. 일본 촬영팀은 나를 아주 특별한 수십 가지의 상황 속에 밀어넣는 데 성공했다. 그것을 통해 나는 수백 년의 시간 간격을 거스르며 옛것과 새것이 나란히 공존하는 현대 일본 문화의 모순적인 상태를 분명하게 이해할 수 있었다. 모든 새로운 기술은 서양에서 발명되었지만, 발달시킨 것은 일본이라는 말이 있다. 일본인은 개선과 수정에는 아주 뛰어난 능력이 있지만, 혁신에는 약하다. 이 말에는 진리가 담겨 있긴 하지만, 나는 눈을 크게 뜨고 일본에서 혁신의 조짐을 찾아보았으며, 몇 가지 조그마한 사례를 발견했다.

첫째는 집의 앞담이다. 일부 담에서 나는 일련의 상징들이 지면에 닿는 아랫부분까지 그려져 있는 것을 보았다. "저것은 무엇을 나타낸 겁니까?"라고 물어 보았더니, "기독교의 십자가처럼 신성한 상징이지요"라는 대답을 들었다. "그렇지만 왜 담에다가 저것들을 저렇게 줄지어 그려 놓았습니까?" "그러면 개 주인들이 개가 저 신성한 상징 위에다가 다리를 들지 않게 할 테니까요." 정말 기발하지 않은가!

둘째는 택시의 문에 관한 것이다. 도쿄의 택시는 손님이 내리기 위해 멈춰설 때, 운전사가 자동차 앞에 있는 레버를 끌어당겨 뒷좌석의 문을 열어 주어 손님이 편하게 내리도록 한다.

셋째는 나와 함께 따라다닌 일본인 촬영 기사와 관련된 것이다. 그는 소형 카메라를 들고 다니면서 우리가 여행하며 돌아다니는 곳을 촬영했는데, 모든 일본인은 텔레비전 카메라가 작동 중일 때에는 붉은색의 작은 불빛이 들어온다는 사실을 잘 알고 있다. 반면에 카메라가 작동하지 않을 때에는 불이 꺼진다. 그래서 그는 그 스위치를 거꾸로 해놓았다. 그래서 불이 꺼져 있는 것을 본 사람들은 카메라가 작동 중인지도 모르고 안심한다.

물론 이것은 아주 사소한 혁신이지만, 천릿길도 한 걸음부터라고 하지 않던가? 그리고 많은 젊은이들 사이에는 창조적인 저항의 기운도 느껴지는데, 이것은 미래의 전망을 밝게 한다. 노예처럼 권위를 추종하고, 무조건 연장자를 존경하는 분위기는 필연적으로 경직된 사고를 초래하는데, 이것이 조금씩 변하는 조짐을 보이고 있다. 만약 일본인이 우아한 옛 방식을 유지하면서도 현대의 자유를 결합시킬 수 있다면, 그들의 문화는 새천년 시대의 세계 무대에서 중요한 하나의 문화로 자리잡을 것이다. 그들이 과연 성공할지, 아니면 연장자에 대한 깊은 존경 때문에 내일의 문화적 지평선에서 그들의 시야를 돌릴 지는 두고볼 일이다.

노트

일본에서 영국으로 돌아오면서 나는 잠깐 뉴욕에 들렀다. 쇼핑을 하러 다니던 나는 큰 백화점에서 나오다가 똑똑해 보이는 뉴욕 여성이 다가오는 것을 보고 뒤로 물러서서 그녀가 들어올 때까지 문을 잡고 서 있었다. 나는 이번에는 아무 문제가 없을 것이라고 생각했다. 이곳에는 수줍어하는 마사코는 없으니까. 이 팔팔한 젊은 여성은 서슴지 않고 내가 연 문을 지나갔다. 역시 내 생각은 옳았다. 그런데 그녀는 내 곁을 지나가면서 내 귀에다 대고 "피그(Pig)!"라고 말하는 것이 아닌가!(여기서 pig는 '돼지'라는 뜻이 아니라, 여성 차별주의자를 뜻한다) 정중한 유럽 남성은 또다시 실수를 저지르고 만 것이다. 페미니스트의 반란 중심지인 이곳에서 나는 그녀에게 문도 혼자서 열지 못할 정도로 연약하게 여긴다는 인상을 준 것이다. 그래서 나는 또 한 번 뜻하지 않게 실례를 저질렀다. 이런 일들을 겪은 후 영국에 도착하니 그렇게 마음이 편할 수가 없었다.

슬픈 노트 : 섬세하고 감성이 풍부하고 하얀 피부를 가졌던 마사코는 아직 젊은 나이인데도 불구하고, 내가 일본을 방문한 몇 년 후에 세상을 떠났다.

인간 동물을 찾아 나선 여행

1980년대에 나는 글을 쓰고 그림을 그리느라 무척 바빴다. 그러다가 1990년에 BBC 자연사 팀의 고참 PD인 마이크 베이넌(Mike Beynon)이 인간 행동에 관한 나의 다양한 연구를 주제로 텔레비전 시리즈를 만들어 볼 의향이 없느냐고 물었다. 이 시리즈의 각 프로그램은 내가 쓴 책을 바탕으로 제작되지만, 전세계 각지를 돌아다니며 촬영하면서 새로운 내용도 상당량 포함할 계획이었다. 나는 처음에는 썩 내키지 않았다. 과거의 경험으로 보아 인류를 자연사의 소재로 다룬다는 것은 온갖 종류의 문제를 촉발시킬 염려가 있었기 때문이다. 사람들의 사생활을 침범한다는 윤리적 문제와 어떤 장면의 방영 허가를 둘러싼 법적인 위험도 있었다. 무엇보다도 검열 문제가 있었다. 예를 들어 성적인 행동을 자세하게 글로 묘사하는 것은 가능하지만, 그것을 텔레비전 화면으로 보여 주는 것은 전혀 다른 문제이다. 게다가 나는 이 시리즈에 나오는 장면을 배우들의 연기로 메울 의사는 전혀 없었다. 그러나 마이크가 끈질기게 설득을 하는 바람에 결국 승낙하고 말았다. 1992년에 제작팀이 조직되었고, 〈인간 동물(The Human Animal)〉을 위한 최초의 현지 로케는 1993년 봄에 시작되었다.

내가 얻은 최고의 보상은 촬영 계획에 따른 세계 여행이었다. 나는 또 한 번 촬영팀과 함께 먼 나라들을 돌아다니면서 개인적으로는 경험하기 힘든 사건과 사람들을 만나는 좋은 기회를 얻었다. 그 경험을 다 적으려면 따로 책 한 권이 필요하기 때문에, 여기서는 다만 맛만 보여 주는 차원에서 네 가지 사건, 둘은 미국에서, 하나는 인도에서, 하나는 아프리카에서 일어난 사건을 선택했다.

암흑가에서 허겁지겁 도망치다

비행기가 공항에 도착할 때 끝없이 넓게 펼쳐진 로스앤젤레스를 내려다보고 있노라면, 일회용 시대의 일회용 도시 같다는 인상을 받는다. 창문 아래로 연이어 스쳐 지나가는 교차로를 바라보노라면 바닥에 난 큰 틈 위에다가 양탄자를 덮어 놓은 것처럼 보인다. 로스앤젤레스에는 실제로 그러한 틈이 있다. 이 도시에서 그것에 대해 말하는 사람은 거의 없지만, 마음 속으로는 누구나 자신이 태평양의 해안선과 충돌을 일으키는 거대한 대륙판의 가장자리 끝에 살고 있다는 사실을 잊지 않고 있다. 언젠가 LA는 파도 밑으로 가라앉거나 새로운 로키산맥의 높은 언덕으로 치솟을 것이다.

다른 어느 곳보다 이곳에서는 영원한 것은 아무것도 없다는 사실이 절실하게 느껴진다. 아침에 일어났을 때 LA가 여전히 그 상태로 남아 있다면 운이 좋다고 여겨야 하는데, 누가 진지한 건축물을 지으려고 하겠는가? 거대한 야외 촬영용 부지를 만들었다가 '큰 지진'이 닥쳐 그것이 무너지는 걸 보면 어떨까? 존 폴 게티(John Paul Getty: 미국의 석유 실업가, 백만장자, 미술품 수집가)는 돈은 많이 가졌지만 유머 감각은 없다고 이야기하곤 한다. 그것은 잘 모르고 하는 이야기다. 세계 최고의 걸작들을 많이 수집하여 지표면에 가장 활발한 상처를 지닌 샌앤드레이어스 단층 위에 자리잡은 박물관에 보관하려면 아주 특별한 유머 감각이 필요하다.

나는 암흑가를 촬영하기 위해 이곳에 왔다. 나는 이 때문에 많은 경고성 충고를 들었지만, 나는 이 아이디어에 큰 매력을 느낀다. 나는 세계에서 가장 부유한 사회 중 하나인 이곳의 심장부에 어떻게 그런 문화가 동시에 생겨나게 되었는지 텔레비전 화면으로 보여 주고 싶었다. 이 암흑가는 외부의 힘이 조장한 것도 아니고, 국가가 부추긴 것도 아니다. 사실 정부 당국은 그것을 몰아 내려고 온갖 애를 다 썼다. 그렇지만 그것은 사라지길 거부했고, 오히려 점점 강해져 스스로 놀라운 사회적 구조를 만들어 내기에 이르렀다. 나는 이것이 인류의 부족적 성격에 대해 뭔가 가르쳐 줄 것이라는 예감이 들었고, 나는 그것을 〈인간 동물〉을 위해 필름에 담고 싶은 것이다.

우선 호텔을 잡아야 했다. 이 도시에는 내가 좋아하는 호텔들이 많아 고르기가 힘들 정도였다. 내가 오랫동안 가장 좋아한 호텔은 로비가 영화 스타 지망생들과 그들의 에이전트로 가득 차 있는 비벌리힐스 호텔이다. 아주 바쁘게 활동하는 스타 한 사람당 그에 관련된 사람이 약 백 명 가량 있기 때문에, 이들로서는 영향력 있는 사람을 만나거나 그들과 연락하는 것을 항상 염두에 두고 있다. 그래서 모든 테이블에는 중요한 전화를 기다릴 수 있는 전화 접속 소켓이 붙어 있다. 슈퍼스타들을 위해 호텔의 1층에는 은밀한 방갈로가 있다. 각 방갈로는 호텔의 로비에서 구불구불한 길을 통해 열대 식물이 자라고 있는 곳을 지나 완전히 프라이버시가 보장되는 곳에 위치해 있다. 방갈로의 뒤쪽에는 조그마한 옆길이 나 있는데, 슈퍼스타의 애인들은 번거롭게 프런트를 지나지 않고 이 길을 통해 그들을 만나러 올 수 있다.

슬프게도 비벌리힐스 호텔은 브루나이 국왕이 LA에서 주말을 보낼 경우에 대비해 호텔을 사들이는 바람에 당분간 문을 닫았다. 그에게 독점은 보드 게임에 불과하다는 사실을 알려 준 사람이 아무도 없었는지 그는 전세계 각지의 호텔들을 사들이고 있다. 그리고 가장 최근에 사들인 호텔이 비벌리힐스 호텔이다.

그 밖에도 선택할 수 있는 특별한 호텔이 여럿 있다. LA 시내에는 건축학적으로 경이적인 보나벤처라는 호텔이 있는데, 로비의 크기가 쇼핑몰만하고, 방 열쇠를 받은 뒤에 어디로 가야 할지 아무런 표시도 없다. 지난번에 LA를 방문했을 때 나는 이 호텔에서 묵었는데, 짐을 날라 줄 사람이 아무도 없어 나는 한참 동안 짐을 끌고 걸어다닌 끝에 내 방으로 갈 수 있는 엘리베이터를 찾아 다행이다 싶어 올라탔다. 그러나 잠시 후, 나는 유리구 속에 갇힌 채 하늘 높은 곳에 붕 떠 있는 공포를 체험하게 됐다. 건물 바깥을 스쳐 지나가며 올라가던 이 작은 유리구는 25층 무렵에서 속도가 느려지기 시작하더니, 층과 층

사이에서 딱 멈춰서 버렸다. 그제서야 나는 보나벤처가 무서운 재난 영화 〈타워링〉의 소재가 되었다는 사실이 떠올랐다. 그 생각은 이 상황에 괜히 불안감만 증폭시켜 주었다.

나로서는 이 작은 유리구를 목적지인 27층으로 계속 올라가게 할 수 있는 방법이 없었다. 반응을 보이는 유일한 단추는 'down' 뿐이었기 때문이다. 그래서 나는 다시 거대한 로비로 내려갔다. 스스로 어리석다는 생각이 들긴 했지만, 그래도 나는 다시 한 번 27층으로 올라가려고 시도했다. 엘리베이터는 또다시 쏜살같이 올라가더니 속도가 느려지다가 27층 바로 밑에서 멈춰 섰다. 이번에는 로비로 내려가 엘리베이터에서 내렸다. 나는 가방을 끌고 그 너른 로비를 지나 프런트로 가 어떻게 해야 내 방까지 무사히 도착할 수 있는지 물어 보았다. 아마도 진동이 있었을 거라는 사무적인 답변을 들었다. 지진이 일어날 경우 사람들이 고층에서 오도 가도 못하게 되는 상황을 방지하기 위해 엘리베이터는 작동을 멈추도록 프로그램되어 있다는 것이었다. 그러나 그 논리는 내 이해 범위를 넘어서는 것이었다. 마침내 나는 내 방에 도착했고, 너무 피곤한 나머지 건물 전체가 쉽게 철거할 수 있도록 조립식으로 리모델링된 것인지 모르겠다는 느낌에도 불구하고 곧 잠에 곯아떨어지고 말았다.

선셋 대로에는 기이한 샤토마먼트 호텔이 있다. 촬영팀은 모든 기술 장비를 두기 위해 그곳에 숙박하기로 결정했다. 현대적인 느낌이라곤 전혀 없이 어둡고 불길한 느낌을 주는 샤토마먼트는 미국에서 귀신이 나온다는 소문이 도는 극소수 호텔 중 하나이다(믿기 힘들겠지만, 그 유령은 여자 손님과 함께 침대로 올라가는 남자 유령이라고 한다). 그러나 이 호텔은 1929년에 문을 연 이래 LA의 어떤 호텔보다 더 길고 호화찬란한 역사를 자랑한다. 가르보(Garbo)가 방을 영구 임대해 작은 풀장에서 수영을 하고 가는 엽궐련을 피운 호텔이 바로 이곳이고, 하워드 휴즈(Howard Hughes)가 쌍안경으로 창문을 통해 수영복 차림으로 일광욕을 즐기는 여자들을 훔쳐보던 곳도 이곳이며, 록스타 짐 모리슨(Jim Morrison)이 어느 날 밤 취중에 창문 밖으로 떨어져 한쪽 폐를 다치는 바람에 결국 한 달 뒤 파리의 욕조에서 숨을 거두게 된 곳도, 존 벨루시(John Belushi)가 헤로인과 코카인을 함께 복용하여 자살한 곳도 이곳이다.

마먼트 호텔의 어두운 복도를 걸어가던 우리의 젊은 연구자 중 한 사람은 얼마 전에 크리스토퍼 워켄(Christopher Walken)이 출연한 아주 무서운 공포 영화를 본 적이 있었는데, 모퉁이를 돌아서자 바로 그 워켄이 어둠 속에서 나타나 그녀를 향해 터벅터벅 걸어오고 있는 것을 보았다. 그녀는 딴 생각을 하고 있다가 워켄이 바로 앞에 다가와서야 비로소 그를 알아봤다. 그녀는 소스라치게 놀라며 큰 비명을 질렀다. 그렇지만 그 다음 순간 바로 정신을 차린 그녀는 지나가는 그의 등에다 대고 한참 동안 사과의 말을 해야 했다. 그 다음 날이 되어서도 그녀는 자신이 보인 반응 때문에 매우 부끄러워했는데, 나는 좀 색다른 방식이긴 하지만 그녀가 그 배우에게 최대의 찬사를 보낸 것이라고 말해 주었다.

얼마 전에 〈귀여운 여인〉이라는 영화를 본 적이 있는 나는 촬영팀과는 별도로 그 영화의 배경이 된 호텔인 비벌리윌셔에 머물기로 결정했다. 내 친구 몇몇은 그 영화의 구성에 대해 콧방귀를 뀌었으나, 그것은 그저 오래된 신데렐라 이야기에 콘돔을 곁들인 그저 가벼운 요정 이야기에 불과하다. 그 영화의 윤리적 메시지나 도덕적 자세에 대해 논쟁을 벌이려고 할 만큼 그것을 진지하게 받아들이는 사람은 정신과 의사의 상담이 필요한 사람이거나 아니면 본인이 정신과 의사일 것이다.

호텔에 도착한 나는 내 방을 안내한 부지배인이 수염이나 우아하게 빗질한 머리, 절제된 매너 등 그 영화에서 호텔 지배인으로 나온 헥터 엘리존도(Hector Elizondo)를 똑같이 흉내낸 걸 보고 기분이 좋았다. 그것은 정말 깊은 인상을 주었기 때문에 나는 그것이 호텔의 정책인지 아니면 개인적인 아이디어인지 물어 보고 싶은 마음이 굴뚝같았다. 나는 후자의 경우일 거라고 짐작했지만, 예의를 생각해서 묻지는 않았다. 그러나 불행하게도 흉내는 이것뿐이었다. 줄리아 로버츠의 모습은 어디에서도 찾을 수 없었다.

다음 날 아침, 시차로 인한 피로가 어느 정도 가시자 우리는 LA 남쪽 중심부에 있는 암흑가로 향했다. 우리의 PD인 존 맥니시(John Macnish)는 갱의 연락책인 트레버(Trevor)와 동행한다면 촬영이 가능하다는 허락만 얻어 냈을 뿐이다. 만약 트레버가 아닌 경찰의 호위를 받는다면 우리는 아마 죽고 말 것이다. 그러나 트레버는 공인된 중재자로서 갱들도 그를 인정하기 때문에 무사할 것이다.

비벌리힐스의 수백만 달러짜리 빌라와 대저택 및 패션 거리인 '로데오 드라이브'의 멋진 가게들로부터 암흑가의 중심지까지는 20분도 걸리지 않았다. 나는 어리석게도 이 모든 광경을 안전한 극장의 좌석에서 보기라도 하는 듯이 어린애 같은 흥분에 들떴다. 트레버는 그렇게 안심하는 표정이 아니다. 그는 조금이라도 문제가 생길 기미가 보이면 즉시 장비를 챙겨 신속하고도 조용하게 자리를 뜨라고 충고했다.

우리는 모든 갱 중에서도 가장 공포의 대상인 18번가 갱의 구역에서 촬영할 예정이었다. 그러나 이들은 우리가 갱 영화에서 흔히 보아오던 그런 종류의 갱이 아니다. 조직 범죄도 성숙해져 이제 품위 있는 모습을 갖추게 되었다. 역사가 오래된 갱은 기업을 소유하고, 카지노를 운영하고, 정치에 영향력을 행사하지만, 겉으로는 모습을 잘 드러내지 않는다. 그러나 새로운 갱들은 노골적으로 자신의 존재를 과시하려 한다. 그들은 사회 밖의 자기들만의 세계에서 자기들만의 규칙으로 살아간다. 내가 호기심을 느끼는 것은 바로 그러한 규칙들이다. 그것은 사회 구조의 발달 방향과는 전혀 상관 없이 별개의 행동 패턴으로 재빨리 자리를 잡아가는 방식을 보여 주기 때문이다. 우리가 방문하는 암흑가는 모든 사회적 요소를 갖춘 완전한 하나의 지역 공동체이다.

이들은 본질적으로 젊은이들로 이루어져 있는데, 이곳에서는 어떤 남자도 노련한 정치가가 될 만큼 오래 살지 못하기 때문이다. 이 갱의 기원은 1968년으로 거슬러 올라간다. 너무 어려서 블랙 팬더스(Black Panthers)나 헬즈 에인절스(Hell' s Angels) 같은 기존의 조직에 들어갈 수 없었던 십대들이 모여 베이비 애버뉴스(Baby Avenues)라는 조직을 만들었다. 베이비는 crib(어린이 침대)에서 살아가기 때문에 그들은 곧 애버뉴 크립스(Avenue Cribs)로 불리기 시작했다. 그러다가 알 수 없는 어떤 이유로 Crib이라는 단어가 Crip으로 바뀌게 되었고, 새로운 크립 갱들이 도처에서 출현하게 되었는데, 이들은 항상 거의 십대인 어린 소년들로만 구성되었다. 본거지에 따라 아발론 가든 크립스(Avalon Garden Crips)와 잉글우드 크립스(Inglewood Crips)를 비롯해 많은 크립 조직이 있었는데, 이 모두는 더 거대한 크립 동맹과 느슨하게 연결되어 있었다.

그러다가 1972년에 두 크립 갱 사이에 큰 싸움이 일어났는데, 피루 스트리트 크립스(Piru Street Crips)가 콤프턴 크립스(Compton Crips) 보다 수적으로 열세에 놓여 패하고 말았다. 이에 피루 조직이 와해되 면서 다른 갱들과 새로운 동맹을 형성해 또 하나의 주요 경쟁 세력으 로 떠올랐다. 크립스는 파란색 손수건을 착용했기 때문에, 새로운 라 이벌은 그것의 반대색인 빨간색 손수건을 착용했고, 자신들의 이름 을 더 블러즈(the Bloods)라 지었다. 더 블러즈는 글을 쓸 때, 'C' 자 가 나올 때마다 크립스에 대한 모욕으로 그 위에 X자를 그었다. 이에 대해 크립스는 문자 'B' 가 나올 때마다 그 대신에 'C' 로 썼다. 그렇 지만 크립스는 'BK' 라는 이니셜을 쓸 때만큼은 예외를 두었는데, 이 것은 스스로를 일컫는 또 다른 이름인 '블러드 킬러스(Blood Killas)' 를 뜻했기 때문이다.

다른 갱들도 위협을 받을 때 보호나 힘을 얻기 위한 방편으로 하나 둘씩 크립스나 더 블러즈에 가담했다. 정통 사회의 양당제 정치와 마 찬가지로 독립적인 작은 조직들의 혼돈스러운 싸움이 계속되면서 자 연히 두 세력은 성장하게 되었다. 암흑가는 자기도 모르게 더 큰 바 깥 세계의 양상을 닮아 가고 있었다.

오늘날 로스앤젤레스에는 크립과 블러드의 갱 조직이 300개 이상 있으며, 조직원의 수도 15만 명 이상이나 된다. 각 갱은 정해진 자기 구역과 고유한 상징과 낙서와 문신, 손짓과 제스처, 옷 입는 스타일 과 부족적 색채, 입회식을 갖고 있다. 어떤 조직들은 같은 인종으로 만 구성되어 있지만, 어떤 조직들은 여러 인종이 섞여 있다. 대부분 의 조직은 아주 혹독한 입회식을 치르는데, 새로 가입하는 조직원은 기존의 조직원으로부터 18초 동안 사정없는 구타를 당한다. 머리, 어깨, 가슴을 사정없이 얻어맞는 이상한 의식이지만, 그 다음에는 때린 사람들로부터 포옹을 받고, 새로 들어온 조직원을 위해 건배를 한다. 다음 날, 그는 멍들고 부어오른 얼굴을 자랑스럽게 과시하고 다닌다. 그가 조직의 일원이 됨으로써 얻는 것은 소속감과 명예심과 힘이다. 그 대신에 그는 개인주의와 행동의 독립성을 잃는다.

1980년대 초반에 마약을 취급하기 시작하면서 갱 사회에 큰 변화가 일어났다. 크랙(crack: 마약으로 유통되는 아주 순수한 코카인)이 유통되면서 그들은 순식간에 큰 부자가 되었다. 갱들은 사실상 지주 계급으로 변했다. 그들은 마약에 직접 손을 대지 않아도 되었다. 그저 자신의 구역을 마약 공급업자들에게 돈을 받고 빌려 주기만 하면 되었다. 마약 판매상들은 갱들에게 일정액의 세금을 내기만 하면 그 구역에서 마약을 팔 수 있었다. 만약 세금을 지불하지 않으면 죽음을 당했다. 이 때문에 경계를 접한 이웃 갱끼리 경쟁이 치열해졌고, 1980년대 내내 살인 건수는 점점 증가해 갔다. 1993년 현재 그것은 엄청난 수치에 달해 노던아일랜드(Northern Ireland) 같은 다른 문제 지역은 이에 비하면 평화로운 오아시스로 보일 정도이다. 지난 12개월 동안 LA에서 발생한 '갱 관련 살인' 사건은 모두 861건이었다.

우리가 찾아가고 있는 '18번가 갱'은 특별한 조직이다. 「로스앤젤레스 타임스」에 따르면, 이 조직은 "미국의 갱 수도에서 성장한 최대의 갱 조직이자 가장 무서운 갱 조직으로, LA의 지하 세계를 재편했다"고 한다. 아주 인상적으로 들린다. 조직원 수가 2만 명 이상(그중 60%는 불법 체류자로 추정됨)이나 되는 이 조직은 그 자체가 법이 되었고, 악명 높은 블러즈와 크립스조차 왜소해 보이게 만들었다.

따라서 이전의 크립스 대 블러드 구도는 이제 변하고 있었다. 18번가 갱은 성장을 계속 거듭하여 이전의 다른 갱들이 장악하고 있던 지역까지 침투해 들어갔다. 당연히 이것은 더 많은 유혈 사태를 초래하게 마련이었다. 18번가의 조직원들은 이미 지난 수 년 사이에 다른 갱 조직원들을 상당수 살해했다. 가장 잔혹한 다른 갱에 비해 살인 건수가 세 배나 될 정도였다.

나이가 많은 조직원을 볼 수 없는 것도 이상한 일이 아니다. 한 기자가 말한 것처럼, 18번가에는 대부(代父)가 없다. 가장 나이가 많은 고참 조직원인 베테라노(veterano)들도 중년에서 한참 멀다. 스무 살이면 이미 베테라노라 불린다. 이들은 새로운 조직원을 인근 학교에서 열세 살 가량의 어린이들을 대상으로 뽑는데, 총과 마약, 여자, 그리고 무엇보다도 든든한 배경을 제공한다는 것을 미끼로 이들을 유혹한다. 많은 어린이들은 그 생각에 흥분하지만, 두려운 나머지 거절하는 어린이들도 있다. 가난이 만연한 곳에서는 조직원의 충원이 아주 쉽다. 그 결과로 '어린이 군대'라 부르는 소년 갱들이 생겨난다.

이 갱 조직은 작은 집단들의 네트워크로 이루어져 있고, 아주 느슨하게 운영되기 때문에 새로운 조직 범죄로 부상할 것 같은 어떤 조짐도 보이지 않는다. 그럼에도 불구하고 갱 조직은 자신만의 독특한 사회 형태를 발달시켰다. 원시 수렵 채취인 사회의 사냥꾼 무리를 연상시키는 방식으로 서로 긴밀한 관계를 맺고 지낸다. 소녀들은 '여자의 집'에 살면서 여러 남자 조직원들과의 성 관계를 통해 낳은 아이들을 키운다. 마약으로 큰돈을 번 남자들은 경제적으로 여자들을 부양하고, 다른 라이벌 남자들의 간섭으로부터 보호해 준다. 이들의 신분은 위조 불가능한 여권처럼 사용되는, 갱을 상징하는 문신으로 확인된다. 그리고 많은 총탄 자국을 보여 줌으로써 지위를 과시한다.

18번가 갱은 대부분 라틴아메리카계로 이루어져 있으며, 멕시코와 콜롬비아의 마약 카르텔과 강한 유대 관계를 형성하며 그들과 직접 거래한다. 이제 갱은 지주 제도를 개선하여 특정 거리의 모퉁이를 시간 단위로 마약상에게 임대한다. 이 단기 임대료를 갱들은 '세금'이라 부른다. 세금 징수인 역할을 하는 젊은 조직원들은, 국세청 공무원들은 꿈 속에서나 상상할 수 있는 방법들을 사용해 일을 처리한다.

우리가 필름에 담고자 하는 사람들이 바로 이들이다. 다행히도 지금은 밝은 대낮이다. 그러나 갱 본거지를 향해 다가가자 풍경이 극적으로 변했다. 비벌리힐스의 근사한 전면도 빈민가의 황량한 모습도 모두 사라졌다. 이제 끝없이 빽빽하게 채워져 있는 그라피티(벽면에 그려진 낙서)에 둘러싸여 있다. 눈길이 닿는 곳까지 수직으로 서 있는 표면이란 표면 모두는 그라피티로 뒤덮여 있다. 어떤 것은 너무나도 높은 곳에 그려져 있어 도대체 어떻게 저곳까지 올라가 그렸는지 짐작하기 어려웠다.

우리는 비어 있는 삼각형 모양의 땅에 차를 주차하고, 소심한 트레버의 뒤를 따라 걷기 시작했다. 내부가 텅 빈 채 앙상하게 버려져 있는 건물 앞 조금 높은 단 위에는 마치 우아한 호텔 테라스이기나 한 것처럼 버려진 의자가 몇 개 놓여 있었다. 우리는 카메라를 꺼내 그라피티를 촬영하기 시작했다. 우리는 이곳이 얼마 전에 암흑가의 끔찍한 살인이 일어난 장소라는 사실을 몰랐다. 18번가의 갱 두 명이 멕시코 마피아의 마약 밀매인과 그 애인에게 AK-47을 난사해 살해했다. 얼마나 많은 총탄을 갈겨댔는지 희생자의 두개골 파편이 반 블록에 걸쳐 흩어질 정도였다고 한다.

내가 그라피티 정글의 미학에 푹 빠져 그것들을 지나치게 과대 평가된 잭슨 폴록(Jackson Pollock: 미국의 추상화가)의 작품과 비교하고 있을 때 두 젊은이가 다가왔다. 그들이 우리를 향해 걸어왔다고 표현하는 것은 틀린 표현이다. 그들은 사자가 아프리카의 사바나에서 소리내지 않고 걷는 것처럼 움직였다. 그들의 팔다리는 가볍고 느슨하게 움직였지만, 포식 동물의 자신감이 배어 있는 동작이었다. 그들은 올빼미가 날아오듯이 조용히 다가왔다. 그들은 페인트가 휘갈겨져 있는 건물 앞의 테라스 위로 올라가 조금의 망설임도 없이 의자에 앉았다. 그 옆에 있는 테이블에는 어울리지 않게 테이블보가 덮여 있는 것이 보였다. 한 사람은 얼굴을 피했지만, 다른 한 사람은 별로 신경쓰지 않는 것 같았다. 트레버가 말하길, 두 사람은 갱 조직원 중 가장 협조적인 사람이고, 우리가 촬영하는 것을 꺼려하지 않는다고 한다. 그래서 우리는 그들을 배경으로 하여 내가 그라피토의 의미를 설명하는 장면을 촬영하기 시작했다.

대부분의 사람들에게는 페인트를 뿌려 그린 이 낙서는 그저 문화 파괴에 지나지 않는 행동으로 보이겠지만, 그것을 자세히 분석하려고 하는 사람들에게는 훨씬 큰 의미를 지닌다. 이곳에 그려진 그라피티는 여러 형태가 있다. 먼저, 갱에 관한 메시지는 전혀 담지 않고 그저 장식적으로 그린 큰 디자인이 있다. 그리고 갱들에게도 대체로 인정을 받는 유명한 '태거(tagger)'들이 많은 구역을 돌아다니며 남긴 개인 서명도 있다. 세 번째는 특정 집단에 속하는 갱 태거들이 그린 갱의 상징이고, 마지막으로 이것이 가장 위험한 낙서인데, 상대 갱의 상징을 지우고 그 위에 '태그뱅어(tag-banger)'들이 그린 것이 있다. 태그뱅어는 의도적으로 라이벌이 그린 그라피티 위에다가 덧칠을 하고, 가능하면 라이벌 태거를 죽이려고 한다. 이들의 행동은 아주 중대한 상징적인 모욕이기 때문에 흔히 격렬한 폭력 사태의 계기가 된다.

페인트를 뿌리는 이 모든 활동에 대해 생각하노라니 사뿐사뿐 걷는 사자의 은유가 마음 속에 와 닿았다. 이 젊은이들은 단지 사자처럼 사뿐사뿐 걷기만 할 뿐만 아니라, 수컷 사자가 자신의 영역을 표시하기 위해 소변을 뿌리는 것처럼 페인트를 뿌린다. 유일한 차이점은 사자가 후각적인 수단을 사용하는 데 비해 갱 조직원은 시각적인 수단을 사용한다는 것이다.

잠시 후, 협조적이던 두 젊은이는 그만하면 충분하다고 판단했는지 자리에서 일어나 성큼성큼 걸어갔다. 그들이 걸어갈 때 헐렁한 긴 반바지가 무릎 주위에서 펄럭인다. 그들이 떠나고 나서 얼마 지나지 않아 우리는 그라피티의 촬영을 마치고 장비를 챙기고 있는데, 한 무리의 젊은이들이 나타나더니 이번에는 다소 활발하게 우리를 향해 긴 언덕을 따라 걸어 내려왔다. 그들은 트레버와 몇 마디 말을 나누었는데, 트레버의 표정이 좋지 않다. 그는 즉시 떠나야 한다고 말했다. 지금은 상황이 가장 좋지 않은 때란다. 이들은 태그뱅어인데, 이 지역의 갱 표시를 지우려고 온 것이다. 금방이라도 총격전이 벌어질 것 같다고 했다.

나는 트레버가 과장하고 있다고 확신했다. 지금은 아직 밝은 대낮인데, 갱들 간의 싸움은 대개 마약과 술 그리고 어둠의 허세에 취해 기분이 들뜨는 밤중에 일어난다고 나는 알고 있었다. 나는 내가 카메라에 대고 무슨 일이 일어나는지 이야기할 수 있도록 조금만 더 있다 가자고 우겼다. 지금 우리는 인간이라는 종의 부족적 본능에 깊이 뿌리박고 있는, 텃세에 대항하는 행동을 목격하고 있는데, 나는 그 장면을 놓치고 싶지 않았다. 우리는 결국 타협안에 동의했다. 차량을 옆에 대기시켜 놓고 원거리 렌즈를 통해 촬영을 하면서 내가 이야기를 하기로 한 것이다. 멀찍이 떨어진 곳에서도 페인트를 뿌리기 전에 스프레이 병을 흔드는 소리가 들려 왔다. 태그뱅어들은 이제 행동 개시에 들어갔다. 이미 페인트로 장식돼 있는 벽 전체에 페인트를 뿌려 대기 시작했다. 처음에는 장식적인 요소만 지워 나갔지만, 그러다가 그중 한 명이 신성한 갱의 상징 위에다 페인트를 뿌렸고, 트레버에게 그것은 상황 끝을 의미했다. "이제 떠나야 해요. 지금 당장!" 우리는 마지못해 밴에 올라 쏜살같이 그곳을 빠져 나왔다.

우리가 베르사체, 디오르, 카르티에, 루이 뷔통이 늘어서 있는 익숙한 LA 지역으로 돌아갈 때, 존 맥니시가 이제 안도하고 있는 갱 연락책 트레버에게 만약 우리가 BBC 소속임을 밝혔다면 암흑가에서도 무사하지 않았겠느냐고 물었다. 그러자 트레버는 평소보다 더 심하게 고개를 저으며 더듬거리는 목소리로 말했다. "노, 노, 노, 노! 절대로 그런 소리 마세요. 같은 이름을 가진 갱단이 있어요. 보니 브레이 크루(Bonnie Brae Crew) 갱단이 이곳에서는 BBC로 통해요. 만약 거기서 그런 소릴 했다간 여러분은 이미 송장이 되었을 겁니다." 우리는 속으로 그가 과장하고 있다고 생각했지만, 글쎄 정말로 그런지는 알 수 없지…….

인간 냉동 보존 센터

캘리포니아를 떠나기 전에 우리는 냉동 보존 센터를 방문하기로 일정을 잡았다. 나는 그곳에서 영원한 생명을 얻고자 하는 인간을 위한 시도인 인체 냉동 보존을 살펴볼 것이다. 이곳의 정확한 명칭은 '앨코어 생명 연장 재단'인데, 이곳의 거대한 은빛 용기 속에는 이미 많은 냉동 인간이 들어 있다.

기본 개념은 아주 간단하다. 사람이 죽어갈 때, 앨코어의 기술자들이 급히 병상으로 달려와 그 사람의 혈액을 동결 방지액(더 친숙한 말로는 '생물학적 부동액'이라 부른다)으로 대체한다. 이것은 아주 낮은 온도로 냉동시킬 때 신체 세포가 손상되는 것을 막기 위한 것이다. 그런 다음 그 사람을 앨코어 센터로 실어가 머리를 거꾸로 한 채 액체 질소 속에 담근다.

영원을 위한 수면 시간 동안 다소 품위 없게 이렇게 거꾸로 선 자세로 지내는 것은 신체 부위 중 머리가 가장 중요한 부분이기 때문이다. 시간이 지나면서 액체 질소 중 일부는 기체로 변하기 때문에, 신체가 담긴 거대한 진공 플라스크에 가끔 액체 질소를 채워 넣어야 한다. 만약 국지적인 동요, 예를 들어 지진이나 폭동, 홍수 등의 자연재해로 인해 앨코어의 기술자가 제때에 액체를 채워 넣지 못하는 사태가 발생해 액체 질소의 수위가 낮아지더라도, 머리는 신체 부위 중 가장 나중에 손상을 입게 된다. 일단 이 속에 들어오면 상당히 오랜 기간 머물러야 하기 때문에, 모든 우발적인 사태를 감안하지 않으면 안 된다.

죽음을 피하려고 하는 이 기묘한 행위의 장기적 목표는 물론 미래의 어느 시점에 액체 질소에 잠긴 신체를 다시 꺼내 부활시키는 것이다. 그 시점이란 그 사람을 죽음에 이르게 한 원인을 해결할 수 있을 만큼 의학이 매우 발달했을 때가 될 것이다.

센터가 가까워 오자 나는 약간 불안해졌다. 거꾸로 선 냉동 인간들이 가득 찬 방에 들어가는 것은 왠지 불쾌한 기분이 들 것 같았다. 우리는 센터가 우아한 장의사나 일종의 기념관 같은 모습일 거라고 생각했지만, 막상 차에서 내려서 보니 공업 단지에 있는 차고처럼 보였다. 그들은 어차피 액체 속에 들어 있을 고객이 보지도 못할 겉모습에 돈을 낭비하지 않았다.

현관 복도에는 냉동된 사람들의 사진이 걸려 있었다. 건물 안쪽으로 들어가니, 첨단 장비들로 가득 차 있는 큰 방은 효율적인 의료 연구실 분위기를 풍겼다. 유일하게 기이하게 보이는 것은 방 한쪽에 걸려 있는 고대 이집트 벽화 모조품이다. 한 직원에게 왜 저게 여기 있는지 물었더니, 앨코어 센터는 고대 이집트에서 미라를 만들던 사람과 같은 역할을 하는 것으로 여기기 때문이라고 설명한다. 사용하는 기술은 그때와 다를지 모르지만 목적은 똑같다. 나는 벽화에 적혀 있는 상형문자가 무슨 특별한 의미라도 있는지 물어 보았지만, 그 직원은 잘 알지 못했다. 나는 영국에 있는 아들에게 보여 주려고 그 사진을 찍었다. 제이슨은 옥스퍼드에서 이집트학을 공부하고 있으므로, 나를 위해 해독해 줄 수 있을 것이다(그는 정말로 그렇게 해주었고, 알아듣기 힘든 소리로 발음했다).

나는 작은 방으로 안내받았는데, 이곳의 분위기는 완전히 달랐다. 은빛 광택이 나는 키 큰 용기들이 나란히 줄지어 서 있었다. 우리는 그 속에 무엇이 들어 있는지 알지만, 그 속의 모습을 마음 속으로 그리기가 쉽지 않았다. 한쪽 구석에는 직사각형 탱크가 하나 놓여 있었는데, 그것은 사람이 들어갈 만큼 충분히 크지 않았기 때문에 나는 그 속에 무엇이 들어 있느냐고 물어 보았다. 앨코어의 직원은 마치 냉동 채소에 대해 이야기하는 듯이 사무적인 말투로 이 탱크 속에는 사람 머리가 가득 들어 있다고 말했다. 그들은 그것을 '뉴로서스펜션(neurosuspension)' 이라 불렀다. 나중에 뇌를 부활시키게 되면, 거기에 맞게 새로운 인공 신체를 붙여 줄 것이라고 설명했다. 우리의 존재는 곧 뇌 속에 들어 있는 내용물이기 때문에, 만약 그 핵심 부분만 되살릴 수 있다면 미래에 다시 새 삶을 살 가능성이 있다. 이것은 뇌세포를 냉동시킬 때 그 속에 든 기억도 보존되느냐 하는 흥미로운 의문을 제기한다. 아니면 죽으면서 냉동되는 순간에 뇌의 '하드 디스크' 가 깨끗하게 지워지고 말까? 컴퓨터는 그 속에 저장된 내용을 손상시키지 않고 끌 수 있지만, 뇌도 마찬가지 방식으로 끌 수 있을까?

냉동 보존 과정에 대한 의문을 제기하자, 앨코어의 직원은 내게는 그것을 팔려고 시도하지 않았다. 사실 그들은 단점을 설명하는 것에도 주의를 게을리하지 않는다 우리는 죽은 사람을 되살리거나 죽음에 이르게 한 원인을 치료한다는 것이 어느 정도나 쉬운지 알지 못할 뿐만 아니라, 냉동이 체세포에 미치는 손상을 방지하는 방법도 모른다. 혈액을 특수한 보존액으로 교체한다 하더라도, 냉동된 세포에서 물이 약간 새어나오게 마련이고, 이 물은 작은 결정을 이루어 세포막에 구멍을 뚫을 수 있다. 따라서 여기에는 큰 위험들이 따르며, 앨코어의 직원은 이 전체 계획은 값비싼 실패로 판명될지도 모른다는 점을 스스럼없이 인정했다. 그렇지만 만약 바늘 구멍만한 가능성이라도 있다면, 매장이나 화장을 통해 희망을 완전히 꺼버리는 것보다는 희망의 불씨를 살려 놓는 것이 좋지 않으냐고 덧붙인다. 그러니 그럴 형편만 된다면, 그 바늘 구멍만한 가능성에 희망을 걸어 보는 게 어떻겠느냐는 것이다.

여기서 필연적으로 비용 문제가 나오게 되는데, 몸 전체를 냉동 보존하는 데에는 12만 달러가 든다고 한다. 그리고 머리만 보존하는 데에는 5만 달러면 된다고 한다. 영생을 얻는다면 이 정도 비용은 그렇게 값비싼 것이 아닐 것이다. 오늘날 유전학에서 일어나는 발전을 감안한다면, 조직 세포 약간만 있으면 여러분을 완전히 재생시킬 날이 오지 않을까? 3000년이 되면 어떤 일이 가능할지 누가 알겠는가?

앨코어를 떠날 때, 그들은 죽음에 관심이 있는 것이 아니라 '생명 연장'에 관심이 있고, 앨코어에는 시체는 하나도 없고 단지 '환자'들만 있으며, 시체 안치소는 없고 '병실'만 있다는 점을 명심해 달라고 당부했다. 그들의 이런 용어를 듣고 있노라니 이 사업으로 캘리포니아 전체가 기이한 광기가 서린 장소로 다가왔지만, 나는 그들의 솔직함에 깊은 인상을 받아 다른 사람들에게 객관적으로 그 실상을 전달하여 각자의 판단에 맡기도록 하겠다고 약속했다.

옥스퍼드로 돌아와 라모나에게 내가 죽은 뒤 냉동 보존하는 데 드는 비용에 대해 이야기하자, 라모나는 한참 동안 생각하더니 몸 전체는 안 되고 내 머리만 냉동하는 것은 고려해 보겠다고 했다. 그리고 덧붙이기를, 내 신체 중에서 가장 흥미로운 부분이 바로 머리이기 때문이라고 했다. 나는 아직도 이것이 칭찬인지 욕인지 헷갈린다.

노트

그후 LA 갱은 미국 전역의 100여 개 도시로 퍼져 갔고, 그 수는 계속 증가하고 있다. 오늘날 북아메리카의 인간 집단에는 서로 아주 다른 두 사회(지하 세계와 지상 세계)가 나란히 공존하고 있다고 말해도 전혀 과장된 표현이 아니다.

촬영팀이 〈인간 동물〉의 후속편을 위해 뉴올리언스에서 현지 촬영을 하고 있을 때, 그곳 갱들과 충돌할 뻔했다. PD인 클라이브 브롬홀(Clide Bromhall)과 그의 촬영팀은 몇 명의 남자와 매춘부들이 이야기하고 있는 장면을 거리 반대편에서 밴을 탄 채 촬영하고 있었다. 촬영팀이 고용한 현지 중개인은 다른 차에 탄 채 무슨 이야기들이 오고 가는지 엿듣고 있었다. 그런데 갑자기 두 남자가 카메라를 발견하고는 일행에서 떨어져 나왔다. 그들이 지나갈 때 중개인은 총을 가져와서 우리를 모조리 죽이겠다는 이야기를 엿들었다. 그녀는 얼른 차로 뛰어들더니 빠른 속도로 달리면서 우리에게 뒤따르라고 신호를 보냈다. 위험 지역에서 벗어난 후, 그녀는 우리가 우연히 현지 갱과 마약상 사이의 거래 현장을 촬영하고 있었다고 설명했다. 우리는 단지 거리를 지나가는 행인들의 행동을 촬영하고자 했을 뿐이었다. 그러나 우리는 자기도 모르게 정통 미국 사회와 암흑가 미국 사이에 존재하는 보이지 않는 장벽을 넘어서고 말았고, 그 때문에 하마터면 값비싼 대가를 치를 뻔했다.

라스베이거스의 거리에서 '일'은 무슨 뜻으로 통하는가?

나는 혼자서 뭐라고 중얼거리며 분주한 거리를 걷고 있다. 그래도 아무도 신경 쓰지 않는다. 원래 이 거리가 그런 거리니까. 이곳에는 매일 보이지 않는 영혼과 이야기를 나누는 미친 사람들이 아주 많다. 한 정신나간 사람은 모퉁이의 신문 가판대에다가 정중히 절을 하고 있다. 그래서 나의 기괴한 행동은 한동안 누구의 관심도 끌지 못했다. 그러나 약 20초 동안 생동감 넘치게 주절대면서 거리를 걸어갈 때 누군가 다가와 말을 걸었다.

그가 한 말은 상당히 귀가 솔깃하는 내용이었다. 잠깐 안으로 들어와 글리터 걸치(Glitter Gulch)의 멋진 아가씨들을 만나 보지 않겠느냐는 것이었다. 그러나 나는 거절할 수밖에 없다. 몇 마디 중요한 말을 하려고 1만 km나 날아왔기 때문에, 지금은 다른 일에 신경을 써서는 안 된다. 나는 엷은 미소를 지으면서 초대를 거절했다.

나는 지금 〈인간 동물〉의 촬영을 위해 라스베이거스 시내에 와 있다. 거리 반대편 먼 곳에는 골든 너깃 카지노 옆문에 반쯤 그 모습을 감춘 채 촬영팀이 카메라를 겨누고 있다. 그들은 아주 멀리 떨어져 있어 나는 완전히 혼자 있는 것처럼 보인다. 나는 카메라에 대고 말을 하고 있지만, 내 근처에 있는 사람들에게는 그게 보이지 않는다. 내 무선 마이크로폰은 내 상의 밑에 감춰져 있다. 인도 위로 내 곁을 지나가는 사람들은 내가 마약에 취한 것 같다고 자기네끼리 소곤댄다. 그렇지만 그들은 조금도 당황한 기색을 보이지 않는다. 쾌락과 모험에 바쳐진 이 도시에서 이런 행동은 이미 너무나도 많이 보아 온 것이기 때문이다.

내가 대사를 읊조릴 때마다 항상 어떤 문제가 발생한다. 버스가 시야를 가리거나 한 무리의 관광객이 내 앞을 가로막고 서서 움직이지 않기도 한다. 서른두 번이나 촬영을 시도한 끝에 마침내 원하는 촬영을 무사히 끝냈지만, 브래지어도 그 무엇도 걸치지 않은 쾌락의 집으로 들어오라는 초대를 받은 것은 촬영 중이었다. 내게 다가온 여자는 자기가 또 한 차례 촬영을 망쳤다는 사실을 전혀 몰랐다. 그녀는 내가 촬영을 하고 있다는 사실 자체를 모른다. 금발에다가 탄탄한 체격을 가진 그녀는 자기 앞에서 어슬렁거리는 외로운 남자가 자기 제의에 당연히 응할 것으로 생각했을 것이다. 단순히 거절하는 것만으로는 그녀의 접근을 막을 수 없었고, 촬영이 더 지체될 것 같았다. 그래서 나는 설명을 하려고 했다. 그렇지만 우리가 제작하고 있는 TV 시리즈에 대해 장황하게 한참 설명할 수는 없었다. 되도록이면 짧게 끝내야 했다.

그래서 나는 "미안합니다. 저는 지금 일을 하고 있거든요……"라고 말했다. 그러자 그녀는 걸음을 멈추고 나를 위아래로 나를 훑어보더니, 알겠다는 듯이 흘겨보면서 돌아서서 걸어갔다. 그리고는 맨살이 드러난 한쪽 어깨 너머로 소리를 질렀다. "그런데 당신, 오늘 밤은 운이 나쁜 모양이군요, 그렇죠?"

"아니, 아니!" 내가 다급하게 소리쳤다. "그런 종류의 일이 아니고요." 그러나 이미 늦었다. 그녀는 씩 웃더니 이렇게 소리쳤다. "괜찮아요. 여긴 자유 세계니까. 당신 하고 싶은 대로 해도 돼요."

이때, PD인 클라이브 브롬홀이 뭔가 문제가 생겼다는 걸 직감하고 종종거리며 거리를 건너왔다. 그는 내게 다가와 몇 마디 격려의 말을 했다. 나는 그 여자를 건너다보았다. 그녀는 내게 윙크를 보내며 엄지손가락을 들어 보인다. 고맙기도 하지! 그녀는 마침내 내 일의 전망이 밝아 보이고, 운이 찾아온 것에 기뻐하는 것이다.

연예계에서는 흔히 어린이나 동물하고는 함께 일하지 말라고 이야기한다. 나는 수십 년 동안 수많은 동물들과 함께 일하고도 별 탈이 없었다. 하지만 지금 내가 다루는 주제는 인간이라는 종에 관한 것인데, 이처럼 일이 어려웠던 적은 일찍이 없었다. 그 이유는 내가 천성적으로 조용한 관찰자이기 때문이라고 생각한다. 가만히 앉아서 원숭이나 영양을 관찰할 때, 그들은 나에게 다가와 질문을 던지지 않는다. 동물들은 늘 하던 대로 먹이를 먹거나 싸우거나 짝짓기를 하면서 철저히 관찰자를 무시한다. 그러나 사람들은……

우리가 라스베이거스까지 먼 여행을 한 것은 이곳에서는 기이한 일들이 많이 일어나기 때문이다. 도시 전체가 상업적 초현실주의의 실험장 같다. 우리는 사람들이 사막 한가운데에다가 순전히 쾌락(어른의 쾌락)을 위해 거대한 도시 중심가를 만들었을 때 어떤 일이 일어나는지 알고 싶었다. 이러한 자유에 대해 그들의 상상력은 어떤 반응을 보일까?

먼저 이 도시에는 밖에 걸려 있는 시계가 하나도 없다. 어디를 둘러보건 간에 공공 장소에 걸려 있는 시계는 전혀 보이지 않는다. 이곳에서는 시간에 얽매인 생활은 추방된다. 밤 역시 그렇다. 도시를 둘러싸고 있는 어두운 언덕 너머로 해가 지자마자 네온 바다가 환하게 불을 밝힌다. 시내 중심가는 대낮처럼 환하다. 이곳에서는 시간도 분도 정오도 자정도 없다.

시간이 없는 이곳에서는 이상한 일들이 일어난다. 모든 호텔에는 카지노가 있고, 모든 카지노에는 뭔가 색다른 것이 있다. 어느 곳에서는 세상에서 가장 큰 금괴를 자랑스럽게 전시해 놓았다. 또 어느 곳에는 행운의 부적 박물관이 있다. 포커 테이블 위에 세계 포커 대회의 우승자에게 줄 100만 달러나 되는 지폐를 산더미처럼 쌓아 놓은 곳도 있다.

그러나 이 엄청난 상금도 쇼핑몰의 윈도 한 곳에 전시된 작은 종이 한 장을 사기에는 모자란다. 그 위에는 독일어로 구불구불한 필체가 쓰여 있다. 이것은 아인슈타인이 상대성 이론에 대한 개념을 처음으로 적은 종이 조각으로, 무려 125만 달러의 가격이 매겨져 있다.

서커스의 카지노에는 도박에 몰입해 있는 도박사들 위로 높은 곳에서 곡예사들이 묘기를 보이고 있다. 도박에 열중한 사람들이나 아슬아슬한 곡예에 집중한 사람들이나 상대방의 존재는 전혀 안중에도 없는 듯하다.

데저트 인에서는 다 늙은 프랭크 시내트라(Frank Sinatra)가 여전히 용감하게 마이 웨이를 걷고 있다. 그의 목소리는 예전 같지 않게 힘과 깊이가 많이 줄어들었지만, 거만할 정도로 어리벙벙한 신체 언어는 예나 지금이나 완벽하다. 엄청난 돈을 벌었음에도 불구하고 아직도 매일 밤 무대에 서길 원한다는 그의 정신이 놀랍다. 그러나 이곳에서 떠도는 소문에 따르면, 그는 여기서 공연 요청을 받으면 절대로 거절하지 못한다고 한다.

엑스칼리버의 지하에서는 매일 밤 두 차례 마상 창시합이 열린다. 시합에 참석하는 사람들은 갑옷을 입고 깃이 달린 헬멧을 쓰고 창을 쥔 채 멋지게 치장한 말을 타고 돌진한다. 호텔의 캐멀럿(Camelot)층에서는 '캔터베리'에서 중세 시대 수도사의 주례하에 결혼식을 올릴 수 있다. 신랑과 신부는 아서 왕과 귀네비어 왕비와 같은 우아한 옷과 왕관을 착용할 수 있다.

시저스팰리스 호텔에서는 로마의 조각상들을 전자적으로 작동시켜 서로에게 말을 하게 한다. 순수주의자들은 이것에 화를 내지만, 나는 로마인들은 이것을 좋아할 것이라고 생각한다.

미라지 호텔에서는 호텔 프런트 뒤쪽에 상어들이 유유히 헤엄치고 있고, 복도의 두꺼운 유리 뒤편에는 플라스틱 바위 위에서 백호들이 잠자고 있다. 로비 바깥에서는 화산이 일정한 간격으로 불을 내뿜는다. 거대한 인공 화산이 우르릉거리면서 밤 하늘에 화염을 뿜어 낸다. 그와 동시에 불붙은 기름이 화산 주위의 폭포로 불타면서 쏟아져 내려와 호텔 입구를 둘러싸고 있는 호수 표면 전체를 불타 오르게 한다.

하루는 이 화산의 장관에 대한 사람들의 반응을 촬영하고 있을 때, 십대 청소년들이 가득 탄 세단 한 대가 멈춰 서더니, 소년들이 내려 우리를 향해 달려왔다. 그들은 겁에 질려 있었다. 강도는 아니고, 길을 지나가던 어떤 괴짜가 주먹으로 뒷자리 창문을 박살냈던 것이다. 나는 차에 난 손상을 살펴보았다. 정말로 깨진 유리 사이로 주먹만한 구멍이 나 있었다. 어떻게 그렇게 힘이 셀 수 있는지 나로서는 이해가 가지 않았다. 우리 촬영팀을 보호하고 있던 오토바이 경찰관 두 명이 즉시 행동에 나섰다. 길 건너에 그 괴짜 사내가 달려가는 것이 보인다. 그는 경찰에게 붙잡혀 대질을 위해 소년들 앞으로 끌려왔다.

그는 모든 것을 부인하지만, 그의 오른팔에는 베이고 긁힌 자국이 남아 있다. 나는 그가 범행을 부인하는 제스처를 흥미롭게 지켜보았다. 그는 몸이 뻣뻣하게 굳어 있다. 모든 영리한 거짓말쟁이와 마찬가지로 그 역시 아무것도 실토하지 않으려 한다. 그의 손은 부자연스럽게 별 움직임을 보이지 않는다. 그는 어떤 몸짓도 얼굴 표정도 짓지 않는다. 그는 잘못을 저지른 게 명백하며, 결국은 실토한다. 그러나 그는 부랑자라서 경찰도 어떻게 할 방법이 없다. 비록 행색이 아주 남루하진 않지만, 집도 없고 무일푼이라 그를 붙잡고 있을 이유가 하나도 없다. 그래서 그는 풀려나 대낮처럼 밝은 밤거리 속으로 사라져갔다. 실망한 소년들은 보험 약관에 괴짜 때문에 입은 피해 보상 조항이 있나 알아보러 떠난다. 경찰관은 참을성이 많고 친절했다. 그는 몸집이 작은 일본인 관광객이 자신의 거대한 오토바이에 올라앉아 일행들이 사진을 찍을 수 있게 허락해 주었다. 나중에 그는 우리 촬영팀에게 경찰 배지를 나누어 주고는 네온 불빛이 환한 밤거리로 사라져갔다.

우리의 고참 PD로부터 팩스가 왔는데, 이 시리즈의 한 프로그램을 위해 섹스에 관한 장면을 찍어 오라고 요구했다. 정말 이상하게도 이 환락의 도시에서 섹스는 그다지 노골적으로 드러나지 않는다. 여기에는 그럴 만한 이유가 있다. 라스베이거스에서는 도박사 손님들이 카지노에 돈을 갖다 바치는 일을 방해하는 것이 있어서는 안 된다. 이 때문에 네바다 주의 합법적인 윤락업소는 모두 수십 km나 떨어진 도시 경계 밖에 위치하고 있어 아예 거길 방문하기로 마음먹은 호색가라야 찾아갈 수 있다.

우리는 새로 떨어진 이 임무를 어떻게 수행해야 할지 막막했지만, 섹스 숍이 눈에 들어오자, 나는 그곳에 가면 도움을 받을 수 있을 것이라고 제안했다. 그 안으로 들어가니 마치 남근상의 사원에 온 것 같았다. 끝없이 진열된 물건들은 경탄스러울 정도였다. 성교와 같은 자연적인 행위에 왜 이렇게 다양한 기술적 도구가 필요한지 이해가 가지 않았다. '황홀한 밤을 위한 침대맡의 완벽한 준비' 같은 물건을 사려고 진지하게 고려할 사람이 과연 있을까? 말쑥한 복장에 안경을 쓴 남자가 우리를 보더니 필요한 게 있느냐고 묻는다. 우리가 당면한 문제를 설명하자, 그는 즉시 요점을 이해하고는 마치 교수가 자기 학생의 연구 프로젝트에 필수적인 중요한 과학 논문을 보여 주는 것처럼 『네바다 주 최고의 매춘굴 안내』란 책을 꺼냈다.

이 책은 아주 훌륭한 책인데, 이러한 문제에 학문적 관심이 있는 분을 위해 정확한 제목을 소개한다면, 『네바다 주 최고의 매춘굴 공식 안내: 네바다 주의 합법적 매춘에 대해 사람들이 알고 싶어하는 모든 것(The Official Guide to the Best Cat Houses in Nevada: Everything You Want to Know About Legal Prostitution in Nevada)』이다. 이름, 전화번호, 지도도 실려 있고 완전히 업데이트되었다는 문구까지 덧붙여져 있는 이 책의 저자는 슈워츠(J. R. Schwartz)이다. 놀랍게도 책의 서두는 볼테르의 『캉디드』에 나오는 나폴리의 환관이 한 말을 인용하면서 시작된다. "오 케 시아구라 데 세레 센차 콜리오니(O che sciagura d'essere senza coglioni)." 슈워츠가 이탈리아어로 인용한 것은 보스를 위해 여자를 찾으러 파견된 마피아 해결사들에게 깊은 인상을 주기 위한 것인지도 모른다.

그 다음에는 34군데의 윤락업소를 자세히 소개하는데, 각자 고유한 특징을 지니고 있다. 예를 들면, 무스탕 랜치는 작업 생산성으로 유명하다. 이곳에서는 1년에 외눈박이 수도사 20만 명이 봉사를 받는다고 한다. 칼리코 클럽에서는 메뉴 중에 '비나카 블래스트 프렌치(binaca blast french)'라는 신비감을 불러일으키는 이름이 붙은 것도 있다. 페니즈 코지 코너에는 1층 바에 길이가 135cm나 되는 바다코끼리의 음경뼈가 전시돼 있다. 스타더스트 랜치에는 "독자적인 엘비스 버전이 있는데, 네 다리를 가진 이 인물은 스타더스트 랜치를 방문한 손님에게 흥을 북돋워 준다"라고 적혀 있는데, 도대체 어떤 것인지 상상이 안 간다. 또 메이벌즈 호하우스는 '마담 버터플라이의 사랑의 목욕'을 자랑한다고 한다. 그러나 이 모든 어리둥절한 이야기도 '체리 패치 II'의 독특한 특색 앞에서는 빛을 잃는다는데, 그곳에는 애그니스가 영원히 전시되어 있다고 한다. 애그니스가 도대체 누구길래? 그녀는 네바다 주에서 가장 오래된 매춘부로, 그녀의 시체는 미라로 만들어져 뚜껑이 열린 관에 들어 있다. 내 생각엔 방부 처리된 옛날의 매춘부보다 섬뜩한 것은 없을 것 같은데, 그렇지만 이곳은 기괴한 것이 상식으로 통하는 네바다이다.

이 놀라운 문헌을 얻은 겁 없는 조연출자는 즉시 작업에 들어갔다. 훌륭한 모든 조연출자처럼 그녀 역시 전화를 바이올린의 거장처럼 사용한다. 그러나 일은 잘 풀리지 않는다. 그녀는 윤락업소에 차례로 전화를 걸어 협조를 시도하지만, 번번이 실패한다. 아무도 BBC에 그 문을 개방하려고 하지 않는다. 왜냐고? 거기서 일하는 아가씨들이 자기 할아버지나 할머니에게 자기가 하는 일을 알리고 싶지 않기 때문이다. 부모가 아니라, 할아버지와 할머니 말이다. 세대에 따른 태도 변화를 반영한 흥미로운 코멘트였다. 그래서 우리는 포기하고 이번 여행에서 매춘업소 촬영은 잊기로 했다.

우리는 이곳에서 최근에 크게 유행하는 랩댄스를 촬영하여 그 부분을 때우기로 했다. 라스베이거스에는 이러한 새로운 형태의 유흥거리를 제공하는 클럽이 여러 군데 있는데, 그중에서 특히 한 군데가 영업이 잘 된다고 한다. 우리는 접촉을 시도했지만, 약간의 반발에 부딪혔다. 소유주들은 공짜로 텔레비전에 소개되는 기회에 예민하지만, 자신들이 잘 알지 못하는 다큐멘터리 필름 제작자의 동기에 대해 의심을 품었다. 도대체 BBC란 데가 무엇을 하는 곳인데? 혹시 그들을 공격하기 위해 위장한 엄격주의자는 아닌가? 그들을 교묘하게 이용하려고 하는 위장 포르노 제작자는 아닌가? 입장료를 지불하지 않고 공짜로 스릴을 즐기려는 사기꾼은 아닌가? 결국 우리는 소유주와 사전 면담을 거쳐야 했다.

클라이브 브롬홀과 나는 약속 시간에 정확하게 클럽에 도착했다. 아직 아침 나절이라 클럽은 문을 열지 않았고 홀은 텅 비어 있었다. 우리는 메인 홀 뒤쪽에 있는 큰 방으로 안내받았는데, 거기에는 거대한 원형 테이블 주위에 이탈리아계 중년 남자 열두 명이 음침한 표정으로 앉아 있었다. 가운데에는 나이가 좀더 많고 머리가 하얗게 센 남자가 앉아 있었는데, 그의 목소리는 목청을 가다듬으려고 하는 마스티프(mastiff: 영국 원산의 털이 짧고 몸집이 큰 개) 같았다. 우리는 그가 중요한 인물임을 직감했다. "오케이." 그가 귀에 거슬리는 목소리로 말했다. "당신들의 슈미어를 보여 주시오." 슈미어가 도대체 무슨 뜻이지? 지금 이 사람은 우리가 오디션을 받으러 이곳에 와 있다고 생각하는 것 같은데, 그렇다면 우리가 무엇을 보여 주길 원한단 말인가? 나는 멍한 표정으로 클라이브를 바라보았다. 그는 불굴의 낙관주의로 과거에도 많은 곤란한 상황을 잘 헤쳐 나간 적이 있다. "데스먼드 모리스" 그는 최대한 친근한 말투로 말을 시작했다. "인간의 신체 언어를 연구하고 있습니다. 그는 여성의 가슴에 대해 아주 흥미로운 이론을 만들어 냈지요. 데스먼드, 좀 자세히 설명해 주겠소?"

"고맙습니다, 클라이브." 그렇지만 속으로는 '정말로 고맙기도 하지' 하며 투덜댔다. 전혀 미소를 머금지 않은 열두 쌍의 눈이 불신의 눈으로 나를 바라보았다. 나는 인간의 성(性)의 진화에 대해 짧은 강의를 하는 수밖에 도리가 없었다. 나는 위클러의 자기모방이론까지 들어 가며 되도록이면 학술적으로 이야기하려고 노력했다. 모두들 멍한 표정을 짓고 앉아 있다. 나는 우리가 곧 쫓겨날 거라고 직감했다. 그러나 그렇지 않았다. 그들에게는 우리가 너무나도 특이해서 솔직한 것처럼 비쳤다. 백발 남자가 다시 입을 열었다. "오케이. 오케이. 그러니까 지금 인간의 커뮤니케이션에 관한 이야기로군, 맞소? 우리가 하는 일도 바로 그거요. 우리도 커뮤니케이션 사업을 하고 있지. 오케이. 오늘 밤 여기서 촬영해도 좋소. 그렇지만 반드시 화장실도 찍어야 하오. 알겠소?"

화장실이라고? 이건 또 무슨 소릴까? 그곳에서 뭔가 변태적인 일이라도 일어나는 걸까? 그렇지만 우리는 즉시 그의 조건을 수락하고, 가벼운 마음으로 바깥의 화사하고 신선한 공기로 나갔다(나중에 알게 되었지만, 그들은 화장실을 매우 자랑스럽게 여겼고, 텔레비전을 보는 시청자에게 아주 쾌적한 그들의 시설을 보여 주고 싶어했다. 그곳은 그저 용변을 보는 장소가 아니라, 최고급으로 꾸민 시설이라 그곳을 찍은 몇 장면은 수백만 시청자들에게도 인상적으로 보였을 것이다).

우리는 밤늦게 촬영팀을 데리고 그곳을 다시 찾아갔는데, 분위기는 아침하고는 영 딴판이었다. 우리는 이미 오디션을 통과했기 때문에 아주 정중한 대접을 받았고, 필요한 모든 도움을 다 받았다. 놀랍게도 이 클럽은 정말로 아주 우아하고 이국적인 분위기를 풍겼다. 비록 성(性)을 파는 곳이긴 하지만 결코 천박하지가 않았다. 여자들은 놀라울 정도로 아름답고, 장식과 조명은 상상력을 자극하고, 음악의 음향 효과도 인상적이었다. 우리는 한쪽 구석에 자리를 잡고 조용히 촬영을 하기 시작했다. 쇼걸이나 부지런히 G 스트링(스트리퍼가 착용하는 버터플라이)에 달러를 채워 넣느라 바쁜 남자나 어느 누구도 우리에게 신경 쓰는 것 같지 않았다. 미국인들은 그들의 사생활에 텔레비전 카메라를 들이미는 것에 갈수록 면역이 된 것처럼 보인다(영국인보다 훨씬 더). 이것은 나중에 두 영국인 젊은이가 들어오다가 우리가 BBC에서 왔다는 걸 알아채고는 황급히 빠져나가는 것에서도 확인할 수 있었다.

이곳에서 일하는 여자는 두 부류가 있다. 한 부류는 무대 위에서 춤을 추고, 다른 한 부류는 좀더 노골적으로 랩댄스를 보여 준다. 모든 여자는 거의 나체에 가까운데, 대부분은 성형 수술로 가슴을 부풀렸다는 걸 알아볼 수 있었다. 일련의 성형 수술을 통해 유방을 점점 확대하다 보면 마침내 유방이 아주 단단해져 독자적으로 거의 움직일 수 없을 정도가 된다. 시각적으로는 완벽한 반구처럼 보이지만, 그 과정에서 여성적인 부드러움을 잃고 만다. 우리는 모두 이러한 단계를 밟지 않은 극소수 여자 무용수가 성적으로 훨씬 더 매력적이라는 데 의견이 일치했지만, 다른 남자 손님들의 표정을 보면 우리 생각은 소수 의견인 것 같았다.

무대 아래서는 랩댄서들이 아주 바쁘게 활동한다. 랩댄스는 귀청을 찢는 듯한 디스코 음악이 울려 퍼지는 가운데 황홀할 정도로 매력적인 전라의 아가씨가 의자에 앉아 있는 남자의 몸 위에서 몸을 비비 꼬며 추는 춤이다. 물론 가끔 사고가 일어나긴 하지만, 여자는 남자의 몸에 닿아서는 안 되며, 남자도 손을 뻗어 여자를 만져서는 안 된다. 여자의 젖가슴이 남자의 얼굴 바로 앞에서 요동치고, 긴 머리카락이 리드미컬하게 그의 뺨을 스쳐 지나가고, 탄력 있는 다리는 그의 바지를 간질인다.

포스트에이즈 시대에 이러한 비접촉 리비도 고문은 어떤 성행위보다도 좌절감을 안겨 줄 것처럼 보인다. 그러나 클럽의 소유주가 나타나더니, 우리에게 그래도 이것은 해피 엔딩으로 끝난다고 말했다. 클럽의 여자들은 고객을 가정의 부인에게 돌려보내 훌륭한 남편의 역할을 하게 해준다는 것이다. 남자들이 성적으로 잔뜩 흥분된 채 돌아갈 것은 분명하다. 그러나 마누라의 몸 위에서 눈을 감은 이 남자들의 눈앞에는 과연 어떤 모습이 떠오를까?

다음 날 우리는 라스베이거스 스타일의 결혼식을 촬영하러 나섰다. 우리의 표적은 리틀 화이트 예배당이다. 존 콜린스, 브루스 윌리스, 주디 갈런드, 프랭크 시내트라, 미키 루니를 비롯해 사랑에 빠진 수천 명의 반항아들이 가까운 친지가 구름처럼 몰려오는 번거로운 절차를 피해 신속하게 결혼식을 끝내려고 혈액 검사도 필요 없는 이곳을 찾았다. 서부의 결혼식 여왕이라 불리는 샬럿의 주례로 열린 결혼식은 전광석화처럼 끝나는데, 돈을 약간 더 내면 엘비스처럼 생긴 사람이 세레나데도 불러 준다. 가장 값비싼 결혼식은 존 콜린스 스페셜인데, 특별히 신부의 양말 대님, 프렌치 레이스 손수건, 공짜 사랑의 비법 등이 추가된다.

정말로 바쁜 사람들을 위해 새로운 시설이 도입되었는데, 그것은 바로 드라이브인(drive-in) 결혼식이다. 프랑스 화물차만큼 기다란 흰색 리무진이 차창 옆으로 다가오면 신랑, 신부는 차에서 내릴 필요도 없이 결혼 서약을 말하면 된다. 기발한 라스베이거스 사람들은 이제 드라이브인 이혼까지도 만들어 내려 하고 있다.

우리는 종교적으로 독실한 남자라면 방탕한 여자와 결혼하여 하룻밤을 함께 보내고 그 다음 날 아침에 이혼하는 것이 보편적이라는 이야기를 들었다. 이렇게 하면 그는 종교적 계율에 양심의 가책을 받지 않고 인생을 즐길 수 있다.

떠나기 전에 우리는 마지막 임무를 부여받았다. 그것은 비니언스 호스슈 카지노에서 열리는 세계 포커 대회에서 볼 만한 장면을 찍어오는 것이다. 이것은 세계 최고의 포커 고수 220명이 라스베이거스 시내에 있는 이 오래된 카지노(비니언스는 이곳에 들어선 지 약 40년밖에 안됐지만, 이곳 기준으로는 고색창연한 역사를 지닌 것으로 간주된다)에 모여 시합을 벌이는 아주 흥미로운 연례 행사이다. 나흘 동안 거의 논스톱으로 진행된 시합 끝에 이제 단 두 명만이 남게 되었다. 이때 무장 경비원들이 소액권으로 준비한 100만 달러를 가져와 테이블 위에 산더미처럼 쌓아 놓는다. 이 마지막 게임에 따라 100만 달러의 향방이 갈리기 때문에 분위기는 매우 팽팽하다.

내가 이 대회에 흥미를 느끼는 것은 도박과는 아무 상관이 없다. 내 목표는 도박사가 자신의 신체 언어를 억제함으로써 상대방이 자신의 패를 읽지 못하게 하는 방식을 연구하는 것이다. 정말로 '포커페이스'라는 게 있을까? 대회의 초반을 연구한 끝에 포커 도박사의 전략은 세 가지가 있다는 것을 알아냈다. 나는 그것을 각각 조각상, 광대, 거짓말쟁이로 부르기로 했다. 조각상은 자신의 모든 신체 언어를 억제하고, 아무 표정도 짓지 않고 무덤덤한 태도를 보인다. 광대는 농담을 하거나 지분거리면서 상대방을 혼란시키려 든다. 거짓말쟁이는 감정 표현을 노골적으로 드러내지만, 자신의 진짜 감정은 그것과 다르다. 세 가지 전략을 적절히 구사한다는 것은 상당히 어려운 일이다. 그러나 야구 모자와 안경을 쓴 몸집이 큰 한 사람은 아주 훌륭한 조각상처럼 보였다. '애리조나 짐'이라는 별명으로 불리는 그는 초인적이라 할 정도로 부동의 자세를 잃지 않는다. 만약 그가 마담 튀소(Madame Tussaud: 스위스의 밀랍업자. 본명은 마리 튀소. 영국 런던에서 마담 튀소즈사를 창립했다) 밀랍 인형 전시회에 전시될 만큼 유명해진다면, 그는 기술자들에게 비싼 모형을 만드는 수고를 덜어 줄 수 있을 것이다. 인형 대신에 실물을 전시장에 세워 놓으면 될 테니까 말이다.

나는 짐이 챔피언이 되지 않을까 추측했는데, 내가 도박사가 되지 않은 것이 후회스럽다. 내 예측이 적중했기 때문이다. 그는 100만 달러의 상금을 거머쥐었다. 얼마나 자신의 감정을 철저히 억누르는지 그는 승리의 순간에도 감정을 조금도 내비치지 않았다. 나중에 가족을 만나기 전까지 그는 완전한 포커페이스를 유지했다.

많은 사람들은 다양한 이유로 중도에 낙오했다. 가장 보편적인 실수는 패를 보는 순간 눈빛을 읽히는 것이다. 패가 아주 좋을 경우 자동적으로 눈을 깜빡이는 횟수가 증가하고, 눈동자가 팽창한다. 이러한 노골적인 신호는 아이셰이드(eye-shade)나 검은 안경을 씀으로써 쉽게 피할 수 있지만, 어떤 사람들은 그러한 보호 장비에까지 시비를 걸기도 한다.

좋은 패가 들어왔을 경우, 사람들은 대개 카드에서 눈길을 떼어 칩을 살펴보며, 상대방과 눈길을 피하고, 절제된 방식으로 베팅을 한다. 반면에 패가 나쁜 경우에는 패를 더 오래 쳐다보고, 자신 있다는 표정으로 상대방을 바라보며 과장된 몸짓으로 베팅을 한다. 물론 애리조나 짐은 이런 행동을 전혀 보이지 않았다.

게임이 끝난 후 테이블 위에 쌓인 돈더미를 보고 나는 경비원에게 거리로 바로 나갈 수 있는 문이 열려 있는데도 왜 전혀 긴장하지 않느냐고 물어 보았다. 무장 강도라면 불과 몇 초 만에 돈을 털어 달아날 수 있을 것 같았다. 그는 나를 쳐다보더니 한심하다는 듯한 미소를 지으면서 느릿느릿 말했다. "어림도 없는 소리지요. 여기가 어디와 연결돼 있는지는 누구나 다 아니까요." 그 말을 듣고 보니, 라스베이거스는 아마도 북아메리카에서 가장 안전한 도시가 아닌가 싶다. 나는 이곳에서 정말로 한 번도 위협을 느낀 적이 없었고, 유일하게 총을 본 것은 전당포에 줄지어 있던 것뿐이었다. 이곳에서는 미국인들도 칩을 사기 위해 기꺼이 총을 소지할 권리까지 포기한다.

공항에서 우리는 라운지 옆에 늘어서 있는 도박 기계들 옆을 지나가게 되었다. 그것은 도박 중독자의 호주머니에서 마지막 한 푼까지 털어 내려는 치밀한 의도하에 설치해 놓은 것이다. 시계와 직장과 지겨운 세상사가 기다리고 있는 정상적인 도시로 돌아가기 위해 하늘을 날아오르는 순간, 우리는 아래의 유명한 거리를 내려다보면서 그 기묘한 모습에 놀랐다.

미라지 카지노 옆에 새로운 괴물이 들어서고 있었다. 곧 개장할 이 카지노의 이름은 트레저 아일랜드(보물섬)인데, 인공 항구에 실물 크기의 해적선이 정박하고 있는 완전한 해적촌으로 꾸밀 계획이다. 이 카지노가 문을 여는 날 밤, 이것을 세운 억만장자는 웅장하지만 오래된 듄스 카지노를 상징적으로 폭파시켜 버릴 계획이다. 듄스 카지노에 특별히 잘못된 것은 없다. 이 카지노는 세계적으로 유명하고, 몇 달 전까지만 해도 성공적으로 운영되고 있었다. 그러나 이 카지노의 파괴는 새로운 카지노에 관심을 집중시킬 것이고, 다른 것은 전혀 중요하지 않다. 이곳에는 문화재로 지정된 건물이 하나도 없다.

도로에서 더 아래쪽으로 엑스칼리버 호텔(객실 4,032개와 7,000대 규모의 주차장을 갖춘 세계 최대의 호텔) 옆에는 실물 크기의 이집트 피라미드가 세워지고 있었다. 반짝이는 검은색 유리로 덮인 이 피라미드는 최초의 피라미드에서만 볼 수 있는 섬세한 대리석 마무리의 부드러운 표면을 지니고 있다. 순수주의자들은 불만스러워하겠지만, 고대 이집트인들은 이것을 좋아할 것이다. 그 앞에는 실물 크기의 스핑크스도 있는데, 손님들은 그 거대한 발 사이를 통해 이 기묘한 최신식 호텔에 들어가게 된다. 일단 안으로 들어온 손님은 수직으로 올라가는 기존의 따분한 엘리베이터가 아니라 비스듬히 올라가는 인클라이네이터(inclinator)를 타고 객실로 올라간다. 인클라이네이터는 피라미드의 바닥 모서리에서 출발하여 가파른 각도를 이루며 꼭대기의 중심 부분을 향해 올라간다. 수천 개의 객실은 경사진 벽에 벌집처럼 따닥따닥 붙여 놓은 것 같다. 이것을 지은 사람들은 피라미드가 원래 사자(死者)를 위한 무덤이라는 사실에는 전혀 구애받지 않은 것 같다. 또 룩소르에는 피라미드가 하나도 없는데도 불구하고, 그들은 이 호텔의 이름을 룩소르 호텔로 정했다. 기자나 사카라보다는 룩소르가 훨씬 듣기 좋으면 되지 무얼 더 따지느냐고 할 것이다.

이 다음에는 또 어떤 것이 들어설까? 그들은 또 어떤 기발한 것을 생각해 낼까? 라스베이거스는 놀고 즐기기 위한 도시이다. 어린이들이 가지고 놀던 것에 쉽게 싫증을 내고 새로운 것을 찾듯이, 어른들 역시 그렇다. 아주 커다란 문제가 일어나지 않는 한, 2000년의 라스베이거스는 현재의 호화로운 모습과는 또 딴판으로 변해 있을 것이다. 오직 한 가지만큼은 변하지 않고 그대로 남아 있을 것 같은데, 그것은 이 도시에 오는 사람은 정치가, 종교인, 엄격주의자, 권위적인 대학자, 성인인 체하는 건강 전문가를 막론하고 어떤 사람도 이곳에 머무는 동안만큼은 진지한 생각을 싹 잊어버릴 것이라는 점이다. 내가 이곳에서 큰 즐거움을 느낀 것은 당연한 일이다.

노트

    우리가 라스베이거스를 떠난 지 얼마 안 돼 엑스칼리버 호텔은 세계 최대의 호텔이라는 명성을 잃고 말았다. 같은 거리에 새로 들어선 MGM 그랜드 호텔이 5,005개의 객실을 갖춰 엑스칼리버의 4,032개를 훌쩍 뛰어넘은 것이다. 우리가 그곳에 있을 때 건설되고 있던 거대한 콘크리트 삼발이 위에는 에펠탑보다 8.4m 더 높은 전망 탑이 세워졌다. 그 꼭대기에는 회전 레스토랑, 4개의 결혼식장과 놀이 기구가 있다.

환관들의 분노

인도는 당신의 가슴을 아프게 만든다. 그러나 바로 그 다음에는 가슴을 딱딱하게 굳어지게 만든다. 처음 불쌍한 거지를 만나면 당신은 눈물이 나올 것 같은 기분이 들면서 지갑을 꺼낸다. 두 번째도 세 번째도 그렇다. 그러다가 수문이 열리면서 수천 명이나 되는 거지들이 몰려와 당신을 향해 손을 벌리면 이제어떻게 할 수가 없다. 움직일 수도 없다. 거지 떼에 완전히 포위된 것이다. 당신은 곧 거부하는 자세로 돌변하게 되고, 마침내는 적대적인 감정을 갖게 된다. 당신은 자신을 그렇게 냉담하게 만든 그들을 미워하게 된다.

우리는 〈인간 동물〉의 에피소드를 엮은 〈인간 동물원(The Human Zoo)〉을 촬영하기 위해 뭄바이[Mombai: 옛이름은 봄베이(Bombay)—옮긴이 주]에 왔다. 우리는 다른 관광객처럼 이 매력적이고 복잡한 문화의 이국적인 아름다움을 감상하기 위해 온 것이 아니라 인구 과잉과 빈민가와 도시 생활의 혼돈을 보기 위해 왔다. 그러니 스스로를 탓해야지 남을 탓할 수가 없다. 우리는 이번 일이 무척 힘들 것이라고 각오는 했지만, 우리가 목격한 일부 장면은 영원히 마음 속에 남아 있을 것이다.

아주 혼잡하고 지저분한 2차선 도로를 달리다가 눈에 잠깐 띈, 더러운 옷차림의 비쩍 마르고 예쁘장한 계집아이의 모습이 마음 속에서 지워지지 않았다. 그 꼬마 아이는 트럭과 자동차가 뿜어대는 뜨거운 연기를 양편에서 맞으면서 배기 가스로 시커메진 중앙선에 웅크리고 앉아 있다. 그 아이는 천천히 달리는 차를 향해 손바닥을 내밀었는데, 달리던 차가 멈춰 서서 창문을 내리고 약간의 돈을 쥐어 주길 기대하는 듯했다. 그러나 그것은 가망 없는 희망이었고, 그 아이의 눈에서도 체념을 읽을 수 있었다. 그럼에도 불구하고 그 아이는 거기에 계속 그대로 웅크리고 앉아 있었다.

차는 멈추지 않았고, 그 아이는 시야에서 사라졌다. 우리는 공항 근처의 빈민가를 찾아가고 있다. 뭄바이의 빈민가는 세계 최대라는 불명예를 지니고 있다. 나는 좁은 골목길을 걸어다니면서 인구 과잉 문제에 대해 이야기하는 모습을 촬영할 예정이다. 나는 약간의 불안감을 감출 수 없었는데, 역시 내 앞에는 예기치 못한 일이 기다리고 있었다. 이 거대한 사회는 그 자체의 특별한 세계를 만들어 냈다. 이곳은 비록 금방이라도 무너질 것 같고 사람들로 혼잡하지만, 질서 잡힌 조직이 있고 심지어 놀랍게도 즐거운 분위기도 있다. 이렇게 밀집한 주거 환경에서 시간의 흐름을 편하게 해주는 필수품이나 사치품이 거의 없이도 사람들이 여전히 웃을 수 있다는 사실은 인간의 성품이 지닌 탄력성을 잘 보여 준다. 더 중요한 사실은 이곳에 거지가 하나도 없다는 것이다. 하기야 쓸 돈이 조금이라도 있는 사람은 이곳에 와 살지 않을 것이다.

나는 끝없이 늘어서 있는 빈민굴을 보고 기분이 우울해지기는커녕 이곳의 생활 조건이 상상했던 것만큼 나쁘지 않은 데 대해 오히려 안도감과 감사한 마음이 들었다. 왜냐하면 이러한 곳 빈민가는 앞으로도 아주 오랫동안 계속 남아 있을 것이기 때문이다. 꺾일 줄 모르는 인구 성장을 조절하고 전체 사회에 어느 수준의 풍요를 가져다 주기 위해서는 인도 정부 당국자들의 사고에 획기적인 변화가 일어나야만 한다.

호텔로 돌아오자마자 금방 마음이 편치 않다. 높이 치솟은 타지마

할 인터컨티넨털 호텔 앞에는 젊은 여자들이 아기들을 데리고 서 있다. 모두 돈을 얻어 내기 위해 필사적이었고, 이를 위해 자기 아기를 특별한 방법으로 훈련시켰다. 내게 다가온 여자는 거리가 충분히 가까워질 때까지 기다렸다가 자기 아기를 때린다. 세게 맞았을 때 울음을 터뜨리는 보통 아이들과는 달리 이 불쌍한 아기는 마치 군인이 거수 경례를 하듯이 오른손을 쳐든다. 나는 아기를 그렇게 이용하는 것에 화가 나 그 어머니에게 아무것도 주지 않고, 그러한 나 자신에 대해 환멸감을 느끼며 걸어가 버렸다.

찬 에어컨 바람이 씽씽 부는 호텔 내부의 환경은 너무나도 대조적이다. 더구나 오늘은 볼리우드 축제날이다. LA의 오스카 시상식이 촌스러워 보일 정도로 화려한 의상을 입은 인도 영화계의 스타들이 무리를 지어 도착한다. 인도 영화계의 부유하고 유명한 사람들이 모두 이곳에 모여 화려하고 눈부신 온갖 색깔의 실크 옷을 입고 여유 있게 걸으며 새처럼 명랑하게 지저귄다. 우리는 이것이 어떤 성격의 행사인지 정확하게 몰랐지만, 그날 밤 늦게 전국 대회의 우승자—믿을 수 없을 정도로 만화처럼 예쁜 미스 콘돔(Condom)—가 우리가 휴식을 취하고 있던 바에 들어서는 순간, 우리는 눈을 뗄 수가 없었다. 2억 5,000만 인도 여성 중에서 성적 매력이 가장 뛰어나다고 선발된 이 아가씨는 너무나도 멋지게 균형이 잡힌 몸매를 지니고 있어, 100m 거리 안에 있는 모든 남자들에게 지진과 같은 충격을 안겨 주었다.

다음 날 아침, 나는 반쯤 죽은 상태에서 눈을 떴다. 불행하게도 폭음을 해서 그런 것이 아니라 그날이 검은 화요일(Black Tuesday)이라 그랬다. 우리는 최근에 말라리아가 발생하는 지역에서 촬영을 했기 때문에 나는 강력한 항말라리아 약인 메플로퀴닌을 복용해 왔다. 이것은 독성이 아주 강한 약이라서 열 명 중 한 명은 심한 부작용을 겪는다. 환각이 일어나는 사람도 있고, 편집증이 생기는 사람도 있다. 심지어 어떤 사람은 사물이 이중으로 보이기도 한다(그래서 결국 비행기 조종사들은 이 약의 복용이 금지되었다). 나한테는 기운이 없어지고, 음식을 잘 먹지 못하고, 집중력이 떨어지는 반응이 일어났다. 나는 이러한 반응이 말라리아의 증상과 마찬가지로 주기적으로 일어난다는 사실을 발견했는데, 현지 촬영 중에 이것을 경험하는 것은 이번이 세 번째로, 모두 화요일에 일어났다. 이전의 경험으로부터 나는 이에 맞서 싸우려고 하는 것은 부질없는 짓이라는 사실을 알고 있었기 때문에, 다행히 촬영팀이 내가 나올 필요가 없는 장면(환관들)을 찍기 위해 출발할 때 나는 어두컴컴한 호텔 방에서 쉬기로 했다.

다음 날, 어느 정도 몸이 회복된 나는 환관들을 촬영하는 데 안 가길 잘했다는 이야기를 들었다. 클라이브 브롬홀이 이끈 촬영팀은 그들의 옷을 들춰 그 끔찍한 상처 자국을 보여 주겠다고 위협하는 성난 환관들에게 쫓겨 해변을 따라 달아나야 했다는 것이다. 나는 아직 메플로퀴닌의 부작용으로 정신이 좀 멍한 상태였기 때문에, 무엇이 그들을 그렇게 화나게 했는지 자세히 캐묻지 않았다. 그 대신에 나는 그날 촬영에서 내가 할 말을 외우는 데 집중했다. 내 임무는 인간의 가족 단위에 대해 이야기하는 것이었고, 촬영 장소는 많은 인도인 가족들이 해변을 즐기기 위해 나와 있을 추르파티 해변으로 결정되었다. 나는 이 해변이 바로 어제 환관들에게 공격당한 바로 그 해변이라는 데 약간 놀랐다. 그러나 고질적인 낙관주의가 늘 문제인 클라이브는 별일 없을 것이라고 자신한다.

해변에 도착해 보니 정말로 많은 가족들이 나와 여기저기 앉아 있었고, 우리는 곧 작업에 착수했다. 나는 무선 마이크로폰을 몸에 지니고 인파 속으로 걸어갔다. 클라이브와 촬영팀은 해변의 한 건물 옥상에 자리를 잡았다. 이제 모든 준비가 다 끝났다. 멀리서 수신호를 보니 이제 내가 인파 속으로 걸어 들어가면서 이야기를 시작해야 할 때가 되었다. 그런데 그 순간 큰 목소리가 들려 왔다. 그곳에 있던 거지 무리의 눈에 내가 띈 것이다. 그들은 갑자기 찾아온 행운을 믿을 수 없었을 것이다. 관광객이라곤 전혀 찾아오지 않는 이 해변에 얼빠진 외국인 관광객이 혼자서 나타났으니까. 그들은 나를 향해 몰려들었다. 어떤 사람은 가족들을 헤치고 뛰어오고, 어떤 사람은 다리를 질질 끌며 절뚝거리며 다가왔다. 사방에서 그들이 몰려와 잠시 후 내 모습은 카메라에 잡히지 않게 되었다. 나는 그들을 피해 다른 장소로 가려고 노력했지만 아무 소용이 없었다. 카메라를 향해 말을 시작하려고 하면 다시 그들이 나타났다. 약 백 개나 되는 손이 나를 향해 뻗어 왔다. 거지들은 내게 다가와 옷을 붙잡고, 손으로 나를 쿡쿡 찌르기까지 했다. 손이 없는 거지는 잘려 나간 팔로 쿡쿡 찔렀다. 그것마저 없는 사람은 팔이 없는 몸뚱이를 내게 들이밀며 목에 걸려 있는 팻말을 보게 하려고 노력했다.

나는 또다시 그들이 자신의 어려운 사정에 대한 동정심을 급격히 사라지게 하는 데 대해 경악했다. "나중에." 나는 같은 말을 반복했다. "나중에. 우선 촬영부터 하고 나서 나중에 봅시다." 그러나 그들이 영어를 이해할 리가 만무했다. 조연출자가 달려와 그들의 주의를 돌리려고 노력했다. 그녀는 지폐 몇 장을 공중에다 던지고는 해변 쪽으로 달려갔다. 거지들은 그 뒤를 쫓아갔고, 나는 황급히 내 대사를 시작했다. 어느 정도 진행이 되긴 했지만, 완전히 마치지는 못했다. 그때 조연출자가 던진 지폐 몇 장을 다 챙긴 그들이 다시 돌아와 나를 에워쌌다. 결국 우리는 패배를 인정할 수밖에 없었다. 우리는 밴이 있는 곳으로 돌아와 우울한 기분으로 장비를 챙기기 시작했다.

내가 문득 리처드 애튼버러에 대한 존경심이 솟아났다고 이야기하면서 그가 이곳 인도에서 서사시적인 대작인 〈간디〉를 촬영할 때 수천 명의 엑스트라들을 어떻게 다루었을까 하고 질문을 던지는 순간, 거지들이 주차장에 있는 우리를 발견했다. 그들은 곧 차를 둘러싸고는 우리를 출발하지 못하게 했다. 우리는 자포자기하는 심정으로 만약 질서 있게 줄을 선다면 모두에게 돈을 주겠다고 소리쳤다. 그러자 그들 사이에서는 서열을 놓고 한동안 싸움이 벌어졌다 그러나 결국에는 일종의 줄이 형성되었고, 우리는 모든 소액권을 모아 나누어 주기 시작했다. 그러나 그들은 이에 만족하지 못하고 계속 요구했다. 결국 우리는 넌더리가 나서 차에 올라타 그곳을 떠났다. 그날은 일진이 별로 좋지 않았다.

돌아오는 길에 언제나처럼 유쾌한 표정으로 클라이브가 이렇게 말했다. "그래도 환관들보다는 나았지." 그에겐 그럴 수도 있을 것이다. 대부분의 시간 동안 안전한 건물 옥상에 앉아 있었으니까. 그렇지만 나는 날카로운 손톱과 손이 달려 있지 않은 팔이 내 몸을 쿡쿡 찌르던 기억을 영원히 잊지 못할 것이다.

우리의 촬영은 계속되고, 잊혀지지 않는 광경들도 계속 보았다. 작업 현장에서 벗어나 가끔 길가에 쪼그리고 앉아 아기에게 젖을 먹이면서도 도로 보수 공사에 참여해 무거운 짐을 나르는 젊은 엄마들, 높은 공중에 매달려 도시의 스카이라인을 장식하는 거대한 영화 포스터를 그리고 있는 사람들, 브레이크가 없어 속도를 늦추기 위해 앞차에 부딪치면서 운전하는 지옥 택시, 이층 버스 꼭대기를 따라다니면서 눈에 보이는 쓰레기를 향해 덮치는 검은 까마귀 떼, 거리에서 잠자는 가난한 사람들, 호텔에 상주하는 점성술사를 찾아오는 부유한 사람들, 인기 있는 영화를 보기 위해 극장에 먼저 들어가려고 싸우다가 결국 거리의 난동으로 비화되고 마는 싸움, 길거리 가게에서 팔고 있는 생선에 파리가 새카맣게 덕지덕지 붙어 있는 모습 등등……. 그러나 이러한 온갖 애환에도 불구하고 뭄바이는 에너지와 야망이 넘치는 부산하고 활기 찬 도시이다. 비록 가난은 끔찍한 수준일지 몰라도, 이곳의 문화는 침체되어 있지 않다. 인구를 조절하고 정치만 개선된다면, 인도는 충분히 풍요로운 문명으로 되돌아갈 가능성을 가지고 있다. 특히 미스 콘돔이 자기 생각대로 살아간다면…….

세계에서 가장 오래된 골동품

TV 시리즈를 만들 때마다 아주 색다른 경험으로 기억되는 사건이 일어난다. 그것은 다른 방법으로는 얻을 수 없는 신비한 순간이다. 그리고 그것은 겉보기에는 그다지 두드러져 보이지 않는 것일 수도 있다. 예를 들면, 〈인간 동물〉 시리즈를 제작하는 동안에 그것은 그저 내 손에 조약돌 하나를 거머쥐는 단순한 행동에 불과했다. 이를 좀더 자세히 설명해 보면 다음과 같다.

오래 전인 1960년대 초에 필트다운인이 조작되었다는 것을 밝혀

낸 인류학자 케네스 오클리(Kenneth Oakley)가 나보고 자신을 위해 조그마한 실험 하나를 해달라고 요청했다. 그는 '얼굴'이라고 추정되는 것이 새겨진 조약돌 주형을 하나 갖고 있었다. 거기에는 푹 들어간 눈구멍 두 개와 그 아래에 반쯤 벌린 입 모양이 나 있었다. 그리고 눈 위에는 머리카락을 나타내는 것으로 보이는 골이 파여 있었다. 누구에게나 이것은 사람 얼굴처럼 보일 것이다. 그런데 케네스는 유인원도 이것을 그렇게 보는지 알고 싶어했다. 내가 그 무렵에 침팬지를 연구하고 있었기 때문에, 그는 나에게 그 주형을 침팬지에게 보여주어 그 반응을 알아봐 주길 원했다.

안타깝게도 침팬지들은 아무 관심도 보이지 않았지만, 나는 그 주형에 호기심을 느껴 그에게 조약돌에 얽힌 이야기를 물어 보았다. 1925년에 남아프리카 공화국의 한 교장 선생님이 마카판스가트의 어느 동굴을 탐사하고 있었다. 약 300만 년 전에 오스트랄로피테신이라는 원시적인 원인(猿人)이 이 동굴에 살고 있었는데, 교장은 그들의 뼈 속에서 물에 침식된 불그스름한 조약돌을 하나 발견했다. 반들반들한 그 조약돌은 동굴에 있는 나머지 돌들과는 전혀 다른 것이었기 때문에, 오스트랄로피테신이 밖에서 동굴로 가져 온 것이 분명했다. 근처의 강에서 비슷한 돌을 찾아 나선 끝에 그 돌은 최소한 5km 밖에서 가져온 것이라는 결론을 얻었다.

유인원과 사람의 중간 단계인 이 원시적인 존재들은 왜 이 돌을 그렇게 멀리 날라 와 동굴 속에 보관했을까? 그들은 조약돌의 표면에 새겨진 얼굴 모양에 어떤 반응을 보인 것이 분명하다. 그들이 조약돌의 표면을 조각했다고 생각할 만한 단서는 전혀 없다. 그것은 그냥 우연히 그런 모양으로 돌에 새겨진 것으로 생각된다. 그러나 그렇다고 하더라도 그것을 동굴로 가져와 보관했다면, 이 조약돌은 지구상에서 가장 오래된 인공 유물, 즉 세계 최초의 골동품인 셈이다.

케네스는 내 침팬지들이 그 얼굴에 어떤 반응을 보여 주길 기대했고, 그럼으로써 사람보다 약간 못한 뇌도 이미지에 반응을 보인다는 사실을 증명해 주길 바랐다. 비록 내가 그것을 확인해 주지는 못했지만, 그렇다고 해서 이 조약돌의 중요성이 퇴색된 것은 아니었다. 그것은 단지 원인이 침팬지보다 더 발달했다는 사실을 의미할 뿐이다. 또한 그것은 '예술 감상' 이전에 어느 누가 증명한 것보다도 훨씬 오래 전에 시작되었음을 시사한다.

원래의 조약돌은 요하네스버그의 한 박물관에 보관되어 있었는데, 나는 그것을 손에 쥐어 보는 것은 고사하고 직접 볼 기회가 있으리라고 상상도 못 했다. 그런데 우리가 새로운 텔레비전 시리즈를 위해 남아프리카 공화국에서 촬영을 하게 되었을 때, 나는 그 조약돌의 주형을 하나 더 만들 수 없겠느냐고 물어 보았다. 나는 그것을 마카판의 동굴로 가져가서 모든 예술품 중 가장 오래된 이 물건에 대해 이야기할 참이었다.

놀랍게도 박물관 측은 원래의 조약돌을 빌려 가도 좋다고 말했다. 그 조약돌은 지금까지 박물관 밖으로 반출이 허락된 적이 한 번도 없었는데, 박물관 측은 과학 담당자 두 사람이 동행하는 조건하에 단 몇 시간 동안이긴 하지만 조약돌을 원래 발견된 장소로 가져가는 것을 허락했다. 우리는 쾌히 그 제안을 받아들였고, 마침내 이 유명한 동굴에 오게 되었다.

영국에 안전하게 머물고 있는 제작 책임자는 극적인 효과를 위해 촬영 말미에 조약돌을 극적으로 보여 주어야 한다고 결정했다. 그의 지시에 따르면, 카메라는 동굴 벽과 천장을 한참 동안 비춰 주다가 마침내 입구 근처에 서 있는 나를 발견하게 된다. 그러면 나는 조약돌의 의미를 설명하다가 그것을 앞으로 내밀면서 "이것이 바로 그 조약돌입니다"라고 말하는 것이다. 그때 카메라는 조약돌에 새겨진 얼굴 형상을 향해 점점 가까이 다가와 조약돌이 화면 전체를 가득 채우게 된다. 이것은 너무나도 간단한 촬영처럼 들리겠지만, 맹세컨대 절대로 그렇지 않다.

첫 번째 문제는 불규칙한 동굴 모양과 이리저리 구불구불한 길을 따라 동굴 전체에 레일을 깔아야 한다는 것이다. 그러나 카메라가 실린 트롤리를 이 레일 위로 밀어 보낼 때마다 연약한 동굴 바닥이 내려앉으면서 모든 구조가 망가지는 바람에 새로 촬영하기 위해서는 처음부터 모든 것을 다시 설치해야 했다.

두 번째 문제는 카메라가 동굴 천장에서 움직이기 시작해 내가 서 있는 위치를 정확하게 잡기 위해서는 상당한 운이 따라야만 가능하다는 것이다. 많은 시도가 실패로 돌아갔다.

세 번째 문제는 조약돌의 자세한 얼굴 모양을 보이게 하기 위해서는 빛이 특별한 방식으로 비치도록 내가 조약돌을 정확한 각도로 들고 있어야 한다는 점이었다. 몇 밀리미터만 틀어져도 조약돌에서는 아무 모양도 볼 수가 없었다.

한 가지 문제가 더 있었는데, 박물관에서 파견된 직원들은 친절하게도 우리가 바짓가랑이를 양말 속에 집어넣지 않았다는 점을 지적해 주었다. 우리는 그들을 멍한 표정으로 쳐다보았다. 그러자 그들은 이곳에는 톡톡 튀어다니는 아주 끔찍한 진드기가 있다고 설명해 주었다. 이 녀석들은 다리로 뛰어 오른 다음 기어올라가 사타구니 털에 자리잡길 좋아한다고 한다. 이 아늑하고 따뜻한 새 보금자리에 자리를 잡은 진드기들은 그때부터 피를 빨아먹기 시작하며, 그 과정에서 흔히 사람에게 라임병을 일으킨다고 한다. 우리가 이 말을 들은 것은 다른 어려운 문제들을 해결하기 위해 필사적으로 정신을 집중하고 있을 때였다. 나는 흙이 조금 솟아 있는 곳에 서 있었기 때문에 야구 투수 같은 동작으로 그 유명한 마카판 조약돌을 그들에게 던지는 시늉을 했고, 그들은 불안한 표정을 지었다. 그렇지만 그들이 느끼는 불안감은 우리에 비하면 새 발의 피였다. 우리는 뒤늦게 허겁지겁 바짓가랑이를 양말 속으로 집어넣었다

그리고도 마지막 문제가 남아 있었는데, 내가 말할 대사를 외우는 것이었다(내 사타구니 털에 뭔가 기어다니는 느낌이 없나 신경 쓰면서). 내 대사는 아주 길고 복잡했는데, 단어 하나라도 틀리면 안 되었다. 이러한 다섯 가지 문제를 한꺼번에 해결하면서 완벽한 촬영을 하는 것은 복권에 당첨될 확률과 비슷하다. 몇 시간 동안 갖은 애를 쓰며 낑낑대던 우리는 이 불가능한 촬영을 요구한 제작 책임자를 직접 데려오라고 하고 싶었다. 우리의 일을 돕기 위해서가 아니라 그의 목을 조르기 위해서.

결국 하루 종일 촬영을 시도한 끝에 마침내 원하는 촬영을 끝냈기 때문에 우리는 그를 용서해 주기로 했다. 설사 우리가 전체 작업을 30분에 끝낼 수 있는 방식으로 군데군데 필요한 장면을 누락시켰다 하더라도 수백만 시청자들은 아무 눈치도 채지 못했을 것이다. 그렇지만 우리는 이 어려운 임무를 성공적으로 완수했다는 데 큰 만족을 느꼈다.

우리는 장비를 챙겨 떠나면서 박물관 직원들에게 참고 기다려 주

어서 고맙다고 인사를 했다. 그렇지만 우리는 모두 속으로 은밀한 곳을 자세히 수색할 수 있을 때까지 얼마나 더 기다려야 하는지 계산하고 있었다. 호텔로 돌아가는 긴 여정 도중에 우리는 음료수를 마시기 위해 카페에 들렀다. 그러나 그것은 명목상 이유였다. 실제로 우리는 모두 화장실로 갔고, 각 화장실 칸에서는 스트립 쇼가 벌어졌다. 다행히도 모든 칸에서 안도의 한숨이 들렸다(우리는 이 시리즈를 맡은 다른 PD보다 운이 좋았다. 존 맥니시는 서아프리카에서 촬영을 하다가 실제로 진드기 때문에 라임병에 걸렸다. 영국으로 돌아오고 나서 그것은 수막염으로 발전했고, 맥니시는 중환자실로 실려가 하마터면 생명을 잃을 뻔했다. 따라서 우리의 동시 사타구니 검열은 약간의 웃음을 자아내긴 했지만, 결코 웃을 일이 아니었다).

영국으로 돌아가기 전에 한 가지 위험이 더 남아 있었다. 나는 어리석게도 내가 얼굴 표정의 진화를 설명할 때 작은 악어 한 마리를 들고 있으면 멋질 것이라고 제안했다. 그 목적은 우리는 얼굴 표정을 바꿀 수 있지만 악어는 그럴 수 없다는 걸 보여 주기 위한 것이었다. 이를 위해 우리는 해안 근처에 있는 악어 농장을 방문했다. 이 농장을 운영하는 사람은 악어 전문가라서 바보가 아니라면 감히 하지 못할 위험한 짓도 스스럼없이 할 수 있었다. 우리는 몇 가지 조건이 있었지만 악어 우리에 들어가 보지 않겠느냐는 그의 관대한 제의를 수락했다.

첫 번째 우리에는 프레드라는 악어가 살고 있었는데, 이 녀석은 이곳에 잡혀오기 전까지 사람을 여섯 명이나 잡아먹었다고 한다. 나는 파충류에 대해 잘 알고 있기 때문에 기후가 무더운 이곳에서는 각별히 주의를 해야겠다고 다짐했다. 영국 동물원에 있는 악어들은 느릿

느릿하고 활동을 잘 하지 않는 것처럼 보인다. 그것은 영국의 기후가 서늘하기 때문이다. 그러나 이곳에서는 뜨거운 열 덕분에 대사 작용이 활발하여 악어는 특급 열차처럼 빠른 속도로 달려들 수 있다. 먹이를 붙잡기 위해서는 이렇게 민첩한 동작이 필요한데, 만약 여러분이 가까운 곳에서 그 장면을 목격한다면 그 끔찍한 광경에 까무러칠 정도로 놀랄 것이다. 우리는 또 다른 우리 앞을 지나갔는데, 우리 촬영팀과 거대한 암컷 악어 사이에는 낮게 쳐진 철조망밖에 없었다. 이 악어는 우리가 가까이 다가갈 때까지 가만히 기다리고 있다가 갑자기 우리를 향해 달려들었다. 얼른 뒤로 물러난 우리는 놀란 가슴을 쓸어 내리며 발작적으로 웃어댔다. 우리가 이 동물들 옆에서 촬영을 해야 한단 말인가? 나는 전에 입으로 바나나를 문 채 다 자란 회색곰에게 그것을 주라고 강요당한 적이 있다. 그렇지만 그 곰은 잘 길들여진 곰이었기 때문에 나는 그 곰을 믿었다. 그렇지만 이 악어들은 길들여진 놈들이 아니고, 나는 이 악어들을 믿을 수가 없었다.

사람 좋은 악어 농장 주인은 내가 카메라에 대고 이야기할 때 들고 있을 만한 작은 악어를 고르느라고 바쁘다. 나는 바깥에서 안전하게 촬영을 할 수도 있지만, 극적인 효과를 위해 거대한 악어들이 있는 우리 안에서 촬영을 하기로 결정했다. 그래야 카메라가 거대한 악어들을 비추었다가 작은 악어를 들고 있는 내게로 자연스럽게 각도를 돌릴 수 있기 때문이다.

악어맨은 나를 안심시키기 위해 두 가지를 설명해 주었다. 그와 그의 조수는 작은 판자를 들고 내 뒤에 보이지 않게 서 있을 것이라고 했다. 만약 어떤 악어가 나를 향해 달려들면, 그것으로 악어를 때릴 것이다. "오, 그것 참 다행이군요." 또 내가 새끼악어를 아무 탈 없이 들고 있는 한 어른 악어들은 달려들지 않는다고 했다. 만약 새끼 악어가 불편을 느끼면 우는 소리를 내는데, 어른 악어들은 그 소리를 들으면 즉각 새끼를 돕기 위해 달려들 것이라고 했다. 그렇지만 새끼 악어는 잘 들고 있기만 하면 우는 소리를 내는 법이 거의 없다고 했다. "그것 참 안심되는군요."

우리는 구슬처럼 뒤룩뒤룩한 눈들이 지켜보는 가운데 카메라를 설치했다. 우리 안에는 몸집이 거대한 수컷 한 마리와 암컷 여러 마리가 있다. 이 악어들은 나일 크로커다일로, 평균 길이가 4.8m, 최대 길이는 6m에 이르며, 평균 몸무게는 220kg이나 나간다. 나는 암컷 중 한 마리가 우리가 철조망 밖으로 지나갈 때 달려들었던 바로 그 녀석이라는 사실을 알아챘다. 농장 주인은 만약의 사태가 발생할 경우, 우리 끝쪽으로 달려가 철조망 울타리를 뛰어넘어야 한다고 설명했다.

마침내 촬영 준비가 다 끝났다. 나는 새끼악어가 내 팔을 물지 않도록 하려면 어떻게 붙들고 서 있어야 하는지 배웠다. 다행히도 이 녀석은 얌전했다. 그리고 나서 카메라에 대고 이야기를 시작했다. 무엇 때문인지는 모르겠으나 나는 좀 긴장한 것처럼 보인 모양이다. "다시 한 번 갈까요?" "그러죠, 뭐." "한 번 더!" 이번에는 각도를 넓게 잡고 촬영을 하다가 그 다음에는 클로즈업 촬영을 했다. 갑자기 새끼악어가 더 이상 못 참겠다는 듯이 울음소리를 냈다. 그것은 지금까지 내가 들은 새끼동물의 울음소리 중 가장 구슬픈 것이었다. 그것은 몇 km 밖에 있는 어른 악어의 보호 본능을 눈뜨게 하기에 충분했다. 그랬다. 바로 어른 악어들이 다가오기 시작했고, 우리는 판자를 휘두르면서 서둘러 우리에서 빠져 나왔다.

나중에 악어맨에게, 내가 울타리 근처에 있었기 때문에 악어가 달려들었다 해도 충분히 울타리를 뛰어넘을 수 있었기에 별로 걱정하지 않았다고 말했다. "아, 그래요? 그 울타리를 뛰어넘지 않은 건 정말 잘 했습니다. 그 울타리 너머에는 또 다른 우리가 있는데, 거기엔 바로 여섯 사람을 먹어치운 프레드가 기다리고 있거든요."

영국의 서재에 앉아 텔레비전 다큐멘터리 대본을 쓸 때에는 늘 실제적인 결과를 생각했지만, 앞으로는 정말로 꼭 필요한 경우가 아니라면 대본에 악어는 절대로 넣지 않겠다고 다짐했다. 그렇지만 악어에게는 원시적인 웅장미가 있다. 악어는 지난 2억 년 동안 그 모습이 거의 변하지 않았다. 기질 면에서 악어는 공룡과 아주 비슷하다. 그리고 슬프게도 공룡처럼 악어 역시 곧 멸종하고 말 것이다. 아프리카에서 악어 곁에서 살아가는 사람들에게는 기쁜 소식으로 들릴지 모르겠지만, 나머지 사람들에게는 슬픈 소식이 될 것이다.

웨스 크레이븐(Wes Craven: 〈드라큘라〉, 〈나이트메어〉 등의 공포 영화를 제작한 영화 감독)의 팬을 위해 마지막으로 한 마디만 더 하자. 악어의 식습성은 공포 영화의 단골 메뉴이다. 악어는 일단 여러분의 팔이나 다리를 꽉 문 다음, 몸뚱이를 아주 빠르게 빙글빙글 돌리면서 팔다리를 비틀어 찢어 내려고 한다. 그렇게 해서 뜯어먹을 만큼 먹은 다음, 악어는 남아 있는 여러분의 몸을 식료품 저장실(대개 강둑에 뚫린 큰 구멍)로 가져가 썩고 있는 다른 시체 조각들과 함께 그 속에 처박아 둘 것이다. 만약 여러분이 이때까지 완전히 죽지 않고 살아 있다면, 그것은 정말로 잊혀지지 않는 경험이 될 것이다.

영국으로 가기 위해 점보 제트기의 탑승 수속을 밟을 때, 우리는 또 묘한 우연의 일치를 경험했다. 어떤 도박사도 돈을 걸지 않을 정말 희한한 우연의 일치였다. 영국에서 남아프리카 공화국으로 출발할 때, 기내식 운반 차량이 비행기 측면에 부딪쳐 비행기에 손상을 입히는 바람에 우리는 그 비행기를 탈 수가 없었다. 그래서 우리는 비행기에서 내려 다음 비행기편이 준비될 때까지 히스로 공항 근처의 호텔에서 밤을 보냈다. 그런데 이곳 요하네스버그에서도 우리는 시내의 호텔로 돌아가 예정에 없던 하룻밤을 묵어야 했다. 이쯤 하면 짐작이 가겠지만, 이번에도 기내식 운반 차량이 비행기 측면에 충돌했다는 것이다. 이것은 어떤 통계 예측에서도 나타나지 않을 종류의 우연의 일치이다. 런던에서 기내식 운반 차량을 운전하던 사람이 해고된 후에 이곳으로 와 비슷한 일을 하다가 같은 사고를 냈으면 또 모를까, 합리적으로 설명이 되지 않는 기묘한 우연의 일치가 아닌가?

노트

6부작으로 만들어진 텔레비전 시리즈 〈인간 동물〉은 1994년 여름에 BBC1 채널에서 방영되었다. 이 시리즈는 처음부터 내가 염려했던 대로 그 내용 때문에 큰 논란을 불러일으켰다. 내가 사람을 동물로 언급하기 시작한 지 이미 25년이나 지난 시점이었지만, 많은 사람들은 이러한 견해가 공개적으로 표명된 것은 처음이라는 듯이 믿지 못하겠다는 반응을 보였다. 그들은 인간이 자연보다 더 우위에 있다는 믿음을 고수했다. 이러한 인간들의 오만함을 감안한다면, 지구가 이렇게 엉망진창으로 변한 것도 놀라운 일이 아니다.

인간의 성(性)을 찾아 나선 여행

　〈인간 동물〉 시리즈가 성공하자, 미국의 교육 채널에서 후속편의 제작을 의뢰해 왔다. 이번에 나는 인간 행동 중 특별한 한 가지 측면, 즉 양 성 사이의 관계를 자세히 파헤쳐 보기로 했다. 〈인간 동물〉시리즈에서 함께 일했던 클라이브 브롬홀이 책임 PD를 맡았고, 우리는 또 한 번 흥미로운 사례 수집을 위해 전세계를 여행하게 되었다. 나는 서양에서 남녀 평등이 크게 진전되었음에도 불구하고, 다른 지역의 여성들은 아직도 사회에서 종속적인 역할을 강요당하고 있다는 사실에 깊은 관심을 기울였다. 나는 이러한 일이 어떻게 일어나며, 무엇보다도 왜 일어나는지 보여 주고 싶었다. 인간의 진화 과정에서 일어난 노동의 자연스러운 분배가 양 성 사이의 힘의 균형으로 이어지는 것은 우리가 유전적으로 물려받은 유산의 일부인데, 나는 왜 이러한 과정이 많은 사회에서 일어나지 않았는지 탐구하려고 했다. 일부 촬영 작업은 불안했지만, 경이롭게도 사람들이 행복한 생활 방식의 비밀을 터득한 듯 보이는 목가적인 장소들도 있었다. 1996년에 방문한 남태평양도 그러한 곳 중 하나였는데, 거기로 여행하기 앞서 전혀 예상치 못한 일을 겪게 되었다.

낙원의 노노파리

해외 여행을 마치고 공항에서 집으로 돌아오면, 아주 잠깐 동안 모든 것이 비현실적으로 보이는 순간이 있다. 내가 글을 쓰느라고 많은 시간을 보내는 서재는 마치 처음 보는 장소처럼 보인다. 마치 나를 찾아온 다른 사람들의 눈에 비치는 것처럼 말이다. 그러나 이러한 착각은 순식간에 사라진다. 내가 떠날 때 답장을 하지 못해 마음에 걸렸던 편지들이 눈에 띄면서, 다시 옛날의 익숙한 작업장의 모습으로 다가온다.

한번은 네덜란드에서 강연을 하고 돌아와 역시 잠깐 이러한 착각에 잠겨 있는 순간 전화벨이 울렸다. 그런데 전화 저쪽에서 들려 오는 목소리도 비현실적으로 들리는 것이 아닌가! 나는 상대방이 장난을 치는 것이라고 짐작했다. 친구 중 몇몇은 가끔 다른 사람 목소리로 장난 전화를 하곤 하는데, 그때 전화를 건 사람은 말론 브란도 흉내를 내고 있었다. 처음에는 데이비드 애튼버러를 의심했지만, 그가 브란도 목소리를 흉내내는 것은 한 번도 들은 적이 없었기 때문에 상대방이 누군지 종잡을 수 없었다. 그래서 나는 상대방에게 말을 계속

시키면서 마침내 더 이상 흉내내기가 한계에 달해 웃음을 터뜨리면서 평상시의 목소리가 오길 기다렸다.

나는 어정쩡하게 대꾸하면서 상대방이 얼마나 오래 버티나 하고 게임을 계속했다. 그때 상대방이 말했다. "나는 당신이 최근에 만든 텔레비전 시리즈 〈인간 동물〉을 보았습니다. 그래서 당신을 직접 만나 악의 통속성에 대해 이야기를 나누고 싶군요." 내 머릿속에서 조그마한 경고 벨이 울리기 시작했다. '악의 통속성'이라고? 이것은 어디서 인용한 말처럼 들리지만, 데이비드가 사용하는 종류의 단어가 아니다. 농담을 좋아하는 다른 어떤 친구도 이러한 단어는 쓰지 않는다. 내 뇌 중 상당 부분은 여전히 3만 피트 상공에 있지만, 곧 나머지 신체를 따라잡고 있다. 이 사람은 정말 영화 역사상 최고의 배우로 꼽히는(논란의 여지는 있지만) 할리우드의 마지막 거인인 말론 브란도일지도 모른다는 생각이 들기 시작했다. 나는 좀더 주의를 집중해 그의 말에 귀를 기울였다.

우리는 며칠 후에 런던에 있는 내 아들의 아파트에서 만나기로 약속했다. 나는 이 모든 것이 속임수라는 느낌을 여전히 떨칠 수 없었다. 그러나 누가 왜 이런 일을 꾸미는지 짐작이 가지 않았다. 어쨌든 우리는 함께 저녁식사를 하러 나가기로 했기 때문에, 나는 적절한 정장을 갖춰 입기로 했다. 내가 아들의 아파트에서 한참 옷을 갈아입고 있을 때 벨이 울렸다. 그 사람이 누구든 간에 약속 시간보다 30분이나 일찍 왔다. 나는 맨발에 와이셔츠 차림으로 현관으로 걸어 나가 모니터를 들여다보았다. 작은 화면 속에는 큰 몸집의 대부가 서 있는 게 아닌가! 틀림없었다. 이 사람은 바로 그 돈 코를레오네였다. 나는 그를 안으로 들어오게 했고, 그는 소파에 앉자마자 인류의 미래에 대해 심도 깊은 논쟁을 시작했다.

우상 같은 인물을 가까이에서 대면하는 것은 늘 당혹스럽다. 이전에 그 사람에 대해 가졌던 모든 선입견 껍질을 벗겨 내야만 실제 인물을 볼 수 있기 때문이다. 배우의 경우에는 특히 어려운데, 각각의 껍질층이 서로 다른 인물이기 때문이다. 그가 말하는 것에 올바로 초점을 맞추기 전에 스탠리 코월스키에서 사파타, 안토니우스에서 나폴레옹, 플레처 크리스천에서 〈지옥의 묵시록〉에 나오는 커츠 대령에 이르기까지 쉽사리 지워지지 않는 온갖 인물들의 인상을 없애야 했다. 마침내 그러고 나자 이 모든 인물들 밑에 숨어 있는 사람은 아주 복잡하고 매력적이었다.

우리가 정열적으로 대화를 나누는 동안 어느 새 저녁 식사를 하러 갈 시간이 되었는데, 나는 여전히 맨발에다가 와이셔츠 차림이었다. 나는 그가 도착하기 직전에 그의 자서전을 읽고 있었는데, 내가 옷을 갖춰 입는 사이에 사인을 해달라고 그 책을 내밀었다. 옷을 다 입고 돌아오자, 말론 브란도는 그 책에다가 이렇게 써 놓았다. "이 책에 쓰인 허튼 소리가 진짜 나라고 판단하지 않길—곧 알게 되리라 믿지만 이것은 창백한 가면이니까……." 나는 왜 그가 이런 식으로 자기 책을 조소하는지 이유를 알 수 없었다. 절대로 그런 대접을 받을 책은 아닌데 말이다. 아마도 그 책이 불가피하게 자신이 연기한 역할과 연예계의 생활을 많이 다루고, 진짜 중요하게 여기는 것은 뒤로 밀려났기 때문일지도 모른다.

무슨 이유에서인지는 모르지만, 그는 자신의 직업에 관해 말하길 꺼려했다. 네 시간 동안 쉬지 않고 나눈 대화 도중에 그가 자기 직업과 관련된 일을 언급한 것은 딱 한 번뿐이었다. 그는 인간의 본성을 밝혀 내고 이해하는 데 큰 관심을 갖고 있었고, 우리의 토론은 아주 광범위한 주제에 걸쳐 진행되었기 때문에 나는 나중에 자세한 내용을 기억하기가 어려울 정도였다. 그렇지만 지금까지 살아온 70년의 화려한 인생을 돌아보면서 인간 폭력의 원인에 관한 의문에 진지한 답을 찾으려고 하는 한 남자의 내적 갈등이 내 마음 속에 인상적으로 남았다. 그는 자신의 내부에서 폭력성을 느껴 왔고, 게다가 그러한 폭력성에 대해 강한 증오심까지 경험했다. 그는 이러한 모순을 해결할 필요성을 느낀 것이다.

나는 내 생각을 이야기해 주었다. 『털 없는 원숭이』에서 나는 인간을 '킬러 유인원' 이라고 불렀는데, 책을 완전히 다 읽지 않은 사람들은 이 말을 종종 다른 뜻으로 오해하곤 했다. 나는 사냥꾼 인간, 즉 먹이를 구하기 위해 먹잇감을 죽이는 인간의 진화에 대해 이야기한 것이다. 나는 사람이 다른 사람을 죽이는 살인자 인간에 대해 이야기한 적이 없다. 나는 우리가 비자연적인 압력을 받는 상황에 놓이지 않는 한, 놀랍도록 평화롭고 협력적인 종이라고 늘 주장해 왔다. 작은 부족 단위를 이루어 살 때, 우리는 그러한 압력을 거의 느끼지 않는다. 흔히 만화에서 그리듯이 원시인이 그렇게 잔인했다면, 우리는 이렇게 빠른 시간에 전세계로 널리 퍼져 살 수 없었을 것이다. 협력적인 본성과 높은 지능 덕분에 우리는 성공적인 이야기를 쓸 수 있었지만, 그러한 성공은 곧 스스로를 파멸로 이끄는 원인이 되었다. 승리에 승리를 거듭하면서 인구가 늘어나자, 우리는 곧 헤어날 수 없는 곤경에 빠진 것을 깨닫게 되었다. 우리는 슈퍼맨이 된 것이 아니었다. 우리는 여전히 생물학적 표본, 곧 우리가 만든 이질적인 환경에 놓인 '털 없는 원숭이' 에 불과했다.

우리가 작은 부족 안에서 인간의 본성을 천천히 발달시키던 시절에는 주위에 모르는 사람은 아무도 없었다. 그런데 이제 부족 사회를 뛰어넘는 거대한 사회에서 우리는 낯선 사람들에 둘러싸이게 되었다. 이 때문에 우리는 다른 사람을 쉽사리 비인간적으로 대하고 마음대로 해칠 생각을 하게 되었다. 전쟁이 왜곡된 형태의 새로운 사냥으로 자리잡았다. 더 개인적 차원에서는, 지나치게 팽창한 사회에서 자신의 능력을 제대로 발휘하지 못하고 짓눌려 사는 사람들은 자신의 좌절감을 순진한 다른 사람들에게 해소할 필요를 느끼게 된다. 직장에서 굴욕을 당한 남자는 집으로 돌아와 자신을 지킬 힘이 없는 존재(아내나 자녀나 동물)에게 분풀이를 한다.

이런 상황에서 정의의 기사가 등장한다. 그는 전쟁의 잔혹 행위나 가정 폭력을 목격하면 그 불한당의 머리를 갈기면서 그러한 행위를 그만두라고 위협한다. 그러나 이제 우리의 영웅이자 정의의 기사는 그 자신이 폭력적인 살인자로 변한다. 브란도의 딜레마는 바로 여기에 있는 것이다.

이 문제에 대한 답을 얻으려면 이러한 연쇄적인 사건들이 어떻게 일어나게 되었는지 자세히 연구하고, 인간 본성을 정확하게 이해하는 길밖에 없다. 우리가 목격하는 가장 폭력적인 행위는 엉뚱한 방향으로 재분출되는 공격성이란 사실을 깨닫는다면, 이 문제를 다루는데 도움이 될지 모른다. 그러면 '정의로운' 대항 폭력이 요구되는 상황이 생기는 걸 피할 수 있을지도 모른다. 사람은 폭력적인 성향을 갖고 태어나진 않지만, 쉽게 폭력에 휩쓸려 들어갈 수 있다. 우리가 할 수 있는 최선의 방법은 그렇게 사람들을 폭력으로 휩몰아 가는 것이 무엇이며, 왜 그렇게 되는지를 알아내는 것이다.

토론을 계속하면서 나는 인생에 대한 우리의 시각이 똑같다는 사실에 놀랐다. 우리 사이에는 크게 다른 점이 하나 있지만(그는 천재이고 나는 그렇지 못한 점), 공통점이 아주 많다. 둘 다 나이가 거의 같고, 우리가 살고 있는 세계에 대한 호기심도 아주 많고, 자질구레한 인간 행동 하나하나를 진지하게 관찰하며, 그의 책에 나온 구절을 인용한다면 "권위와 평범함을 유발하는 순응이 아직도 존재한다는 것을 경멸하며", 아이스크림을 좋아하고, 먹는 것을 즐기며, 십대엔 드럼을 쳤다. 사실 저녁 내내 이야기하면서 우리의 의견이 어긋난 것은 딱 한 번뿐이었는데, 그것은 세계 최고의 드럼 연주자가 누구냐 하는 것이었다. 나는 진 크루파(Gene Krupa)의 강렬한 비트를 좋아하는 반면, 브란도는 버디 리치(Buddy Rich)의 기교를 높이 샀다.

(드럼에 관한 이야기가 나왔으니 하는 말인데, 나는 드럼에 열정적인 젊은이에 대한 가설을 하나 생각해 냈다. 나는 드럼이 폭력성을 분출하는 창조적인 방법이라고 생각한다. 아버지가 40세의 나이로 세상을 떠나던 날이 생각난다. 나는 그때 14세였는데, 어머니한테서 그 이야기를 듣고 나서 외양간으로 가 드럼을 격렬하게 두들기기 시작했다. 잠시 후 어머니가 외양간에 와서 "사람들이 이해하지 못할 것이기 때문에" 그만 하라고 말했다. 나는 그 생각은 미처 하지 못했다. 나는 충격을 받아 즉시 막대를 놓았다. 나는 왜 그런 반응을 보였는지 알지 못했지만, 지금 되돌아보니 내가 그렇게 격렬하게 두들겨 패던 드럼 가죽을, 제1차 세계대전 때 아버지를 수만 명의 다른 사람들과 함께 참호로 보내 아버지의 건강에 치명적인 피해를 입힌 정치인과 장군들의 머리로 생각했던 것 같다. 수많은 젊은이들을 죽음의 구렁텅이로 밀어넣고 그들은 안전한 본부에서 따끈한 차를 마시며 인명 손실을 계산하고 있었다. 드럼이 내게 감정을 분출할 수 있는

긍정적인 안전 밸브 작용을 해준 것을 다행이라 여기는데, 십대 때의 말론 브란도에게도 동기는 다르지만, 드럼이 비슷한 역할을 하지 않았나 생각한다.)

브란도는 나이츠브리지에 있는 근사한 레스토랑을 선택했는데, 테킬라를 단숨에 들이켜는 그의 모습을 보니 기분이 좋았다. 건강에 신경 쓰거나 스스로를 부정하며 청량 음료수나 미네랄 워터를 마시는 현대인의 옹졸한 모습은 전혀 보이지 않았다. 식사가 끝날 무렵, 나는 조만간 촬영을 위해 남태평양의 소시에테 제도에 갈 것이라는 이야기를 했다. 마침 그는 그곳의 섬 중의 하나인 테티아로아 섬을 소유하고 있다고 해 나는 그곳 사람들에 대해 물어 보았다. 브란도가 그곳 사람들을 좋아한다는 것을 분명하게 느낄 수 있었는데, 그들이 믿을 수 없을 정도로 관대함과 사랑으로 가득 찬 사람들이라는 것을 발견하게 될 것이라고 말했다. "그들은 내가 만난 사람들 중에서 가장 행복한 사람들이죠." 그는 기쁨에 넘친 표정으로 말했다.

우리는 왜 그럴까를 놓고 토론을 벌였다. 나는 풍부한 과일과 물고기, 따뜻한 태양, 그리고 작은 섬 공동체라는 비교적 풍요로운 환경 때문일 거라고 추측했다. 나는 이미 그 전부터 인류는 아주 작은 공동체를 이루어 살도록 진화해 왔고, 사냥을 하여 원시적인 식사를 풍부하게 하는 방법을 터득한 후 약 100만 년 동안은 아주 풍요롭게 살아온 것이 분명하다고 강조해 왔다. 인구가 폭발하기 시작한 것은 효율적인 농업이 발명되고 나서부터였는데, 그후 우리는 인간의 본성으로 대처하기에는 너무 벅찬 거대한 사회에 직면하게 되었다. 인간 사회의 모든 문제가 시작된 것은 그때부터였다.

폴리네시아인은 지정학적 위치 덕분에 인류 초기의 장점을 그대로 유지할 수 있었고, 도시민의 성난 얼굴로 왜곡되기 이전의 진정한 인간성을 대체로 간직하고 있다. 이것은 단순한 은유가 아니다. 실제로 얼굴에 그러한 표정이 나타난다. 말론 브란도는 자신의 책에서 폴리네시아인의 얼굴에 대해 이야기했다. "내가 깊은 인상을 받은 것은 그들의 평온한 표정이……. 행복한 그 얼굴은 만족감을 보여 주는 펼쳐진 지도이다." 나는 당장 그곳으로 가서 그것을 촬영하고, 그들의 모습을 직접 보고 싶어 좀이 쑤셨다. 그는 나도 자신과 같은 반응을 보일 것이라고 확신했고, 나도 그의 말을 믿었다.

식사가 끝났다. 밖으로 나서니 밤이 낮으로 변했다. 눈이 부실 정도로 환한 빛이 비쳤는데, 나는 잠깐 동안 '누군가 핵폭탄을 터뜨렸나' 생각했다. 곧이어 밝은 빛은 개개의 밝은 점들로 반짝이기 시작했는데, 놀란 사슴처럼 서 있던 우리는 엄청나게 많은 파파라치 늑대들에게 둘러싸여 있다는 사실을 깨달았다. 그 유명한 말론 브란도가 시내에 왔다는 소문이 퍼져 나갔고, 우리가 식사를 하는 동안 그들은 밖에 모여 플래시를 터뜨릴 순간만을 기다리고 있었던 게 분명했다. 그래서 우리가 문을 나설 때 그들이 우리를 덮친 것이다. 말할 필요도 없지만, 나는 이전에 이런 일을 경험한 적이 없기 때문에 놀랍기도 하지만 흥미롭기도 했다. 반면에 말론 브란도는 이미 숱한 경험을 했기 때문인지 반응이 사뭇 달랐다. 아파트에 도착할 때부터 그는 정중했고, 뛰어난 유머 감각을 보여 주었다. 그런데 이제 그는 사람이 변한 것 같았다. 그의 변덕성에 관한 소문은 과장이 아닌 것 같았다. 기다리고 있는 택시를 향해 걸어가는 동안 나는 곁눈질로 그의 표정을 살펴보았는데, 분노로 이글거리고 있었다. 나는 영화 속의 돈 코를레오네 옆에서 걷고 있었다. 그리고 보니 자서전에서 자기를 귀찮

게 따라붙던 어느 사진사를 주먹으로 쳐 한 방에 턱뼈를 부쉈다고 말한 부분이 생각났다. 나는 질문을 던져 긴장을 좀 누그러뜨리려고 했다. "저 사람들이 어떻게 알았을까요?" "웨이터 중 한 사람이겠지요. 만약 내가 저 레스토랑에 다시 간다면, 먹은 것을 그들에게 총알처럼 토해 줄 거요."

차창 밖으로 카메라 플래시가 연신 터지는 가운데 우리가 안전한 택시 안에 탔을 때, 그는 내가 모는 차 종류가 무엇이냐고 물었다. 레인지 로버라고 대답하자, 그는 고개를 끄덕였다. "좋은 차군요. 부트도 내가 충분히 들어갈 정도로 크지요"(그는 미국 영어 '트렁크' 대신 '부트'를 사용할 정도로 상대방을 배려해 주었다). 그는 다른 차로 바꿔 타고 여기서 탈출할 필요성을 느끼는 것 같았다. 내 차는 아파트 지하에 주차되어 있으므로, 만약 우리가 런던 시내에서 이렇게 계속 추격을 당한다면 내 차로 바꿔 타야 할 것이다. 실제로 그랬다. 파크레인을 지나가는 동안에도 한 무리의 사진사들이 계속 우리를 따라오고 있었다. 그렇지만 택시 운전사가 마블아치에서 기지를 발휘해 그들을 따돌리는 데 성공했다. 오늘 밤에는 부트 안에서 웅크릴 필요가 없다. 브란도는 한 번은 프랑스에서 파파라치들을 따돌리느라고 160km 이상을 부트 속에서 여행해야만 했던 적이 있다고 말했다. 우리는 아파트 밖에서 작별 인사를 나누었고, 그는 어두운 밤거리 속으로 사라져 갔다.

아주 흥미로운 밤이었지만, 시간은 화살처럼 흘러갔다. 말론 브란도는 시간을 느끼지 못한다고 말했다. 그는 시간에 관심이 없었다. 시간은 그에게 아무런 의미도 없었다. 그가 한 번은 가게에서 술을 사면서 수표로 계산을 하는데, 그날이 며칠인지 몰라 카운터에 있는 남자에게 물어 보았다. "오늘이 12일 맞소?" "아닙니다. 5일입니다." "아, 4월 5일이죠, 고맙소." 그러자 그 남자가 "아뇨, 3월 5일입니다."라고 말했다. "저기 선반 맨 위에 있는 술은 가격이 얼마인지 좀 봐 주겠소?" 그리고 그 남자가 사닥다리를 올라가는 동안 브란도는 카운터에 놓여 있던 그 남자의 신문을 보고 그 해가 몇 년인지 알았다고 했다.

폴리네시아

그로부터 석 달 후, 나는 마침내 남태평양의 프랑스령 폴리네시아에 왔다. 우리는 폴 고갱(Paul Gauguin) 때문에 소시에테 제도 중에서도 가장 유명해진 타히티 섬에 착륙했지만, 우리의 목적은 더 작은 섬들을 방문하는 것이다. 하와이 제도나 피지 제도와 마찬가지로, 이 제도의 주섬은 개발이 너무 많이 진행되었다. 따라서 이러한 곳을 방문할 때에는 주섬의 편안한 시설을 이용해 수면 부족을 때운 다음, 아직 덜 오염되고 잘 알려지지 않은 다른 섬들로 옮겨 가는 것이 좋다. 우리는 다음 날 작은 섬인 후아히네 섬과 무레아 섬을 방문하기로 하고, 그날 밤은 파페테 시내를 둘러보기로 했다. 중국 식당을 하나 발견한 우리는, 거기서 우아한 중국 음식을 주문했다. 나는 식욕을 돋우기 위해 식전에 마시는 술로 '핫 사케'를 주문했다. 웨이트리스가 의심스런 눈으로 바라보았다. "핫 사케라고요? 정말로 그걸 원하세요?" "물론이오. 갖다 주세요." 나는 술에서 향내가 잘 나도록 사케를 약간 데운 걸 좋아한다.

조그마한 잔을 가득 채운 사케가 나오자, 나는 늘 하던 습관대로 단숨에 들이켰다. 하지만 불행하게도 이곳의 '핫 사케'는 내가 생각한 것과는 달랐다. 타는 듯한 목의 통증이 즉시 그것을 알려 주었다. 이 술이 무엇인지는 모르겠지만, 후추와 100만 도짜리 독주를 섞어 놓은 것 같았다. 나는 말이 나오지 않았다. 그저 쉰 목소리를 내면서 손으로 하늘을 긁어 댈 뿐이었다. 다행히도 나를 위해 따라 놓은 물컵이 있었다. 모두 내가 일종의 발작을 일으켜 곧 커다란 둥근 테이블 위에서 경련을 일으키며 죽는 것이 아닌가 하는 눈초리로 바라보고 있었다. (PD에게 이러한 사건은 매우 우려할 만한 일이다. 데이비드 애튼버러가 야생 고릴라에게 둘러싸였을 때, 그중 암컷 한 마리가 그의 머리를 입 속에 집어넣던 일이 생각난다. 그때 데이비드의 PD는 신음 소리를 내면서 이렇게 중얼거렸다. "오, 노! 시리즈는 이제 겨우 반밖에 안 마쳤는데!" 다행히도 데이비드는 살았지만, PD의 우선 순위가 무엇인지 분명해졌다. 그래서 나는 현재 나의 위치를 잘 알고 있고, 동료들의 걱정도 너무나도 잘 이해하고 있다.)

나는 아직도 극심한 고통에 사로잡혀 아무 말 없이 다른 사람들의 물컵에 손을 뻗어 차례로 벌컥벌컥 들이켰다. 워낙 긴급한 상황이라 테이블 매너 따위는 안중에도 없었다. 마침내 나는 말을 하려고 했지만, 나오는 것은 헐떡이면서 씨근거리는 소리뿐이었다. 나는 독주가 내 성대를 태워 망가뜨려 버린 것이 아닌가 생각했다. 내일 나는 카메라 앞에서 말을 해야 하는데, 이 상태라면 이번 촬영 여행을 완전히 망치게 될 것이다. 과연 내가 말을 다시 할 수 있을까? 처음에 내가 쇼크를 받은 직후에 내 주위에는 와자지껄한 웃음소리가 터졌지만, 내가 겪는 고통의 정도에 보조를 맞추어 가라앉아 갔다.

우리는 그 술의 정체가 무엇인지는 알아 내지 못했지만, 그것은 단숨에 들이켜는 것이 아니라 조금씩 마셔야 하며, 타히티의 레스토랑에서 '핫'은 뜨거운 것이 아니라 '아주아주 강한' 것을 뜻한다는 것을 분명히 알게 되었다. 내가 레스토랑에서 이와 같은 발작을 보인 것은 50년 만이다. 순진한 십대 시절에 나는 런던의 한 근사한 레스토랑에서 멜론 조각 위에다가 하얀 설탕을 뿌린 다음, 입 속에 덥석 집어넣은 적이 있었다. 그런데 하얀 설탕이 사실은 흰색 후추였다. 그때 나는 도저히 주체할 수 없는 반응을 보여 전체 테이블을 새로 준비해야 했다. 두 사건은 모두 내 기억 속에 창피스러운 일로 생생하게 각인되어 있지만, 주위 사람들을 즐겁게 해준 것도 사실이다.

다음 날 내 목소리가 작업에 지장이 없을 정도로 회복되자, 우리는 후아히네 섬으로 출발했다. 이 섬은 믿기 어려울 정도로 목가적이다. 조그마한 오두막이 산호초로 둘러싸인 바다를 향해 서 있는 모습은 너무나도 완벽하다. 이곳은 다른 곳에서 살고 싶은 마음이 들지 않을 정도로 아름답다. 그래서 우리를 물어뜯는 노노파리가 있다는 사실을 오히려 다행이라 생각한다. 만약 노노파리만 없다면, 나는 나머지 세상을 등지고 이곳에 눌러앉을지도 모른다.

노노파리는 사실 심각한 골칫거리이다. 검은색의 작은 몸집에 움직임이 빠른 이 곤충은 마르키즈 제도에서 건너왔다. 마르키즈 제도에서 노노파리는 주요 해충으로 간주된다. 마르키즈 제도에는 20세기 초에 독일의 무역선을 통해 뉴기니에서 옮겨왔고, 그후로 주변의 많은 섬으로 퍼져 갔다. 노노파리를 박멸하려고 많이 시도했지만 모두 실패하고 말았다. 노노파리는 젖은 모래에 알을 낳고, 한 마리가 한 시간에 5천 번이나 물 수 있다. 혼자 힘으로 약 800m까지 날아다닐 수 있지만, 바람을 타면 훨씬 멀리까지 날아갈 수 있다. 물린 곳은 너무나도 가렵기 때문에 긁지 않을 수가 없다. 일단 물집이 터지면 그것은 금방 세균에 감염되어 곪는다. 최선의 방법은 끈적끈적한 예방약을 잔뜩 바르는 것인데, 만약 그래도 물리면(나처럼) 최대한 자제심을 발휘해 상처를 긁지 않도록 하는 것이 좋다.

이와 같은 환경에서 작업한다는 것은 생각하기도 싫은 일이지만, 다음 날 우리는 낡은 트럭에 장비를 싣고 작은 마을 하나를 찾아갔다. 트럭 운전사는 몸집이 아주 큰 아주머니인데, 예상했던 대로 한없이 미소를 머금고 있다. 폴리네시아인의 얼굴은 특별한 노력을 기울여야만 찌푸린 표정을 지을 수 있지만, 미소는 언제라도 쉽게 나온다. 완전히 편안한 상태에서도 얼굴은 자동적으로 부드럽고 행복한 표정을 짓고 있다. 나는 그녀 옆에 앉아 가족이 몇 명이냐고 물어 보았다. "아이를 모두 아홉 명 낳았는데, 그중 두 명은 아이를 낳지 못하는 친구에게 주었어요.""그 아이들은 그것에 대해 어떻게 생각하나요?""걔들은 전혀 개의치 않아요. 그 애들은 내가 자신을 사랑한다는 걸 잘 알고 있고, 사정을 잘 이해하니까요.""만약 영국에서 그런 일이 일어난다면, 아이들은 버림을 받았다고 생각할 텐데요?""여기서는 그렇지 않아요. 우리는 모든 아이들을 다 똑같이 사랑한답니다."

우리가 마을에 도착해 작업을 하는 동안, 그녀는 아장아장 걸어다니는 아기들과 풀밭에 앉아 마치 진짜 엄마처럼 함께 놀아 주는 모습을 보여줌으로써 자신이 한 말이 정말임을 증명했다. 아기들도 그녀를 스스럼없이 받아들여, 지나가는 사람들의 눈에는 그들이 자연스러운 한 가족처럼 비쳤다. 이곳에는 사람들이 보편적으로 너그러운 마음씨를 지니고 있기 때문에, 일단 거기에 익숙해지면 도시인의 비열한 행위가 이상하고 일탈된 모습으로 비친다. 이곳에는 입양 서류나 소송 절차나 어떤 문서도 없다. 그저 풍만한 사랑과 나눔만이 있을 뿐이다.

호텔로 돌아오는 길에 나는 폴리네시아인의 '꽃 언어'에 대해 물어 보았다. 그것이 아직도 사용되고 있는지, 아니면 그저 관광객을 위한 홍보에 불과한 것인지 물었다. 그것은 아직도 실제로 많이 사용되고 있다고 한다. 트럭 운전사는 이렇게 설명했다. "짝이 없는 처녀는 머리 오른편에 꽃을 꽂고, 짝이 있는 처녀는 왼편에 꽂지요. 이것은 기억하기 쉬워요. 마음을 빼앗겼을 때 심장 위에다가 꽃을 꽂으니까요." 그녀는 잠깐 말을 멈추었다가 다시 말했다. "만약 꽃을 머리 뒤에 들고서 흔든다면, 그것은 날 따라오라는 뜻이에요." 그러면서 그녀는 소녀 같은 웃음을 터뜨린다. 남자들도 머리에 꽃을 꽂지만, 집에서 나온 직후에 왼쪽에 있던 꽃을 오른쪽으로 옮김으로써 사람들을 속이기도 한단다.

촬영 장비를 내려놓던 우리는 호텔 로비에서 먼지를 쓸고 청소하는 여자들이 동화극에 나오는 여인처럼 일을 하는 것을 보고 놀랐다. 아주 큰 몸집에도 불구하고, 그 여자는 긴 드레스를 입고 잔걸음을 걸으면서 여성의 몸짓을 과장되게 보여 주었다. 우리는 그녀가 마후(mahu)라는 사실을 알게 되었다. 마후는 폴리네시아에서 전통적으로 내려오는 일종의 복장 도착자(남성이 여성의 옷을 입음으로써 성적 만족을 얻는 사람)이다. 많은 가정에서는 여러 사내아이 중 하나를 여자처럼 키우고, 그 아이는 평생 동안 여자 행세를 하며 살아간다. 이들에게는 어떤 오명도 불명예도 씌워지지 않는다. 어른이 된 마후는 서로끼리 부부가 되어 사는데, 어느 누구도 그들을 비웃거나 모욕하려는 생각은 꿈도 꾸지 않는다. 이들은 정상적인 사회 생활의 일부로 받아들여진다.

이 관습은 역사가 오래되었다. 유럽인이 이 관습을 처음 보고한 것은 18세기였다. 아름다운 폴리네시아인 무용수에게 홀딱 빠진 한 영국 선원이 그녀를 꼬셔 선실로 데려가는 데 성공했는데, 막상 옷을 벗기고 보니 깜찍한 소년이라는 사실을 알고는 소스라치게 놀랐다고 한다. 바운티호의 블라이 선장은 마후의 존재에 대해 최초로 언급한 사람 중 하나이다. 1792년에 쓴 글에서 그는 마후들이 "여성처럼 높이 존중받았다"고 말했다.

나는 마후의 전통이 처음에 어떻게 시작되었는지 몹시 궁금했다. 이처럼 제약이 없는 사회치고는 그것은 참으로 기묘한 문화적 특징처럼 보인다. 내가 조사한 바에 따르면, 그 기원은 부족 추장들이 오직 남자 하인만을 두던 시대로 거슬러 올라간다. 지체 높은 여성을 돌보는 임무를 맡은 하인들은 오직 여성이 하는 일만 하면서 여성이 사는 구역에 살았다. 부족의 금기 때문에 그들은 남자보다는 여자로 취급받았다. 그 다음에 여성의 옷과 습관을 받아들이는 단계로 이어졌고, 이렇게 해서 마후 계급이 탄생했다. 지체 높은 추장 집안의 하인은 사회적으로 많은 이점이 있었다. 그것은 사회적 특권과 명예를 가져다 주었고, 그래서 마후를 신분이 낮은 사람으로 여긴 적이 한 번도 없었고, 따라서 업신여김을 받지도 않았다.

다음 날 우리는 후아히네 섬의 과일 나르기 경주를 촬영했다. 가장 강한 남자들이 나와 각자 기다란 막대기에 과일을 무더기로 꽂은 다음, 그것을 한쪽 어깨에 짊어지고 길을 따라 미친 듯이 달리는 시합이다. 이 진지한 연례 대회조차도 웃음과 유머가 만발한 가운데 진행된다. 그런데 우리의 카메라맨이 박진감 넘치는 장면을 찍기 위해 트럭에서 뛰어내려 선수들을 따라 길 옆으로 달리자 웃음소리는 절정에 이르렀다. 그 역시 과일을 들고 뛰는 선수들처럼 무거운 비디오카메라를 어깨에 메고 달리는 모습이 폴리네시아 사람들에게 배꼽을 잡게 한 것이다. 이를 통해 카메라맨도 그들 중 하나가 되었고, 주민들은 매우 즐거워했다.

경주가 끝난 뒤, 마을 오두막에서 축하 행사가 열렸다. 우리도 모두 초대를 받아 그들과 함께 낄낄거리기 시작했는데, 우리가 낄낄거리는 이유는 좀 색다른 것이 있었다. 우리 촬영팀에는 여자가 두 명 있는데, 그중 한 명이 경주가 시작되기 전에 우연히 탈의실에 들어갔다가 마침 우리 호텔을 대표하는 남자 선수가 경주를 하기 위해 옷을 갈아입고 있는 장면을 보게 되었다. 그녀가 그곳에 들어갔을 때, 그는 홀딱 벗은 상태였다. 그는 아무렇지도 않게 생각했지만, 그녀는 당황해서 황급히 그곳을 떠났다.

그녀에게는 안된 이야기지만, 그녀가 다른 여자에게 그 선수의 물건이 엄청나게 크더라는 이야기를 하는 것을 촬영팀의 한 남자가 엿들었다. 그거야 뭐 이상할 것도 없었다. 그는 몸매가 레녹스 루이스(Lennox Lewis)처럼 우락부락하니까. 그런데 "얼마나 큰데?"라고 묻자, 그녀는 "30cm"라고 대답했다는 이야기는 촬영팀 내에 쫙 퍼졌고, 그녀는 기회가 있을 때마다 짓궂은 놀림의 대상이 되었다. 이제 '빅 보이'라는 별명을 얻은 그 선수는 자기에 관해 어떤 이야기가 오고 간다는 것을 눈치챘지만, 모욕을 느끼기는커녕 오히려 평소보다 더 큰 미소를 띠며 다른 사람들의 이상한 눈빛과 낄낄거림을 함께 즐겼다.

오두막을 떠날 때가 되자, 마을의 여자 족장이 일어서더니 우리를 위해 아름다운 작별의 노래를 부르기 시작했다. 그러자 전체 마을 주민들이 노래를 따라 부르기 시작했고, 우리는 멍하게 세상의 평온함을 느끼면서 그냥 그 자리에 앉아 있었다. 마침내 노래가 끝나자, 마을 주민들이 다가와 우리 모두와 일일이 따뜻하게 악수를 나누었다. 여자들이 먼저 오고 남자들은 나중에 왔는데, 남자들은 두 여자 앞에서는 작별의 제스처를 멋지게 보여 주려고 했다. 첫 번째 남자는 손에다 키스를 했고, 그 다음 남자는 뺨에다 했고, 그 다음 남자는 키스를 여러 번 했고, 그 다음 남자는 포옹을 했고, 그 다음 남자는 아주 진하게 껴안는 식으로 각자는 그 앞사람보다 더 잘하려고 노력하는 것 같았다. 마침내 빅 보이의 차례가 되자 우리는 모두 환호를 보냈다. 그는 자랑스러운 표정으로 자신을 숭배하는 여자를 번쩍 안아 올렸다. 이러한 일은 사소한 즐거움에 불과했지만, 우리가 타히티 섬으로 돌아갈 때가 되자, 우리는 이전에 다른 곳 100여 군데를 돌아다니면서 느낀 것보다 더 강한 유대감을 느꼈다.

나는 이제 말론 브란도가 1962년에 〈바운티 호 선상의 반란〉을 촬영하기 위해 이곳에 왔을 때, 그가 왜 폴리네시아에 홀려 한 여자와 사랑에 빠지고, 섬을 하나 사게 되었는지 이해가 갔다.

우리가 제작하고 있는 텔레비전 시리즈의 주제 중 하나는 인간의 결혼 제도인데, 거기에는 일부다처제도 포함되어 있다. 나는 인간은 기본적으로 일부일처제를 따르며, 일부다처제는 어울리지 않는 제도라고 주장해 왔다. 우리는 이미 터키, 이집트, 서아프리카에서 이 주제에 관한 촬영을 했지만, 이곳 폴리네시아에서는 이것을 주제로 촬영할 계획은 없었다. 그런데 마지막 순간에 우리는 타히티 섬의 한 남자가 내 주장과는 달리 일부다처제가 성공할 수 있음을 증명했다는 이야기를 들었다. 좀 서두르기만 한다면 그를 촬영할 시간이 아직 남아 있었기 때문에, 우리는 그의 사례를 촬영하기로 결정했다.

그의 이름은 피에르 타라후(Pierre Tarahu)로, 아내가 18명이고, 그 사이에 태어난 자녀는 67명이나 된다. 따라서 생물학적으로 그는 큰 성공을 거두었으며, 유전적으로 불사를 보장받았다고 할 수 있다. 그런데 그는 어떻게 이 거대한 가족을 유지해 나갈 수 있을까? 다른 곳이라면 당연히 부인들 사이의 관계가 삐걱거리고, 긴장이 고조되고 분쟁이 일어났을 것이다. 피에르가 이러한 긴장과 분쟁을 피할 수 있는 비결은 무엇일까?

그 답은 피에르가 모든 아내들을 한데 모아 놓고 관리하는 하렘을 만들지 않은 데 있었다. 그는 오히려 정반대의 방법, 그러니까 아내들을 모두 따로따로 떨어뜨려 놓는 방법을 사용했다. 새 아내를 맞이할 만한 형편이 될 때마다 그는 집을 두 채 짓는다. 그리고 나서 여자에게 구혼하여 결혼한 다음, 집 두 채를 결혼 선물로 준다. 하나는 아내가 살아갈 집이고, 하나는 세를 놓아 생활비로 사용하기 위한 것이다. 피에르는 이따금 새 아내를 방문해 임신을 시키고, 아내는 집세로 자신의 가족을 부양한다. 피에르는 새로 결혼할 때마다 섬의 다른 장소에서 이와 똑같은 과정을 반복한다. 아내들을 타히티 섬에서 서로 멀찌감치 떼어 놓음으로써 여자들 사이의 말싸움과 질투를 피할 수 있는 것이다. 각자 자기 가족을 부양하고 집세를 받으면서 만족하며 살아가고, 어느 누구도 고통을 받는 것 같지 않다. 이것은 아주 완벽한 제도처럼 보인다. 물론 완전히 그런 것은 아니다.

두 가지 문제가 있다. 피에르가 모든 아내를 철저히 감시한다는 것은 불가능하고, 67명의 자녀 중 어떤 아이는 피에르의 아이가 아닐 가능성도 충분히 있다. 하렘 제도의 경우, 당장 눈에 드러나는 취약점에도 불구하고, 남자는 아내들이 바람을 피우지 않는다고 확신할 수 있다. 그러나 사람들이 모든 아이들에게 관대한 폴리네시아에서는 피에르는 약간의 불륜이 일어나더라도 개의치 않을 것이다.

두 번째 문제는 재정적 능력과 정력이다. 피에르는 어떻게 그 많은 집을 짓는 사업을 유지할 수 있으며, 18명이나 되는 아내들의 성적 욕구를 충족시킬 수 있을까? 작은 섬의 생활이 어떤 것인지 모른다면, 이에 대한 답은 다소 놀랍게 들릴지 모르겠다. 피에르는 아주 중요한 직업을 갖고 있기 때문에 36채나 되는 집을 지을 수 있었다. 피에르는 타히티의 공항 활주로에서 방문객들의 화물을 실어 나르는 서비스 차량을 운전한다. 만약 피에르가 파리에서 살면서 같은 일을 한다면 36채의 집을 산다는 것은 꿈도 꾸지 못할 테지만, 이곳 타히티에서는 사정이 다르다.

정력에 관한 답은 피에르를 직접 인터뷰하면서 들었다. 그는 자기도 혹사당해 힘들다고 했다. 따라서 아주 멋져 보이는 그의 구도에도 결함이 있는 셈이다. 정력의 소진은 그의 낙원에서는 금기처럼 보인다. 불행하게도 우리는 그를 완벽하게 촬영하지 못한 채 이제 공항으로 가야 한다. 우리는 택시를 타고 활주로를 달리면서 무거운 여행가방들을 옮기는 지친 남자의 모습을 찾아보았다. 그러나 그의 모습은 어디에도 보이지 않았다. 아마도 지나친 정력의 소진으로 건강이 극도로 나빠진 나머지 그는 어딘가에서 병원을 두 채 짓고 있는지도 모른다. 하나는 자신을 위해, 또 하나는……

노트

　말론 브란도가 말한 '악의 통속성'이란 용어는 미국의 정치철학자 한나 아렌트(Hannah Arendt)가 쓴 논문 「예루살렘의 아이크만, 악의 통속성에 관한 보고서」(1963)에서 인용한 것이었다. 많은 논란을 일으킨 이 논문에서 그녀는 수많은 '보통' 사람들 역시 그 악에 동참했기 때문에 나치의 대량 학살을 지도자 몇 사람에게만 전가할 수 없다고 주장했다.

　4부작으로 제작된 〈인간의 성〉 시리즈는 1997년 가을에 처음 방송되었다. 이번에는 영국이 아니라 독일에서 방송 제지를 받았는데, 1994년에 방송된 〈인간 동물〉을 둘러싼 논쟁이 아직 덜 가라앉은 상태였기 때문이다.

92일간의 세계 일주

1998년에 여든 번째 생일이 다가오자, 나는 아직 제대로 보고 느낄 수 있을 때 더 많은 세상을 보아야겠다는 생각이 들었다. 라모나와 나는 여러 가지 선택을 놓고 상의하다가 세계 일주 여행을 하기로 했다. 우리는 처음 세계 일주 항해에 나서는 아카디아호에 스위트룸을 하나 예약했다. 1월 5일에 사우샘프턴 항을 출발하여 92일 동안 21개 국을 방문하며 59,200km에 이르는 세계 일주 항해를 한 뒤 4월 6일에 다시 사우샘프턴 항으로 돌아오는 일정이었다. 물론 이 여행은 비용은 꽤 들지만, 비교적 짧은 시간에 아주 다양한 경험을 할 수 있는 장점이 있다. 친구들은 설사 아카디아호에서 가장 큰 방이라 하더라도, 우리가 석 달 동안이나 같은 선실에서 생활하다 보면 서로 싸우게 될 것이라고 충고했다. 우리는 그러한 충고를 무시하고, 각 계절에 입을 수 있는 옷을 싸기 시작했는데, 그러다 보니 짐이 산더미같이 쌓였다.

그 무렵 영국은 혹독한 겨울 날씨에 시달리고 있었으므로, 우리는 따뜻한 해가 내리쬐는 곳으로 빨리 가고 싶었다. 그래서 아카디아호에 승선하기 위해 서둘러 남부 해안으로 갔다.

피카소의 고향 말라가

정면으로 불어오는 바람과 맞서 싸우느라 항구에 늦게 도착한 우리는 에스파냐 남부에 위치한 이 유명한 도시를 즐길 시간이 거의 없었지만, 우리는 운이 좋았다. 부두에 마차 택시가 대기하고 있었다. 아무도 거기에 관심을 기울이지 않는 것처럼 보였기 때문에, 우리는 재빨리 거기에 올라타 마차를 타고 주요 도로를 가볍게 달리는 관광에 나섰다. 물론 이 도시가 널리 알려진 것은 1881년에 이곳의 가장 큰 광장 모퉁이에 있는 한 집에서 위대한 화가 파블로 피카소(Pablo Picasso)가 탄생했기 때문이다. 나는 존 리처드슨(John Richardson)이 쓴 돈 파블로의 새로운 전기 첫 권을 읽고 나서 20세기에 가장 큰 영향력을 미친 화가가 태어난 그곳을 꼭 들러 보겠다고 마음먹었다.

피카소라는 이름을 들먹이자, 마차를 모는 운전사는 고개를 끄덕이더니 채찍을 들어 내부를 완전히 들어내고 새로 개조한 듯이 보이는 높은 건물을 가리켰다. 비록 심장은 빼내 가고 없지만, 건물을 새로 손질한 이 모든 행위는 말라가 시민들이 자기 고향 출신의 위대한 화가를 기리기 위해 그가 태어난 집을 작은 박물관으로 만들려고 시도한 노력을 보여 준다(피카소는 거의 죽은 상태로 태어났다. 산파는 피카소를 사산아라고 생각하고 꼼짝도 않는 아기를 식탁 위에 그냥 내버려 두었다. 그런데 시가를 피우고 있던 아저씨가 아기의 얼굴 위에 연기를 훅 뿜자 아기는 기분이 나쁘다는 듯이 울음을 터뜨렸고, 그제야 아기가 아직 살아 있다는 것을 알게 되었다고 한다).

피카소는 생애의 첫 10년을 말라가의 이 광장(메르세드 광장 15번지)에서 살았으며, 어린 시절에 최초로 데생과 유화를 그린 것도 이곳에서였다. 피카소는 그를 애지중지하는 여자들에게 둘러싸여 크게 귀여움을 받으며 살았고, 처음부터 데생에 큰 관심을 보였다. 그가 맨 처음 한 말은 에스파냐어로 '연필'이라는 단어였다. 이 광장에서 놀면서 피카소는 흙으로 사물의 형태를 만들곤 했다. 오늘 우리가 빠른 속도로 지나가고 있는 그곳을 바라보는 내 눈앞에는 자신의 손에서 흘러나오는 강하고도 거침없는 사랑을 끈기 있게 그려 나가고 있는 꼬마의 모습이 선히 떠오른다.

훗날 피카소는 어떤 구도의 선도 과감하게 착착 그을 수 있게 되어 불과 몇 분 만에 새로운 작품 하나를 완성할 수 있게 된다. 피카소에 관한 이야기 중에서 내가 가장 좋아하는 것은 파리에 있던 자신의 옛 스튜디오를 찾아간 이야기이다. 그 스튜디오의 대문 밖에 놓인 의자에 한 늙은 부랑자가 앉아 있었다. 피카소는 그 사람을 알아보고는 도대체 왜 이렇게 변했느냐고 물었다. 그 사람은 사정이 너무 어려워져 이제 살 집도 없다고 말했다. 그러자 피카소는 근처에 있던 쓰레기통으로 가 큰 마분지 조각을 하나 꺼내 왔다. 그리고는 그 위에다가 슥삭슥삭 스케치를 하고는 사인을 해서 그 부랑자에게 주면서 말했다. "자, 이걸로 집을 사세요."

나는 런던의 현대미술관장을 잠깐 맡았던 적이 있는데, 하루는 사무실로 가다가 현관 홀에 우뚝 서 있는 벽에 부딪힐 뻔했다. 그것은 하루 전만 해도 그곳에 없던 것이었다. 나는 현대미술관의 회장이자 또 피카소의 평생지기인 한 롤랜드 펜로즈(Roland Penrose)에게 왜 현관 입구에 저렇게 큰 벽이 서 있느냐고 물었다. "혹시 초현실주의 작품인가요?" 그는 그렇지 않다고 대답했다. 그것은 곧 치울 것이지만, 이곳에 있는 동안에는 아주 엄중하게 보호해야 한다고 말했다. 피카소는 1950년에 영국을 잠깐 방문한 적이 있었는데, 친구 롤랜드와 함께 런던의 실험실에서 일하고 있던 과학자 친구를 만나러 갔다. 피카소는 그곳에 머무는 동안 흰색의 실험실 벽에다 연필로 슥삭슥삭 그림을 그렸다. 이것은 피카소가 영국에서 직접 제작한 유일한 벽화였으므로, 역사적으로 큰 관심의 대상이 되었다. 그런데 이제 그 실험실이 철거될 운명에 처하자, 롤랜드는 문제의 그 벽을 살려 내 이곳 현대미술관에서 보관하도록 조처한 것이다. 이것은 피카소가 잠깐 동안 슥삭슥삭 낙서한 작품이 엄청난 가치를 인정받게 된 또 하나의 예이다. 피카소가 식사를 하면서 식탁보에 낙서한 그림을 놓고 웨이터들 사이에 늘 싸움이 끊이지 않은 것도 충분히 이해가 간다.

이 활기 없는 남쪽 소도시의 어디에서 피카소의 창조성의 불꽃과 맹렬한 힘이 나왔는지 이해하기 어렵다. 아마도 그것은 단조롭고 평범했던 어린 시절에 대한 반항에서 비롯된 것이 아닐까? 피카소는 열 살 때 더 활기찬 북쪽 지방으로 옮겨 갔고, 다시는 남쪽 지방으로 돌아오지 않았다. 그런데 이상하게도 피카소는 어린 시절을 보낸 이 남쪽 도시에 대해 싫어하는 느낌만 가졌던 것처럼 보인다. 그는 이 도시에 대해 생각나는 몇 안 되는 즐거운 추억 중 하나는 어느 집시가 가르쳐 준 기술인, 한쪽 콧구멍에 담배를 밀어 넣은 채 피우는 것을 배우던 때라고 말했다. 세월이 한참 지난 후, 말라가의 유지들이 피카소의 90세 생일을 축하하기 위해 그의 집을 방문했을 때, 피카소는 문을 열어 주지 않고 그들을 퇴짜놓음으로써 큰 무안을 주었다.

도시 주위를 돌아보면서 우리는 왜 피카소가 즐겁고 무해한 곳으로 보이는 이 도시에 대해 그렇게 큰 반감을 가졌는지 이해하기 힘들었다. 이 도시는 그의 격렬한 정신을 받아들이기에는 너무 무해하고 조용하고 안전하고 유순했기 때문인지도 모른다. 또 가난한 미술 선생이었던 아버지를 가끔 도와 주곤 하던 부유한 친척들의 오만함에 대한 불쾌한 기억과 함께 어린 시절 피카소의 마음에 깊게 자리잡고 있던 사회적 속물 근성에 대한 반감도 작용했을지 모른다. 자기 고향에 대한 피카소의 이러한 반감에도 불구하고, 말라가는 20세기의 가장 위대한 미술 전기 중 하나가 시작된 출발점이며, 나는 비록 잠깐이긴 하지만 지중해의 서쪽에서 동쪽으로 건너는 긴 여행에 다시 나서기 전에 이곳의 분위기를 느낄 기회를 얻게 된 것을 무척 고맙게 생각했다.

이제 우리의 짧은 드라이브는 끝났고, 배로 돌아가야 할 시간이다. 우리를 태운 말들은 도시의 말들에게서 흔히 볼 수 있듯이 아무런 감흥도 없이 일정한 속도로 달렸지만, 라모나는 투우장에 가까이 다가갈 때에는 말의 속도가 현저히 떨어졌다가 거기서 멀어지면 다시 속도가 빨라진다는 사실을 알아챘다. 불쌍한 짐승들! 이 말들은 이전에 피카도르와 함께 보호 천(사실은 이것은 말의 상처를 가리기 위한 것이다)으로 온몸을 감싼 채 투우장으로 끌려가 황소와 맞섰던 적이 있는지도 모른다. 아니면 그곳에서 다친 다른 말의 피 냄새를 맡고 나서 투우장만 보면 고통이 연상되는지도 모른다.

　나는 투우를 매우 싫어한다. 나는 인류가 사냥꾼으로 진화했고, 유전적으로 식사에 고기를 포함하게끔 프로그램되어 있다는 사실을 잘 안다. 나는 완전 채식주의는 부자연스러운 것이며, 소화계에도 위험하다는 사실을 알고 있다. 그러나 만약 우리가 음식을 위해 동물을 죽여야 한다면 애도하는 마음을 가지고 그래야 하며, 동물의 고통을 최대한 덜어 주도록 노력해야 한다. 그런데 투우장에서 사람들은 동물을 죽이는 것 자체에 희열을 느끼는데, 나는 그것을 용서할 수 없다. 에스파냐는 20세기의 위대한 화가 피카소, 달리, 미로를 배출했지만, 수치스럽게도 투우를 계속 즐기고 있다. 이것은 내게 에스파냐에 대해 강한 애증 감정을 불러일으켰고, 이것은 오랫동안 사라지지 않았다. 그래서 나는 투우장 근처에 갈 때마다 치솟는 불안감 때문에 에스파냐에 오고 싶었던 욕구에 못지않게 얼른 이 나라를 떠나야겠다는 생각에 사로잡히곤 한다.

　우리가 운전사에게 페세타 은화를 한 움큼 주고, 고생한 말을 어루만져 주고 나서 부두로 걸어갈 때, 홀로 앉아 노리개를 팔고 있는, 가죽만 앙상한 한 노인의 모습이 눈에 들어왔다. 좀더 자세히 살펴보았더니 파는 물건은 전혀 볼품이 없어 보이는 싸구려 장식 부채였다. 라모나는 "안 돼요"라고 단호하게 말했지만, 나는 기어이 고집을 부려 그 노인이 가진 부채 네 상자 중 한 상자를 샀다. 이것은 미친 짓이다. 고향에서라면 나는 백만 년이 지나도 이런 형편없는 물건을 사지 않을 것이다. 그런데 나는 왜 그런 행동을 했던가? 도대체 그때 나는 무슨 생각에 사로잡혔던 것일까? 궁기가 철철 흐르고 이 외롭지만 고상해 보이는 이 노인은 쉽게 속아 넘어가는 모리스가 오기 전까지 부채를 단 하나도 못 팔았을 것이라는 생각 때문이었을까? 물론 그런 이유도 약간 있었을 것이다. 그렇지만 그때에는 내가 정확하게 인식하지 못했던 이유가 또 하나 있었다. 무의식적으로 나는 전세계 보물수집 여행에 나서고 있었고, 이것은 그 첫 번째 전리품이었다. 화물 중량 초과에 대해 신경 써야 할 이유가 없는 만큼 나는 아무 걱정 없이 그 지방의 특색 있는 물건들을 얼마든지 살 수 있었다.

사우샘프턴 항으로 돌아가기까지 아직도 방문할 나라가 20개국이나 남아 있었기 때문에, 이 주체할 수 없는 충동은 우리 선실을 짐으로 가득 채우게 될 심각한 상황을 예고하는 것이었다. 그러나 그것은 젊은 시절에 종종 했던 신기한 보물찾기와 비슷한 매력을 지니고 있었다. 십대 때 우리는 구하기가 거의 불가능한 물건들의 목록(여성용 속옷, 도로 표지판, 파라솔)을 가지고 각자 차를 타고 출발하여 돈을 한 푼도 사용하지 않고 그 물건들을 구해 오는 게임을 하곤 했다. 이 게임에서는 모든 물건을 구해 본부로 제일 먼저 돌아오는 사람이 승자가 된다. 이러한 어린 시절의 즐거운 추억이 아련하게 되살아나는 걸 느끼는 순간, 콧방귀를 뀌며 쓰레기 같은 내 에스파냐 부채들을 펼쳤다 접었다 하는 라모나의 표정으로부터 앞으로 몇 주일 동안 나의 무모한 보물 수집은 강한 저항에 부딪히겠구나 하는 느낌이 들었다.

아슈도드와 성지

모두가 잘 알다시피, 이스라엘에는 아노락(방한용 웃옷)에 다이너 마이트를 주렁주렁 단 자살 폭탄 공격을 감행하는 사람들이 많다. 유대인 가이드는 우리의 뇌리에서 이러한 인식을 씻어 내고, 궁극적인 휴가지로서 자기 나라의 장점을 소개하느라 많은 시간을 보냈다. 또 높은 세금과 많은 국방비, 60세까지 계속되는 과중한 군사적 의무에 대해 불평을 토로하는 데에도 상당히 많은 시간을 썼다. 그는 자신의 소총을 아내처럼 여기라는 말을 들었다고 이야기했다. 또 이스라엘의 도시들에 지하철이 없는 것은 건설업자들이 공사를 하다가 모사드의 본부로 뚫고 들어갈까 봐 두려워서라고 설명했다. 그러고 나서 그는 이것은 농담이라고 부연 설명까지 했다. 최근의 전쟁들에 관해 이야기하던 그는 영국 관광객의 비위를 맞추느라 수에즈 위기 때 이스라엘 군인들은 영국 군인은 해치지 않고 단지 영국 무기만을 파괴하려고 노력했다고 말했다.

고도 예루살렘(성벽으로 둘러싸인 조그마한 도시)을 구경하는 것은 무척 즐거웠다. 제2차 세계대전이 끝난 후에 분할된 베를린처럼 예루살렘 역시 아르메니아인, 카톨릭 교도, 회교도, 유대인이 거주하는 네 구역으로 나뉘어져 있다. 우리는 유대인 구역에 있는 통곡의 벽을 방문했다. 전자 검색대를 통과할 때, 우리 가이드가 "수류탄 가진 게 있으면 미리 다 내놓으세요"라고 소리쳤다. 이 말에 검색 요원들이 모두 웃었다. 통곡의 벽 앞에서 우리는 만약 통곡을 하고 싶다면 남자와 여자를 분리하라는 지시를 들었다. 남자들은 입구에 쌓여 있는 조그마한 둥근 모자를 써야 한다. 나는 통곡하고 싶은 마음이 전혀 없었기 때문에 이 모든 절차를 생략하고 은밀한 부분을 핥고 있는 고양이를 사진 찍으면서 시간을 보냈다. 멀리서 보니 검은 옷을 입은 남자들이 돌벽에다 대고 머리를 리드미컬하게 쿵쿵 부딪힌다. 통곡의 벽을 떠나기 전에 그들은 신에게 보내는 메시지를 적은 종이를 돌

사이의 틈에다 끼워 넣는다. 적절한 것만 요구한다면, 신이 그 간청을 들어 줄 것이라고 한다. 가이드는 "예컨대, 복권 번호 같은 것을 물어서는 안 됩니다"라고 설명한다. 그렇지만 신이 그러한 간청에 대해 줄 수 있는 유일한 응답은 "표를 사라"인 것처럼 보인다. 요즘에는 통곡의 벽에 팩스를 보내는 것도 가능하며, 매일 전세계에서 약 600통의 메시지가 도착한다. 따라서 이제 여러분은 일터를 떠나지 않고도 순례자가 될 수 있다.

예루살렘 구시가로 들어가는 황금의 문은 닫혀 있었다. 이것은 회교도들이 메시아가 다시 들어오는 것을 막기 위해 취한 조처라고 한다. 좀더 확실히 하기 위해 그들은 닫힌 문 앞에 회교 공동 묘지를 만들었다. 어떤 메시아도 그러한 땅을 밟고 지나가고 싶지는 않을 것이다. 따라서 이것은 메시아의 재림을 억제하는 효과가 있다.

올리브 산에는 로버트 맥스웰(Robert Maxwell)을 비롯해 7만여 명의 유대인 무덤이 있지만, 우리는 이것 역시 그냥 지나쳤다. 예수가 체포되어 끌려간 겟세마네 동산 근처에서 나는 내 손바닥에 십자가에 못 박힌 것과 같은 성흔이 나타나는 것을 보았다. 정말 대단하지 않은가! 도대체 이들은 어떻게 이런 조화를 부리는 것일까? 나는 난간에 작은 점들을 걸어 놓음으로써 이러한 효과를 나타나게 하는 것이 아닌가 의심한다. 독실한 신자라면 기적을 체험했다고 생각할 것이다(십자가에 죄인을 못 박을 때에는 손바닥이 아니라 손목에 못을 박았다는 사실을 알지 못하는 한).

겟세마네 동산 안쪽에는 아주 오래된 올리브나무들이 있었다. 구불구불한 흑투성이의 이 나무들은 연륜이 너무나도 오래된 것처럼 보여서 예수가 최후의 만찬을 마친 후에 이곳 동산에서 쉴 때에도 존재했을지 모르며, 어쩌면 예수는 그중 한 나무에 등을 기댔는지도 모른다. 나는 안내 책자를 뒤적이며 이 나무들이 얼마나 오래된 것으로 적혀 있는지 찾아보았다. 놀랍게도 거기에는 이렇게 적혀 있었다. "진실 여부는 알 수 없지만, 탄소 연대 측정 결과 이 올리브나무들은 구세주만큼이나 오래 전부터 존재해 온 것으로 밝혀졌다." 완고한 식물학자도 올리브나무가 1,500년 이상 살 수 있다고 인정하기 때문에, 나는 탄소 연대 측정 결과가 옳을 수도 있다고 생각했다. 나는 구불구불 비틀어진 이 나무들을 새로운 시각으로 바라보았다. 그 순간 이런 생각이 떠올랐다. 만약 현명한 나무라면 줄기를 구불구불하게 만듦으로써 좋은 목재로 사용되지 않도록 할 것이다. 그렇지만 어리석은 나무는 곧게 자라 좋은 목재가 됨으로써 오래지 않아 도끼날을 만나게 될 것이다.

점심을 먹기 위해 들른 호텔 식당은 마치 스탈린 치하의 모스크바와 비슷한 분위기를 풍겼다. 매우 팽팽하게 긴장된 분위기 속에서 행복하게 비치는 모습조차 이상하게도 강제된 것처럼 보인다. 작은 밴드가 쓸쓸하게 토폴(Topol)의 〈If I Were a Rich Man(만약 내가 부자라면)〉을 연주하고 있다. 이 나라는 결코 평온한 적이 없었기 때문에, 이것은 충분히 예상할 수 있는 결과이다. 이곳에는 사람들을 침울하게 만드는 내적 갈등이 아주 많은 것이 분명하다. 우디 앨런(Woody Allen)이 코미디 속에서 살아간다면, 이스라엘 사람들은 현실에 묶여 살아간다. 그리고 그 결과로 근심에 뒤덮이고 위기에 찌든 삶을 살아간다.

베들레헴에서 우리는 예수가 태어난 구유를 보았다. 그것은 마구간에 놓여 있지 않고, 지금은 어느 교회 아래에 있는 조그마한 동굴 속에 있었다. 나 같은 비신자조차도 이 비좁은 작은 공간이 매우 강력하고 괴기스러운 분위기를 풍긴다는 사실을 인정하지 않을 수 없었다. 공기는 신자들의 끝없는 신앙심에서 나온 페로몬으로 텁텁했다.

1999년 12월 31일 새천년으로 넘어갈 때, 전세계에서 수백만 명의 순례자들이 이곳의 성스러운 장소들을 보기 위해 몰려들 것이라고 한다. 완전히 인위적인 산물에 지나지 않는 그날에 사람들은 도대체 무엇을 보길 기대하는 것일까? 만약 예수가 탄생한 지 정확하게 2,000년 후에 재림하고자 한다면, 이미 1994년에 이 땅에 내려왔을 것이다. 왜냐하면 예수가 실제로 태어난 해는 기원전 6년이라는 것이 정설로 굳어지고 있기 때문이다. 또 만약 죽은 지 정확하게 2,000년 후에 재림하고자 한다면, 2030년이 되어야 나타날 것이다. 예수가 십자가에 못 박혀 죽을 당시 나이가 36세였기 때문이다. 어느 쪽이든 서기 2,000년은 아무런 종교적 의미도 없으며, 물론 당신이 빌 게이츠라면 그럴 수 없겠지만 Y2K 문제 때문에 그냥 무시하는 게 최선이다.

배로 돌아가는 길에 우리는 예기치 못한 대접을 받았다. 탱크 박물관 앞에서 10분 동안 멈춰 섰는데, 이곳에는 우리가 생각할 수 있는 모든 전쟁터에서 가져다 놓은 파괴된 탱크들이 줄지어 서 있었다. 나이 든 세 사람만이 그것을 자세히 살펴보기 위해 버스에서 내렸다. 나라를 위해 희생한 탱크들을 기리기 위한 기념관인 셈이다.

수에즈

수에즈 운하를 지나가는 것은 물로 뒤덮인 도로를 자동차를 타고 지나가는 것만큼이나 흥미롭다. 아무 특징 없는 어깨 높이의 단조로운 풍경이 발코니 앞으로 한없이 지나가고, 그러한 단조로움을 깨뜨리는 것은 가끔 나타나는 이집트군 진지뿐이다. 이것은 대개 군인 세 명과 개 한 마리의 분견대로 이루어져 있는데, 황량한 시나이 반도를 탈환하려고 이스라엘군이 침공할 경우에 국민을 보호하기 위한 임무를 맡고 있다. 여기저기 기름으로 뒤덮인 물 위에는 알 수 없는 물체들도 많이 떠다닌다. 유일하게 알아볼 수 있는 물체는 염소 시체였는데, 아마도 운하의 가장자리에서 오염된 물을 먹다가 죽은 것이 아닌가 생각된다. 이제 그 부드러운 시체는 유조선들이 지나가며 일으킨 물결에 휩쓸려 요동치고 있는데, 곧 휴가를 즐기던 어느 데이미언 허스트(Damien Hirst: 영국 미술가)가 갈고리가 달린 긴 막대로 끌어내 갈 것이다.

강한 바람이 모래 폭풍을 일으킬 때마다 운하를 뒤덮어 버릴 것처럼 보이는 사막은 여행 포스터에서 보던 낭만적인 황토색이 아니라 활기 없고 거무죽죽한 갈색이다. 멀리 지평선까지 굽이치며 뻗어 있는 언덕들은 성경 속의 인물들이 그 당시의 어려운 철학적 문제를 해결하기 위해 찾아가곤 하던 바로 그 광야라는 사실을 새삼 일깨워 준다.

샤름엘셰이크

샤름엘셰이크는 지리상으로는 이집트에 있지만, 중동의 해변 휴양지 같은 느낌을 준다. 이곳에는 고대 사원이나 무덤 같은 것은 하나도 없다. 얼마 전까지만 해도 이곳은 조그마한 어촌 마을에 지나지 않았지만, 이곳에 북반구 최고의 산호초가 있다는 사실이 발견되면서 수많은 사람들이 몰려오기 시작했다. 대형 호텔들이 속속 들어섰고, 두 대륙(왼쪽은 아프리카, 오른쪽은 아시아)이 만나는 바로 이 장소에 관광 휴양지와 다이빙 센터들이 발달하게 되었다.

짧은 자유시간 동안 우리는 휴양지 시설을 둘러보는 것을 그만두고, 세상에서 가장 외딴 곳에 있는 보물 중 하나를 보기로 했다. 성 카테리나 수도원은 이곳에서 내륙으로 219km나 들어간 곳에 있다. 이곳이 유명한 이유는 여러 가지가 있는데, 그중 하나는 세상에서 가장 오래된 수도원 중 하나이기 때문이다. 이미 3세기 무렵부터 은자들이 이곳에 살았으며, 요새화된 수도원 건물은 6세기에 지어졌다. 고대에 지어진 수도원 중 약탈을 당하지 않은 곳은 이곳이 유일하다. 7세기에 전쟁이 치열해지자 이곳 사람들은 마호메트에게 '전쟁을 면할 수 있는' 글을 달라고 요청했고, 마호메트는 그 요청을 들어 주었다. 수도원 도서관에는 지금도 그 복사본(아티나메: 면제의 계약)이 남아 있다. 들끓는 중동 지역의 정세를 감안한다면, 언제 그것이 또 필요할지 알 수 없는 일이다.

약 천 년 전에 누군가 기독교 수도원 담장 안쪽에 작은 모스크를 세우자는 기발한 아이디어를 냈다. 그러면 회교도들이 이 장소의 신성을 모독하기가 더욱 어려워질 것이다. 이러한 온갖 특별한 보호 장치 덕분에 성 카테리나 수도원에는 아주 놀라운 도서관이 남아 있는데 희귀한 책 5,000권과 필사본 4,500권이 보존되어 있고, 6세기 무렵의 초기 성상도 2,000점 이상 보관되어 있다.

이 같은 장소는 세상 어디에서도 찾아볼 수 없다. 모세가 시나이산 근처의 산꼭대기에서 하느님과 긴밀한 대화를 나눈 곳도 바로 이곳이다. 만약 올라가고 싶은 생각이 있는 사람이라면, 수도원에서 3,700계단만 올라가면 정상에 이를 수 있다. 그곳에 도착하면 그 위대한 사건이 일어난 바로 그 장소를 직접 두 발로 밟고 설 수 있다(우리 가이드는 분명히 그렇다고 확인시켜 주었다). 무엇보다도 수도원 건물은 모세가 불타는 숲을 목격한 바로 그 장소에 지어졌다. 불행히도 최초의 숲은 사라진 지 오래되었지만, 원래의 숲에서 옮겨다 심은 새로운 수풀이 수도원 한가운데에 자라고 있다고 한다. 거기다가 '불조심'이라는 팻말을 달아야 하지 않나 하는 장난기 어린 생각이 스쳐지나갔다.

우리는 건물 내부를 둘러보았다. 시나이 사막은 황량하기 그지없다. 언뜻 보기에는 황량한 바위와 모래와 흙이 끝없이 굽이치며 뻗어 있는 이곳에서는 아무것도 살 수 없는 것처럼 보인다. 그러나 이곳에는 베두인족이 염소, 양, 낙타를 기르며 살고 있고, 가젤영양과 오릭스도 야생에서 일부 살아가고 있다. 사냥은 항상 이 지역 최고의 스포츠로 꼽혀 왔는데, 송골매는 마리당 7,000파운드를 호가하기 때문에 송골매에게 이곳의 환경은 이중으로 가혹하다. 한때 타조도 살았지만, 지금은 시나이 사막 전역에서 멸종하고 말았다. 그렇지만 우리는 6세기 교회 건물 천장 부속물에서 타조알을 발견했다. 달나라처럼 황량한 풍경이 끝없이 펼쳐진 이 길을 따라 성 카테리나 수도원까지 가는 데에는 약 세 시간이 걸리지만, 현대의 도로와 고속버스가 등장하기 전에는 얼마나 오랜 시간이 걸렸을까 상상해 보라. 우리는 모세가 십계명이 새겨진 돌판을 받은 장소로 향하고 있다.

도중에 우리는 많은 베두인족 사람들을 지나쳤다. 그들은 낙타를 그냥 풀어 놓고 방목하고 있었는데, 낙타는 스스로 먹이를 찾아 돌아다니다가 결국에는 집이 있는 장소로 돌아온다. 안장도 없이 밖으로 나돌아다닐 때면 종종 몸에 붙은 기생충을 먹어치워 주는 새들이 낙타와 동행하곤 한다. 아주 크고 새카만 까마귀 두 마리가 낙타의 등 위에 앉아 있는 모습도 보였다.

이곳 아라비아 사막의 여름철 한낮 기온은 50℃ 이상까지 올라간다. 성경에 나오는 불타는 숲도 이 때문에 불타 올랐는지 모른다. 이집트인 가이드는 걸프전 때 미군 병사들이 겪었던 가장 큰 문제는 초콜릿이 뜨거운 사막의 열에 녹지 않도록 하는 것이었다고 말했다. 이집트 병사들은 너무 가난해서 그런 문제를 겪을 기회조차 없었던 것처럼 보인다.

마침내 수도원에 도착한 우리는 이만한 수고를 들여 방문할 가치가 충분히 있는 장소란 걸 바로 느낄 수 있었다. 사방이 벽으로 둘러싸인 이 작은 보석은 허허벌판 속에 홀로 우뚝 서 있는 작은 요새처럼 동화 같은 분위기를 지니고 있다. 요새화된 벽의 두께는 3m, 높이는 8.4m에 이른다. 그 한가운데에는 성 카테리나의 유골이 보관돼 있는 성 카테리나 교회가 있다. 어린 시절에 나는 모닥불의 밤(11월 5일. 가이 포크스의 인형을 불태우는 데서 유래)에 회전 불꽃(영어로 catherine wheel이라 표기하는데, catherine은 카테리나의 영어명이다)이 빙빙 도는 걸 보면서 즐거워했는데, 그것이 성 카테리나가 목이 잘리기 전에 받았던 끔찍한 형태의 고문을 나타낸 것이란 사실은 까마득히 몰랐다.

벽에 붙어 있는 성상들은 기대만큼 훌륭했다. 그런데 우리는 이곳에는 열한 번째 계명도 있다는 사실을 알게 되었다. 그것은 "교회 안에서 사진기를 사용하지 마라"는 계명이다. 한 늙은 오스트레일리아인이 이 계명을 짐짓 못 들은 척 아무도 보는 사람이 없다고 생각하고 교회 한가운데에서 비디오카메라를 켰지만, 곧 검은색 로브에 검은색 모자를 쓰고 검은색 턱수염을 기른 수사들이 화난 표정으로 그에게 다가가자, 그는 비디오카메라를 치웠다. 성깔 사나운 그 오스트레일리아인은 사과조차 하지 않았다.

나는 카메라로 촬영하면 신성이 훼손된다는 문제에 대해 잠깐 생각해 보았다. 어차피 수도원의 기념품 가게(이곳 분위기와는 전혀 어울리지 않는)에서 교회 내부의 사진들이 많이 담긴 달력이나 책, 엽서 등을 팔고 있는데, 방문객들이 은밀히 사진 몇 장 찍는 걸 가지고 마치 큰일이라도 나는 것처럼 수선을 피우는 이유가 무엇일까? 우리를 좀더 보잘것없는 존재로 축소시키려는 저의가 아닌가 의심되었다.

가장 가까운 마을에서도 160km 이상 떨어진 이 외딴 수도원에 고립돼 살아가는 고양이들이 있다. 고양이들은 하얀색이지만, 팔다리에는 검은색과 황갈색 얼룩 점들이 있다. 그중 한 마리는 북쪽으로 약 1,500km 떨어진 터키의 반 호수에 사는 고양이들처럼 한쪽 눈은 호박색이고 다른 눈은 파란색이다. 이곳 고양이들은 그다지 대접을 잘 받는 것 같지 않다. 만약 내가 이곳에서 평생을 보내는 15명의 수사 가운데 한 명이라면, 고양이의 기분을 한껏 맞춰 주며 함께 재미있게 놀려고 했을 것이다. 그러나 엄격한 얼굴을 한 이곳 남자들은 금욕 생활을 철저히 실천하는 것처럼 보인다. 아마도 그럼으로써 다음 세상에서는 더 나은 삶을 살 수 있다고 믿는 것이리라.

수도원의 납골당은 악몽 속에 등장하는 픽앤믹스(pick-'n'-mix) 과자 가게의 어두컴컴한 구석처럼 보이는데, 뼈다귀와 두개골이 거대한 철사 바구니 속에 쌓여 있다. 이 유골들을 여기 갖다 놓은 것은 수도원의 묘지가 너무 비좁기 때문이다. 수사 한 사람이 새로 죽으면 오래된 묘지를 파내고 그를 거기다 묻어야 한다. 그리고 묘지 속에 누워 있던 수사의 두개골은 두개골 함에, 팔다리와 손과 발도 각각의 함에 따로 넣어 이렇게 모두가 볼 수 있는 곳에 보관된다. 이들은 과연 나 같은 방문객이 자신의 유해를 보는 것을 좋아할까 하는 의문이 문득 들었다. 이것은 교회 내부를 잠깐 촬영하는 것보다도 훨씬 더 간섭적인 행위로 보이기 때문이다. 나는 건성으로 한번 쓱 보고 나서 등을 돌려 문으로 나갔는데, 등 뒤로 100쌍의 눈초리가 따갑게 쏟아지는 게 느껴졌다.

나는 납골당 건물 밖에서 낙타의 사진을 찍으면서 시간을 보냈는데, 한 아랍인이 다가오더니 사진을 찍도록 허락해 준 값을 지불하라고 요구했다. 내가 이곳의 경건한 분위기에 막 젖어들려는 순간에 터진 이 사소한 사건은 나를 다시 세속적인 상업 세계로 끌어냈다.

배로 돌아가는 길은 무척 길게 여겨졌는데, 그 여행 도중에 근사한 은빛 메르세데스가 버스 창 밖으로 아주 빠른 속도로 휙 지나갔다. 그런데 정말 불가사의하게도, 메르세데스는 버스를 지나치는 순간 갑자기 뒤집히고 말았다. 그 차는 버스하고 충돌하지도 않았고, 다른 어떤 것하고도 충돌하지 않았다. 도대체 어떻게 된 영문일까? 미스터리 사막에서 일어난 미스터리 사건이다.

아카바

우리는 요르단을 아주 좋아한다. 요르단은 중동 문화 중 우리가 가장 좋아하는 곳으로, 이곳 사람들은 상당히 친근해 그다지 힘들이지 않고 쉽게 친해질 수 있다. 만약 우리가 중동에서 살아야 한다면, 요르단이야말로 가장 좋은 곳이 될 것이다. 아카바는 요르단의 유일한 항구이다. 우리는 가게들을 둘러보면서 시간을 보냈다. 박쥐아귀 인형에서부터 예멘 단도, 종족 특유의 다양한 보석, 형형색색의 모래가 들어 있는 무수히 많은 병에 이르기까지 온갖 괴상한 물건들이 다 있다. 우리는 어리석게도 너무 많은 물건을 사고 말았다.

아카디아호가 아카바에 잠깐 정박하는 동안 우리가 느낀 최고의 매력은 잃어버린 전설 속의 도시 페트라를 방문할 수 있는 기회였다. 그곳은 북쪽으로 100km 떨어진 곳에 있으며, 와디룸이라는 광활한 사막 황무지를 지나가야 한다. 만약 우리가 이전에 요르단을 방문했을 때 이곳을 방문하지 않았더라면, 우리가 맨 먼저 가겠다고 나섰을 것이다. 페트라는 너무나도 황홀한 곳이었기 때문에 우리는 그 경험을 한 번 더 맛보고 싶기도 했지만, 그곳에서 우리가 겪은 쓰라린 기억이 아직도 남아 있었다.

이전에 우리가 페트라를 찾아간 여행은 처음에는 순조롭게 진행되었다. 우리는 말 등에 올라타고 구불구불한 협곡의 길을 따라 고대 도시가 숨겨져 있는 계곡으로 내려갔다. 1,450년 동안 버려져 있던 이 도시는 1812년에 스위스의 한 탐험가에 의해 다시 발견되었다. 오랫동안 정체돼 있던 강물이 부드러운 암석을 파 만든 이 깊은 계곡은 '시크(Sik)'라 부른다. 길이 너무 좁아서 현대적인 어떤 교통 수단도 사용이 불가능하다. 어떤 곳에서는 말 두 마리가 서로를 지나가기도 힘들다. 그렇지만 이러한 상황은 방문객에게 아주 여유 있게 여행을 즐길 수 있게 해주기 때문에 오히려 이점이 될 수도 있다. 자연 경관 속에 깊이 갈라진 틈 사이로 뚜벅뚜벅 걸어가는 말 등에 올라앉아 높은 바위벽을 올려다보면서 페트라가 향신료 무역의 중계지로서 번성했던 2,300년 전의 모습을 상상해 보라. 뜨거운 사막 한가운데인 이 근방에서는 구하기 힘든 귀중한 물을 얻기 위해 대상(隊商)들이 이곳을 찾아왔다. 그들은 그 비용을 지불했고, 도시는 크게 번성했다.

라모나와 나는 말에는 별로 익숙하지 않았지만, 그렇게 좁은 암석 공간에서는 별다른 일이 일어날 것이 없었다. 적어도 우리는 그렇게 생각했다. 약 500m 깊이의 협곡 아래로 내려가는 2km의 여행 동안 실제로 아무 일도 없었다. 그 길의 대부분은 높은 곳에 나 있는 갈라진 틈이었기 때문에 거의 터널이나 다름없었는데, 그 안쪽 끝 부분에 이르자 갑자기 넓고 경사가 가파른 암벽 계곡이 나왔다. 이곳이 바로 모세가 바위를 치자 물이 솟구쳐 나왔다는 모세의 계곡이다. 천연의 샘을 자신이 만들어 낸 샘으로 보이게 할 수 있는 능력이 있다면, 그는 정말로 대단한 지도자가 분명하다.

좁은 협곡을 빠져 나오자 반대편 암벽에 30m 높이로 새겨진 짙은 붉은색의 고전적이고 웅장한 정면이 나타났다. 우리는 이곳이 인디애나 존스가 성배를 마지막으로 붙잡으려고 하던 그 장소라는 것을 알 수 있었다. 낭만적으로 파라오의 보물이라 불리는 이곳은 보는 사람들의 경탄을 자아낸다.

이것만으로도 그 긴 여행을 할 만한 가치가 충분하다고 우리는 생각했지만, 오른쪽으로 시선을 돌린 순간 이것이 수많은 정면들 중 하나에 불과하다는 사실을 알게 되었다. 마치 가파른 계곡 벽에다 헬레니즘 시대의 도시 전체를 조각해 놓은 것처럼 계곡 전체에 바위를 잘라 만든 궁전, 사원, 무덤 등이 흩어져 있었다.

말을 타고 조금 더 내려가다가 우리는 말에서 내려 주위를 구경해도 좋다는 이야기를 들었다. 현대적인 교통 수단이 전혀 없는 상황에서 우리는 과거로 돌아간 듯한 착각에 사로잡혔는데, 이것은 전세계 어느 곳에서도 볼 수 없는 환상적인 분위기였다. 나는 사암의 색깔에 매료되었다. 빨간색, 진홍색, 노란색의 얇은 선과 층으로 이루어져 있는 작은 조각은 먹을 수 있지 않을까 하는 착각마저 들게 했다. 또 한 곳에는 바위에 계단을 만들어 놓았는데, 그것은 높은 단으로 연결되었다. 13.5×6m 크기의 이 신성한 장소는 한때는 완전히 금으로 덮여 있었다고 하며, 희생을 바치는 데 사용된 것으로 생각된다.

유적을 하나하나 살펴보면서 나는 어느 동굴 속으로 들어갔다. 그런데 거기서 나오는 순간, 나는 뭔가 문제가 생겼다는 걸 알아챘다. 여러 명의 요르단인이 라모나를 에워싸고 있었다. 내가 다가가자 라모나는 부자연스러운 미소를 지어 보였다. 라모나에게 작은 사고가 일어났던 것이다. 라모나가 말에 다시 올라타려고 말 가까이 다가간 순간, 그때 벌레 한 마리가 말을 무는 바람에 놀란 말이 뒷발질로 라모나의 다리를 걷어찼다. 나는 큰 상처에서 피가 쏟아져 나오는 걸 보고 깜짝 놀랐다. 너덜너덜하게 붙어 있는 살점은 앰뷸런스를 불러야 하는 긴급 상황이었다. 라모나는 계속 "말의 잘못이 아니에요"라고 말했는데, 가이드들이 이 사고에 대해 몹시 화를 냈기 때문이다. 냉정하게 생각해 보니, 앰뷸런스가 이곳까지 내려올 방법은 없고, 라모나는 계속 많은 피를 흘리고 있었다. 라모나가 말에 올라타 돌아가는 것도 불가능했기 때문에 나는 눈앞이 캄캄해졌다.

한 늙은 아랍인이 구조의 손길을 뻗쳐 왔다. 그에겐 작은 마차가 있었는데, 그 뒤에 우리 둘이 간신히 끼어 탈 수 있었다. 그는 병약한 두 방문객을 실어 나르기 위해 그것을 가져왔는데, 두 사람은 친절하게도 우리를 병원에 실어다 주고 돌아올 때까지 기다리겠다고 했다. 우리는 마차에 올라탔고, 마부가 채찍을 휘두르자 말이 경쾌한 발걸음으로 협곡을 올라가기 시작했다. 마부는 보행자들에게 비키라고 소리를 질렀고, 그들은 몸을 벽에다 바짝 대며 길을 비켜 주었다. 어떤 사람들은 동작이 너무 느려 하마터면 마차에 치일 뻔하기도 했지만, 나는 오로지 라모나의 고통에만 정신이 팔려 있었다.

협곡에서 반쯤 올라왔을 때, 마부가 돌연 말을 멈췄다. 그는 자신의 여자 친구가 먼 길을 걸어오고 있는 것을 보았던 것이다. 그녀는 최소한 임신 8개월에 그것도 쌍둥이가 들어 있는 것처럼 보였는데, 마부는 그녀에게 마차에 타라고 말했다. 마차에는 사람이 더 탈 만한 공간이 없는데도 불구하고, 그녀는 고마워하면서 마차에 올라탔다. 그래서 우리는 마치 그녀의 출산을 돕는 산파이기나 한 것처럼 서로 바짝 붙은 자세로 엉겨 협곡을 빠져 나와 가까운 마을로 달려갔다. 그곳 병원에 갔더니 의사는 라모나의 다리에 소독약을 듬뿍 바른 다음, 두꺼운 갈색 실로 상처를 꿰맸다. 세상에서 아주 외진 곳에 있는 이 지방까지는 국부 마취제가 도착하지 않은 것 같았는데, 나는 여성이 그렇게 고통스러운 치료를 견뎌 내는 인내심에 또 한 번 놀랐다. 만약 나라면 필시 남성들이 흔히 사용하는 방법으로, 즉 술을 마셔 그 고통을 견뎌 냈을 것이다.

병원을 나설 때 몸집이 큰 아랍인이 대기실에 앉아 있는 게 보였다. 그의 발은 피투성이였다. "오, 불쌍해라. 도대체 무슨 일이 있었나요?" 라모나가 물었다. 그 아랍인이 의사에게 설명하자, 의사가 우리에게 통역해 주었다. "작은 마차에 치였다고 하는군요." 우리는 페트라를 사랑하지만, 한번 경험한 것으로 족하다.

뭄바이

프랑스의 시라크 대통령이 마침 뭄바이를 방문하고 있었기 때문에 아카디아호는 정박 장소를 프랑스 항공모함에 빼앗기고 말았다. 시라크 대통령은 항공모함의 호위가 없으면 외국을 방문하지 못하나 보다. 나는 시라크가 대통령이라는 지위가 가져다 주는 화려한 허식에 빠져든 것이 전혀 놀랍게 생각되지 않았다. 나는 그가 대통령이 되기 전에 BBC의 텔레비전 프로그램을 위해 파리에서 그와 인터뷰를 한 적이 있었는데, 그때 그는 정치인치고는 신선할 정도로 유머와 위트가 뛰어났다. 내가 그에게 어떤 종류의 개를 기르고 있느냐고 묻자, 그는 과장된 어투로 이렇게 대답했다. "나는 래브라도(캐나다 원산의 새 사냥개, 경찰견, 맹인 안내견)를 사랑합니다." 그러면서 자기에게도 래브라도가 한 마리 있는데, "정치에서 앞서려면 반드시 래브라도가 있어야 하기 때문이지요. 만약 개를 기르려고 한다면, 다른 품종은 쓸모가 없어요"라고 덧붙였다. 그때 나는 그에게서 정치적 행위를 정당하게, 즉 즐거운 게임으로 취급하는 사람이라는 인상을 받았다. 그런데 이제 대통령이 되고 나서 그는 더 큰 게임, 항공모함 크기의 장난감들을 가지고 하는 게임을 즐기고 있는 게 아닌가 하는 생각이 든다.

그렇지만 이러한 생각도 오늘은 별로 유쾌하게 와 닿지 않는다. 군사력을 과시하고자 하는 시라크의 욕구 때문에 우리는 아주 오랫동안 기다린 끝에 닻을 내린 장소에서 보급선을 타고 아카디아호에서 3km나 떨어진 해안에 상륙해야 했다. 선상에서는 반프랑스 감정이 노골적으로 터져 나왔다. 나는 『전세계의 제스처에 관한 안내』라는 내 책에 나오는 가장 상스러운 프랑스식 모욕을 연습했지만, 보급선이 프랑스 전함들 옆을 지나갈 때 배 위에는 단 한 명의 프랑스인도 보이지 않았다.

육지에 상륙하자, 우리 모두는 빨간색 물감으로 이마 한가운데에 빈디 점을 찍었다. 이마 한가운데는 영적 에너지의 여섯 번째 중심이자 기억의 원천으로, 결혼 유무하고는 아무 상관도 없다. 우리는 그저 할리우드의 저격수에게 총을 맞았다는 느낌 정도밖에 들지 않았다.

뭄바이는 인구 과밀로 심각한 몸살을 앓고 있다. 매일 240만 명의 승객이 시내 열차를 이용한다. 각 열차는 2,000명이 탈 수 있도록 설계되었지만, 실제로는 약 5,000명이나 빽빽하게 올라탄다. 매일 평균적으로 네 명이 버스에서 떨어지거나 버스에 치여 숨진다.

우리는 버스를 타고 많은 교통 체증을 겪은 끝에 자이나교 사원에 도착했다. 24신과 세 가지 신성한 상징—삶의 네 단계(젊음, 결혼, 이탈, 영혼)를 나타내는 네 팔을 가진 스바스티카, 운명과 행동과 지식을 나타내는 세 개의 점, 구원을 나타내는 반달—이 있는 이곳은 솜씨가 형편없이 쇠퇴한 디즈니가 꾸며 놓은 곳처럼 보인다.

자이나 교도는 세상에서 가장 엄격한 채식주의자이다. 이들은 어떤 종류의 동물성 음식은 물론이고, 땅 밑에서 자라는 식물도 먹지 않는다. 그러한 식물의 뿌리를 뽑으면 땅 속에서 사는 수많은 미생물의 권리를 해친다고 생각하기 때문이다. 이 극단적인 교파에서는 세균조차 존중한다.

날아다니는 곤충 역시 보호해야 하기 때문에, 독실한 자이나 교도는 가면을 쓰고 다닌다. 동물을 타는 것 역시 동물을 혹사시키는 것이기 때문에 금지된다. 또 어떤 기계 도구나 전기와 같은 동력원 또는 물질적인 진보에서 유래한 어떤 것도 이용해서는 안 된다. 그러한 모든 진보는 자연에 거스르는 것이기 때문이다.

가장 극단적인 자이나 교도는 공공 장소에서도 옷을 전혀 걸치지 않는다. 그들은 완전히 나체로 걸어다닌다. 또한 피부에 붙어 있는 미생물을 죽일까 봐 몸도 전혀 씻지 않는다. 흥미롭게도 미생물들은 피부에서 자연적인 삶의 순환 패턴을 이루며 살아감으로써 이 극단적인 자이나 교도의 몸에서 악취가 나는 것을 막아 준다.

뭄바이의 공중 정원에서 우리는 음산해 보이는 침묵의 탑을 보았다. 그 위에는 뻣뻣한 날개를 가진 큰 새들이 빙빙 돌고 있었다. 다행히도 우리는 그 안으로 들어가는 것이 허락되지 않았는데, 이곳은 파르시 교도들이 죽은 자의 시체를 새들이 뜯어먹도록 방치해 둔 곳이기 때문이다.

프린스오브웨일스 박물관에서 우리는 선명한 색상으로 유명한 모굴 제국 초기의 세밀화를 구경했다. 강렬한 노란색 색조는 황달 걸린 소의 오줌에서 얻었으며, 좀더 어두운 색조의 노란색이 필요하면 소에게 특별히 망고를 먹였다는 설명을 들었다. 보통의 소는 물을 먹이면 그냥 물을 배설하지만, 신성한 소는 수채화 물감을 내놓는다.

뭄바이는 빈부의 격차가 매우 심한 도시다. 부자는 멋진 동네에서 평방피트당 500파운드를 지불하며 살아가지만, 세탁업자인 도비 왈라스(Dobhi Wallahs)는 한 달에 10파운드만 주면 온갖 빨래를 다 해 준다. 그리고 무일푼의 거지 가족들은 교통이 혼잡한 거리의 도랑에서 숨막힐 듯한 배기 가스를 마시며 잠을 잔다.

몸살을 앓는 이 도시에는 극장이 적어도 270개나 있고, 광활한 볼리우드의 스튜디오에서는 매년 900여 편의 영화가 대량 생산되고 있다. 하늘 높이 걸려 있는, 영화를 선전하는 거대한 간판은 겁 없는 공중 예술가들이 일일이 손으로 그려 완성된다. 그런데 영화계에 종사하는 사람들은 1996년에 도시의 공식 명칭이 식민지 이전의 뭄바이로 바뀌었기 때문에 볼리우드라는 이름이 몰리우드로 바뀌지 않나 염려하고 있다. 몰리우드란 이름은 볼리우드보다 훨씬 덜 매력적이기 때문이다.

저녁식사 때, 근처 테이블에서 누군가 촛불이 켜진 케이크와 샴페인 잔들을 준비하고서 생일을 축하하고 있었다. 한 무리의 웨이터들이 '해피 버스데이 투 유'를 열정적으로 불러 주었다. 라모나는 불쾌한 눈초리로 나를 쳐다본다. 마침 오늘은 내 일흔 번째 생일이기도 한데, 나는 거기에 대해 일절 언급하지 말도록 당부해 놓았기 때문이다. 사실 이 오랜 유람선 여행 기간에 내 생일이 끼도록 한 것은 단순히 우연이 아니다. 해외에 나가 있으면 집에서 내 생일을 축하하는 어떤 가족 행사도 불가능하다. 좀 괴팍하게 보일지 모르지만 나는 생일을 싫어한다. 나는 생일은 즐거워해야 하는 날이 아니라 조용히 스스로를 불쌍하게 여겨야 하는 날이 되어야 한다고 생각해 왔다. 나이를 한 살 더 먹고, 죽음을 향해 한 발짝 더 다가가는 것을 좋아할 사람이 세상에 어디 있단 말인가? 이미 내게 삶은 화살처럼 빠르게 지나가고 있고, 새삼 이 사실을 되새겨 주는 진부한 의식 같은 것은 정말 반갑지 않다. 우리 어머니는 85세가 되어서야 '서른아홉'이 지났다는 걸 인정했고, 99세 생일이 다가올 무렵에도 자기 나이를 몇 살 낮추어 말했다.

나이 든 사람의 비위를 맞추기 위해 그 어떤 센티멘털한 수사를 갖다 붙인다 하더라도, 늙은 것보다 젊은 것이 더 좋다는 것은 엄연한 진실이다. 그러니 생일 따위는 싹 잊어버려라.

싱가포르

발코니의 문을 열자 끈적끈적한 열기가 확 느껴졌다. 몬순 계절은 거의 막바지에 이르렀지만, 완전히 끝난 것은 아니다. 우리가 시내로 출발할 무렵, 거대한 멀라이언(Merlion: 사자 머리에 인어의 형상을 한 싱가포르의 상징 동물) 동상 위로 두꺼운 구름이 드리워져 있었다. 시내 중심가는 고층 건물이 즐비한 댈러스처럼 보이고, 지층에는 각각 그 앞의 곳보다 더 화려해 보이게 치장한 쇼핑몰이 끝없이 이어져 있다. 디자이너 의류점과 값비싼 향수 가게들이 즐비하지만, 노천 카페나 신문을 파는 가판대는 전혀 눈에 띄지 않는다. 이곳에서는 이상한 일들이 일어난다. 한 전시회장 바깥에 걸린 대형 깃발에는 영어로 '제1회 디스커스(남아메리카 원산의 열대어) 대회 및 금붕어 쇼'라고 적혀 있었다.

택시 안에서 담배에 불을 붙였다간 큰 벌금을 물 수 있고, 어떤 애완 동물도 거리로 나와서는 안 되며, 잔디는 마치 전기 면도기로 자른 것처럼 말쑥하게 손질돼 있는 등 놀랍도록 단정하고 위생적인 이 섬의 주민들은 공중 위생을 거의 종교처럼 여기며 안전하고 즐겁고 그리고 약간은 비현실적인 생활을 영위한다.

싱가포르에서 가장 악명 높은 법은 1992년부터 발효된 '껌 수입 금지령'으로, 껌을 소지하는 것 자체가 중범죄로 간주된다. 누가 거리에 버린 껌을 밟고서 건물 안의 카펫 위로 걸어가는 사람은 동정은 받지만, 1만 싱가포르 달러(약 600만 원)의 벌금을 물거나 12개월 징역형을 받는다. 이것은 초범의 경우이고, 재범시에는 벌금액과 형량이 두 배로 올라간다.

이렇게 엄한 법이 도입된 것은 누군가 통근 열차의 전자식 문에 씹던 껌을 붙여 놓은 것이 계기가 되었다고 한다. 껌은 문의 작동을 방해했고, 열차가 지연되는 바람에 전체 교통 체계가 혼란에 빠졌다. 수만 명이 직장에 지각을 했는데, 상사들은 그들의 지각 사유를 믿으려 하지 않았다. 싱가포르에서는 모든 것이 시계처럼 정확하게 돌아가야 하기 때문에 즉시 껌을 완전히 금지하라는 요구가 나오게 되었다. 그래서 만약 도저히 껌을 씹고 싶어 참을 수 없는 사람은 모든 것이 허용되는 말레이시아로 잠시 국경을 넘어갔다 오는 수밖에 없다.

싱가포르에는 마약 문제가 전혀 없다고 주장하는데, 불법적인 마약을 사용하다가 적발되면 12개월의 징역을 사는 것이 아니라 사형에 처해진다. 이곳에는 적당히 봐주는 것이라곤 하나도 없다. 싱가포르는 정말 아주 깨끗하고 질서 정연한 나라이다.

싱가포르의 젊은 부부들은 셋째 아이를 낳을 경우 대폭적인 세금 감면을 받는다고 가이드가 알려 주었다. 그렇지만 이곳 여성들은 자신의 경력에 방해가 되기 때문에 아이를 많이 낳으려고 하지 않는다.

나이가 많은 노인들은 자녀들에게 경제적 도움을 받아야 하는데, 만약 자식들이 그 역할을 제대로 하지 않으면, 부양비를 받아 내기 위해 자식을 상대로 소송을 건다고 한다. 라모나와 나는 서로를 쳐다보며 몇 년 뒤에 이곳으로 이사 오자고 고개를 끄덕인다.

나는 보기 힘든 싱가푸라고양이를 본 사람이 있느냐고 물어 보았는데, 오랫동안 다른 품종의 고양이와 피가 섞이면서 그 품종은 이제 거의 사라졌다는 이야기를 들었다. 혹시 거리를 배회하는 고양이를 볼 수도 있지 않겠느냐고 기대 섞인 질문을 하자, 싱가포르에는 길 잃은 개나 고양이는 전혀 없으며, 최근에 정부의 공중 청결 캠페인의 일환으로 그런 동물은 모조리 잡아들여 없앴다고 대답했다. 비록 그 혈통을 보존시키는 사례가 몇몇 있고, 최근에 현지 텔레비전에 소개된 적이 있긴 하지만, 아직도 자유롭게 살아가는 싱가푸라고양이가 있으리라곤 믿기 어렵다고 한다.

내가 1991년에 싱가포르 관광청이 싱가푸라고양이를 '싱가포르의 사랑스런 고양이 쿠친타'로 소개하는 특별 캠페인을 벌이면서 그 고양이의 원산지로 추정되는 강둑에 고양이의 청동상을 세우기로 발표한 사실을 지적하자, 관광청의 그러한 노력에도 불구하고 그 캠페인은 실패로 돌아가 폐기되었다는 대답을 들었다. 그 이유는 '멀라이언'이라는 더 극적인 상징이 이미 생긴 이상 두 번째 동물 상징은 곁다리에 지나지 않기 때문이라고 한다.

그렇지만 싱가푸라고양이의 청동상은 어떻게 되었는가? 그 상은 아직도 그 자리에 실패한 캠페인의 유물로 남아 있다고 한다. 나는 싱가포르 강을 굽어보고 서 있는 그 청동상을 찾아가는 길을 물었다. 그것은 도시의 명물 중 하나인 캐버나프 다리의 한쪽 끝에 서 있다고 한다. 이 다리는 19세기에 식민지를 세운 스탬퍼드 래플스(Stamford Raffles)가 첫발을 내디던 장소 근처에 세워져 있는 다리로 다가가는 내 눈에는 고양이 동상 같은 것은 전혀 눈에 띄지 않았다. 다리를 다 건너고 나서야 나는 마침내 그것을 발견했다. 그것은 실물보다도 아주 작았고, 어미고양이가 물가에서 노는 새끼고양이 두 마리를 지켜보고 있는 모습을 하고 있었다. 내가 기대했던 기념비적인 동상은 아니지만, 그래도 최소한 독특한 고양이의 존재를 영원히 상기시켜주는 역할은 할 것이다.

우리는 래플스 호텔의 당구장에서 스콘(둥글넓적한 과자빵), 크림과 잼, 건포도 케이크, 크림 케이크, 얇은 오이 샌드위치와 영국 통치의 잔재가 남아 있는 그 밖의 갖가지 과자들을 접시에 쌓고 차를 마셨다. 마지막으로 우리는 소름 끼치는 냉광을 발하는 핑크빛의 싱가포르 슬링(위스키 등의 술에 물, 설탕, 레몬, 라임 주스를 타서 차게 한 음료)을 주문하고는, 마치 매일 그러는 것처럼 태연하게 잔을 비웠다. 기분이 들뜬 나는 호텔 몰(호텔에도 몰이 있다)에 있는 가게 70군데를 뒤지고 돌아다니며 중국 골동품을 파는 32번 가게 이그조티카를 찾았다. 가게 문이 닫혀 있는 것이 다행이었다. 한나라 시대에 만든 실물 크기의 테라코타 말을 비롯해 내가 상상하지도 못하던 보물들이 거기에 진열돼 있었기 때문이다.

싱가포르는 원시적인 가난을 묵묵히 체념하여 받아들이는 지역 한가운데에 홀로 사치를 뽐내며 우뚝 솟아 있는 조그마한 오아시스이다. 이곳에서는 즐기는 것조차도 매우 어려울 것 같은 인상을 받는다. 어느 과감한 포스터에는 스파이스 걸의 고향인 런던을 방문할 수 있는 공짜 표를 얻으려면 어서 서두르라고 적혀 있다.

부둣가에서는 곡예에 가까운 용춤이 벌어지며 세계에서 가장 분주한 수로를 떠나는 우리를 전송해 준다. 이제 우리는 좀더 원시적인 매력을 간직하고 있는 북쪽의 콴탄으로 간다.

말레이시아의 콴탄

말레이시아는 아시아의 나머지 나라들과 다른 점이 있다. 자연 경관도 사람들도 인도인과 중국인을 반반쯤 섞어 놓은 것처럼 보이지만, 나름대로 특별한 성격을 지니고 있다. 말레이시아에는 세팍타크로라고 하는 고유의 구기 경기도 있는데, 선수는 발 옆면만을 사용해 고리버들로 만든 공을 공중에서 떨어지지 않도록 하며 경기를 한다.

말레이시아 사람들은 특이한 시합들을 좋아하는 것 같다. 우리는 팽이돌리기 대회(가장 오래 돈 기록은 1시간 45분이라고 한다), 연날리기, 무술에 기초한 춤 경연 대회 등을 구경했다.

나는 원뿔 모양의 멋진 밀짚모자를 하나 사기로 했다. 나는 높은 곳에 있는, 가장 조심스럽게 만들어지고 색이 전혀 칠해져 있지 않고 미묘하게 조각돼 있는 것을 내려다 달라고 부탁했다. 그것은 관광객을 위해 색칠을 한 모자들보다 훨씬 검소한 진짜 밀짚모자처럼 보였다. 내가 가격이 얼마냐고 묻자, 점원은 대답을 주저했다. 다시 묻자 점원은 당혹스런 표정을 지으며 왜 램프 갓을 사서 머리에 쓰고 다니려고 하느냐고 묻는다.

길가에서 나는 야생 보아, 물소, 등에 쇠찌르레기가 앉아 있는 염소, 꼬리가 배배 꼬인 고양이를 보았다. 한때 4만 마리나 되던 야생

말레이호랑이는 사냥꾼들에게 수난을 받으며 현재 겨우 400여 마리 밖에 남아 있지 않으며, 곧 사라지고 말 것으로 보인다. 세계의 다른 모든 지역과 마찬가지로 농부들은 자연 경관을 자기 말을 잘 듣도록 변화시키고 길들여 놓았다.

베트남의 다낭

베트남을 보는 순간 충격적으로 다가오는 느낌은 아름다움이다. 하얀 구름을 스카프처럼 두르고 있는 산봉우리 아래로 초록빛 시골 이 끝없이 펼쳐져 있다. 어떻게 이 겸손한 사람들과 아름다운 자연 위에다가 미국과 중국의 군부가 오만한 전쟁 게임을 하면서 수백만 톤의 폭탄을 퍼부을 수 있었는지 도대체 이해가 가지 않는다.

비록 베트남은 현재 공식적으로는 공산주의 국가이지만, 쇠망치와 낫이 그려진 포스터가 가끔 눈에 띄는 것말고는 공산주의의 흔적은 찾아보기 어렵다. 오랫동안 큰 고통을 겪어 오고서도 놀랍게도 모든 것을 용서하는 마음을 가진 주민들은 외국 열강의 간섭을 받기 훨씬 오래 전부터 수천 년 동안 영위해 왔던 이전의 조용하고 편안한 생활 방식으로 돌아간 것 같다.

옛 왕도인 위에에 있는 한 불교 사원에는 1963년형 파란색 오스틴 자동차가 전시돼 있는데 이렇게 엄숙한 장소에는 전혀 어울리지 않 는 물체처럼 보인다. 그렇지만 녹슨 자동차 앞덮개에는 왜 이 차가 여기 있는지 설명해 주는 사진이 있다. 그 사진은 이 자동차의 주인 이었던 승려가 1963년 여름에 차를 몰고 정부 청사 앞으로 가서 자기 몸에다가 휘발유를 붓고 분신하는 광경을 담고 있다. 사진은 이 낡은 오스틴 옆에서 그가 고요히 불타 죽어 가고 있는 모습을 보여 준다. 정부 정책에 항의한 그의 이 유명한 행동 덕분에 이 자동차는 이제 신성한 물건으로 변한 것이다.

베트남의 십대들이 라모나를 보고 손가락질을 하며 낄낄 웃는다. 처음에 이것은 무례한 행동으로 보였지만, 잠시 후 그들은 용기를 내 라모나에게 함께 사진을 찍어 줄 수 있겠느냐고 묻는다. 우리가 좋다고 승낙하자, 그들은 달려와 라모나를 꼭 껴안고 사진을 찍는다. 이들은 라모나의 긴 금발을 흠모하는 것처럼 보이며, 이런 어린애 같은 반응은 마치 새로 태어난 나라처럼 악몽 같은 과거를 잊고 새로운 역사를 시작하는 젊은 베트남의 새로운 분위기를 반영하고 있다.

마닐라

마닐라는 아직도 엘니뇨로 인한 스모그로 뒤덮여 있지만, 최악의 상태에 이르렀던 로스앤젤레스보다 더 심하지는 않다. 11월과 12월에는 스모그가 하도 심해서 마닐라에서만 호흡 곤란으로 말이 천 마리 이상 죽었다고 한다. 상습적인 교통 혼잡에서 발생하는 매연은 마닐라 시내의 공기 오염을 더욱 악화시킨다. 거리에는 미군 지프를 개조하여 더 크고 화려하게 만든 차량인 지프니(Jeepney)가 가득한데, 이 차는 12인승 미니버스로 사용된다. 그렇지만 필리핀 사람들은 여기에 40명까지 꾸역꾸역 올라탄다.

우리는 대통령궁을 둘러보았다. 어두운 색깔의 나무널로 완전히 뒤덮여 있는 대통령궁은 그 벽에 가난한 사람일수록 더 중요하다는 미사여구가 적혀 있음에도 불구하고 어떤 즐거움이나 인간미도 풍기지 않는다. 주요 전시물 중 하나는 거대한 진열장에 부조화스럽게 놓여 있는 두 가지 색조의 우아한 구두였다. 과거 필리핀 대통령 중 한 사람이 비행기 사고로 사망했을 때 남은 유품이 이것뿐이라는 설명을 들었다. 그 다음에는 흔들의자를 보았는데, 역시 과거 대통령 중 한 사람이 이 의자에 앉아 있다가 심장마비로 사망했다고 한다. 또 다른 대통령은 연설을 하다가 심장마비를 일으켰고, 또 한 명은 결핵에 걸려 죽었다고 한다. 우리 가이드는 대통령이 어떻게 죽었는지를 아주 중요하게 여기는 것 같으며, 그 이야기를 아주 재미있다는 듯이 들려준다. 이멜다 마르코스(Imelda Marcos)가 현재 소송을 당한 상태여서 그녀의 유명한 구두 2천 켤레는 지하실에 따로 보관되어 공개되지 않는다는 말을 듣자, 일부 여행객들은 실망의 탄성을 질렀다. 구두를 감추는 것과 이멜다의 소송 사이에 무슨 관련이 있는지는 분명하게 설명되지 않았다.

필리핀은 7,000개가 넘는 아름다운 섬들로 이루어진 나라이지만, 우리가 본 것이라곤 더럽고 숨막히고 혼잡한 마닐라 시내뿐이다. 나중에 항구 주위를 혼자서 산책하던 나는 어느 여인에게서 한 시간 동안만 함께 지내자는 제의를 받았다(필시 나를 매우 즐겁게 해주려는 아주 친절한 필리핀 여인이었을 것이다). 그녀가 보낸 대리인이 최소한 800미터나 나와 함께 걸으면서 그녀의 이름과 주소가 적힌, 믿을 수 없을 정도로 더럽고 너덜너덜한 명함을 내밀었지만, 나는 그의 관대한 초대를 거절했다.

브루나이

세계에서 둘째가는 부자인 술탄의 궁전을 짓는 데 6억 달러나 들었다고 한다. 방이 무려 1,788개, 계단이 44개, 엘리베이터가 18개, 화장실이 260개나 있고, 이탈리아 대리석으로 깐 바닥 면적은 13에이커(약 52,000㎡)이고, 7,000석 규모의 식당까지 딸려 있다. 술탄의 하루 수입은 500만 달러이며, 지하 주차장에는 술탄이 소유한 자동차가 350대나 있다고 한다. 대관식 때에는 긴 행사가 진행되는 동안 황금으로 만든 팔과 손으로 자기 턱을 받치도록 했다고 한다. 술탄의 개인 재산은 370억 달러로 추정되며, 그보다 더 많은 재산을 가진 사람은 오직 미국의 빌 게이츠뿐이다.

비록 개인적인 부를 과시하려는 욕망을 가지긴 하지만, 술탄은 자비롭고 너그러운 통치자인 것 같다. 그의 보호를 받는 수십만 브루나이인들은 소득세나 상속세를 한 푼도 내지 않는다. 그리고 대학에서 공부하려는 사람들에게는 술탄이 모든 비용을 다 대준다. 첨단 장비를 갖춘 병원에서 진료를 받는 데 드는 비용도 30브루나이달러(2만 원 정도)밖에 들지 않는다. 최근에 술탄은 자기 생일을 맞이하여 모든 시민에게 무료 위성 TV를 선물했다.

항구에 대나무를 엮어 만든 작은 오두막에 살고 있던 어촌민 3만명에게는 공짜로 집을 하사했는데, 술탄이 직접 그들에게 일일이 열쇠를 전달했다. 그런데 대부분의 사람들은 곧 집을 세내고, 자신들에게 편한 오두막집으로 돌아갔다. 그곳은 악취가 심하고, 진흙 바닥에 마루 아래에는 쓰레기가 널려 있는 등 겉모습은 누추하지만, 에어컨과 전기, 냉온수, 컬러 TV 등이 갖추어져 있는 아늑한 오두막이다.

술탄은 부인을 두 명 거느리고 있는데, 한 사람은 자신의 사촌이고, 또 한 사람은 스튜어디스 출신이다. 술탄은 현명하게도 두 부인을 헬리콥터로 20분 거리에 떨어진 두 궁전에 따로 살게 하고 있다. 브루나이 상공에 낮게 비행하는 점보 제트기가 보이면, 그것은 술탄이 직접 몰고 나온 것임을 알 수 있다. 그렇게 낮은 고도로 비행하는 것은 다른 사람에게는 허용되지 않기 때문이다.

그 밖에 브루나이에서 해서는 안 되는 일에는 공공 장소에서 노란색 옷 입기, 자동차 창문 어둡게 선팅하기, 손가락질하기 등이 있다. 노란색은 왕실의 색이기 때문에 왕족만이 사용할 수 있다. 차창을 어둡게 선팅하는 것은 지위의 상징이다. 지위가 높을수록 더 짙게 선팅할 수 있다. 얼마 전에 한 중산층 시민은 자신의 지위에 맞지 않게 짙게 선팅한 차를 타고 달리다가 70달러의 벌금을 물었다고 한다. 어떤 방향을 가리킬 때에는 엄지손가락을 사용해야 한다. 그렇지 않으면 무례한 것으로 간주된다. 브루나이 지역 사회에서 정중한 태도는 아주 중요하다. 화를 내는 것은 체면을 잃는 행동이고, 그것은 '평화의 땅'의 시민에게는 최악의 운명이다.

자바의 수라바야

최근에 인도네시아의 통화는 크게 곤두박질쳤는데, 쇼핑하는 관광객에게는 환상적이었다. 최상품 옷감 6야드가 62펜스(1,200원 정도)밖에 하지 않고, 디지털 잠금 장치가 달린 고급 가죽 가방은 5파운드면 살 수 있다. 쇼핑할 시간이 짧은 것이 아쉬울 따름이다. 자바는 인도네시아의 전체 면적 중 7%에 지나지 않지만, 전체 인구의 절반 이상이 살고 있다. 그런데 그중 대부분의 사람들이 우리가 도착하는 부두에 모여 있는 것처럼 보인다. 시내에는 바퀴가 셋 달린 인력거가 수만 대 돌아다닌다. 인력거는 두 종류가 있는데, 파란색은 낮에 영업하고, 흰색은 밤에 영업한다. 그러나 우리가 거리에 파란색과 흰색 인력거가 다 보인다고 하자, 규칙에 관한 한 자바인은 라틴계 아시아인 같은 유연함을 보인다고 한다. 우리의 운전사가 도심에서 빨간색 신호등을 무시할 때마다 우리는 그것을 재삼 확인했다. 교통을 과감히 무시하면서도 충돌을 피할 때마다 우리는 그에게 박수를 보냈다.

자바인은 부인을 네 명까지 둘 수 있지만, 첫째 부인 외에는 정부에서 제공하는 수당이나 사회보장 혜택을 받지 못하기 때문에, 일부일처제가 보편적이다. 자바에서 진정한 남자가 되려면 네 가지를 가져야 하는데, 그것은 집, 말(지금은 미쓰비시 자동차로 대체되었음), 마누라, 수탉이다. 이곳 사람들은 수탉이라면 사족을 못 쓰는데, 모든 상류층 집에는 신분의 상징으로 근사한 수탉 우리가 있어야 한다. 이들은 황소와 소싸움에도 열광하는데, 이곳에서 소들은 투우사와 싸우는 게 아니라 자기네끼리 싸운다. 8월부터 시작되는 건기에는 극적인 소경주도 열리는데, 큰 대회의 최종 결승전은 9월 말에 열린다. 자바는 다행히도 엘니뇨로 인한 산불에서 발생한 연기 구름의 피해를 입지 않았다.

언어가 300여 가지나 존재하는 자바는 반복적으로 외침을 겪었다. 이곳 사람들은 회교도, 기독교도, 힌두교도가 되어야 했던 운명을 겪었고, 일본화와 공산화도 겪었고, 네덜란드와 영국의 식민지가 되기도 했다. 그때마다 그들은 미소를 지으면서 '예스'라고 말했지만, 속으로는 항상 '노'라고 말했다. 그들은 각각의 외부 영향에서 나온 것만을 취하고 나머지는 버림으로써 본질적으로 자바인의 고유성을 지켜 나갈 수 있었다.

발리

발리는 관광객 때문에 원주민의 문화가 외부 문화와 뒤섞이는 심각한 위기에 처해 있다. 옛날의 춤 의식이 지녔던 종교적 강도는 우스꽝스러운 팬터마임 수준으로 격하되고 말았다. 도로 체계도 많은 관광 버스를 수용하기 위해 현대화되었고, 옛날의 진흙길 대신에 2차선 도로가 들어섰다. 버스가 멈춰 설 때마다 수많은 기념품 장사꾼들이 마치 부상당한 들소에게 몰려드는 사냥개들처럼 서로 소리치고 밀치면서 몰려들어 관광객의 길을 가로막아 서는데, 거절 의사를 분명히 밝혀도 막무가내다.

조그마한 우리에 갇힌 채 결전의 날을 기다리는 투계의 모습을 도처에서 볼 수 있다. 가이드는 "발리 남자들은 할 일이 아무것도 없을 때 집 앞에 앉아 수탉을 마사지한다"고 이야기했다.

발리를 다시 방문하는 라모나와 나는 속으로 많은 갈등을 겪고 있다. 이 멋진 섬에 오는 것은 늘 흥분되는 일이지만, 20년 전에 이곳을 방문했을 때의 인상이 너무나도 강렬하게 우리 마음에 새겨져 있어서 우리가 오늘 여기서 보는 것이 그러한 기억을 훼손시키는 것 같아 안타까웠기 때문이다.

1970년대에 발리의 원숭이 사원을 방문했을 때 느꼈던 충격이 아직도 생생하게 남아 있다. 그곳에는 영어로 "경고: 사원의 종교적 순수성과 청결함을 유지하기 위해 월경 중인 여성은 사원에 들어와서는 안 됩니다"라고 적혀 있었다. 사원 여기저기를 휘젓고 돌아다니면서 아무데나 오줌을 누고 똥을 싸는 원숭이들은 아무 문제도 되지 않는 듯했다. 심지어 월경을 하고 있을 일부 암컷 원숭이도 전혀 문제가 되지 않는 것 같았다. 아마도 원숭이의 체액을 신성하게 생각하기 때문에 그런 것 같았다.

먼젓번 방문 때에는 발리의 거의 모든 것이 신성하게 보였다. 심지어 춤조차 종교적 열정으로 충만했다. 한번은 이탈리아 사진사가 무용수들이 옛날의 전설을 춤으로 표현하고 있는 무대로 올라가려고 했다가 관중으로부터 야유를 받았다. 그 사진사가 시야를 가렸기 때문에 그런 것이 아니라 의식적인 춤을 단순한 연예 활동으로 취급한 그녀의 태도가 불경스러운 것으로 간주되었기 때문이다. 그것은 마치 미사를 집전하는 교황의 얼굴에다 렌즈를 들이민 것과 같은 행동이었다. 야유를 지른 사람들 중 힌두교도는 아무도 없었지만, 그들은 모두 자신들이 구경하는 그 음악 의식에 깊은 존경심을 갖고 있었다. 그러나 이제는 그러한 존경심은 거의 사라진 것처럼 보이고, 그와 함께 공연이 주는 감정적인 효과도 많이 줄어들었다.

퍼스

아시아의 아름다움과 가난과 도시의 혼돈을 겪은 후에 다가오는 오스트레일리아의 모습은 도시 전체를 세탁한 것처럼 불안할 정도로 산뜻하고 질서정연해 보인다. 프리맨틀은 빅토리아 시대의 드라마를 위한 촬영 장소이고, 퍼스는 진실처럼 믿어지지 않을 만큼 깨끗하다. 우리는 블랙스완 강을 따라 늘어선 부유촌을 구경했다. 어느 집은 최근에 350만 오스트레일리아달러(약 280억 원)에 팔렸다고 한다. 우리는 마틸다 베이 비터(Matilda Bay Bitter)를 맛보았는데, 이 지방주는 오스트레일리아의 초대 감독관인 존 셉티머스 로(John Septimus Rowe)의 아내 이름을 딴 것이라고 한다.

바닷물에 해파리가 많다는 경고를 들었으나, 다행히도 해파리들이 쏘지는 않는다고 한다. 그렇지만 해파리가 얼마나 많이 떠다니는지 가끔 여성의 수영복 속까지 들어간다. 우리의 가이드는 그것을 아주 끔찍하게 받아들이는 듯하다. "그런 상황을 한번 상상해 보세요, 아가씨들! 으아악!"

나무 위에는 하얀 앵무새들이 있고, 강에는 검은 백조들이 헤엄쳐 다닌다. 그리고 까마귀들은 의기양양하게 귀에 거슬리는 소리로 지저귀고 있다. 이곳의 자연 세계는 뭔가 약간 달라 보이며, 그 때문에 더욱 매력적으로 보인다.

시내 레스토랑에서 먹은 점심 식사는 포파이 샐러드와 그에 뒤따라 나온 관상 동맥 크기의 '스노위 마운틴 드림'이라는 사탕과자였다. 문화적 의식이 높은 이 식당에 들어가는 입구에는 "내 배는 내 목이 잘렸다고 생각한다", "나는 고양이 엉덩이도 씹을 수 있다", "아직도 지렁이가 기어다님", "내 빈 구멍을 채워 주세요" 등등의 글귀가 붙어 있었다. 레스토랑을 떠날 때 이에 못지않게 식욕을 돋우는 글귀를 하나 더 보았는데, 거기에는 "나는 요정의 전화번호부만큼이나 배가 부르다"라고 적혀 있었다. 바깥쪽에는 "맥주가 여자보다 더 좋은 이유는?"이란 카드가 붙어 있었다. 이 책에다 쓸 수 있는 유일한 답은 맥주는 항상 축축하다는 것뿐이다. 나는 너무 순진해서 에드나 양 (Dame Edna)과 레스 패터슨 경(Sir Les Patterson)이 단순히 풍자 만화라고 생각했다.

피지의 라우토카 섬

아침 7시에 선실의 커튼을 열어젖히고 파자마 차림으로 아직 한 눈을 감은 채 발코니로 나서자, 똑바른 자세로 선 피지 사람들이 오래 전에 기독교 찬송가로부터 시작된 어떤 노래를 크게 합창하고 있다. 여기에는 지난 세기에 선교사들이 뿌려 놓은 다른 종류의 엘니뇨(엘니뇨는 에스파냐어로 예수를 의미한다)가 숨어 있는 것 같다. 멋지고 재미있고 섹시하고 어린이 같은 피지 사람들이 경건하고 유머도 없고 신에 매달리는 유럽인의 따분한 의식에 얽매인 모습을 바라보는 것은 얼마나 슬픈가! 왜 이들은 이 풍요롭고 무성한 녹색 섬들에 선교사들이 처음 도착했을 때 그냥 잡아먹어 버리지 않았을까? 나는 관광 기념품으로 전통적인 식인용 포크를 샀다. 이것은 그들의 사라진 관습 중 유일하게 남아 있는 유물이다.

관광지에서 우리는 거대한 몸집을 가진 피지인 하인들의 시중을 받았다. 이 멋진 거인들이 불과 몇 세대 만에 머리를 사냥하던 사람에서 시중 드는 사람으로 전락한 것을 바라보니 기분이 우울해졌다. 그렇지만 그들은 그것에 대해 최소한 유머 감각만큼은 유지하고 있었다. 먼젓번에 피지를 방문했을 때, 나는 한 마을 처녀와 춤을 추라는 요구를 받았다. 내가 거절하자 그들은 "춤을 추든가 아니면 우리의 점심거리가 되든가 양자택일하시오"라고 말했다.

먼젓번 여행에서 나는 죽을 위기를 넘기기도 했다. 나는 맨발로 모래 해변을 걷고 있었는데, 갑자기 라모나가 "멈춰요!"라고 소리치며 내 다리 쪽을 가리켰다. 나는 그 자리에 얼어붙은 채 아래를 내려다보았더니, 내 발은 해변으로 밀려와 있던 바다뱀의 머리에서 20cm쯤 위에 머물러 있었다. 만약 한 발만 더 내디뎠다면, 나는 그 뱀을 밟고 말았을 것이다. 그래서 그 뱀이 나를 물었다면, 나는 고통은 거의 느끼지 못했겠지만, 며칠 안에 죽었을 것이다. 그 바다뱀은 몸집은 그다지 크지 않지만, 그 독은 킹코브라보다 50배나 더 강하기 때문에 일단 물리면 살아날 가망이 없었다.

라모나와 나는 1960년대에 뱀에 관한 책을 쓴 적이 있기 때문에, 사람이 뱀에 물렸을 때 어떻게 죽어 가는지 생생하게 기억하고 있었다. 다리에서부터 마비가 시작되어 차차 위로 옮겨 오면서 입을 벌리는 데에도 장애가 일어나고, 어지러움증과 구토가 일어나고, 근육이 씰룩이고 비틀리고 경련을 일으키다가 의식을 잃고 결국엔 죽고 만다. 바다뱀이 대부분의 시간을 보내는 바다에서는 뱀이 사람을 쉽게 피해 가기 때문에 안전하다. 그러나 가끔 어부의 그물에 걸려 올라와 해변에 머물러 있는 경우가 있다. 바다뱀이 바다로 돌아가기 전에 사람의 발에 밟히면 자동적으로 밟은 사람의 발을 문다.

라모나 덕분에 목숨을 구한 나는 매우 고마웠다. 그래서 고맙다는 인사를 하자, 라모나는 이렇게 대답하는 것이 아닌가! "불쌍한 뱀! 하마터면 당신 발에 밟힐 뻔했지 뭐예요." 그리고는 뱀을 싫어하는 사람의 눈에 띄어 죽기 전에 그 바다뱀을 잡아 바다로 돌아가게 해주자고 말했다. 조금 힘들었지만 우리는 그 작전을 무사히 마쳤고, 뱀이 자신의 자연 서식지로 우아하게 헤엄쳐 돌아가는 것을 지켜보았다. 라모나는 모든 종류의 뱀을 좋아한다. 사실 그녀는 박해받는 모든 동물을 옹호하고 나서는데, 뱀만큼 가혹하고 불합리하게 박해받은 동물도 없기 때문에 어려움에 처한 뱀을 볼 때마다 특별한 관심을 보인다. 그리고 그날 자기 남편의 발에 밟힐 위험으로부터 뱀을 구한 것에 대해 몹시 기뻐했다.

하와이 제도의 오아후 섬

이곳에서는 진짜 하와이인을 찾기가 정말 어렵다. 수만 명의 미국인과 중국인, 수없이 많은 일본인과 관광객은 볼 수 있지만, 하와이 원주민의 모습은 어디에도 보이지 않는다. 그들은 모두 어디로 사라진 것일까? 호놀룰루 시내에 있는 세계 최대의 쇼핑 센터를 걷는 우리는 로데오 드라이브에서부터 샹젤리제까지 세계 어느 곳이라도 방문할 수 있다. 이곳은 까무잡잡한 피부의 아가씨들이 풀로 엮어 만든 치마를 입고 춤을 추는 포스터와는 전혀 생소한 디자이너들의 세계이다. 어느 한 가게는 전체가 야구 기념품만 팔고, 또 다른 가게는 연만 팔고, 또 다른 가게는 자동차 경주에 관한 것만 취급한다. 이 섬은 열대의 낙원으로 광고될지 모르지만, 최근 수십 년 동안에 태평양의 마이애미로 급속히 변모하면서 교통 체증과 도시 범죄까지 기승을 부리고 있다.

실제로 폭력 범죄들이 가까이에서 일어난다. 우리가 켕고 해산물 전문 식당에서 저녁을 마친 후 산책을 하며 배로 돌아가고 있는데, 경찰이 어느 나이트클럽의 문을 열고 돌진해 들어갔다. 나중에 우리는 한 깡패가 나이트클럽의 경비원을 공격했고, 경비원은 무거운 금속 재떨이를 들어 깡패의 머리를 내리쳤다는 이야기를 들었다. 그러고 나서 그는 또 다른 공격자를 쫓아가 죽도록 흠씬 패주고는 택시를 잡아타고 유유히 밤거리 속으로 사라졌다고 한다. 첫 번째 희생자가 바닥 위에서 죽어가고 있을 때 나이트클럽 직원이 경찰에 연락을 했지만, 경찰은 우리와 마찬가지로 현장에 너무 늦게 도착하여 아무것도 볼 수 없었다.

켕고의 음식은 기억에 남을 만큼 맛있었는데, 하와이 원주민이 모두 어디로 사라졌는가 하는 의문이 이곳에서 풀렸다. 그들은 켕고에 와 있었다. 그들은 거대한 몸집을 유지하기 위해 먹을 수 있는 것은 모두 먹기 위해 이곳으로 온 것 같았다. 이들은 몸집이 매우 커서 남자라면 별다른 노력 없이도 스모 챔피언이 될 수 있을 정도였다. 실제로 현재 몸무게가 250kg이나 나가는 일본의 스모 최고 챔피언은 이곳 도로에서 몇 km밖에 떨어져 있지 않은 마을 출신이다. 이곳에서 한끼 식사를 하는 동안 나는 벌써 스모 선수가 다리를 들어올려 땅을 쿵쿵 밟고, 소금을 던지고, 팔을 흔드는 듯한 느낌에 사로잡혔다.

내가 먹은 약소한 저녁 식사는 다음과 같다. 조개 수프, 바다가재 한 마리 반, 문어 샐러드, 로스트 소갈비, 한국식 돼지갈비, 닭고기 데리야키, 딸기, 파인애플, 오렌지, 마오타이주 두 잔. 고함소리와 웃음소리, 거대한 게 다리를 깨부수는 소리를 내며 왁자지껄하게 식사를 하는 거대한 몸집의 하와이인 가족들 앞에 쌓인 접시들에 비하면 내 식사는 정말 약소한 것이었다. 한 하와이 여자는 우리를 지나가기 위해 거대한 엉덩이를 우리 식탁 위에 걸쳐야 했다. 아무런 방해도 받지 않고 마음껏 배불리 먹을 수 있다는 즐거운 기운이 이곳 전체를 감싸고 있었다.

다음 날 나는 복어, 실가시벼슬치, 쥐치복, 동갈치 등과 어울리기 위해 잠수함 관광을 하기로 마음먹었다. 항구로 가는 길에 가이드가 어려운 질문을 던졌다. 하와이의 나라 물고기가 무엇인지 아느냐고 물었다. 당연히 우리가 모른다고 대답하면, 그녀는 '후무후무누쿠누쿠아포아아'라고 알려 주고, 우리는 그것을 따라 발음하려고 노력하지만 잘되지 않아 모두 웃음을 터뜨리는 걸로 결말이 나게 돼 있다. 그런데 오랫동안 열대 어류를 연구해 온 나는 그 답을 알 뿐만 아니라 아주 빠르게 말할 수 있다는 게 문제였다. 자, 그럼 어떻게 해야 하는가? 내가 답을 모르는 척한다면, 나는 사기를 치는 셈이 된다. 그렇지만 답을 말한다면, 나는 잘난 척하는 사람이 되고 말 것이다.

버스 앞쪽에 앉아 있던 나는 그녀만 들을 수 있을 정도로 나지막하게 말하는 타협책을 택했다. 그러자 그녀는 크게 당황했고, 나는 죄책감을 느꼈다. 차라리 아무 말도 하지 말 걸. 그렇지만 우리는 곧 바다 밑 깊은 곳으로 내려가 잠수함의 현창을 통해 밖을 내다보았다. 나는 이 아름다운 세계를 며칠이고 계속해서 구경할 수 있도록 아가미가 달렸으면 얼마나 좋을까 하는 생각이 들었다. 왜 물 속에서의 움직임은 육지에서의 움직임보다 훨씬 우아해 보이는 것일까?

잠깐 동안 해저 여행을 한 후에 우리는 호놀룰루 만에서 뗏목 배를 타고 항구로 돌아가는데, 도중에 켕고에서 식사하던 사람들보다 훨씬 몸집이 큰 혹등고래가 바로 우리 앞에서 물 위로 펄쩍 뛰어올랐다. 그리고는 추락하는 점보 제트기처럼 몸을 옆으로 하여 물에 첨벙 떨어졌다. 전혀 예기치 못했던 그 상황은 너무나도 창졸간에 일어난 일이지만, 마음속에 지워지지 않게 깊이 새겨졌다. 엄격하게 동물학적으로 이야기한다면, 이것은 짝짓기 철에 나타나는 거대 포유류의 행동에 불과하지만, 지구에서 볼 수 있는 가장 경탄스러운 자연의 모습 중 하나이다.

호놀룰루를 떠날 무렵에는 사방에 어둠이 짙게 깔렸는데, 도시 뒤로 솟아 있는 어두운 화산 꼭대기로부터 흘러내려오는 여러 갈래의 용암 줄기 같은 불빛이 보였다. 쌍안경으로 보았더니 불타는 용암의 흐름은 건축할 땅이 모자라자 산등성이까지 기어 올라간 값비싼 집들에서 흘러나오는 밝은 불빛으로 드러났다. 만약 10년 뒤에 다시 이곳으로 돌아온다면, 그 불빛들은 모두 하나의 거대한 도시 불덩어리로 연결돼 있지 않을까 생각된다.

샌프란시스코

먼동이 터올 때 우리 앞에 나타난 미국의 첫 모습은 바위투성이의 섬 위에 황량하게 서 있는 앨커트래즈 교도소(지금은 사용되지 않지만)였다. 배가 부두에 정박했을 때, 부둣가의 거무스름한 물 위에는 갈매기, 펠리컨, 가마우지, 온갖 종류의 물범류가 들끓고 있었다.

이 거대한 도시의 구경거리는 이전에 여러 차례 방문하여 잘 알고 있기 때문에, 우리는 짧은 체류 시간 동안에 좀더 남쪽을 살펴보기로 하고, 몬터레이와 카멜까지 가는 관광 버스를 타기로 했다.

마침내 버스가 출발하여 환상적인 캘리포니아 해안을 따라 여행을 시작했다. 무슨 이유에서인지 모르겠지만, 미국인 가이드는 클린턴 대통령과 성모 마리아에 대한 농담으로 우리를 즐겁게 하려고 애썼는데, 그 농담은 너무나도 재치가 없어서 오히려 우스꽝스럽게 들렸다. 우리는 끝없이 펼쳐진 아티초크와 딸기 농장을 지나 해안에서 멈춰 바다사자 무리를 구경하고, 겁도 없이 친근한 행동을 취하는 마못(다람쥐과의 설치류)들을 만났다. 몬터레이에서 우리는 세계 최대의 유리판으로 만들어진 거대한 수족관을 구경했다. 거기에는 길이가 4.2m, 몸무게가 2톤이나 나가는, 세상에서 가장 놀라운 물고기 중 하나인 개복치가 헤엄치고 있었다. 상어나 다랑어나 거북 같은 것은 말할 것도 없다. 켈프(다시마과의 대형 갈조류)가 자라고 있는 또 다른 탱크는 깊이가 9m나 된다. 더 작은 전시관에는 해달, 갑오징어, 거대한 해파리, 앵무조개, 문어 등이 있다. 이 수족관에는 특이한 사연이 있다. 휴렛패커드 컴퓨터 회사 사장이 애지중지하는 딸에게 생일 선물로 무엇을 줄까 하고 물었을 때 딸이 수족관을 원한다고 말하자, 열대어 몇 마리가 헤엄치는 조그마한 수족관 대신에 이곳을 만들어 주었다고 한다.

이곳에서 우리가 겪은 유일하게 기분 나빴던 일은 할인이 되는 '경로 우대' 표를 요구했을 때였다. 나는 당연히 창구 직원이 냉소적인 미소를 지으며 몇 마디 질문이나 증명할 신분증을 요구할 것으로 기대했다. 그러나 그는 조금도 지체하지 않고 경로 우대표를 내주었다. 젊은 기분을 좀 느껴 보려는 것도 이제는 끝인가 보다.

아카풀코

프랭크 시내트라는 "나와 함께 날아가요. 저기 아카풀코 만으로"라고 노래했다. 그리고 그는 자기 말을 실천했다. 이곳 산꼭대기에 있는 그의 빌라는 궁극적으로 헬리콥터 착륙장이다. 이곳은 옛날의 존 웨인에서부터 오늘날의 실베스터 스탤론에 이르기까지 지위 높은 남자들의 도시이다. 리우데자네이루와 놀랍도록 닮은 이 넓은 만 주위의 아주 높은 곳에 자리잡고 있는 이 백만장자들의 재산은 현지민의 가난과 외국에서 수입된 부 사이의 극적인 대조를 보여 준다. 초호화롭게 꾸민 호텔과 레스토랑은 라스베이거스의 분위기마저 풍긴다. 라스브리사스 호텔은 각 방마다 개인 전용 풀장이 딸려 있는 세계 유일의 호텔이다. 이 호텔에는 객실 250개에 풀장도 250개가 있다. 마얀팔라세 호텔에는 세계에서 가장 긴 풀장이 있다(그 길이는 약 1,000m나 된다).

아카풀코 시내에 있는 레스토랑 건물들은 선인장 모양의 기둥과 솜브레로 모자 모양의 천장으로 만화처럼 지어져 있다. 이곳은 천박한 쾌락주의를 위해 지어진 도시이지만, 거부하기 힘든 매력적인 분위기를 지니고 있다. 해질 무렵이 되자 나는 마르가리타(테킬라를 바탕으로 만든 칵테일), 피냐 콜라다(파인애플 과즙, 코코넛, 럼을 섞은 알코올 음료)에 얼큰히 취한 상태에서 상인의 말에 넘어가 지금까지 만들어진 것 중 가장 크고 지나치게 화려한 로코코 양식의 솜브레로(챙이 넓은 모자, 미국 남서부, 멕시코 등지에서 사용) 모자를 냉큼 사고 말았다. 나는 마치 포르노 잡지를 산 주교처럼 다른 승객들의 눈에 띄지 않게 그 모자를 조심스럽게 배로 가지고 갔다. 선실에서 나는 모자에 딸린 주의 사항을 읽어 보았다. 솔질을 규칙적으로 해주고, 햇빛이나 비에 노출되지 않도록 하라고 적혀 있다. 시에라마드레 산맥에서 말을 타고 거칠게 달릴 때에나 쓸모가 있을 듯하다.

멕시코 방문은 이번이 처음인데, 나는 이 여행을 즐겼다는 걸 인정하기가 무척 싫다. 싫다고 말하는 것은 가진 자와 못 가진 자 사이에 존재하는 큰 틈에 대해 죄책감이 느껴지기 때문이다. 나는 대부분의 멕시코인은 화려한 아카풀코에서 단 하루를 살 형편도 안 된다는 사실을 잘 알고 있다. 아카풀코는 실제 멕시코의 모습하고는 너무나 거리가 멀다. 그러나 나는 멕시코 땅을 밟는 동안 현지 주민들을 관찰할 기회를 얻었는데, 거기서 아주 깊은 인상을 받았다.

멕시코 사람들은 정열적이고 유머가 넘치는 민족인데, 북아메리카에서 가난한 이웃이라는 오명을 얻게 된 것은 무척 슬픈 일이다. 가톨릭 교회의 손아귀에 단단하게 붙들려 있지만 않다면, 이들은 더 나은 삶을 살 수 있고 더 훌륭한 나라를 만들 수 있다. 가톨릭 교회의 영향력이 어떤 방식으로 나타나는지는 명백하기 때문에 아무도 거기에 도전하지 않는다는 사실이 놀라울 따름이다. 교황이 제시하는 천국에 이르는 열 단계는 다음과 같다. (1) 교회는 피임을 금지한다. (2) 수입에 관계없이 대가족을 거느리는 것은 칭송 받는다. 그러나 (3) 가장은 많은 가족을 부양할 수가 없다. 그리고 (4) 가난이 만연한다. (5) 가난은 치안 불안을 야기한다. (6) 치안 불안은 두려움을 낳는다. (7) 두려움에 빠진 사람들은 도움이 필요하다. (8) 국가는 너무 가난해서 도움을 줄 수 없다. (9) 의지할 데라곤 그저 기도뿐이다. (10) 교회는 현세의 엿같은 삶을 보상받으려고 내세의 더 나은 삶을 기도하러 온 가난한 자들로 넘쳐난다. 올레!

파나마의 발보아

파나마에 도착할 때, 우리는 밤중에 파나마시티를 방문하는 것이 얼마나 위험한지 주의를 들었다. 파나마시티가 마치 중앙 아메리카의 죄악의 도시이거나 한 것처럼 들렸다. 우리는 모두 충실히 그 경고에 따르면서 부둣가를 거니는 것으로 행동을 제한했다. 거기에는 산블라스 군도에서 온 쿠나 인디언 행상들이 경이로운 물건들을 팔고 있었다.

인디언이 가져온 물건 중 가장 흥미로운 것은 몰라였다. 몰라는 색깔이 화려한 직사각형의 천으로, 보통은 여성의 옷으로 사용되지만, 지금은 조그마한 장식 천으로 팔리고 있다. 복잡한 역아플리케 기법을 사용한 몰라는 보기에 아주 좋은데, 이제 대다수는 부족 미술의 상업화에 발맞추어 통속적인 물건으로 변해 갈 것이다. 사실 이미 일부는 그러한 함정에 빠져들었지만, 예리한 눈으로 보면 그러한 유혹을 뿌리친 훌륭한 물건들을 구별할 수 있으며, 그러한 물건을 찾는 일을 더욱 흥미롭게 해준다.

훌륭한 몰라에 표현된 주제는 아주 흥미로우며, 보물을 찾고자 하는 내 충동은 이제 완전히 통제 불능 상태에 빠졌다. 나는 큰 개가 거대한 초승달을 물고 있고, 그 옆에서 작은 개 두 마리가 지켜보고 있는 광경을 묘사한 것과, 작은 초승달들 밑에서 물을 내뿜는 거대한 고래를 묘사한 것, 사람의 얼굴을 한 거대한 가오리를 묘사한 것, 그리고 알을 가득 품고 있는 거대한 앵무새 두 마리와 걸터앉아 있는 날개 달린 검은색의 작은 인간을 묘사한 것을 샀다. 여러분은 잭슨 폴록(Jackson Pollock: 미국의 추상 표현주의 화가. 액션 페인팅의 중심

인물)이나 데이미언 허스트를 소중하게 여겨도 좋지만, 나는 이 즐거운 환상적인 세계를 여러분과 함께 나누고 싶다. 나는 부족의 상징을 모두 이해하지는 못하지만, 활기 넘치는 쿠나 인디언의 구도는 볼 때마다 기분이 좋아진다.

다른 곳의 장사꾼들과는 달리 쿠나 인디언은 놀랍도록 조용하고 침착하다. 물건을 사라고 권유하지도 않고, 실랑이나 흥정도 없다. 관광객이 물건 4개의 가격을 물으면, 그저 물건 하나 값에 4를 곱한 가격을 말한다. 손님이 "하나도 안 깎아 줘요?"라고 말하면, 그는 조용히 미소만 지을 뿐이다. 그 가격에 사든가 말든가 할 수밖에 없다.

한때 크게 번성했던 인디언 부족 중 살아남은 이 소수의 사람들이 아직도 품위 있게 행동하는 것을 보니 기분이 좋았다. 비록 그들은 필요한 현금을 얻기 위해 이곳에 오긴 했지만, 자존심을 접어 가면서까지 양보하지는 않는다. 이것은 쿠나 인디언이 모계 중심 사회라는 사실과 관계가 있는지도 모른다. 강한 권력을 가진 여성이 지배하는 이들은 부족 사회의 전통 구조를 무너뜨리려는 모든 시도에 강하게 저항해 왔다.

현대 기술이 속속들이 침투한 주섬에 살지 않고 산블라스 군도(파나마 동해안에 위치한 365개의 작은 섬)에서 산다는 사실도 부족 사회가 오염되지 않고 그대로 유지되는 데 도움이 되었을 것이다. 쿠나 인디언의 전체 인구는 겨우 4만에 불과하지만, 이들은 사회 관습뿐만 아니라 전통 의상까지도 그대로 보존하고 있다. 원래 몰라의 디자인은 맨살 위에 직접 그려 넣던 것이다. 그러다가 200년쯤 전에 옷을 입게 되자, 여성들은 그 패턴을 그대로 블라우스에 옮기게 되었다. 나중에 그들은 이 천 조각에 외지인들이 큰 흥미를 보인다는 사실을 알자, 몰라를 따로 만들기 시작했다.

우리를 위해 만들어진 이 임시 쿠나 시장에 온 여성들이 아직도 다리를 현란한 색으로 칠한 것을 볼 수 있다. 다만 불빛이 흐릿해서 그 자세한 디자인을 살펴보기는 어려웠다. 게다가 여성의 다리를 너무 자세히 들여다보는 것은 실례이기도 하다. 언젠가 이들이 스타킹을 신는 날이 오면 저 놀라운 보디페인팅의 패턴을 새로운 천에다 옮기지 않을까 하는 생각이 들었다.

다음 날 우리는 대륙을 가로지르는 기묘한 파나마 운하를 지나기 위해 출발했다. 이 운하를 짓기 위해 질병이 들끓는 정글에서 일하다가 수만 명이 목숨을 잃었다. 펠리컨 떼가 우리가 발보아 항구를 떠나는 것을 지켜본다. 운하 옆에 빽빽하게 자란 식물이 저 멀리 보이는 순간, 검은색의 맹금 열댓 마리가 배 위를 선회하기 시작한다.

아카디아호는 배가 하도 커서 거대한 갑문에 겨우 들어갈 수 있었다. 배 양편으로는 여유가 겨우 75cm 정도밖에 없었지만, 갑문을 따라 배를 끄는 소형 레일 기관차 시스템이 아주 효율적이어서 배는 가장자리에 조금도 닿지 않았다. 파나마 운하를 통과하는 비용은 아주 비싸 아카디아호는 12만 5,000달러가 넘었다. 다만 통과료는 무게를 기준으로 하기 때문에, 헤엄을 쳐서 운하를 건넌 어느 기자는 겨우 36센트만 냈다고 한다.

우리는 운하를 새로 굴착하는 지점을 지났는데, 일요일인데도 불구하고 많은 작업자들이 높은 강둑을 제거하기 위해 애쓰고 있었다. 트럭들은 일제히 우리를 향해 경적을 울려 댔고, 땅을 파던 차량들은 큰 삽을 하늘 높이 쳐들고 위아래로 좌우로 흔든다. 아카디아호는 이에 대한 답례로 길게 고동 소리를 울린다. 짧은 한나절 동안에 우리는 태평양에서 대서양으로 건너갔고, 기분도 완전히 바뀌었다.

쿠라사오

네덜란드령 동앤틸리스 제도에는 뭔가 부조화스러운 것이 있다. 네덜란드와 카리브 해는 기본적으로 맞지가 않는다. 그 결과로 흥미로운 혼성 문화가 생겨났는데, 그것은 너무나도 특이해서 이곳에 도착하여 육지에 상륙하는 순간, 마치 공간 여행을 떠나온 것처럼 뭔가 불안한 기분에 사로잡히게 된다. 지도와 안내판이 없다면, 도대체 세상의 어느 구석에 와 있는지 알 수가 없다.

이곳에 사는 16만여 명의 주민은 국적이 50여 개 이상이나 되는데, 각자 현지의 방언을 사용할 뿐만 아니라, 추가로 네덜란드어(공용어), 에스파냐어(이웃 나라 사람들과 의사 소통을 위해), 영어(관광객을 위해)까지 사용한다. 상점들에서는 나막신과 네덜란드 인형을 파는데, 관광 기념품은 세계일주 여행코스 전체를 통틀어 가장 형편없다. 카리브 해에서 가장 매력적인 겉모습을 가진 건물 안에 어쩌면 그렇게 형편없는 물건들을 진열해 놓았는지 도무지 이해가 가지 않는다.

또 한번 잠수함 여행에 나섰다. 이번에는 거의 수직으로 솟아 있는 산호초 벽을 따라 해저 세계를 구경했는데, 나팔어, 복어, 파랑비늘돔, 쏨뱅이, 쥐치복, 거북복, 블루헤드, 블루크로미스, 해포리고기, 노랑꼬리물통돔, 다시마 등이 우리 옆을 지나갔다. 만약 내가 갑부라면, 개인용 잠수함을 한 대 사서 며칠이고 해저 세계를 탐사하며 보낼 텐데……

조그마한 수도인 빌렘스타트로 돌아오니, 암스테르담의 건축 양식을 본따 지은 노란색, 분홍색, 초록색, 파란색, 빨간색, 베이지색, 회색 집들이 베네수엘라 바로 북쪽에 위치한 이곳에 기묘한 네덜란드의 분위기를 만들어 낸다. 전해 오는 이야기에 따르면, 이 작은 섬의 총독은 모두 백색으로 칠해진 집들이 밝은 햇빛을 반사해 머리가 아프다고 불평을 했다고 한다. 그래서 그는 모든 집에 다른 색으로 칠하라고 명령을 내렸다. 그 결과 아주 매력적인 색이 어우러진 집들이 탄생했고, 주민들도 모두 기뻐했다는데, 총독이 페인트 가게 주인이라는 사실은 나중에 가서야 밝혀졌다고 한다.

도시는 신트안나 만에 의해 둘로 나뉘어져 있는데, 이 만은 그 이름에도 불구하고 커다란 운하처럼 보인다. 이 때문에 빌렘스타트는 더욱 암스테르담과 닮아 보인다. 도시의 두 부분은 고풍스러운 부교(배를 나란히 잇달아 띄워 거기에 상판을 걸쳐 놓아 만든 다리)인 퀸엠마 다리로 연결돼 있는데, 이 다리는 배들이 지나갈 수 있게 하루에 몇 번이고 열렸다 닫혔다 한다. 아카디아호는 이 다리의 육지 쪽에 정박하고 있는데, 나는 우리의 발코니에서 먼 바다를 내다볼 수 있도록 다리가 열리길 기대했다.

실제로 나는 나중에 그것을 아주 가까이에서 볼 수 있는 기회를 얻었다. 나는 시내에서 마지막 쇼핑을 하고 나서 배로 돌아가기 위해 지름길을 택했다. 다리에 도착해 그 위로 건너가려고 했는데, 바로 그때 다리가 흔들리며 한쪽으로 돌기 시작했다. 나는 아마도 작은 배를 통과시키기 위해 그런 것이겠지 생각하면서, 다리가 왜 이리 일찍 열리느냐고 물었다. 그러나 그런 것이 아니었다. 다리는 아카디아호를 통과시키기 위해 열린 것이었다. 나는 도시의 반대편에 있기 때문에 이것은 최악의 소식이었다. 배가 나를 버려 두고 떠나기 전에 내가 배로 돌아갈 수 있는 유일한 희망은 작은 배를 한 척 구해 반대편으로 건너가는 것뿐이다. 나는 막 떠나려고 하는 작은 배를 한 척 발견하여 그 배를 잡기 위해 뛰어갔다. 그러다가 그만 내가 쓴 큰 밀짚모자가 바람에 날아가 부두 가장자리로 수레바퀴처럼 데굴데굴 굴러갔다. 결단을 내려야 한다. 그 모자는 새로 산 네덜란드의 햇볕 가리개용 모자였는데, 나는 기필코 저것을 가져가야 한다는 생각이 들었다. 그래서 맹렬한 속도로 모자를 향해 달려갔는데, 부둣가에 내놓은 테이블에서 커피를 마시며 앉아 있던 사람들에게는 좋은 구경거리가 되었다.

모자는 부두 가장자리에서 불과 수십 cm 되는 곳까지 굴러갔다가 다시 방향을 바꾸었는데, 내가 발로 그것을 밟으려고 할 때마다 번번이 다른 곳으로 굴러가곤 했다. 플라멩코와 아파슈 댄스(원래 파리의 깡패들이 시작한 춤으로, 남녀 둘이서 추는 난폭한 춤)를 합친 듯한 내 동작에 환호하는 소리로 미루어 보아 구경꾼들은 나를 열렬히 응원하는 듯하다. 마침내 나는 한 발로 모자를 꽉 내리누르는 데 성공했고, 사람들은 열렬한 박수를 보내 주었다. 그 상황에서 나는 답례로 왕정 복고 시대풍의 정중한 절을 하지 않을 수 없었는데, 그 순간 놀랍게도 작은 배가 떠나는 게 보였다. 이제 내 세계 일주 유람선 항해도 여기서 막을 내리고 마는가! 다행히도 나는 평상시의 점잖은 영국인 태도를 완전히 내팽개치고, 전속력으로 달리면서 고래고래 소리를 지르고 손을 흔든 끝에 간신히 배에 올라탈 수 있었다.

이렇게 해서 아카디아호의 선실로 무사히 돌아왔지만, 라모나는 그러한 나를 조금도 측은하게 여기지 않았다. "또다시 모자를 사기만

했단 봐요!"라고 딱 한 마디만 했을 뿐이다. 그럴 만도 한 것이 나의 모자 수집은 이제 통제 불능 상태에 이르고 있었다. 아니 사실은 이미 두 대양을 건너오기 전부터 이미 통제 불능 상태에 빠졌다. 모자에 대한 집착은 말레이시아에서 시작되었다. 그 다음부터 나는 나라 간의 미묘한 차이를 조사하기 위해 방문하는 모든 아시아 나라에서 밀짚모자를 사지 않을 수 없었다. 대부분의 사람들에게 밀짚모자는 그저 밀짚모자일 뿐이지만, 내게는……. 이렇게 장기간에 걸쳐 항해를 할 때에는 배에 의사뿐만 아니라 정신과 의사도 승선시켜야 할 것 같다. 바다에서 두 달 반을 지내는 동안 내 머리가 어떻게 된 것이 분명하다.

"사우샘프턴 항에 도착하면 그 모자들을 모두 짐으로 꾸려야 해요"라고 라모나가 말한다. 오, 이런! 나는 그 생각은 전혀 하지도 못했는 걸! 밀짚모자들을 어떻게 싼단 말인가? 그냥 머리 위에 차곡차곡 포개 쓰고 갈까도 생각했지만, 그것은 세관원의 시선을 끌려는 행동으로 보여 내 짐은 모두 철저히 수색을 당할지도 모른다. 그렇지만 밀짚모자들을 통상적인 방법으로 싼다면, 그것들은 테이블 매트 같은 꼴이 되고 말 것이다. 그렇다면 그냥 배 너머로 던져 버릴까? 그러나 내 눈앞에는 "수수께끼의 배가 침몰하다. 동양인 선원들이 남긴 모자들만이 물 위에 떠다니다"라는 신문 기사가 떠오른다.

내가 골치 아픈 모자들을 어떻게 처리할까 고민하는 사이에 아카디아호는 천천히 빌렘스타트 항구를 빠져 나오며 카리브 해에서 가장 아름다운 해안을 지나간다. 우리는 도시 중심가를 아주 가까이 지나가기 때문에 식당 메뉴까지 읽을 수 있었다. 나는 항구 입구에 위치한, 가장 최근에 지어진 플라자 호텔을 보라는 이야기를 들었는데,

이 호텔은 해양 충돌에 대비한 보험에 든 세계 유일의 호텔이다.

세인트루시아

공기에 짙게 배어 있는 연기 냄새가 어디서 나나 둘러보다 보면, 캐스트리스(세인트루시아의 수도)의 작은 항구 위에 걸쳐 있는 해시시(대마초) 구름이 눈에 들어온다. 우리의 손녀를 위해 산 조그마한 옷에서도 그 냄새가 배여 사우샘프턴 항에서 세관을 통과할 때 마약 탐지견이 우리의 짐을 들쑤시지 않을까 하는 염려마저 들었다. 라스타 모자를 쓴 건장하고 튼튼한 몸집의 호리호리한 남자들은 아주 느긋하게 살아가는 반면, 큰 눈에 미소를 머금은 여자들이 모든 일을 다 하는 것처럼 보인다. 수많은 상품 진열대와 가게들에는 모두 여자들만 일하고 있는 것 같은데, 이들은 무더위에 너무 지친 나머지 손님이 묻는 말에는 건성으로만 대답할 뿐 아무것에도 신경 쓰지 않는 듯하다. 도시 뒤로 가파르게 솟아 있는 푸른 산의 아름다움은 무너져가는 판잣집이 늘어선 거리의 분위기와는 아주 대조적이다.

도시 한가운데에는 거대한 마사브나무가 한 그루 서 있다. 마사브나무란 이름의 기원은 캥거루와 비슷하다. 외국인이 그 이름이 무엇이냐고 묻자 원주민이 "모른다"고 대답했다. 오스트레일리아의 아보리진어로 그것은 '캥거루'로 발음되고, 세인트루시아의 크리올어로는 '마사브'로 발음된다. 크리올어에는 여러 가지 언어들이 기묘하게 혼합돼 있다. '도도 메 아모르(Do-do me amor)'는 '달링, 아이 러브 유(Darling, I love you)'라는 뜻이다. 한 장소에는 '나그네나무'라는 이름이 붙은 나무가 있었다. 나는 이것이 이 나무가 독성을 지녔다는 뜻이냐고 물어 보았다. 대답하는 사람이 좀 우물거리긴 했지만, 그렇지는 않은 것 같다. 이 나무는 빨간색 껍질이 얇은 박편처럼 벗겨지며, 마치 햇볕에 심하게 덴 몸집이 거대한 카프카스인처럼 보인다.

내가 비가 떨어진다고 이야기하자, "이것은 비가 아니라 액체 햇빛"이라는 대답을 들었다. 이곳에서는 세 시간 동안에 비가 250mm나 쏟아진 적도 있다고 한다. 그러니 이 정도는 화창한 날씨인 셈이다. 사우나 같은 열기와 구멍 난 바지와 부서진 도로에도 불구하고, 이 작은 섬의 주민들은 럼주와 수탉과 자동차로 구경할 수 있는 화산과 자연의 아름다움을 자랑스럽게 여기는 매우 낙천적인 사람들이다. 이 섬에서는 경제학과 문학 분야에서 노벨상 수상자가 두 명이나 배출되었다. 인구 15만의 섬나라에서 노벨상 수상자가 두 명이나 배출되었다는 것은 실로 놀라운 일이다.

럼주의 종류가 하도 많아서 선택하기가 어렵다. 결국에는 '세븐스 헤븐'을 선택하게 되는데, 이 술에는 세인트루시아의 마술적인 성분이 들어 있기 때문이다. 그것은 반데나무 껍질로 만드는 '보이스 반데'라는 최음제인데, '뻣뻣한 나무'라는 별명으로 불린다. 이 별명은 일리가 있는데, 마술이 작용할 만큼 럼주를 충분히 마시고 나면 다리가 풀려서 아무것도 할 수 없기 때문이다.

바베이도스

마음 속에 떠오르는 이 섬은 서쪽으로는 황금빛 모래, 남쪽으로는 하얀 모래, 동쪽으로는 밝은 갈색 모래 해변으로 둘러싸여 있는 크리킷 경기장 같다. 새로 온 외지인들이 사는 궁전 같은 빌라와 섬 주민들의 계딱지 같은 판잣집은 너무나도 대조적이지만, 판잣집에서 살아가는 사람들은 이러한 극심한 불평등에 순응하는 태도를 보인다.

바베이도스 사람들의 행동에는 쾌활하면서도 무례한 분위기가 있는데, 이러한 태도에서 어린이 같은 특별한 매력이 느껴진다. 그들은 어린이 해적처럼 마체테(machete: 중남미에서 사용하는 벌채용 칼)를 '쿠틀라스(cutlass: 날이 휜 무거운 단검)' 라 부른다. 현지 가이드는 땅에 떨어진 코코넛 두 개를 줍더니 바지 앞쪽에 넣고는, "내 불알 좀 봐요!"라고 소리친다. 이러한 행동은 예컨대 아시아에서는 상상도 할 수 없는 것이다. 그러나 이곳 카리브 해에서는 머리가 희끗희끗한 여인들의 얼굴에 약간의 미소를 머금게 하는 어린애 같은 유치한 장난에 지나지 않는다.

바베이도스에서는 주민들의 정치적 분노마저도 장난기 어리게 표현되곤 하는데, 예컨대 이 섬에서 흰 돌로 만든 유명한 사자를 빨간색, 초록색, 황금색으로 색칠하는 식(자메이카 흑인들의 항의 방식)이다. 부자들에 대한 반응은 좀 특이하다. 다른 곳에서 볼 수 있는 시샘 같은 것은 전혀 볼 수 없다. "우리는 그들이 떠나는 소리를 들을 때에만 그들이 이곳에 와 살았구나 하는 것을 알게 된다." 머릿속에 든 생각이 럼 펀치를 한 잔 더 마실까 말까 하는 것뿐이기만 하다면, 이곳은 매우 친근하고 살기에 아주 좋은 나라이다.

마데이라 제도의 푼샬

대서양을 횡단한 우리에게 이제 이곳은 고향에 돌아가기 전에 마지막으로 들르는 장소이다. 모두들 유혹적인 호화 유람선 생활에 푹 젖어들었기 때문에, 낙심에 빠진 우울한 분위기가 배 전체에 흐르고 있다. 이번 방문지는 우리가 마음 편하게 들를 수 있는 마지막 기항지가 될 것이다. 다음 기항지인 사우샘프턴 항은 짐과 짐꾼들, 세관 공무원들로 들끓는 악몽이 될 것이다. 그리고 또 집에 도착하면, 석 달 동안이나 답장을 받지 못하고 쌓여 있는 편지들이 기다리고 있을 것이다. 그러니 이 마지막 남은 짧은 유람을 최대한 즐기는 게 좋다.

배를 환영하는 마데이라의 포크 댄스는 어색하고 성적 매력이 전혀 없는 우리 모리스 집안의 춤과 아주 비슷하다. 우아하고 섬세한 아시아의 춤과 비교하면 투박하고 촌스럽기 그지없고, 남태평양의 활기차게 꿈틀거리는 춤과 비교하면 매우 굼떠 보인다.

마데이라 제도는 아주 가파른 산봉우리 끝부분이 바다 위로 솟아나와 있는 부분이다. 단 몇 cm라도 편평하게 뻗어 있는 땅은 보이지 않는다. 자신들의 고향인 이곳보다는 남아프리카 공화국에 마데이라 사람들이 5만 명이나 더 많이 살고 있다는 것이 흥미롭다. 아마도 그들은 편평한 땅을 오랫동안 걷는 기분이 너무 좋아 끝없이 가파르기만 한 고향으로 돌아가고 싶지 않은 것인지도 모른다. 그렇지만 마데이라 제도에도 나름대로 매력적인 특징이 한 가지 있다. 마데이라는 이국적인 꽃을 많이 볼 수 있는 가장 좋은 장소이다. 4월 초에도 그러한 꽃들을 도처에서 볼 수 있는데, 꽃들이 가득 쌓여 있는 시장에서뿐만 아니라, 강한 자줏빛 자카란다나무와 불타는 듯한 색깔의 아프리카 나무들을 도시 전역에서 볼 수 있다.

북대서양

높이 9m의 파도에 휩쓸리며 어느 쪽이 더 심한지 구분하기 힘든 좌우 진동과 상하 진동을 겪으면서 마지막으로 넓은 바다의 위력을 맛본 후에 우리는 지구를 한 바퀴를 돌아 제자리로 왔다. 내일이면 우리는 사우샘프턴 항 항구에 상륙할 것이다. 짐을 꾸리는 일은 도저히 엄두가 안 난다. 처음에 들고 왔던 16개의 짐꾸러미는 21개로 불어나 있었다. 인도의 공작 부채에서부터 베두인족의 팔찌, 요르단의 향수병, 베트남의 뮤직 박스, 일본의 양산, 발리의 인형, 전경기(轉經器: 경문이 적힌 회전식 예배기), 장식된 호리병박, 사롱(말레이 반도 등에서 남녀가 허리에 두르는 옷), 풀잎 치마, 원주민의 가면, 식인용 포크 등등……. 천 명이 넘는 사람들이 안전한 선실에서 위협적일 정도로 황량한 부둣가로 쏟아져 나갈 때에 대비해 이 모든 물건을 어딘가에 잘 넣어 두어야 했다.

거대한 대양 유람선은 좋게 말하면 움직이는 초호화 호텔이고, 나쁘게 말하면 순진한 사람에게는 감옥이다. 좋게는 도시 중심의 축소판이고, 나쁘게는 건강한 사람을 수용한 병원이다. 이곳은 아무 목적도 없는 닫힌 사회이다. 사실 일상 생활의 압력을 제거하는 것이 마음을 깨끗이 해준다고 믿는 듯이, 이 배에서는 목적이 없는 것을 모든 목표로 삼고 있는 듯하다. 그러나 나는 그렇지 않다. 나의 경우, 고요한 마음은 죽은 마음이다. 멍하게 파도만 바라보고 있어야 할 때, 나는 뱃머리에 방해를 받은 날치가 공중을 날아가는 거리를 재고 있었다. 물 위로 튀어오르는 돌고래, 공중 높이 날아오르는 알바트로스, 배 옆을 지나가는 거북과 심지어 가끔 물 위로 드러나는 범고래의 지느러미는 매일 반복되는 값비싼 무미건조한 생활에 작은 목표를 제공해 주었다. 물론 승객들을 관찰하는 것도 나름대로 매력이 있었다.

92일 동안 21개국을 방문했던 세계 일주 여행은 끝났고, 우리는 출발할 때보다 지역적인 편견이 줄어든 채 우리가 살고 있는 지구 위의 좁은 땅으로 돌아왔다. 결국 그것이야말로 최대의 소득이었다. 즉 매일 아침 잠자리에서 일어나면서 전세계 흩어져 있는 21개국에서 아침에 일어나는 기분은 어떤 것인지 좀더 분명히 알 수 있게 된 것 말이다.

후기

    이 책에 실린 짧은 글들은 단편적인 일화이고, 상당히 많은 이야기들이 불가피하게 생략되었다. 그러나 이 책 전체에 깔려 있는 의도는 호기심어린 눈과 어린이 같은 경이감, 유머 감각을 지니고 이 작은 행성에서 살아가는 사람이라면 누구나 느낄 수 있는 놀랍도록 다양한 즐거움을 전달하기 위한 것이다. 늙어 갈수록 완고한 사고와 요지부동인 견해, 딱딱하게 굳은 태도가 증가한다는 것은 사실이다. 신체적 노화를 막음으로써 육체적인 젊음을 유지하는 비법은 없지만, 마음의 젊음은 어느 정도 유지할 수 있다. 그 비결은 새로운 장소가 됐든 새로운 개념이 됐든 질문과 탐구를 결코 멈추지 않는 데 있다. 또 매일 아무리 사소한 것이라 하더라도, 괴상한 행동을 최소한 한 가지 이상 하는 것도 도움이 된다. 인류가 이룬 위대한 발견은 거의 모두 우연한 사고에서 시작되었다. 그렇지만 여러분의 삶이 한 치의 오차도 없이 잘 조직되어 있고, 늘 똑같은 일상의 반복으로 이루어져 있다면, 여러분은 그러한 사고를 마주칠 기회조차 얻지 못할 것이다. 새로운 것을 찾는다고 해서 항상 흥미로운 발견을 할 수 있는 것은 아니지만, 그러한 시도조차 하지 않는다면 흥미로운 발견에는 아예 가까이 갈 수조차 없다.

그리고 제발 부탁하건대, 우주의 미스터리를 풀기 위해서는 첨단 기술이 필요하다는 선전에 넘어가지 마라. 어떤 전문 영역에서 그러한 기술이 필수적이라는 건 사실이지만, 얼마나 수많은 것들(그저 맨눈으로 보기만 하면 되는)이 발견되길 기다리면서 여러분 앞에 널려 있는지 모른다.

내가 데스먼드 모리스를 처음 접한 것은 정확하게 20년 전이다. 군대 시절에 우연히 *Animal Days*를 원서로 읽었는데, 그때만 해도 과학자가 그렇게 유머와 위트가 넘치는 글을 쓸 수 있으리라고는 생각하지 않았기 때문에 깊은 인상을 받았다. 그 당시 이미 모리스는 『털 없는 원숭이』로 베스트셀러 작가가 된 뒤였지만, 국내 출판계에는 전혀 소개되지 않은 상태였다. 제대한 후에 출판사에 들어가 편집자로 일했는데, 그 당시만 해도 출판사에는 작가 지망생을 비롯해 상당한 지식과 능력을 갖춘 사람들이 많이 들어왔다. 선배 중에 유명한 번역가가 있어 나도 번역 일을 해볼까 생각하고 그 책을 보여 주었는데, 그것이 계기가 되어 『털 없는 원숭이』를 비롯해 데스먼드 모리스의 작품이 국내에 소개되었다.

그후 세월이 흘러 나는 드디어 번역가가 되었고, 옛날에 번역에 대한 한 가닥 꿈을 꾸게 해주었던 데스먼드 모리스의 작품을 이제 와서 다시 만나니 감회가 새롭다. 그러나 그동안에 나도 마찬가지지만 모리스도 많이 늙어, 이번 작품은 모리스가 인간이라는 종을 탐구하기 위해 전세계를 여행하면서 겪었던 재미있는 에피소드들을 모아 놓은 회고록의 성격을 띠고 있다. 어떤 연구 목적을 위해 쓴 글이 아니기 때문에 골치 아프거나 복잡한 이야기는 없고, 재미있는 여행기나 전기에 가까우며, 데스먼드 모리스라는 인물 자체를 생생히 보여준다. 그래서 일반 독자들이 읽기에는 모리스의 다른 작품보다도 재미있고 가벼울 것이다.

그렇다고 해서 이 책이 단순히 재미있는 일화들만 모아 놓은 것은 아니다. 그 이면에는 항상 인간 관찰과 탐구라는 큰 주제가 깔려 있다. 저자는 여러 문화에서 만나는 다양한 인간상을 보여 줌으로써 우리 자신을 이해하는 데 도움을 주려고 한다. 그런데 자서전적인 성격을 띤 이 책을 읽다 보면 저자가 인생을 참 재미있게 살아간다는 느낌이 든다. 그것은 항상 호기심과 탐구적인 자세로 세상을 바라보고, 유머 감각을 잃지 않는 태도 때문이다. 틀에 박힌 생활 속에서는 새로운 발견이 일어날 수 없으니, 아무리 사소한 것이라도 매일 엉뚱한 짓을 한 가지 이상 해보라는 충고도 귀담아들을 만하다. 그러니 그가 가는 곳마다 항상 재미있는 일이 일어나고, 그의 삶은 소설처럼 흥미진진하게 전개된다. 저자와 함께 전세계의 다양한 문화와 인간상을 접하는 것도 흥미롭지만, 무엇보다도 저자의 이러한 생활 자세에서 배울 점이 많으리라 생각한다.

2003년
이충호

이 책에서 언급된 여행과 관련된 데스먼드 모리스의 책

1. 몰타 섬 탐사(1968~1974)

1969. 『인간동물원(The Human Zoo)』, Jonathan Cape, London.

1971. 『친근한 행동(Intimate Behavior)』, Jonathan Cape, London.

2. 란사로테 탐사(1974)

1974. 『테히아의 우상(The Idol of Tejia)』, in: Illustrated London News. August, p.43.

3. 제스처를 연구하기 위한 유럽 여행(1975~1976)

1979. 『제스처: 그 기원과 분포(Gestures: Their Origins and Distribution)』, with Peter Collett, Peter Marsh and Marie O'Shaughnessy. Jonathan Cape, London.

4. 이탈리아에서의 인간 관찰(1977)

1977. 『맨 워 칭 (Manwatching: A Field-Guide to Human Behavior)』, Jonathan Cape, London.

5. 태평양 대항해(1978)

1978. 『태평양 대항해(The Great Pacific Cruise)』, in : Vogue 135, No. 2166. 1 Sept 1978. pp. 212~214, 232.

6. 지브롤터 탐사(1978)

1979. 『원숭이 사업(Monkey Business)』, in: High Life-British Airways In-Flight Magazine. January 1979.

7. 축구 부족을 찾아 나선 여행(1979~1980)

1981. 『축구 부족(The Soccer Tribe)』, Jonathan Cape, London.

8. 인류를 찾아 아프리카로(1981)

1982. 『인류에 관한 서론(Introduction to The Human Race)』, Thames Methuen, London. (Book Written by Terence Dixon and Martin Lucas.)

10. 인간 동물을 찾아 나선 여행(1993~1994)

1994. 『인간 동물: 인류에 대한 개인적 견해(The Human Animal: A Personal View of the Human Species)』, BBC Books, London.

11. 인간의 성을 찾아 나선 여행(1996)

1997. 『인간의 성: 남자와 여자의 자연사(The Human Sexes: A Natural History of Man and Woman)』, Network Books, London.

옮긴이 **이충호**

서울대학교 사범대학 화학과를 졸업하고, 현재 과학 전문 번역가로 활동하고 있다.
주요 번역서로는 「이야기 파라독스」, 「최초의 인간 루시」, 「도도의 노래」,
「신은 왜 우리 곁을 떠나지 않는가」, 「와인 전쟁」, 「쿼크의 마법사」, 「닮은꼴 영혼」 등이 있다.

육안으로 바라본 털없는 원숭이
「털없는 원숭이」를 쓴 데스먼드 모리스의 인간이라는 종을 찾아 떠난 여행기

지 은 이	데스먼드 모리스
옮 긴 이	이충호
초판 1쇄 인쇄	2003년 6월 30일
초판 1쇄 발행	2003년 7월 10일
펴 낸 이	조추자
펴 낸 곳	도서출판 두레
등 록	1978년 8월 17일 제1-101호
주 소	서울시 마포구 공덕1동 105-225
전 화	02)702-2119(영업), 02)703-8781(편집)
팩 스	02)715-9420
E-mail	dourei@chollian.net

ISBN 89-7443-059-2 03950

헬렌 니어링, 또 다른 삶의 시작

엘렌 라콘테 지음, 황의방 옮김 / 196면 / 2002. 3 발행

자연과 조화를 이룬 삶, 땅에 뿌리박은 삶을 실천을 통해 보여 준 선구자, 헬렌과 스코트 니어링. 그들은 농사지으며 살아가는 생활방식, 채식주의, 동물의 권리, 평화와 사회정의를 위해 한 활동 등으로 명성을 얻었지만, 너무 겸손해서 그들의 가장 심오한 가르침을 다른 사람들과 나눌 수 없었다. 그 때문에 겉으로 드러난 그들의 삶의 방식 속에 감춰진 깊은 뜻은 거의 알려지지 않았다.

사실 그들의 은밀한 소망은 영적인 것이었다. 이 책은 그들이 추구한 '좋은 삶(Good Life)', '조화로운 삶'의 뒤에는 '영적인 삶'이 있었다는 것, 또한 이런 삶을 가능하게 한 원동력은 바로 깊은 영성(靈性)에 있었다는 사실을 우리에게 밝혀 주고 있다.

이아무개의 마음공부

이아무개(이현주) 지음 / 216쪽 / 2003. 1 발행

" '마음공부' 야말로 사람이 땅에 살면서 해볼 만한 일 가운데 가장 가치 있는 일입니다. 농사면 농사, 장사면 장사, 가르치는 일이면 가르치는 일, 집 짓는 일이면 집 짓는 일,…… 이 모든 일이 '마음공부'에 바탕을 두고 '마음공부'의 한 방편이 될 때, 그때에 우리는 모두 행복한 삶을 살아갈 수 있을 것입니다."

이 책은 이러한 '마음'을 두고 이현주(李賢周) 목사가 공부하고 묵상하며 스스로 실천해 본 경험을 기록한 것이다. 또한 저자 자신의 이야기와 더불어 이 분야의 탁월한 세계적인 저술을 함께 공부할 수 있다.

부디 나를 참이름으로 불러다오

틱낫한 지음, 이아무개(이현주) 옮김 / 300면 / 2002. 9 발행

이 시집은 틱낫한 스님이 젊은 시절인 1950년대 말에서 1990년대에 이르기까지 40여 년의 생애에 걸쳐 쓴 대표적인 시들을 모은 것이다. 선(禪)이나 깨달음 등에 관해 쓴 에세이와는 달리 그가 겪은 온갖 체험과 역정 속에서 느끼고 생각하고 깨달은, 그의 온 존재가 녹아 있는, 시로 표현된 자서전이라 할 수 있다.

그의 시에는 그가 겪었던 끔찍하고 고통스런 어두운 체험을 그려내면서도 그 속에 평화에 대한 간절한 소망을 절절하게 드러내고 있으며, 비참함 속에서도 삶의 기쁨을 노래하고, 어둠을 빛으로 바꾸어 놓고 있다.

남부군

이태(李泰) 지음 / 572면 / 2003. 4 발행

이 책은 한국전쟁 중 남한 빨치산을 대표하던 '남부군'을 소재로 한 체험적 수기이다. 남부군은 남한 최초의 조직적 좌익 게릴라 부대였고, 특히 남한 빨치산의 전설적 총수 이현상(李鉉相)의 직속 부대였으며, 당시 남한 빨치산을 대표하는 이름이었다.

저자는 기구한 운명으로 이 병단의 일원이 되었고, 신문기자라는 전직 때문에 전사(戰史)편찬이라는 소임을 담당하면서 이 부대가 궤멸하는 과정을 스스로 겪고 보며 기록해 왔다. 처음 출간 당시 큰 사회적 반향과 함께 독자들의 사랑을 받았던 이 책은 베일에 감춰져 있던 저자(본명 이우태)의 상세한 연보를 첨가하는 등 2003년 재편집증보판으로 새롭게 태어났다.

불량국가

노암 촘스키 지음, 장영준 옮김 / 372면 / 2001. 10 발행

이 책은 미국이 세계인권선언과 유엔헌장, 유엔총회의 결의안들, 그리고 국제법과 그 관행들, 국제사법재판소의 판결 등 국제 사회의 각종 규범들을 어떻게 무시하고 위반해 왔는가를 밝히고, 국제 사회에서 '법의 지배'의 원칙이 어떻게 희생당하고 있으며, 그 대신 '힘의 지배'가 어떻게 실행되고 있는가를 고발한 책이다. 그리고 강대국들, 특히 초강대국 미국이 보여 준 정치적 위선과 폭력의 사용, 권력 남용 등 그동안 미국과 세계의 주류 언론으로부터 배제되었던 주요 사건의 감춰진 진실을 생생하게 파헤쳐 비판한 책이다.

중국의 붉은 별(상, 하)

에드가 스노우 지음 / 홍수원·안양노·신홍범 옮김 / 상 332면, 하 308면 / 1995. 2 발행

"에드가 스노우를 읽지 않고는 누구도 오늘의 중국을 이해할 수 없다"고까지 평가되고 있는 중국혁명의 현장기록.

1936년 스노우가 중국의 홍구를 방문했을 때 중국 혁명의 지도자들은 누더기 옷을 입은 채 동굴 속에서 생활하는 젊은 게릴라들이었다. 그는 중국혁명의 현장을 찾아가 모택동의 생애와 장정뿐만 아니라 중국혁명 지도자들의 생애에 대한 최초의 유일한, 그리고 가장 권위 있는 기록을 가지고 나왔다. 세계는 이 기록을 통해 중국 공산당과 모택동의 알려지지 않은 모습을 처음으로 알게 되었다. 삼국지와 수호지를 연상케 하는 파란만장한 이 기록은 중국혁명의 과거와 현재를 바로 알려는 모든 사람들이 무엇보다도 먼저 반드시 읽어야 할 역사적인 자료가 되었다.

〈데스먼드 모리스의 주요 여행지〉

영

이탈리아

에스파냐

지브롤터

하와이제도

카나리아제도

샌프란시스코

• LA

미국

뉴욕•

멕시코

아카풀코

세인트루시아

바베이도스

파나마

튀니지

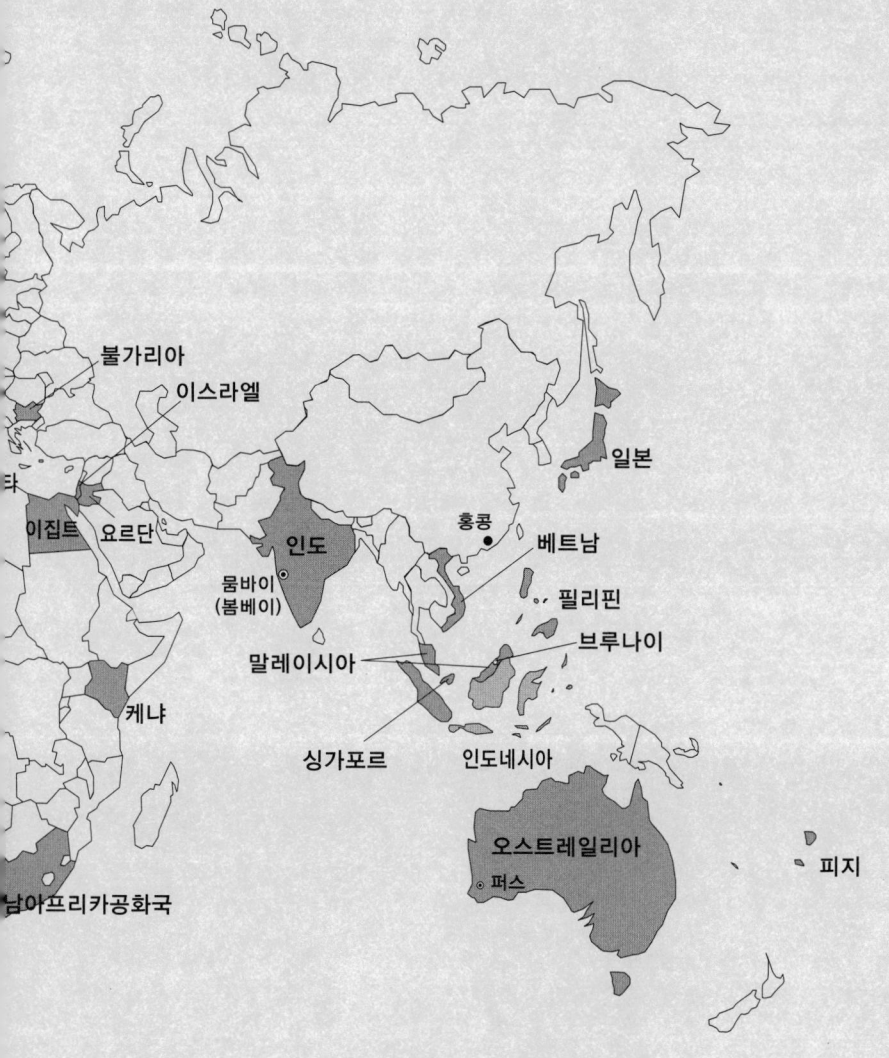

불가리아

이스라엘

일본

이집트

요르단

인도

홍콩

베트남

뭄바이
(봄베이)

필리핀

말레이시아

브루나이

케냐

싱가포르

인도네시아

남아프리카공화국

오스트레일리아

퍼스

피지